JN112865

読書の日記

本を出す
指を切る
お葬式

阿久津隆

NUMABOOKS

5月10日（木）

朝、トンプソンさんに来てもらう。感謝の意を述べる。あれや、これや、たくさんのことがよくなった。トンプソンさん加入以前の、たとえば去年10月の店を今見たら、どうしてこれでいいと思ってんだ？　どうしてこれで混乱せずやれるんだ？と思うだろう。たくさんのことが変わった。いつだって不可逆だった。そういう話をした。それから、出汁のとり方と米の話をした。いいことを聞いた。

あとで、SNS用に、といってこれまで撮ってくれていた店内の写真をいろいろと送ってくれた。きれいでかっこよく、これはかっこいいお店だなと思った。いくらか色味であるとかの加工もされているのかもしれない。

さて、と思った。さて、振り出しに、戻る。

ぽやぽやと、いくつかのことをしながら営業。ゴールデンウィークの終わりのところで、本の原稿チェックと、『GINZA』の締め切りがあり、済んでしまった。InDesign狂いも済んでしまった。なんだか突然ぽっかりと空いたような感覚がいくらかあって、暇、と思った。退屈、とも思った。忙しくなってくれ、と思った。が、ならない。

武田百合子を読んだり、それでもなおという感じでInDesignを少し触ったり、しながら、暮らした。武田百合子を読んでいたらふいに「あ、チェーホフ読みたい！」と思った、ロシアに触れていたからだろう、と思って、それで前に保坂和志のやつで引用されていた「中二階のある家」を読みたくなり、検索した、いろいろ検索した結果、未知谷のやつをポチった。保坂和志のやつは小笠原豊樹訳で、未知谷のは工藤正廣訳だった、小笠原訳がどれに収録されたものなのかはよくわからなかった。『新訳 チェーホフ短篇集』という沼野充義訳のものもあったが、ジャケ的に未知谷になった。

それで満足し、武田百合子に戻って再開した、中断した箇所はこうだった。

三四七号室。三階の四七号。
窓から中庭がすっかり見下ろせる。

武田百合子『犬が星見た　ロシア旅行』（中央公論新社）p.77

おそらく、中庭の「中」と三階の「二階」が混ざって目に入ってきて、庭は家みたいなもので、もちろんロシアということは念頭にずっとあって、それで「あ、チェーホフ読みたい！　中二階のあるやつ読みたい！」となったのではないか。

先日、バールボッサの林さんに取材していただいたそのときに「小説は書かないんですか?」という問いに対して「僕は今は日記が面白いです」と答えたところ、「先日、フヅクエさんのところに取材に行ったところ、オーナーの阿久津さんが「最近は日記が面白いなって思ってるんです」というようなことを仰ってました。(…) それで、「僕も書きたいな」って思った」とのことで、日記を始められた、それを見て、「僕もnoteで日記を書きたいな」って思った。林さんは一日ずつ書かれていて、単品100円、月300円で売っている。僕もそうしようかなと思った、つまり、1日だったら100円ですが、月々だったら300円(10円/日)です、なお、フヅクエのWebでは全文無料で公開されています、という、よくわからない形になる、というところだった、もしかしたら、300円払ってでもnote上で読んじゃいたい、noteの中にいたい、プッシュされて知らされたい、みたいな人もいるかもしれないし、なんだろうか、noteにしかいない人との接点みたいなものとかもあるとかだろうか、回遊するイメージがnoteにはないが、僕がしないだけでする人はするのかもしれないし、というところなのか、キャッシュポイントを増やした方が楽しい、みたいなところもあるのか、それはオンラインであれこれ売るぞ、ということも完全にそうなのだけど、だから、noteで売って、買ってくれる人がいたとき、誰も損をしないんだから、それはよい、ということでなのか、等々思って、思うよりも先に、というか思いながら、ずっとほったらかしにしていたnoteを整備していった。マガジンなるものを作った、300円だ！

と思って、思いながら、働き、仕事が終わり、いやしかし300円って安いというか、安いというかなんだろうな、と思った、どうせ無料で読めるんだから、1000円でいいんじゃないか、と思って金額を1000円にした。そうしたら、思いついたというか、たとえば300円、1000円、10000円とかで、まったく同内容で値段の違うマガジンを3つ作るとかどうだろう、というような。

よくわからなくなって、1000円のまま放って帰った。

寝る前、武田百合子。1969年、ロシアの地で、物怖じもせずに、さりとて驕りもせずに、変わらないような振る舞いをする武田百合子の姿を見ているととても気が清々しくなる。かっこいい。

便所の番を待っていた二人の少女が、

「旅行者？　どこの国の人？」と小さな静かな声で問いかける。

「日本人」

二人の少女はうなずき、二つある便所の片方を指して、先へ入れとゆずってくれる。しかし、この扉が、やっぱりまたかたくて、いくらひっぱっても開かないのだ。二人の少女と三人がかりでひっぱると、扉は勢いよく開いて、三人は重なり合って壁にぶちあたった。用を足して出ようとすると、やっぱりまた開かないのだ。ドンドン叩いたら急に開いた。勢いよくとびでた私は、待ちうけていてひっぱってくれた二人の少女もろとも、また壁にぶちあたった。手を洗う私を、二人の少女は左右にきて、よくよく観察している。私もよくよく観察させてあげる。美人だなあ、と思っているのかもしれない。そうだと、いい気持だ。

「ああーあ。何だかとてもおかしかったね」そういうロシア語を知らないから日本語で少女たちに言った。少女たちは「バジャールスタ」と言った。少女二人も孫娘も、黒い髪、黒い眼、浅黒い肌だった。

同前　p.93

5月11日（金）

晴れて、清々しい。郵便ポストを見るとなにかが入っていて、『GINZA』が届いた。今月号からリニューアルしたそれは、かっこうよい様子だった。

煮物、カレーの仕込みを始めながら店を開け、それからも仕込み等をずっとやっていた、17時半、これが済んだらタスク全部消化だ！となってとてもテンションがあがり、済み、喜んだ。

白和えを、いつもはヘラで豆腐を潰して作っていたが、フードプロセッサーでいろいろを混ぜてガーッと回す作り方をやってみた、豆腐とかを混ぜる前に白ごまと花がつおを砕いて、ということをやった、するととてもよかった。ほうれん草と、刻んだみょうがを白和えにした。この場合、みょうがも和え衣と捉えたほうが適切かもしれない。冷奴の薬味みたいなものは和え物にしてもなんでもおいしいと思っている。ネギはその限りではないというかネギは試したことがない、これもおいしいかもしれない。とにかく、ほうれん草のいつもとは違う作り方バージョンの白和え、これはとてもよい、と思って喜んだ。

先日サンプルを注文したいろいろのパッケージというか平袋であるとかが届いて、見たことのない、大きな、そして薄い、ダンボールで届いた。変なの、と思って開けると、いろいろのパッケージというか平袋であるとかが入っていて、あとは郵送用の紙袋とか、入っていて、見ていると、僕は郵送ということについてのリテラシーがまったくないから何もわからなくて不安だったが、見ていると、イメージが湧いた感じがあり、あとは、住所のシールであるとか、送り状みたいなものであるとかがあれば、それっぽいものになりそうな気がして、楽な気になった。それはそうと売れるのか。いままで本であるとか、コーヒー豆であるとか、売ろうとして、売れた試しがなかった。オンラインなら売れるとでもいうのか。どういうつもりなのか。やってみなければ、わからない。

完全なる一段落、と思った、そのタイミングでお客さんがゼロになった、その直後、扉が開き、入ってきたのは岡山時代の知り合いというか、だった、僕は「おおおお」と言った、岡本さんという、「流しのCD屋」としていろいろの店を回って視聴させてCDを買わせる、そういう方で、僕も店に来てくれたときいつもソファに、土間の一階の、対面のソファの席に座って、ヘッドホンをして、いろいろの音源を聞いた、そしていろいろ買ったものだった、今フヅクエで掛けている音源の少なくないものが、岡本さんから買ったものだった、その岡本さんだった、で、「おおおお」と僕は言った。

それで少しのあいだ話していたところお客さんが来られて話はやめて、視聴用のiPad

を借りてしばらく片耳にイヤホンをして視聴したところ、ジャケがまずよくて、そしてそれぞれ数秒しか聞いていないけれど「これは！」と思ったため2枚買うことにした、と、決めたあたりでとんとことお客さんが来られて、埋まったりした、金曜夜、よかった、と思いながらヒーヒーと働いた、なんだか気持ちが清々しかった、岡本さんはしばらくゆっくりされてから帰っていった、帰り際にCDを買った、本当にちょうど隙間のタイミングだったなあ、と思った。

買った2枚は、U TIN『Music Of Burma - Burmese Guitar』、AUNG KYAW MYO『Music Of Burma - Burmese Piano』だった、Burmaってなんだろうと思ったらビルマだった、ミャンマー伝統音楽との由。今、検索したら、紹介のページにあたって、録音した方（エンジニアというのかな）の文章が引かれていて、「スマートフォンやパソコン、ラジカセなどの非高級オーディオで「少し小さいかな？」と思うくらいの音量で聴いてみてください。」と書かれていて、よかった。

結局11時半くらいまで座ることのほぼない一日になった。仕事があるということは幸せなことだ。疲れながら、ビールを飲みながら、買ったギターのほうを聞いて、気持ちよかった。帰宅後、武田百合子。

「しゃあ……」老人が、おどろきの声をあげた。

「銭高はん。これはネアンデルタール人いうて、猿が人間になりかかったころのお人ですわ」古代人の顔の置物を、江口さんはもの静かに説明した。

一人で見物している私のところへ、老人は思い出したように、ときどきやってくる。

「御主人は気分がわるいだけですかな。病気ではありませんかな」

「朝からお酒を飲んで、陽にあたりつづけましたでしょう。それで気分がわるいのです。マホメット様の罰があたったのだと、自分で反省しております」

「暑気あたりのときは休むがええ。それがええ。そうじゃ。そういうもんじゃ。わしゃ、よう知っとる」

老人は肯いて離れる。また、やってくる。

「さっきのおにんぎょさん、わしらによう似てまんな」

中庭を横切って次の棟へ。緑色のベンチ、白い石畳、水飲み場から水が滴り流れている。くっちゃくちゃにこぼれ溢れ咲いている真夏の花々。つきぬけるような青磁色の矩形の空。遅れまいと小走りに歩いていた老人がふっと立ちどまった。

「わし、なんでここにいんならんのやろ」老人のしんからのひとりごと。

私もそうだ。いま、どうしてここにいるのかなあ。東京の暮しは夢の中のことで、ずっと前から、生れる前から、ここにいたのではないか。

武田百合子『犬が星見た　ロシア旅行』（中央公論新社）p.91

このあとも、「わし、いつからここにおるんやろ。なんでここにおるんやろ」と言っていて、読みながら声を出して笑った。銭高老人を、どんどん好きになっていく。夫のことを書くとき、動物のことを書くときと同じように、武田百合子の持つ対象への愛着が、文章からあふれている。

5月12日（土）

午前中、店でNUMABOOKSの内沼晋太郎さんと打ち合わせというかこんにちは。色校というカバーとかの色とかを見るそのやつをウキウキしたいため見たいため事務所にお邪魔したいんですがとお伝えしたところわざわざ持ってきてくださった。来られたとき、昨日買ったミャンマーの伝統音楽のギターのやつのCDを掛けていたところ「おや？　これは？」と反応され、内沼さんも持ってらっしゃるとのことで、そうなんですねというところで、阿久津さんはどうしてこれを？というところで、僕は「昨日ツイッターでも書いたんですけど」という断りを置いてから話し始めて、それをあとで振り返ったときになんであぁ言ったんだろう、と思った、まるで「ちょっとちょっと〜、ツイッター、チェックしといてくださいよ〜」みたいじゃないか、と思い、もちろんそんなつもりはないのだけど、なにか、あとでツイッターなりインスタなりで投稿が見られたときに、「あいつおんなじこと得意げにしゃべってたなw」と思われたく——いやなんだそれは、そんなことは思われないだろう、書きながら笑った、ともかく、なにかしら必要性というか、思うところはあって言ったということは確かだったし、その考えは浅かったということも確かだった、ということをあとで思った、そうなるその前、つまり午前中、束見本を色校のカバーと帯を巻いたやつを見せていただき、つまりそれはこのようになるというもので、うわあ、これは本当にいい！　最高だ！と思って歓喜した、それからあれこれお話をし、午前中からいい日だった、それにしても内沼さん、自著がこの月末に出るとのことで、その原稿の追い込みもゴールデンウィークのあたりだったとのことで、昨日は若林恵とのトークイベントで500ページ以上ありそうな『さよなら未来』を読んで臨んだとのことで、というその中で編集者として1000ページを超す原稿の確認をして、という、すごいなと思った。すごいというか凄い。そんな中わざわざご足労いただいちゃったの恐縮の極みだなと思ったが、おいしいコーヒーをお出しすることでチャラにしていただくことにした。

そのあと、店が開き、なんとなくちょうどいい調子で時間は進み、ケーキを焼いたり、おかずを作ったり、日記の推敲をしたり、はては『GINZA』で連載が始まりましたというブログを書いたりしながら、調子はそこそこによかった、と思ったら夕方以降、忙しくなり、息をつく間もないような様子で終わりまでぶっ通しで働いた。よく働いた。いい一日だった。気持ちがよかった。

寝る前、武田百合子。

5月13日（日）

起きたとき、明日は休みだ、と思った、ゆっくり眠ろう、と思った。

店、たいして仕込みもなく、ご飯を2杯食べたらもう1杯食べたくなり、食べた。最初の2杯は納豆で、最後の1杯は醤油漬けの黄身とザーサイで。満足してコーヒーを淹れていくらか準備をして、店を開けた。明確に体が疲れていた、足腰が重かった、鈍重という感じだった、考えてみたら、最後に一日休んだのは5月1日だった、けっこう経っていた。

ゆっくりめの始まりで、雨で、大雨の予報で、今日はどれだけ暇でももうしかたがない、『アルテミス』読んで過ごそ、と思っていた、先日友だちに教わり、『火星の人』のアンディ・ウィアーの新しいやつが出ているよ、と教わり、それで昨日、「そうだ！」と思い立ってポチっていた、夕方には届くだろう、それを読んで過ごそ、と思っていたところ、悪くない調子で、雨なのにまあ、うれしい、そして雨のなか読書して過ごす人たち、とてもいい、その休日、すごくいい、と思ってよろこびながら働いていたところ、夕方くらいから歯止めがきかない感じになっていった、後手、後手、という状態が長く続き、オーダーも洗い物もたまりつづけ、どうにかこうにかこなしていく、ヒイヒイ、という状態になっていった、土砂降りだった、強い雨の音が聞こえてきた、たいへん、たいへん、と思いながら働いた。ここ数週間では一番忙しい日になったのではないか。

11時前に最後の方が帰られ、片付けが済んだら餃子を食いにいくか、と思いながら洗い物をしていたところお一人来られ、12時までですけど大丈夫です？と尋ねると大丈夫とのことで、座ると、こちらを向いてわりと話し始めた。聞くと、すぐ向かいのマンションに住んでいる方で、朝は出勤前に犬の散歩をするとの由。この週末は奥さんがどこかに行っていて、暇なので飲み歩いているとの由。少しろれつが回りきらなかったりしながら、アウトドアブランドの話を教わった。登山をする人とのこと。ノースフェイスのレインウェアを最近買った。今日もそれを着て夕方、犬の散歩をした。犬は散歩をしないとおしっこをしないので、しないといけない。マンションは、体高50センチまでの犬は飼っていいことになっている。1匹まで。飼っている犬はちょうど50センチ。マンションは分譲。フルリノベーション。勤務先は徒歩圏内。これは偶然。本社は品川のほう。出向先が今ちょうど徒歩圏内。出向先の会社で顧客管理システムのデータベースのどうこう。バグがたくさん発生。大仕事。

僕は厨房の中の、シンクの前のあたりに立って、洗い物をゆっくり静かにやったり、食器を拭いたりしながら話していた。お客さんと話すことがあってもそれは帰り際に扉の外で、というのが常だから、こういう、まるでカウンターの店みたいな感じでお客さんと話すことはまずないことで、不思議な感じ、と思った。それに、なるほど、カウンターの店だとこういうふうに、特にこちらから水を向けなくても、自分の話をし始める人というのが、本当にいるもんなんだな、と思った。疲れた。

12時過ぎ、店を出、餃子屋さんに行き、ご飯大盛りとビールと餃子を2枚とつまみをいくつかお願いし、それで『アルテミス』を開いた、ビールを少し飲むと、なんだか朦朧とした気分になった、溜まった疲れが今、どんどんあふれようとしている。みたいな感じがあった。それで『アルテミス』を少し読み、読むと、月で、帯には「今度は月だ!」とある、月で、そこには町がいくつかあって、暮らしがあって、富裕な人ももちろんたくさんいるが、それを支える労働者階級がいて、語り手のジャズという女性はそういう一人で、カプセルホテルみたいな部屋で暮らしている、その女性が語る。そういう語りが始まり、ほお、と思いながら読み始めた。店は2時閉店で、入った12時40分くらいにはもう完全な片付けモードで、カウンターのほとんどの席は片付けのためにいろいろ使われていて、僕は空いたところに座っていた、どんどん、片付けの圧が高まっていって、最後の一人になり、なんだか居づらい気にもなったし、まあ、帰ろう、と思ってわりとすぐに帰った。

シャワーを浴び、ウイスキーと水をグラスに注ぎ、ポテチを開き、読書を再開した、わりとすぐに朦朧となって、歯磨きをし、布団に移り、読書を再開した、わりとすぐに朦朧となって、知らないあいだに寝ていた、朝起きると、おかしな曲がり方をした本が枕の下から出てきて、悲しい心地になった。

5月14日（月）

久しぶりに好きなだけ眠るということをおこなったところ起きたのは12時過ぎだった。もう少し眠ってもよかったが起きたので起きた。コーヒーを淹れて『アルテミス』を読んでいった。Amazonで買うときに星が目に入り、3・5というところで、これは高くない数字だった、熱狂は呼んでいない、ということだろう、というような評価だった、それが、読む姿勢になにか影響を与えているのか、ところどころで引っかかるような感じがあった、『火星の人』は、わからないながらも「きっとそうなのだろう」という強い実感というか、強いリアリティというか、強い納得を与えられながら読んでいた、隙みたいなものがないような、綿密に完璧に組み立てられた世界のなかにいる感じがあった、今のこの暮らしの先にあの世界がある、という地続き感があった、そしてそれは猛烈に面白かった、熱狂的に面白がりながら読んだ、『アルテミス』ではその納得感みたいなものが幾分弱い気分があった。作者にとって自明すぎることなのかもしれないが僕には「そうなるの？」というところを、ケアしてもらえないような、置いていかれるような感じがところどころで起きた。起きながらも、面白い面白いと読んでいる。

上巻があっという間に終わり、下巻に入った、うどんを食った、また読んだ、読んで、寝間着のまま、ソファで読んで、夕方になると眠くなり昼寝をした、2時間以上寝ていた、暗くなってやっと起きて、やっと着替えて、店に行って資源ゴミを出し、月曜を休むとこうなる、と思って、暗い店で少しの間たたずみ、店を出た、渋谷の丸善ジュンク堂に行って、うろうろした。

『Number』のイチロー特集、しかしそれは先日の立場の変更前の特集だから、マリナーズへの帰還の特集、それを取り、それから外国文学の棚をうろうろとしたところ、クレスト・ブックスの『マザリング・サンデー』というやつと、イギリスのマジックリアリズムがどうこうと書かれた国書刊行会のやつ、それから、『収容所のプルースト』を取った、これは、ソ連の強制収容所のなかで画家の方が『失われた時を求めて』の連続講義をした、たぶんテキストなしで、講義をした、記憶だけを頼りに、講義をした、そういうなにかのようだった、それは、その様子を想像したらなんだかそれはすごい、と思って、読みたくなったらしかった、装丁というか本の様子もよかった。共和国。『残響のハーレム』に続いて。

それら4冊を買って、神山町のほうへ。魚金。ビールと日本酒を飲み、黒そいの煮付けであるとか、白エビの天ぷらであるとか、どれもおいしかった。外の席で、気持ちがよかった。それからバール・ボッサ。もうちょっと飲もうというところで、そうだそうだ近くだし、林さんのところ行ってみよう、というところで、行った。白ワイン2杯と低速ジューサーを使った季節のカクテルを飲んだ。ワインおいしかった。低速ジューサー、とてもよくて、これ僕も買おうかなという気が起きた。ちょうど、こちらとしては具合よく、お客さんが他になく、林さんにいろいろ教わった。

酔っ払って、愉快な気になって、帰って、寝た。

5月15日（火）

起きて皮膚科行って店。ひきちゃんと談話をおこなったのち、「じゃ、よろしく」と言って帰宅。コーヒーを淹れて『アルテミス』を続ける。途中でうどんを2玉茹でてざるうどんにして食べ、なんだか、もう少し食べたい……と思い、しばらくしてからもう1玉茹でてこれは釜揚げで、食べた。するとお腹いっぱいになったし、『アルテミス』は終わった。二日間、いい読書の時間になった感じがあった。

夕方になり、眠くなり、昼寝。2時間昼寝した。いくらでも眠れる、と思って起きて店。バトンタッチして、ぽやぽやと働いた。パッケージ通販でいくつかのものを注文した。シーラーは、悩むのに飽きて日中にAmazonでポチった。結局、とりあえず安いやつを買ってみることにした、ローエンドというのか、3000円のやつだった、これでいける、これを使っています、と先日見たコーヒー豆屋さんのブログにあったやつだった、それでダメだったら友だちが使っているという7000円くらいのやつを買えばいい、と思った、この判断は、けっこう迷った。7000円のやつで行けば、使いたい用途には使えることはわかっていたが、これは、重かった。一方、3000円のやつは、彼の用途には使えるのかもしれないが僕もその通りなのか、確かめるすべがなかった。コーヒー豆屋さんなのだから、大丈夫な気はしたが、でもわからない気分があった。しかし一方、これは軽かった。これで使えるならばこれの方が、運用していくなかでの何かは楽なような気がした。それで、とりあえず3000円、ということにした。

寝る前、武田百合子。旅の一行に疲れが見え始めた模様。

5月16日（水）

ぼんやりと働く。和え物をこしらえ、ジンジャーシロップを煮込み、その他いくつかのことをこなし、済んで、ゆっくり本でも読むか、と思っていたところ、シーラーが届いた。やってみたところ、まったくうまくいかない、うまく貼りつく気配すらない、と思って笑ったのち、もう少しやってみると貼りつけられた。圧着できた。という言い方だろうか。問題なく使えるような気がした。やはり軽く、機動力高く、これは便利かもしれないと思った。

そうしたら、コーヒー豆袋の裏側にやる食品表示的なやつをどうしようかと考え出して、スタンプを作ってぺったぺったかと思ったが、シールを作ってやる方がいいのではないか、と思い、シールの印刷サービスのページとかを見て、コスト的にはありだったけれど、なによりもフレキシブルじゃないよなあ、というところが気になった、それから使っている紅茶屋さんのパッケージを見たりしながら、どうして賞味期限まで印刷されているんだろうなあ、どうしたらそれができるのだろうなあ、あそうか！自分で印刷すればできるということか！となり、きっとそういうシール用紙みたいなものがあるはずだ、とあたかも大発見のように思って検索してみればそんなものはすぐさま見つかり、なんというか、簡単に済む、と思って「やったやったー！」と思って、それから食品表示的なもののデータを作り、それからそれなら表面もスタンプじゃなくてそういうやつを作ってシールにすればいい、と思ってそれをずっと作っていた、そうしていたら夜になっていって、お客さんはいなくなって、閉店時間を迎えた、早く、届いてほしい、明日だった、明日には新しいコーヒー豆袋も、ドリップバッグ用の袋も中身のやつも、シール用紙も届くから、なんかそれっぽいものを作ることができる。お店屋さんごっこは楽しい。

寝る前だけ読書。武田百合子。

5月17日（木）

パッケージ通販から荷物が届いた。サンプルを頼んだときは、やたら巨大で薄っぺらい、おかしな形状の梱包で来て笑ったが、今回はいやにコンパクトで、あれ、こんなので頼んだ分って収まるのかな、というふうだった、それはそれで笑った。よく笑うパッケージ通販だった。

とはいえ、昨夜ポチったシールがまだ届かない、昼ごろに「発送しました」とあり、「え、やっと⁉」と思った、普段は思わないことだ、そんなに早く届けてくれなくていいのに、と思ったりもしているはずなのに、今日は「え、じゃあいつ着くの⁉」という気分だった。「どゆこと⁉」というような。しょうがないからそれまでは一生懸命働こうと思い、働いた、いい仕事をした。たまに「郵便受けに入っていたりして⁉︎」と思って外を覗いたりもしたが届かず、しょうがないので本を読み始めた⁉︎『マザリング・サンデー』を開いた。真野泰訳。ほんの少し読んだだけで、ああ、これはよいものな気がする、となった。僕はすっかり、『奇跡も語る者がいなければ』で真野訳に魅せられて、大きな信頼を寄せているらしかった。読み始めてすぐに、

「いや、うってつけの上天気じゃないか、ジェーン」この日の朝、ニヴン氏は淹れたてのコーヒーとトーストを運んできた彼女に向かって言った。

グレアム・スウィフト『マザリング・サンデー』(真野泰訳、新潮社)p.10

という箇所にあたり、そうしたら空腹を感じ、パン、そうだ、パンを食べよう、と思ってパンをトーストして、食った。そうしたらシール用紙が届いた、届いて、すぐに印刷をしてみて、印刷できて、カッターで切って、貼って、豆を挽いて、ドリップバッグ袋に入れて、シーラーで留めて、それを外側クラフト内側アルミの三方袋に入れて、シーラーで留めて、ということをしたら、あ、できた、これは売り物のドリップバッグだ、できる、これでできる、となった、なって、うれしい気もしたが、やってきたのは虚し

さだった。

　こういうとき、フアン・ホセ・サエールの『孤児』を思い出すようになっている気がする、思い出した。探検隊の人々を狩り、切り分け、焼いた。その匂いに集落の人々は集まり、よだれを垂らしながら火とその中で焼けていく肉を見つめる。そして配られる。貪るように食う。満腹になる。あれだけ食べたかった肉を食べてしまった今、やってくるのは途方もない虚しさである、とでもいうような顔で放心する人々、の様子を思い出す。できてしまっては面白くなかった、作ってみようと欲望しているときがそれ自体が報酬だった、できあがって欲望が満たされたとき、報酬はなくなり、労働となる。そういう感覚がいくらかある。あって、そうなった気がした。ほんとにできたの？ｗｗｗやることはまだいろいろあるんじゃないの？ｗｗｗ　なにいってんの？ｗｗｗ　という気もするし、実際そうだと思うが、早めに、というところでいったんそうなった。

　虚しくなって、しかしそれでもやり続けるらしく、ドリップバッグを何個か作っていった、手順に慣れよう、みたいなところだった、途中、「なにやってんのかな」という気がふっとやってきたりもしたが、楽しくドリップバッグを作っていった、作っていると、シーラーが実に不安定なことがわかった、きれいに溶着できるときもあれば、どうにもできず、パカッとすぐに開いてしまうようなこともあった、この不安定さはやっぱり、なしだった。それで、7000円のをやっぱり買うことにした、覚悟はしていたことだった、覚悟というか、織り込み済みのことだった、7000円のを買い直すというよりは、3000+7000で10000円のシーラーを買う、ということだった、それは、高性能卓上シーラー シールくん、である。

店にずっといると、一日中働き続けてしまう。疲れ果て、夕飯はラーメン屋で済ませた。帰宅後も、3時近くまでメールを送ったりデータをいじったりなんやかんやしていた。

寝る前、武田百合子。一行はチェーホフの生家を訪ねた。『中二階のある家』はまだ開かれていない。

5月18日（金）

眠かったが起きた、店行った、飯食った。

仕込み等々をしながら営業をしていた、腕がどうにも疲れている。なんなんだろう、と思う間もなく答えはわかった、昨日、軟弱なシーラーで溶着させる作業のなかで、けっこうな力でグッ、グッ、と押す、という動きを何度も何度もやっていたせいだった、今日、高性能卓上シーラー シールくんが届く、これだったらきっと、一発回答を見せてくれるはずだし、使ってみなくてはわからないが、力も必要としていないのではないか、なんせ高性能なんだから、それくらいできてよさそうだった。

働き続ける。開店から夕方まで仕込みとオーダーをこなし続け、ノンストップに立ち回っていた。やっと落ち着き、今日やることはだいたい済んだので、コーヒーを淹れて、座って、日記を書いている。腕が重い。

ここまで書いてから、また閉店までずっと働いていた、途中、シーラーが届いたので試してみた、すんなりと行った。問題は、というか改善できるところは、シールだった、印刷して、カットして、貼る、という流れをもっと簡略化できないか、と思ったところ、買ったのはノーカットのラベルシールというやつで、ノーカットの、とわざわざ書かれているということは、カットされたものもいくらでもあるということだった、それでちょうどいい大きさのものがあれば、カットする手間、それから、これも意外に大きいなと思ったのだけど、ノーカットのものだと貼るために剥がすときに剥がす取っ掛かりがなくて、それで手間取ることがあった、爪が長ければいいのかもしれないけれども僕の今日の爪は短かった、それも、カットされているものであれば、断然はがしやすい、というところで、それで、いや違った、昨日そう思って食品表示の裏面に使えそうなやつをポチったんだった、10面の、それも届いて、それを印刷してみた、ものすごく楽だった、であるならば、表面に使える大きさのものもないか、正方形の、60ミリくらいのやつ、と思って探したら、Amazonでは見当たらなかったが、パッケージ通販にあった、パッケージ通販だったか！と思った、それは予想できていなかった、というかシールという工程を予想していなかったのだから仕方がなかったが、とりあえずサンプルを取り寄せることにした。改善、改善。

というのは「ずっと働いていた」のごく一部であり、それ以外もとにかくなにか仕込みが発生したりして、そこそこに忙しくもあり、ずっと働いていた、腰が途中で痛くなった、12時間、いや13時間くらいか、ほとんど休むことなく働いた、よく働いた、へとへとに疲れた、ビールを開けた、イチロー特集の『Number』を読みながら飯を食った。

寝る前、武田百合子。二人は踊る。

黒の袖無しワンピース、つり鐘形に肥えた、アメリカ人らしい老婆が、左手を腰にあて、右手に緋色のスカーフをかざして、ゆーらゆらゆーらゆら踊り出てくる。カルメンみたいに花までくわえている。歓声があがる。老婆は酔払っていて、一人浮かれてゆーらゆらゆーらゆら踊りまくっている。

「いいなあ」酔いを発している主人は鼻がつまったような声を出した。

柔道試合のように、主人と私は踊る。踊りながら主人は何度も訊く。

「やい、ポチ。旅行は楽しいか。面白いか」

「普通くらい」

ホールを横切って、ロシア人らしい青年がくる。セニョリータなんとかと言う。（あたしのことを美人だなあと思ったからやってきたのだ。いい気持だ）はいはい、と私は踊った。


武田百合子『犬が星見た　ロシア旅行』（中央公論新社）p.197, 198

遊歩。寝際、思い出した。昨日、店の建物の前に老人が乗る電動のカートというのか、が置いてあり、見ると機種名のシールと思しきものが貼られていて、「遊歩」とあって、喜んだ。そうか、あれも遊歩か。と思うととてもうれしいやさしい気持ちになった。今、調べてみると、「遊歩パートナー」「遊歩スマイル」「遊歩スキップ」が出てきた。スキップの概念が覆されたというか、そうか、スキップというのはぴょんぴょんすることではなくて、ぴょんぴょんを発動させる心地のことだったのだな、と知る。

5月19日（土）

朝、眼が覚めたときに鳥の鳴き声が聞こえ、昨夜降っていた雨は止んだのだな、と思って、それから、鳥は雨の日は鳴かないのだろうかと思った、思い、外で暮らしている犬や猫が雨のときにどういうふうに動き、あるいは雨宿りをするのか、雨の降り始めをどれくらいの早さで感知するのか、先に気づくのか、気配という以上のなにかで雨が降ることをたしかに知るのか、そして感知したらそれに則った行動をするのか、あるいは気にしないでうろうろしているのか、雨宿りをした、しかし途中で雨のなかを次の雨宿り場所まで進んだ、雨が止んだ、空を見上げたのか、見上げなかったのか、その一部始終の様子を見てみたいと思って、それから起きた。

店に着くと、発注したTシャツが届いた、段ボールを開け、ちらっとだけ見、リュックに詰めた、帰ったら着てみよう、と思ったら非常に楽しみな予定ができた感じがあってワクワクした。それから準備し、飯食い、店開け、営業。

忙しいわけでもないけれどやることが途切れないような状態が続き、仕込みを途中でしたりしながら真面目に働いた。夜になり、落ち着いた感じがあり、やることもないような気がし、本でも読もうか、と思ったところから忙しくなり、結果的にはここ一ヵ月くらいでは一番忙しいというかお客さんの数の多い日になった、快哉を叫んだ、それから、働きながら、本を読む人たちを見ながら、本を、読みたい！と強く思った。ここ一週間は他のことにかまけて全然本を読めていなかった、本を、読みたい！　僕は本を読みたい。『マザリング・サンデー』を、読みたい。

しかしそんな余地はなく、ずっと仕込みの段取りというか、刻々と変わる必要な仕込みの状況、明日、あさって、しあさってのことを考えながら、それではいつ何を仕込むことになるだろうか、というような、仕込みの計算みたいなことがグルグルと渦巻いていた、今晩やるべきこともどんどん増えていった、こなしていった、閉店して、頭の中で一日中流れていたPUNPEEのアルバムを聞きながら今日やっておくべきことをどんどんとやって、1時くらいまで掛かった、終わったら、達成感というか、仕事をしたなあ、という感がやってきて、喜んだ。

帰宅後、Tシャツ祭りを開催して楽しんだ、楽しみながら、つまらない気持ちにもなったそのあと、『マザリング・サンデー』を読む、真野泰訳はなんだか本当にいい、とうっとりしながら読んでいたら一箇所、これは誤植か何かだろうか、どうしてもわからない、というセンテンスに出くわした、それはともかく、やっぱりいい、なんともいえず染み入ってくる感じがある、「マザリング・サンデー」とルビを振られる当該の2語の訳は「母を訪う日」とされていて、それだけで静かな喜びが湧いてくる。訪う。物語というか時間は、行きつ戻りつしながら進んでいくそういう恰好らしい。いい、と思いながら読み、寝た。『奇跡も語る者がいなければ』を読んでいたときも、「いい、いい」とだけ思いながら読んでいた。

平和。それはすべての日について言えること。どの日についても言える当たり前のことだった。しかし、この日はどんな日よりもそのことばが当たっていた——こんな日はかつてなかったし、今後もなく、再びある可能性すらないのである。

グレアム・スウィフト『マザリング・サンデー』（真野泰訳、新潮社）p.43

5月20日（日）

仕込みをし、ご飯を2杯食べたらもう1杯食べたくなり、食べた。最初の2杯は納豆で、もう1杯は漬け物で食べた、満足した、それで店を開けた。

体が疲れている。5月ももう20日だ、早いなと思う、そして連綿と続いていくのだなと思う、ひとつき、ひとつきが。それは、すごいことだ、と思う。

まったくぱったり暇な始まりだったので「ちょっとドリップバッグでも」とか、なんで思ったのかドリップバッグ作成を始めたところ、そこからトントンとお客さんが来られ、働いた、夕方頃、大方埋まった店内で、本を読む人たちを見て、なんだかいつも以上にうれしくなった、僕は手ぶらで入ってくる方がいると少し警戒するところがあって、大丈夫かな、ささっと茶を一杯しばきに来られたとかかな、ちゃんと案内書き読んでくれるかな、と警戒するところがあって、という人が今日いて、と思ったら文庫本を持っていて、というのを見て、「この人も本の読める店に本を読みに来たんだ」と思ってうれしくなった、それが効いたのか、いつも以上にうれしくなった、それで「丸善ジュンク堂、紀伊國屋、ブックファースト、八重洲ブックセンター、いろいろな書店のカバーが巻かれた本なにも巻かれていない本が今ここでは読まれていて、いろいろなところから、本を読みに来てくれたんだなあ、と、なんかいつも以上にぐっときている。ほんと幸せな店だなあこれは。わっはっは!」とツイートして、そのあとまた、「今ここで開かれている本の数だけ暮らしがあって、生活圏が違って買われた本屋が違って、でも今は同じ場所を選んで、ここにいて、というなんか重なり合う物語感にやられたのかもしれない。と思った。なんにせよよいよい。やたら上機嫌。」とツイートした、実際、とても上機嫌だった、そのときはしかしブックファーストのブックカバーは見かけていなかったから嘘だった、このブックカバーなんだっけ、と思ったのは、あとでわかったのはそれは三省堂だった、ブックファーストは、そのあと夜になって見かけた、この、「生活圏が違って買われた本屋が違って」というこの、違う場所で買ってきた本が今ここにいろいろ集まっているんだなあ、というこの感じは、たぶん八重洲ブックセンターのカバーによってより引き立ったような気がする、ともあれ、上機嫌だった。

そのすぐあとに不機嫌になった、不機嫌というか、怯えというか、怯えから不機嫌、という感じだった、次に来られた方がタブレット+物理キーボードで、しかし何度か来られたことのある方だったからそんなに心配していなかったら、ずいぶん長いことタイピングしていて、途中で音が気になって声を掛けて、しばらく収まっていたのだけどまた音が出るようになって、いやそもそもルール上そんなタイピング量は許容してないですわ、というので「ルールご理解いただいていますよね」と声をまた掛けて、反応が鈍かったから案内書きを出して「ここに書いてあるので」と言って、それで戻ると、ほとんど読んでないでしょという速さで案内書き閉じて、「は？　読まないの？」と思ったらキーボードは外して画面上でタイピングし始めて、ということはルールは把握していたということで、その上でやっていたということで、なんでだろう、と思って、不穏な心地になった、しかも、ソフトウェアキーボードなら大丈夫だろうと思っていたら、タッタカタッタカやるとあれはあれで変な鳴り方がするものだなと思って、「しゃかりきなタイピングはダメ」ってことにしないといけないのかなとか思って、残念な心地だった。敬意。必要なのは周囲の人たちへの敬意で、敬意の欠如が可視化されるのは本当によくない。避けたい。

タイピングを注意するというのは久しぶりのことだった。気疲れした。快適な、時間というか、環境というか状況というのは、ひとつも所与のものではない、約束されたものではない、絶えず目を配って気を配って、必死に守らないといけない、フラジャイルなものだった。

それでも、久しぶりにこういう心地になった、こういう心地が久しぶりであるということが、ずいぶん平和になった、ということを改めて知らせてくれる。ずいぶん平和になった。進歩だった。

それなりに忙しいような感じもありながら、余裕がある感じもあり、途中途中で『マザリング・サンデー』を読んでいた。１９２４年の3月30日で、女はそのとき23歳だったかそこらへんで、「90歳になっても」というようなことが何度か挟まれる、その時点から、いやもっと後からだろうか、振り返られたある一日のあるいっときが、行きつ戻りつ描かれる、その行きつ戻りつの場面は、彼女がその後何度も何度も何度も思い出した、その思い出しのありように近いのかもしれなかった。すっかり信頼しながら読んでいた。心地がいい。本を、もっと読みたい。

閉店し、やることは残すところショートブレッドを焼くことだった、それを、なんでだかＫＯＨＨを聞きながらやろうと思って、ＫＯＨＨを流したら、悲鳴が聞こえた気がして「えっ?」と、天井のほうを見やって、なんで天井なのだろうか、見やって、それからすぐにそれはＫＯＨＨの叫び声だとわかって笑って、ＫＯＨＨを聞きながらショートブレッドの生地を切り、フォークで穴を開け、という作業をおこなった、妙に強く、眠気がやってきていた。

見つめ返す彼女は涙を堪えるのに苦労した。涙を堪えないこと、涙を使うことは、なぜか、しくじることにほかならないとわかっていた。自分は気丈に、気前よく、容赦なく、最後にただ一つ贈ることのできるこの自分を彼に与えなければならない。

この人、いつか忘れてしまうかしら。こうして横になっているわたしのこと。


グレアム・スウィフト『マザリング・サンデー』（真野泰訳、新潮社）p.51

夜、『マザリング・サンデー』。涙を堪えながら、というところまではいかないにせよ、ずっと泣く手前みたいな状態にありながら、読んでいる。うっとりと泣きそうに読んでいる。

5月21日（月）

朝、準備し、開店前、NUMABOOKSの内沼晋太郎さんと、表紙等に装画を使わせていただいた唐仁原多里さんとお会いするというか、二人が店に来てくださる、ソファで座ってお話をする。牧野伊三夫の『かぼちゃを塩で煮る』という本のことを教わり、ポチる。

開店時間になり、見るとご飯の炊飯スイッチを押し忘れていたことに気づき、やっちまった、と思い、ポチる。早炊き。

のんびりと働く。経理をする。久しぶりに皮算用ファイルを開き、試算する。最近、日々の売上に対する興味が薄く、あまり面白くない。3月に一気に頂点というか、今までで一番よかった売上を記録してから、4月に一気に落ち、5月もたぶん同じような調子で、そうか、と思う。だけで、数字であまり感情がしぼみもしなければ踊りもしない。もう今は、なんでもいい、それよりも先、先だ、という感覚になっているのかもしれない。今、売上が低調でも、それでとつぜん暮らせなくなるということは起きない、それよりも、この先どうやって売上を大きくしていくか、どうやってそれに健全に対応し続けられる体制なのか態勢なのかを作るか、そういうことのほうがずっと大事だった、そして、そういうことについて、特に考えてもいなかった。怠惰だった。

夕方、叔父が来た、「夜にオペラシティで会食があって」ということだった。オペラシティで会食、と思って、それからコーヒーを出した、帰り際、話していると補聴器を最近つけたんだということだった、4月からつけた。3ヵ月のあいだ、毎週病院に行って、少しずつ慣らしていく、今は、高周波の音を上げていて、カサカサした音がやたら耳に届いてうるさい、まだ慣れない、慣れたら、次の段階に行く。そうやって耳を少しずつ聞こえてしまう状態に慣らしていく。

補聴器をつけていると、音の方向性がわからなくなる、本来耳は、耳全体を使って音をキャッチして伝えてくるものだが、補聴器の場合、一点のマイクで拾って、それを耳の中に伝えるから、方向性がない。もっとも拾うのは真上の音だという。電車の中でアナウンスの音声が真上から来るときがいちばんびっくりする。

叔父は合唱をやっている。それもだいぶ影響あるんじゃない？と尋ねると、そうなんだ、ということだった、これまでは自分の発した声を、口の数十センチ前のあたりから聞き戻すような、そういう発声と聴取の運動というか連動というか調子があったが、補聴器をつけながら歌うと、イヤホンで音楽を聞きながら一緒に歌うような歌いづらさがある、外して歌いたい。


夜から、ちょっとずつ『マザリング・サンデー』を読みながら暮らした。

「彼女は部屋の中に戻り、服を拾い集めたくなるのを我慢する。二人で入っていたベッドを見る。」という一文に当たった瞬間に、岡田利規の『三月の5日間』を思い出した。あの感触が、消えてしまわないように、と祈る気持ちを、思い出した。

夜、まったくの暇。誰もいないとき、近所に住んでいるというおじさんが来られる、紙幣やパスポートを作る会社なのか、造幣局とかなのか、に勤めているという。好きな映画は『ゆきゆきて、神軍』と『鬼畜大宴会』との由。息子さんは高校3年生。読書をしても現代文の成績がよくなるわけではない、というのが持論。聞いていた。

9時には誰もいなかったか。ぽやぽやと、本を読んだり、読まないでネットを見てうんざりしたりしながら過ごした、11時になったら飯を食った、それで出て、どこかで酒を飲みながら本を読もうと思った、そう思うと気持ちがウキウキした、行こうとした店は閉まっていた、残念だった、それでビールを買って家に帰った、ミックスナッツを食いながら『マザリング・サンデー』を読んだ。

ほとんど二十世紀と同じ長さを生き、自分でもたぶん十分に見聞し、十分に書きもした人生だったと思えるようになる。そして上機嫌で言うことになる。二〇〇〇年まで持たなくたって構いません。ここまで持ったのが不思議なくらいですから。わたしの人生には「一九」の字が刻まれているのです。一九なんて、いい歳じゃない？　と、顔をほころばせる。

グレアム・スウィフト『マザリング・サンデー』（真野泰訳、新潮社）p.120

「19」は、いい数字じゃないか？ SAKANAの「19」を思い出さざるをえないフレーズだったし、その思い出しは豊かな思い出しだった。19歳。48歳。

四十八歳になって、有名で。『心の目で』。あきれたり、憤慨したりする人もいた。まだ、一九五〇年だった。二十年後だったら、おとなしいものと思われただろう。しかも――悪いことに――「女流小説家（レディー・ノベリスト）」の手になるものだった。「女流小説家（レディー・ノベリスト）」？ こんな言い回し、どこから来たのだろう。淑女（レディー）だなんて、わたしの生まれを知ってるのだろうか。

四十八歳になって、有名で、夫に先立たれて、子どもはなくて、孤児として出発した人生の半分も来てなくて。

同前 p.28

『奇跡も語る者がいなければ』でもそうだったが、この前か後にも「そうして」を繰り返し配置する箇所があったのだけど、リフレインさせる訳が気持ちいい。高まる。泣きそうになる。

5月22日（火）

ゆっくりいくらでも寝ていい、と思っていたが12時前に目が覚めた、すっきり寝た感があった。コーヒーを淹れ、『マザリング・サンデー』。後年のことが徐々に表にせり出してくる。悲しいが、力強い、頼もしい話だった。読んでよかった、訳者あとがきが、訳者がこの作品のことをとても好いていることがよく感じられるもので、率直で、いい言葉がたくさんで、とてもよかった、『ウォーターランド』も読みたくなった。

それから『収容所のプルースト』を読み始める。とてもいい。なんというか何もかもを奪われて強制労働させられる日々で、講義という、人々がそれぞれに有している知の提供みたいなものが、生き生きとした生を少しでも取り戻す役割を果たした、ということに感動する。疲労困憊しながらも、人々は教室と化した部屋に押し寄せ、話を聞く。論じている当人も、プルーストを論じているというよりも、「わたしがなるべく正確に描こうとしたのは、プルーストの作品に関する記憶でしかない」と言う。

だから、これは言葉の本当の意味での文学批評ではなく、わたしが多くを負っていた作品の思い出、わたしが二度と再び生きて読み直すことができるかもわからなかった作品についての思い出を提示したものである。

ジョゼフ・チャプスキ『収容所のプルースト』（岩津航訳、共和国）p.14

思い出の提示。それはなんていうか、いちばん大事な、いちばん切実な、いちばん美しいことである気がする。コンラッドの名前が挙がる。『マザリング・サンデー』でも、コンラッドが出てきた。彼女は屋敷の読書室で、読書の喜びを知っていった。

プルーストは当初、巻分けや章分けや改行を一切排して本にしたかったらしい。しかしさすがに断られ、であるならばと、まったく適当な箇所でぶった切って分けたらしい。好きになった。読んでいると、『失われた時を求めて』をまた読みたくなる、がぜん読みたくなるが、だいぶ踏ん切りが必要な気はする、読み始めることは、いつだってできる。読んだのは10年前か。何年もかけてどうにか読み切った。

プルーストは遅れて到着し、ボックス席の隅に座ると、舞台に背を向けたまま、しゃべり続けました。翌日、公爵夫人は彼に言います。もしオペラ上演に興味がなかったのなら、わざわざボックス席を貸し切って、あなたに来てもらうまでもなかった、と。プルーストは優しく微笑み、これ以上ないほど正確に、舞台と劇場で起きていたことを話し出し、誰の注意も惹かなかった観客の細部まで付け加えました。「どうぞご心配なく。作品のこととなれば、私にはみつばちなみの予知能力が備わるのです」。プルーストの感受性が十全に実現されるのは、文学的な仕事のなかにおいてなのです。

　プルーストは、出来事に対して、遅れて、そして複雑に反応します。たとえば、ルーヴル美術館を訪ねても、プルーストはすべてを見ていながら、何一つ反応を示しません。しかし、その晩、ベッドに横たわると、感激のせいで本当に発熱してしまうのです。彼の感受性は彼の友人たちよりもはるかに強いのですが、その反応の仕方は違っていて、別の時間に発揮されるのです。

同前 p.38

昼寝。すっきり寝たと思っていたが、昼寝と思って目をつむったらいくらでも眠れるようだった。

夜、ひきちゃんとバトンタッチ、する前、エゴサーチをしたら『読書の日記』が何かに登録されたらしく、さっそくシェアされるツイートを見かけて、「ちょ、ちょ、待って待って早い早い！　こっちまだだから！」と勝手なことを思った、クマの表紙が映っていた。それで、ということは、もうすぐさま告知の時が来る、となったとき、あ、告知をするならば、このタイミングでオンラインストアに誘導しなければ、そしてTシャツもあることを周知せねば、となって、てことはてことは、てことはてことは、あれを用意して、これを整えて、あれを調べて、あれを撮って、と、やらないといけないことがとつじょ目の前に山積した、なんて後手なんだ、後手だったんだ、ということに気づき愕然とする。内沼さんは明日あたりにイベントと併せて告知をするということだった、ということは、タイミングを合わせるなら、遅くても木曜に告知だろう、そこまでに、すべてを最低限の形に、整えないといけない。どうしよう、と思った。自分の能力の低さみたいなものをまざまざと知ることになった。

努めて早い時間、寝。

5月23日（水）

5時15分起き。新宿に出、初めてニュウマンのバスターミナルを使う、羽田へ。第一ターミナルで降り、7時55分発の飛行機に乗り、山口へ。

先週、三宅唱の新作インスタレーション『ワールドツアー』がまだやっている、ということに気がつき、というかSNSでの三宅監督の投稿を見て、そうか、やっているんだ、行くのなんて無理って思っていたけれど、無理なんだろうか、いや、無理でない。と初めて思った。なぜかJALカードをメインで使っていて、飛行機に乗りもしないのに、無駄にマイルが貯まっている、それですーんと行けてしまう。そう気づき、よっしゃ、あたかも「ちょっと行ってきます」で山口だ、次の月曜だ、と思って、しかしマイレージポイントの航空券への交換は4日前くらいまでしかできない、という事実に当たり、次の休みの水曜日に行くことにした。すーんと、日帰りだ、気軽に山口に行っちゃおう、そういう心地だった。『アルテミス』を読んだのは、ポチったのは、その「月曜だ」となったときだった、山口に行くのなら、三宅唱の作品を見に行くのなら、アンディ・ウィアーだ、道中に読もう、と思ってポチった、書いていただいた推薦文で『火星の人』が言及されていた、その流れだった、でも月曜はかなわないことになり、『アルテミス』はすでに読まれた。

機内ではすっかり眠り、着き、バスに乗った。山口宇部空港から、新山口を通り、山口に。山口のことは何も知らない。

雨は少し降っている、11時前くらいにバスを降り、どうしようかと思い、コーヒーを飲みたく、調べるとコーヒーボーイというコーヒー屋さんが近くにあるので、行く、コーヒーを飲む、すぐ近くの、これは事前に教わっていた魚が食べられる店のあかぎに行って昼飯として刺し身の漬け丼を食べた、とろろが満遍なく掛けられていて、というか漬けと混ざりあっているような状態で、やたらとおいしかった。

表通りを歩くのもなんだかつまらない気もし、裏道というか住宅街を歩きながら、YCAMに向かった、歩いていると、旅行というよりもただ知らない町を歩いている、という感じだった、それが旅行というものかも知れなかった。信号が、平たかった、初めて見る信号だった、YCAMには迷わずにたどり着いた、それで入って、きれいなところだった、上映される映画の情報を見ていたら、こんな場所はほんとうに貴重だなあ、素晴らしくありがたく重宝するなあ、仮に俺が山口に暮らす高校生大学生だったら、なくてはならなすぎる場所だなあ、誰かにとってきっとそういう場所なんだろうなあ、と思った、とてもよかった。毎時0分からということだったのでそれを待ち、スタジオBに向かった、気持ちのいい空間を抜けて、幅の広いやっぱり気持ちのいい階段を上がって、入った、借りたクッションを置いて、べたーっと座って、三宅唱の『ワールドツアー』を見た。

〔　〕のような感じで6面のスクリーンがあって、見るのは基本的に〔の3面で、背後の」の3面は編集前の素材が早送りで流されているとのことだった。3つの面で基本的に違う映像が、同じ時間だけ流されて、音声も3つ分が流される。素材は三宅唱による映像日記のほか、YCAMのスタッフの人々による映像日記が使われる、いずれもスマホで撮られたもので、どれが誰の手によるものなのかはわからない。

この作品を見るのは『無言日記』を見る体験とは全然異なるもので、『無言日記』は、映されているなんでもなさそうな画面のなかで、なにかが、起こった！ということにひたすら感動する、僕にとってそういうものだったけれど、『ワールドツアー』では、ひとつの画面に向けられる注意は弱まって、絶えず他の2面を意識することになる、慣れるまで、どの画面を見るかという選択とそれに伴う排除に戸惑って、惜しいし、もったいないし、どうしたらいいのかわからなかったが、次第に、3面で展開されるなにか「構成」とか「編集」のようなものを面白がりながら見るようになった。DJ的な手付きというか。たぶん、同じときに映っているものは同じ日の出来事が多そうで、別の人が別の視点で同じ日のなにかを切り取ったときの、そしてそれをまったく同時に視聴するということの、面白さ、かけがえなさ、それに怖さみたいなものを感じた。何度か、おそらく映画祭とかで海外に行ったときのであろう、ドバイやタイの町が映るとき、他の2面ではYCAMの日常が続くとき、取り残されたような寂しい気持ちになったりもした。一方で、同じ雪の日、虹の日、雨の日、霧の日、違う場所で撮られた雪や虹や雨や霧を見て、元気づけられる感じがあった。どんどん感動していった。その感動がもっとも高まったのは同じフェリーに乗った3人の撮影者が、船内で、違う場所に立って、船内の様子を撮っている、その3つの映像が並んだときだった。少しずつずれながら、なにかキュビズムの絵みたいなふうに見える3つの面の並びを見ていると、思った。人と人は同じ場所にいることはできない、でも、人と人は同じ場所にいることができる。

上映後、というか、これは1回、1時間その場にいれば見たことになる、ということにはまったくならない作品だよなあ、と思いながらも、出て、少し歩いたところにパネル展示されていた三宅監督の日記の抜粋を隅から隅まで読んだ、とてもよかった、「愛の映画になるのではないか」というようなことが書かれていた、そうだと思った。三宅唱の映画はいつだって愛の映画だとも思った。

YCAMのなかをうろうろして、ライブラリーをうろうろして、出ると、雨は弱まっていた。椹野川沿いを歩いた。けぶった、止まった、水があった。向こうに小さな山がいくつかあった、赤い橋があった、川の両岸を結ぶピアノ線みたいなものが何本も川の上にあって、メタリックなものがぶらさがってチラチラしていた、ウシガエルみたいなものが元気に、あるいは遠慮がちに、鳴いていた、ビールを飲みたくなった、うろうろ歩いて、コンビニでビールを買って駐車場で飲んだ、それからまだ時間があった、山口駅から空港へのバスは18時5分で、あと2時間あった。

それでまたコーヒーボーイに行って、朝と同じ外の席で、雨はもうほとんど降っていなかった、ブロンディの「Heart Of Glass」が外の音と混ざった聞こえ方で聞こえてきた。コーヒーを飲みながら、『読書の日記』の告知ブログを書いていたら泣きそうになった。商品説明の文言も作った。あとは、送料について調べて、Tシャツの写真を撮れば、とりあえず始めることはできそうだった。満足し、時間にもなり、駅に行き、バスに乗った。日帰りのショートトリップはいいものだな、と思って、バスに揺られ、空港に着いた。1時間くらい余裕がある、ゆっくりお土産のういろうを選ぼう、と思って、まず喫煙所で一服をして、それから搭乗のなにかの手続きをしにJALのカウンターに行くと、暗くなっていた、機械の画面もつかない、あれ、どうして、となっていると、空港の職員の人が近づいてきて、どうかしましたか、と言うので、なんかつかなくて、と言うと、あれ、もう、最後のやつ出ましたよ、との由。

一瞬、意味がわからなかったが、JALの最後の便は19時10分に飛び立ったとのことだった、バスが着いたのは19時20分くらいだった、今は19時35分くらいだった。乗っていたバスは、ＡＮＡの最終便に乗る人たちが乗るものだったらしかった、驚いた、このうっかりに驚いた。山口駅からのバスは、18時の乗ったやつの前はたしか15時くらいだった、だから、18時は最後だった、ということは乗るべきものはこれだろう、飛行機の出発時間は19時55分だから、18時のバスに乗れば19時20分には着いて、余裕ある、そう思っていた、が、それは間違っていた、飛行機の出発時間は19時10分だった、19時55分は朝の7時55分に引っ張られての認識だった。山口駅から空港へは、バスではなく電車を使わなくてはならなかった、どうやら、16時48分山口駅発の電車に乗って、17時52分に空港の最寄りである草江駅に着く、という必要があったらしかった。

ともあれ、やってしまった、まあしかしＡＮＡがある、1万円くらいだろう、仕方がない、と思ったところ、3万5０００円とのことだった、それは、ちょっと……しかしそれしかないわけだ……ほんとミスった……バカだ……と思っていたところ、ＪＡＬの方が出てきて、話を聞いてくれた、聞いてくれると言っても、「いやあ、驚いたことに、うっかりしていました、自分のうっかりに驚きました」という話しかこちらはすることはないのだが。「まあもうどうしようもないですもんね、ＡＮＡで帰ります」と。

すると、本来であれば出発前でなければできないのだが、あるいはバスの遅れ等の理由がなければできないのだが、明日の朝イチの便に変更の手続きをすることができるかもしれないとおっしゃる。まさかのご提案で、それならば、山口に一泊しよう、新山口ですかね、と尋ねると、宇部新川にいくつかホテルがあるという、そちらのほうがずっと近いという。それでホテルを探しつつあったところ、宇部新川方面行きのバスが出ますよというアナウンスがあり、すると、ＪＡＬの方はどこかに電話を掛け、そのバス2、3分待ってもらっていいですか、という。それで、あとの手続きはこちらでやっておきます、わかるようにしておきます、明日の、この時間の、この便です、宇部新川からの時刻表はここにあります、と、メモ書きと時刻表の記載された小さな冊子をくださり、さらにバスまで小走りでついてきてくださった。僕はなんだかもう、ＪＡＬが大好きになった。

バスに乗り、ホテルを調べながら宇部新川のほうに向かっていると、近くの座席の老人が話しかけてきて、なにかを聞かれたのでわからない旨を返答すると、宇部ははじめてかな？と言われ、そうなんです、と答えた。ホテルに当たりをつけて、着く直前、老人がまた話しかけてきて、「なにがあるのかわからないのだが、どういうわけだかホテルが今日は埋まっているみたいなんだよ」と、恐ろしいことを教えてくれた。当たりをつけた1つだった全日空ホテル前で降車して、最初にすぐそばのホテルニューガイアに電話すると、1部屋だけあるとのこと。全日空のほうも知りたい、と思い、いったん保留し、全日空ホテルに電話するもつながらず、小走りでロビーまで、いやニューガイアでいいじゃないか、この瞬間にも最後の1部屋が埋まるかもしれないのに、なにを、と思いながら、ロビーまで走り、ありますか、と問うと今日は満室だという。急いでニューガイアを取った。

チェックインしに行ってチェックインしていると、どういうわけなのか、先週くらいからずっと満室が続いていて、どうしてこうなっているのか、誰にも理由がわからないんです、という。なんだか背筋が凍るような心地が一瞬あったが、とにかく泊まれる場所を確保できたことに安堵し、部屋で各種SNS等にすいませんと思いながら「明日は15時から営業します」と投稿し、それから夕食と飲酒をしに出かけた。居酒屋で、なんか食った。山口の日本酒を2種類飲んだ。10時過ぎには眠くなり、戻り、ユニットバスでカーテンを閉めて、目をつむってシャワーを浴びていると、バスが左右に曲がるときの体の反応みたいなものが、赤い、黒い、まぶたの裏側で、じっくりじっくり繰り返された。

5月24日（木）

ホテルのベッドがやけに寝心地がよく、寝具も着心地がよく、快適に眠った、6時20分、起きた。チェックアウトし、早朝の宇部新川の町は気持ちがよかった、晴天。城みたいな建物が空に突き出ていた。ラブホテルだろうか。

バスで空港に行き、搭乗手続きをし、15分ほど遅くなった飛行機に乗って羽田へ。待っている時間、乗っている時間、パソコンを開いてずっとカタカタしていた。だいたい整った。あとは写真。それから郵送の値段の確定。

11時半ごろに帰った。飛行機に乗り慣れないので新鮮にそう思うのだが、飛んでいる時間が1時間ちょっとでも、なんやかんや時間かかるのねえ、と思う。結局5時間か。行きもそうだった。

家を出、郵便局に寄り、郵送のことを教わる、レターパック（プラスとライト）と、ゆうパック、これでいい、ということがわかる。買い物して店、仕込みを始める前にTシャツの写真を撮った。この段階ではとりあえず、どういうものかわかればいい、という写真になった。きれいに撮れないものだ、と学んだ。わかれば今は、いい。

それから仕込みを始めたところ、途中、指を切った。すぐに水に流しながら見ると、「あ、これは、病院行った方がいいやつかも」となった。レンズ豆くらいというか、コンタクトレンズ小くらいというか……指は、提供後のアンパンマン的な方向性のシルエット……血は、たぶんずっと出ている、すぐに布巾をかぶせたから見ていないが、どんどんにじんでいく。にじみは広がっていく。で、徒歩1分の整形外科に向かったところ、休診。そこから徒歩2分の総合病院に向かったところ、外科の先生不在。「治療が必要そうかどうかだけでも何か助言いただけないか」とお願いしたところ看護師の方が出てきてくれて、これはね、行った方がいい、ということだった、ガーゼだけ巻いてくださった、握っといてね、との由。受付の方が病院を探すためのサービスの電話番号みたいなものを教えてくださった、店戻り、それらに電話、最初の病院は休診。次の病院は新宿駅近くのJRの病院で、事情を説明し、総合受付から外科につながるも、先生が今診察中で、確認して折り返す、とのこと。受けていただけない場合もあるんですか、と問うと、大丈夫だとは思うが、自分の判断では答えられない、とのこと。待つだけなのももったいないので、東京医科大学病院に掛けた、またいくつか人が替わり、受けていただけるとのこと。2時ごろか。3時の開店にはまず間に合わないだろうしそもそもどうなるかわからないので店を休む旨を各所に書き込み、なんとなく煙草を吸って、出、自転車で向かう。片手を手術に臨む医者みたいな角度で曲げ、血に染まったガーゼをひけらかすような恰好で、そろそろと気をつけて自転車を漕いだ、右手だけなので不安定というか、ブレーキも前輪だけになるので、スピードが出すぎないように気をつけながら、走った、すると着いた。着信があった、JRの病院で、先生が今から手術なのでダメでした、とのことで、こちらの状況を説明し、謝意を伝えた。

病院に入り、受け付けをし、形成外科の受け付け付けに行くと、すぐに通してくれた。若い先生と看護師の方の二人は気持ちのいい人で、僕はケラケラと笑いながら、随所で痛がりながら、処置をほどこしてもらった。2箇所だけだから、麻酔なしで行きましょうか、と言っておこなわれた血を止めるためになにかでなにかを焼く処置が、とにかく痛くてジタバタした、一回では止まらず、うーん、なかなか止まらないですね、せっかくなのでちゃんと止めちゃいましょう、となって、またジタバタした。そのあと人工かさぶたみたいなもの、ガーゼみたいなものをかぶせられ、指をぐるぐる巻かれた。明日、血が止まっているかどうかの確認で、もう一度来ることになった。なんだか、明るい時間だった。三角巾で手を吊ってもらった。そのあと、看護師の方に破傷風の予防接種をしてもらった、ひと月後にもう一度するとのこと。さらに一年後にもう一度すると、向こう10年の予防になるとのこと。

処方箋は院外専用だったので、初台で受け取ろう、と思い、店に戻り、できる範囲の片付けをし、薬局。処方された抗生物質がない、近隣の薬局にもない、と言われ、もう少し範囲を広げたところ、あそこならある、とのことで、そこに行った、家にチャリを置いて、歩いて行った、散歩の心地だった。薬を受け取り、歩いているとドーナツ屋さんの看板を見かけ、入り、ドーナツを買った、歩きながら食べた、食欲がなかった、朝から何もまだ食べていなかった、なにもかもが面倒だった、なんの欲もなかった、ドーナツを食うと、甘いもの、もっと、と思い、コンビニに入って、しかししょっぱいもの、ひねり揚げを買って、くじを引いたところお茶ももらえた、帰宅し、それを広げ、ボリボリ食った。面倒だった。うんざりしていた。

そのあと少し散歩し、少し野球中継をＤＡＺＮで流し、なにもかもが面倒で、先日買った『新しきイヴの受難』を読み始めた、少ししたら眠くなってきた、本を閉じてうたうたしていた、何時なのかはもうわからない。

5月25日（金）

8時半起床。なんだか連日早起きが必要な日になっている、昨日もおとといも早く眠ったから睡眠時間は足りている。

バスに乗って病院に。形成外科のところで待っていると、隣のシートに座った、男性と、その母だろうか、がいて、30歳と65歳とかそんな感じの二人がいて、母のあれこれを息子がうるさく思っているらしく、「あんたは黙ってろよ」という感じでけっこうヒステリックにカサカサと怒気のこもった声を出して、不快であり、悲しい心地になる。母の出した手を乱暴に払うような動きもあって、嫌だった。

待ちながら、『新しきイヴの受難』を読む。1977年とかが原書の多分発行年で、イギリスの作家なのだろうか、舞台は今はアメリカで、アメリカはひどいことになっている。糞尿の撒き散らされた道路、暴徒と化した人々、我が物顔で動き回るねずみの大群、ハーレム地区には壁が建設されている。そんな中で、男と女が出会った。

診察の順番が来て、今日も若い先生だった、昨日は男性で今日は女性だった、こちらも気持ちのいい先生だった、軟膏を処方してもらい、あとは絆創膏をして、治っていくのを待つほかない模様。今の状態では、調理はとてもできそうもない、どうしよう、どうしよう、と思い、病院を出てすぐ横のホテルのわきに喫煙所があったのでそこで煙草を吸っていると、病院最寄りの喫煙スペースなのか車椅子の人が来て、煙草を吸いながら誰かと電話していた、今リハビリやってきたばっかりなんだよ、と、怒っていた。だからさあ、お前も、と怒っていた。僕はこういう簡単な怪我だから明るくしていられるが、それでも仕事のことを思えばうんざり暗くなるが、笑ってなんかいられない状況の人たちがいくらでもいくらでもいるのがこの場所なんだろう。見たくもない自分の本性みたいなものを見ることになるのがこの場所なんだろう。悲しくなった。反省もした。

バスに乗り、降り、なんとなくもんやりした心地だったのでコーヒーを飲むことにしてリトルナップコーヒースタンドに寄って、マキアートをお願いして、外で煙草を吸いながら飲んだ、濃いコーヒーを摂りたかったのかもしれない、それにしても食事をずっとしていない。

まあ、飲み物だけの提供ということで、開けよう、と決めた。ご飯があることでこそ、という方ももちろん、そしてけっこうな数、おられるだろうけど、読書が快適にできる場が開放されていればそれで、それこそが、という方もきっといるはずだから、そうしよう、と思った。飲食店じゃなくてよかったというか、これが僕がシェフの何か「これをこそ食って」みたいな店だったら、もうどうしようもないけれど、あくまでここは「本の読める店」だった、だからこそ、許されるというか、ありといえばありなやり方だった。それにしても不便で、文字を打つのもやりにくく、気が萎える。

家でそういった旨のお知らせを投稿してから店に行き、ゆっくり片付けをし、やる気は出ずに、もたもたとし、ご飯を、やっと食べ、悄然としながら、準備というか掃除をし、3時ごろ、開けた。

だらだら、ゆっくり、のんびりしていた。夕方ごろ、床屋のおかあさんが「お見舞い」と言って上がってきてくれて、怪我なんてするもんじゃないですねえ、という話をヘラヘラと愉快にしていたところ、お客さんが来てくださった。知ったうえで、来てくださったらしかった。ありがたい。そして、とても、とにかく、指は不便だった。いつもの20%くらいの速さでしか動けない感じがある。これは、こういう営業にして正解だった。とても、多くのことには対処できない。

夜になり、『読書の日記』の告知をあれこれに投稿していった。そうしたらうれしいリアクションを見かけたりして、そうしているうちにいくらか感極まるみたいな心地になった。いくらか泣きそうな。

Facebookの個人アカウントからの投稿で、「うーん、なんだか、いろいろなところに告知の投稿とかしていたら、いろいろうれしいリアクションを見ていたら、なんかちょっと感無量な心地がやってきたな・・・「小説家になりたい」って言ってた大学生のころの自分に聞かせてあげたいよ・・・小説でなく日記だけど、今の僕にとっては日記のほうがずっと小説だから、だからというか、なんかわからないけど叶った的なそういうあれなんじゃないの？という・・・いや叶うとか叶わないとかは全然違うというか、そういうことはどうでもいいんだけど、なんかこう、よかったねっていうのは間違いなくそうであるはずで、よかったね、って言ってあげたいし言ってくださいなので全員買ってください！」と書いた。

夜、何人かの方が来てくださる。心配とかをしてくださる。なんだか、あたたかい気持ちになった。

それにしても不便だ。左手は極力使わないで右手ばかり使っている、右手が疲れそう。『新しきイヴの受難』を少しずつ読んでいる。男はすべてを放棄して砂漠に向かった。なんか捕獲されて引きずられていた。

夜になるにつれて、閉店が近づくにつれて、シャワーを浴びて、傷口をきれいにして、というその場面を想像して、とても気が重くなっていく。何度も想像しては、「いたっ！」となる。ゾクゾクする。怯えている。露骨に怯えている。

閉店したが、帰る気にならず、だらだらとネットを見ている。おめでとう、おめでとう、おめでとう、たくさんのリプライをもらい、うれしい。たしかに、おめでたいことなのかもしれなかった。

重い重い腰をあげて家に帰り、風呂場に行き、しかしシャワーのあいだは左手は天井につけるような格好で掲げて、そのまま体を洗って出たから、声を出して笑った。予期される痛みに怯え、踏ん切りがつかなかったらしかった。予防注射を受ける前の、歯医者に行く前の、子どものような。しかしきれいにしないといけないので、避けるわけにはいかないことなので、洗面台で、そろそろと、ぬるま湯を流した蛇口の下に手を当てて、少しずつ、指先を保護しているものを取っていく。もう、指は出た、患部は、露出した、が、痛みは、予期していたような鋭い痛みは、生じなかった。あるのは鈍い痛みで、それはまったく問題なかった。なんだ、こんな簡単なことだったか、と思って、ふと傷口を見ると、「うわ」という気持ちになった、これ思ったよりほんと深いぞ、という。なんか見えてない？　という。もう見ないことにした。よく乾かし（時間を置くという方法で）、絆創膏に抗生物質の軟膏を塗って、貼った。早く、本当に早く、治ってくれと、それだけ思った。今この人生に自分が望むことは、指が早く治ることだけだった。

『収容所のプルースト』を読んで寝る。

5月26日（土）

昨日、『読書の日記』の告知をしてからはたくさんリツイートであるとかコメントであるとかいいねであるとかをもらうことになって通知がひっきりなしにあった、見ているとうれしくなるし、人の喜びが、跳ね返ってくるとき、時間の厚みみたいなものが、跳ね返ってくるとき、感動するものがあった、友人がFacebookで「とても大切な友人で、大学時代の同居人で、本の読める店Fuzkue店主の@Takashi Akutsuが本を、単著を出します。僕が、こう、今自分のことのように嬉しくって、タイピングをしながらほとんど泣きかけている理由を2、3だけ上げるとまず僕が彼の文章の最初期からのビッグファンであること。」と書いていた。「一緒に住んでいたとき、小説家を目指す彼がPCでタイピングしたほやほやの原稿を、ほとんどリアルタイムに、最初の読者として読んでいた、あの夜夜を思い出す。「できたよ！」と彼が言うたびに、それは彼の新しい文章であったり、とても美味しい料理であったりもするのだけど、わわ、と言う感情、ワクワク感を思い出す。」と書いていた。「僕は彼のただの1ビッグファンとして、彼が小説家になれると思っていた。そして今、日記の形式をした、彼の小説がついに本として生み出された。その推薦文というのだろうか、コメントを寄せた3人が保坂和志、内沼晋太郎さん、そして三宅唱くん（めっちゃ良い文章！）というこの10年間の彼の歴史を形作った人々が寄せているという圧倒的な幸せ感。」と書いていた。「クマ！　クマかー！という驚きもそうなんだけど、しかし厚さ１１００ページ!! というもうほとんど商売っ気を失ったようにも一瞬思える（Like a Fuzkue!）この姿に驚いた。すぐに僕の本棚から分厚そうな本ベスト3を取り出したところ、それはトマス・ピンチョン『ヴァインランド』、阿部和重『ピストルズ』、安原顕『映画ベスト１０００』でそれぞれ６００ページ強といった所なので、その2倍ｗｗｗ」と書いていた。「というほとんど何を言いたいのかわからなくなってきた、その先に残るはただの熱狂感だけが残った状態だけど、とりあえず自分用に1冊を買い、目下あの人に贈りたいなという用途で1冊を購入した。スペースの関係でまずは2冊といった形だけど、私は私の大好きな人の書いた本を、また別の大好きな人の大切な日とかに贈っていきたい、という所存です。つまりあれば、本を愛する全ての人は、みんな買ってね！と言う話！」と書いていた。営業中に読むんじゃなかった、と思った、ひくひくと涙がこみあげてきて震えて、驚いた、あわてて外に出て煙草を吸った、本を出すことができてよかったというか、こういうふうにまわりの人たちが喜んでくれるというのは、あれまあ、ものすごく幸せなことだ、と知った。涙がしばらく引かず、困った。

それにしても飲み物だけの営業だと、やることがない、仕込みがない、ということはこんなにも仕事として足りないというか、やることがなくなるか、という程度に、やることがない、アンタッチャブルな指がひとつあると、こんなにもなにもかもがやりづらい、洗い物や洗ったものを拭いたりするのが特にやりづらい、ときおり、間違えて、いてて、となる、不便で、他のところに負荷が掛かる、なんでも右手でやろうとして、右側がきっと疲れる、思ったよりもお客さんが来てくださった、週末のバジェットにほぼ乗るくらいのところまで来てくださった、感謝感謝だったし、フヅクエのなにか芯みたいなものを感じるところもあった、うつくしい時間が目の前にあった、僕も、本を読んだ。

海辺に立ち並ぶ家を描いた風景画の前で、その素晴らしさにうっとりしながら、彼は立ち止まります。黄色い砂の上の青い人影、そして、太陽の光を浴びた小さな黄色い壁面。ここでプルーストは作家としての意識をあらためて検証します。「小さな黄色い壁面、

小さな黄色い壁面、とベルゴットは小声で繰り返した。私はこんな風に本を書くべきだったのだ、この壁面のように、同じフレーズに何度も立ち戻り、書き直し、膨らみをもたせ、何層にも重ねて。私の本はあまりに乾いていて、少しも練られていなかった」。ここで、ベルゴット＝プルーストは、ふとあるフレーズを漏らすのですが、それは彼がアナトール・フランスの弟子であるということを考えると、驚くべきものです。「ほとんど誰だかわからない画家が、ほとんど目に見えないような細部に、これほど熱心に取り組んだというのは、一体どういうことなのだろうか。おそらく誰も気づかず、理解できず、奥底までは見ないであろう目標に向けて、これほど絶え間ない努力を捧げることに、何の意味があるのだろうか。それはまるで、私たちが、調和と真実の別世界で作られた法則のもとで、正義と絶対的真実と完璧な努力を追求して、生きているかのようだった。その世界の反映が、私たちまで届き、私たちを地上で導いているのだ」。

ジョゼフ・チャプスキ『収容所のプルースト』（岩津航訳、共和国）p.100, 101

小さな黄色い壁面、小さな黄色い壁面。ジョゼフ・チャプスキの『収容所のプルースト』を読んでいた、読み終わった、チャプスキの年表を見ると、1896年が生年で1993年が没年で、ほとんどまるまる20世紀の全部を生きた人だったと知った、ほとんどまるまる20世紀の全部を生きた人のことを読んだばかりではなかったかと思い出した、『マザリング・サンデー』の主人公の女性がまさにそうだった。思い出し、語ること、思い出し、語ること。プルーストもチャプスキも、死を目の前に見ながら、思い出し、語った。訳者のあとがきがこれもまた魅力的だった。岩津航。

時間とともに開示される意味とは、プルーストの作品の主題そのものである。そう考えると、捕虜収容所内でチャプスキが想起したプルーストこそは、逆説的に、最も純粋な読書体験の記録と言えるかもしれない。解放後に講義を再現するにあたって、あえて原文を参照しなかったのは、彼にとって最も貴重なプルースト像を、正確さによって裏切りたくなかったからではないだろうか。

同前 p.184

正確さによって裏切る。とってもいい。記憶違い、思い込み、その豊かさに触れたい。黄色い壁面、のところはまさにそうだった、訳注に実際の文章が載っている、鈴木道彦訳のもので、こうあった。

(75)「彼は目をすえて、ちょうど子供が黄色い蝶をとらえようと目をこらすように、この貴重な小さな壁を眺めた。「こんなふうに書かなくちゃいけなかったんだ」と彼はつぶやいた。「おれの最近の作品はみんなかさかさしすぎている。この小さな黄色い壁のように絵具をいくつも積み上げて、文章（フレーズ）そのものを価値あるものにしなければいけなかったんだ」」。『囚われの女Ⅰ』、三五五頁。

同前 p.133

いくらかの記憶違いによるチャプスキ版のほうがなにか広がりがあるような気がする。小さな黄色い壁面、という言葉がぐっとせり出して、記憶に定着して、というチャプスキの読書とその記憶という物語と時間の厚みをそのまま物語っている感じがあり、二重に豊かであるような気がする。“petit pan de mur jaune”がそれらしい。小さな黄色い壁面。それにしてもこうやって読んでいるあいだ、ずっとプルーストを読みたい欲求が高まっていったのだが、訳者が、チャプスキがその登場人物について語らなかったことが不思議だ、といったエルスチールという画家についての、「エルスチールの絵は、印象の錯覚とその修正をともに表現する。それこそが、観察者にとっての真実だからだ。プルーストもまた、ある人物についての最初の印象が次々に知識や経験によって変容していく様子を語りながら、最終的な真実とは何かということについて、考察をめぐらせていく。それこそが、この長大な小説が長大でなければならない理由でもある」というくだりを読んだら、フォークナーの『死の床に横たわりて』を思い出した、同時に、もう、強烈に読みたくなって、なったので本棚から取ってきた、ちくま文庫の井上究一郎訳。10年ぶりとかに開く『失われた時を求めて』は、そうか、こんなふうか、というふうだった。読点、読点、でセンテンスを拡げていく、半ば強引なその拡げ方はとても好きだった、プルーストはさっそくあれこれを際限なく思い出していた。よくもまあそんなに、というほどに思い出していた。

5月27日（日）

朝、パドラーズコーヒー。アイスラテを飲んだ。夏に近づいていく。

13時49分、野球のページを見ると、日ハムと西武の試合は2回の時点で4対7の打ち合いになっていた、誰が先発だったっけ、と見ると有原航平で、まだ立っていた、1回に6点を取られ、2回にも1点を取られているところだった、見ると、その時点での球数は30球だった。どうやったら30球で7点も取られるんだよｗｗｗと思って愉快な心地になった。

ゆったり、しているので『失われた時を求めて』を読む。昨夜は寝る前にも読んでいたが驚くほどすぐに眠りに吸い込まれていった、今日も、営業中だが、眠りが手招きしてきて困る、面白い、とても面白い、と思いながら読みながら、いっぽうで眠気が立ち上がっている、面白い。ひとつの鈴の響きから、進んで、進んで、また鈴の音に戻るまでに15ページを要する、この戻ってきたときの喜びは強い。ということを、10年前に引かれた赤や青の線やメモが教えてくれる。また、線が引かれたところが、同じように面白かったり、もう特別面白くは感じなかったりするその変化も面白い。線が引かれたその直後がむしろ今は面白い、というようなこともあって面白い。

そののち私が正確に知ったスワンから、私の記憶のなかで、この最初のスワンに移るときには、一人の人物とわかれて、それとは異なるもう一人の人物のところへ行くような印象を私はもつのである。この最初のスワン——そんな彼のなかに私は自分の少年時代のかわいらしい過失を見出すのであるが、その彼はまた、のちのスワンよりもむしろこの当時に私が知った他の人々に似ているのであって、この人生にあっては、あたかも一つの美術館のように、そこにあるおなじ時代の肖像画はすべて同一の調子をもち、同一家族のように見えるものなのだ――

マルセル・プルースト『失われた時を求めて 1 第1篇 スワン家のほうへ』（井上究一郎訳、筑摩書房）p.33

かつてのある人は、そののちの当人とよりもかつて同時代を生きた人々との方が似ている、というそれに感心した。そういうことはありそうなことだなあ、考えてみたこともなかった！ という感じで。

それにしても、ママからおやすみのキスをしてもらいたい、という欲望が、微細に微細に描かれ続けているのだけれども、謀略をめぐらせた末にどうやら部屋に来てくれそうだというところに漕ぎ着けて叫ぶ「ママはたぶんきてくれるだろう！」というこの叫びにこちらまで喜びを感じ、そして失敗したことを告げる「母はこなかった」というそっけない言葉に、ああ……と落胆する、させられる、この切実なありようはすごい。え、マジで、来てくれなかったの……？ と思った。この、大人から見たら極めて些細なことでああだこうだ言っているように見えておかしくなってしまうようなことを、ここまで切迫したものとして描き出すこのありようはすごい。すごい、すごい、と思いながら読んでいる。暇だ。

途中で読書をやめて、ぼーっとネットを見たりしたあと、オンラインストアでの商品発送のフローをちょっと先に真面目に考えておかないと、と思っていろいろ書き出したりしていた、ひとつひとつ、どんな段取りになるのか、それを実現するためには今なにが足りていないのか、想像しうる範囲で書き出していった。それから、どうしたら効率よく宛先のシールのようなものを作れるのか、購入記録をCSVファイルで出して、それをいじって、そこからどうやったら、いちばん簡単に、ぱっとたくさんのシールを作れるのか、検討しながら、しかし、そんなにたくさんの量になると、どうして思っているのだろう、と思った。さばききれないほど売れてほしい。

そうやっていたら、どんどんむなしく、さみしくなっていった、心細さが胸のあたりにあった、いろいろなことから置いてきぼりにされていくような、なにかが遠のいていくような、感触があった、おそろしかった、指のせいだった、それから、指だけでなく体全体がなんだか、皮膚の調子が、おかしい感じがあった、ガサガサしている。

体全体がなんだか敵対してくる感じがあり、とても頼りない気分になりながら帰って寝た。

5月28日（月）

仕込みがないとまったく別の仕事になるというか、間延びにもほどがある、という程度に間延びした気分のなかで生きている、家を出る時間もずっと遅かった。なんとなく、ベランダで煙草を吸ってから出ようと思い、吸いながら、今日もだらだらプルースト読んで過ごすか、と思ってから、いやいや、今できることをやっちゃわないと、と思った、しかし、奮い立たせなければ、する気にはならないだろう、というか、今できることってなんだっけ。なんかあったっけ。

今できること。昨日の続きの、発送のワークフローをよくよく検討していくこと、それを、開店したあと、しばらくやっていた、そのあと、『GINZA』の連載の文章を書くことにして、書いた、夕方になって、書けたような気がして、よかった、そのあと、プルーストを開いた。少し読んで、それから彩流社の『ラテンアメリカ傑作短編集〈続〉』を開いて、ホルヘ・エドワーズのやつから読んだ、そのつぎにフアン・ルルフォのやつを読んだ、これは『燃える平原』に収録されているそうだ、予期していた通り、まるで覚えがなかった、そのあとでオラシオ・キロガの「ヤグアイー」を読んだ、これがとても面白かった、犬の話だった、犬が、吠えたり走ったり水を浴びたり獲物に飛びついたりしていた、読んでいて、肩が、両肩がどんどん重くなっていった、とてもうんざりした、とてもとても重かった、疲れた、なにに疲れたのか、疲れた、働きたい。

また戻って、暇で、ソファで、プルーストを読む。昔のメモや線にとらわれたりしながら、昔よりもずっとビビッドな気分で読んでいるような気がする、ずっと面白いような気がする。

そのようにして、二夏のあいだ、コンブレーの庭の暑気のなかで、私は当時読んでいた本のために、川の流の美しいある山国へのノスタルジーを抱いたのであるが、その地方には製材所がたくさん見られるように思われ、またその清らかな水辺にわけ入ると、クレッソンがかたまって生えているその根もとに、木屑がくさっていたし、あまり遠くないところに、低い壁に沿って、赤味をおびたむらさき色のいくつもの花の房がのぼりあがっていた。そして、私を愛してくれるにふさわしかったある女性への夢がいつも私の念頭にあったから、その二夏のあいだ、その夢には川の水のつめたさがしみこんでしまったし、また私の思いうかべた女性がどんな姿であっても、ただちにその両脇から、赤味をおびたむらさき色のいくつもの花の房が、補色のように立ちあがってくるのであった。

マルセル・プルースト『失われた時を求めて 1 第1篇 スワン家のほうへ』
（井上究一郎訳、筑摩書房）p.143

その夢には川の水のつめたさがしみこんでしまった。

5月29日（火）

前夜、カレーを食べた、その後、カレーを食べたい、と思っていた、それで、昼前に起きて、やはりカレーか、と思い、どうしようか、と思った。14時には電車に乗っていたかった、向かうのは大崎だった、どうしようか、と思った、食べたいカレーは幡ヶ谷の青い鳥のカレーだった、大崎は、幡ヶ谷からであれば、京王新線で新宿に出て、山手線か埼京線だった、でも、その経路は取りたくなかった、それで、でも、どうしようか、と思って、家を出て歩き始めた、しかし、やはり新宿駅を使うことを避けたい気分があって、立ち止まった、家に戻り、自転車を取った、それで青い鳥まで行った、青い鳥で、チキンカレーとふきと豆だったっけか、の2種盛りで食べた、やっぱり、とてもおいしかった、ご飯を大盛りにしていただいたが、普通盛りでよかったと思った、お腹が膨れた。カウンターで食べた。

テーブルには、3人組の男女がいて、よそのお店の人の悪口を言っていた、大嫌い、と言っていた、僕も行ったことのある店だった、そこの店主は、インスタでフォロワーが多い人しか雇わないということだった、見目が麗しくて、フォロワーが多い女の子しか雇わないらしかった。えげつなくて面白い、と思った。どうも3人とも、モデルであるとかそういう仕事をやっているようだった、男は最近、ある女から遊ぼうと誘われた、何をして遊ぶのかと思ったら、家に行ってまったりしたい、と言われた、そのあと、愁嘆場が演じられた、それはきつい、と女たちは笑った。そのあと、エロいおっさんがプロデューサーとかだったかで入っている現場はどうこう、とか言っていた、でもしかたがない、笑ってやり過ごす。細い、軽い、若い女の声が、ま、仕事ってことですよ、と言っていて、いくらかの凄みを感じた。そのあと同じ声が、もう干されたくないなあ、と言っていた。

自転車で家に戻る、それで置き、代々木公園駅に歩いていく、それで、千代田線に乗る、明治神宮前で降り、原宿から山手線。これが、取りたいルートだった、穏やかで平和な、ルートだった。

大崎で降りたのは初めてだった。たくさんの高いマンションであるとかが林立していた、よく整備されたそういうあたりの道を歩いていくと、会場があって、アトリエ・ヘリコプターだった、五反田団の『うん、さようなら』を見に来た。

俳優とは、すごい存在だなあ、と何度も思いながら見た。おばあちゃんたちを描いた舞台だった。若い俳優たちが、おばあちゃんをやっていて、それは確かにおばあちゃんだった、それが、主な場面となっているある日のおばあちゃんたちの熱海一泊旅行から何年も経って、一人が呆けて老人ホームに入ったそこに一人が会いに行ったその場面で、わあ、すごい……！となった。さっきまで、機敏に動く声の張る元気な老人だったのが、突如としてまったく呆けた老人になっている、その震えや猜疑の目が、まったく老人で、わあ、すごい……！となった。なんだかすごくよかった。

俳優はすごいなあというのは、演技だけでなく、暗転してまったく暗くなったところで立ち位置を変え、あるいは退場し、次の場面に備えるような、そういう運動もまた、俳優の仕事であり技術なんだよなあというのが実感され、それは簡単そうにやっているけれど高度なことなんだよなあ、というのが実感され、すごい、と改めて思った。何度も思った。

客席は、窓外の景色となり、あるいは乱れ咲く一面のつつじとなり、あるいは海となった、彼女たちが視線をこちらに向ける、じっくりと視線を向ける、それだけで、そうなった、すごい、と思ってまた、この演劇を僕が感動しているこの感動はやはり、ここで描かれる人たちが誰一人として悪者にされていない、すべての人物が同じやさしい視線で扱われている、そのやさしさにあるのだろうなと思った。ジエン社も同じだった。僕はきっとこういう感触を得たい。

演者の一人が、とても思い出深い人だった、かつて岡山の店のときに一時期、バイトをしてくれていた、最初期で人手が足らず、とても助けてもらった、そういう人だった、上演後、トイレから出て1階のロビーに入ると、目の前にその人があって、目が合って、しばらく、数秒、目が合って、気づいて、それでいくらか話した、なにか、感慨深いものがあった。とても、感慨深いものがあった。

じわじわと、よかったなあと思いながら、大崎のまた同じ町並みを歩き、見え方はもっとマイルドなものになった、川があって、抜けて、駅に上がった。同じルートで帰り、いったん家に帰り、それから渋谷に出た、時間がまだあったのでフグレンに久しぶりに行った、なんでだかけっこう久しぶりになった、縁側も中も、人はたくさんで、本当に人がたくさんだ、と思って、ソファが1席空いていたのでそこに座って、コールドブリューのコーヒーを飲みながら、その時に掛かっていた音楽をシャザムに聴取させたところスティーヴィー・ワンダーで、その同じアルバムをApple Musicで流してイヤホンで聞きながら、しばらくプルーストを読んでいた、するとわりとすぐに、たくさん席が空いて、ソファで楽しそうにしていた韓国語を話している女性二人も出て、出ると外で、執拗に写真を撮って、それからいなくなった、そのあとに煙草を吸いに外に出ると、縁側もほとんど空っぽになっていた、来たときは一番すごいタイミングだったことがよく知れた。

本をしばらく読んでから、丸善ジュンク堂に行った、それで外国文学のあたりをあれこれ見、しかし特にこれという気にならず、それで武田砂鉄の『日本の気配』と内沼晋太郎の『これからの本屋読本』を買って、出た、友だちと合流し、まだ少し時間があった、微妙な空き方だった、セガフレード・ザネッティに入ってビールを一杯飲んだ、そのあと予約の時間になったので台湾料理屋さんの故宮に行って、ひきちゃんが合流して、どれもおいしかった、食べて、飲んで、眠くなって、みんなが楽しく満足して生きていけたらいいな、と思って、切実にそう思って、それで11時には家に帰っていた、もう眠いから、プルーストを開いても仕方がないからと武田砂鉄を開いたが、やはり眠く、すぐに寝ついた。

5月30日（水）

グレアム・スウィフトの『マザリング・サンデー』のことを考えていた、あれは、僕は、岡田利規の『三月の5日間』が他のなににも掛け替えようのないものとして好きで、大好きだが、あれは、いわば2016年版1924年版イングランド版の、よくわからないが、の、『三月の5日間』みたいなことだった、と、思って、それから、思った、たしかにあの小説で描かれるその一日は三月だった、ということは、『三月の1日』というタイトルでもおかしくなかったそういう小説だった、あの、「超スペシャルなこと」といわれるひとつの部屋の出来事が、「人生死ぬ前に思い出す可能性相当高い思い出になる」といわれる出来事が、同じように1924年のイングランドで、起きていた、2016年にそれが書かれた。『三月の5日間』の小説版が収められた作品集のタイトルはそういえば『わたしたちに許された特別な時間の終わり』だった。そうだった。『マザリング・サンデー』がこのタイトルであってもおかしくなかった。

店を開けて少しだけ必要なメールを送ったりしたところ、やることがすぐになくなった、それで、すると、なにか甘いものをつまみながら本を読みたくなった、この欲求はまったく久しぶりだった、かつては、かつての一時期は、毎日なにかしら甘いものを食べていたが、もうずっとそういうことはしなくなっていた、食べたかった、それで、誰もいないのをいいことに「すぐに戻ります！」の張り紙をして店を閉めてコンビニでチョコレートでコーティングされたクッキーを買って戻り、コーヒーを淹れ、『これからの本屋読本』を読むことにして、読み始めた、読んだところ、本をめぐる本として以上に、本屋をめぐる本として以上に、商いをめぐる本として、我が身に引きつけながら読んでいた、テンションが上がっていくようだった、なにか、俺も、始めたい、というような気になるというか、勇気をもらう、がんばれるような気がする、もっといろいろがんばりようがあるような気がする、がんばりよう、楽しみようがもっといろいろあるような気がする、もっとやってやるぜ、という気になる、それで僕はぐんぐんと明るい気分になっていった。問いを立てる力。

それにしてもまったくの、まったくの暇な日だった、手負いで制限のある営業で、そう、だからこれはしばらくは長めの休暇みたいなものだ、謳歌しよう、のんびりやろうぜ、と思っていたのだがすぐに、その暇さに飽きて、呆れて、虚しくなって、僕はソファにどっと腰掛けて本を読んでいた、コーヒーを何杯も飲んだ、虚しい、と思いながら、手元の本によってなにか照らされるような相反した感覚もあり、読み、読んでいると、途中、フヅクエが言及されている箇所があり、それで僕はなんでだか、大笑いした、なんでだか、ここで説明されている素敵な店と、この今の状況の、誰もいない、ろくでもない惨めな今の状況のギャップみたいなものがおかしかったのか、ブワッハッハ、と笑った、笑ってからまた読み、そのあとに、

> 少し広げて考えるならば、たとえば書店の近くで長年営業してきて、本を買った人がそのまま本を読むために訪れ、ゆっくりとした時間を過ごしていくような飲食店は、広義の「本屋」の役割を果たしてきたともいえる。本を読むのが気持ちよく、また本を読む他の客を眺めていると、ますます本が読みたくなるような店だ。たとえば「本屋」になりたいと考え、飲食との掛け算を考えている人がいるとする。いろんな案を練ったとしても、最終的にはその人にとって、店で本を売らなくても、並べさえしなくても、書店の近くで営業し、その客に本を読むことを楽しんでもらえるような飲食店をやることが、理想の「本屋」の形だった、ということもあり得るはずだ。
>
> 内沼晋太郎『これからの本屋読本』（ＮＨＫ出版）p.210, 211

とあって、ほんとそうだなあ、と思った。と同時に、なにか書店にパラサイトできるような場所に出せばよかった、とも思った。出せばよかったというか、いや、いいんだ

けど初台で、いいんだけど、そうだよなあ、と思った。思って、読み続けた、誠光社の方をまじえた鼎談が、凄みがあったというか、もし僕がこれから本屋を始めたいと思っている身だったら、ドキドキする、自分はやめておこうかな、やっぱ俺みたいなやつには厳しいよな、と思ってドキドキしそうだ、と思った。

堀部　なので、数字の目標というより、どういう生き方をするか。数字は結果にすぎないんです。ビジネスとしてはこういう資料を作るのが当然ですが、僕は作りませんでした。この数字の通りにならなくても我慢できるか、どれくらい続けられるか、やっている状態にストレスがないか、ということを重視しています。

僕なら店を始める際、収益計算の前にソフト面の話をします。それは、価値観としてどんな感じのお店にしたいのか、品揃えはどうしたいかということです。結局一年やって、僕、ほとんどお金貯まってないんです。出版社としても本を五冊出しているんですが、お金ぎりぎりまでアイデアが出てきて、やりたくてやっちゃうんですよね。

でも、それで満足というか、それが財産になっています。

同前 p.233, 234

やりたいことをやることそれ自体が財産であり報酬であると、最近考えていたところだったので、財産、という言葉が出てきてうれしくなった。

閉店し、あと少しだし、と思って外は小雨だし、ミックスナッツとバナナチップスをつまみながら読んでいったところ、読み終えた、最後の章は著者のこれまでの取り組みというか仕事というか人生というかの話で、仕事を作っていく物語が描かれていて、徐々に仕事になっていく様子に、すごいなあ、仕事を一から作りあげたんだなあ、かっこいいなあ、と思った。今日の売上は３４５０円だった。

とぼとぼと家に帰り、フローリングに横になった、仰向けになった、夕飯を食べるのも億劫な心地だった、それでビールを飲みに行こうとタラモアに行ってみるとサッカーの試合を大きなスクリーンで流しているということだった、サッカー見ますか？と聞かれてどちらでもいいと伝えたところカウンターに通された、カウンターからも、大きくはないが十分な大きさのディスプレイがあってそこで試合が映されていたため見られた、そのため一所懸命チャントをしながら静かにビールを飲んだ、マッシュポテトとフライドポテトを、危うく同時に注文するところだったが回避した、サラダとソーセージ、マッシュポテト、食った。ビール２杯、飲んだ。試合が終わると、阪神戦の中継に切り替わった。モレノという投手が投げていた。知らない存在だった。

以前タラモアに来たとき、初めて来たとき、そのときはキャンプの時期だった、テレビで阪神の練習風景が流されていたんだった、そのことを思い出した、選手たちが順繰りにノックを受ける、そんな映像が流されていたんだった、テレビを通して練習を見るというのはけっこうとても面白かったんだった、そのことを思い出した。

家に帰り、途中で買ったビールとポテチを開けて、プルーストを開いた。

5月31日（木）

ポテチを開く前にシャワーを浴びた、浴び終え、指をいつものようにきれいにするべく絆創膏を剥がした、すると、昨日までとは異なる感覚があり、もしや、と思って指先、削ぎ落とした断面を見てみる、これまでほとんど直視しなかったそれを見てみる、すると、治ろうとしている！という断面がそこにあり、僕は快哉を叫んで、小躍りしながら部屋に戻った、こんな喜び、ここ何十年で一度でも味わったことがあっただろうか、というような喜びだった、びっくりするくらい嬉しくなった、生きていてよかった、というような。よほど、怪我をしてなにもできない忸怩たる状況を先の見えない感じで生きているのが気持ちを塞がせていたのかもしれない。ともかく、先が見えた感じがあった、あと数日もすれば、かさぶたくらいには、なってくれるのではないか。

それで、今朝は、9時から病院の予定だったが、よくなっていっていたら別に必須じゃないというお達しを先週の時点で受けていたので、行かないことにして、病院にキャンセルの電話を入れ、また寝た、いくら寝てもまだまだ眠りたかった、でも店があったので、店に行った、店に行って、ご飯を食べて掃除をしたら開店できてしまう、なんの準備もいらないこの営業はいったいなんなんだろう、この弛緩した営業は、と思いながら開いた店の中で息をしていた。

本を読んでいた、武田砂鉄の『日本の気配』を読んでいた、面白い。「政治は暴走する。違和感や憤怒を引きずるためには、政治家の言葉を執拗に引っぱり上げるべきだと考える。それは、失言ではなく、発言である。失言と言うから、彼らは「真意ではない」などと逃げる」とあり、失言ではなく、発言である。膝を打つようだった。膝を、終始打ちながら読んでいる。あざができそうだ。

そんなふうに、私のそばを、ジルベルトというその名が通りすぎた、一瞬前までは、彼女は不確定な映像にすぎなかったのに、たったいま、そのような名によって、一つの人格があたえられたのだ、いわば護符のようにさずけられた名であり、この護符はおそらくはいつか私に彼女を再会させてくれるだろう。そんなふうに、その名が通りすぎた、ジャスミンや、においアラセイトウの上で発せられ、みどりのホースの撒水口からとびだす水滴のように、鋭く、つめたく、そしてその名は、それが横ぎった——と同時に、他から切りはなしている——清浄な空気の圏内を、彼女の生活の神秘でうるおし、そこを虹色に染めながら、彼女と暮らし彼女と旅する幸福な人たちに、彼女をさし示し、そうした幸福な人たちと彼女との親密さ、私がはいれないであろう彼女の生活の未知のものにたいする、私にとってはいかにも苦しい、彼らの親密さの、エッセンスともいうべきものを、ばら色のさんざしの下の、私の肩の高さのところに、発散させているのであった。

マルセル・プルースト『失われた時を求めて 1 第1篇 スワン家のほうへ』
（井上究一郎訳、筑摩書房）p.238

つめたく、そしてその名は、それが横ぎった——

うっとりする。

夜、風呂上がり、これまで徹底して避けることだった指の直視という行為が、今度は褒美のようなものになった、まだ見ないよ、まーだ見ないからね、お楽しみは取っておくんだから、という感じでなかなか見なかった、やっと見て、ほっほっほ、と思った、思ったが、そんなに進展があるわけでもなかった。昼、ツイッターのリプライで「キズパワーパッド」という絆創膏を教わり、さっそく買っていた、それを貼った、これは肘とか、そういう場所に付けるやつかしら、というような大判の包装というのかあれで、間違えたかな、と思ったが、開けてみたらその大きなやつの中にとてもちっちゃく、それは置かれていた、間違っていなかった、それを貼った。よくなれ、と思って、ウイスキーを飲んだ、考えてみたら怪我をしてから四日間くらいだろうか、そのくらいのあいだは飲酒をしなかった、なんだか飲む気にならなかった、それが月曜くらいから飲むようになった、いいことだった、少し、プルーストを続け、寝た。

6月1日（金）

山口の居酒屋。怪しげに光る扉の映像。というか扉の一部だけがぼんやりと明るんでいて、他は真っ暗だった、気配としてはゴールデン街のような小路という感じの雰囲気だった、両脇のすぐのところに壁があるような。

そのあと、あのコンビニの改装かなにかがやっと終わったのだと聞いた、ロードサイドのだだっ広い駐車場のあるセブンイレブン。その前を通ると駐車場の横の敷地に巨大な住宅ができていて、コンビニで儲けて大きな家を建てました、ということらしい、長男一家への何かだとも聞いた。そのまた隣の敷地には新興宗教の施設もあって、このオーナーはどちらも所有しているんだったたっけか、忘れた。

そういう夢のあとに起き上がって店に行った、数日前からお湯が出なくなった、二日ほど前に業者の方に来てもらったところ何かがやはり故障しているらしく、今朝、その修理に来てもらった、10時から11時のあいだ、ということだったので10時には店にいた、コーヒーを淹れて、Oneohtrix Point Neverの新しいアルバムを聞きながら、武田砂鉄を読んでいた、修理の方が来られた、修理が始まった、僕は椅子に座ったまま本を読んでいた、「文書を根こそぎ否定していた菅官房長官が何を言うのかと身構えていると、『怪文書』という言葉が独り歩きしたのは極めて残念だ」である。卒倒する。この方々は日本語の限界に挑んでいるのであろうか」という一節に大笑いして、一節にというか、日本語の限界に挑むというところがとてもよくて、読み続けながら、切れ味にしびれる、かっこいい、泣きそうになる、と思ってから、同じ感触をそういえば、『紋切型社会』

のときにも感じたことを思い出した、それで、そうだそうだ、言いたかったのはきっとこういうことなんだ、よくぞ言語化してくれた、そうだそうだ、と思って、思ったあとに、その、溜飲を下げるような、そういう自分の感覚に、いいのか？ それで、わかってくれる人がいる、言ってくれる人がいる、とか思って、任せたままにしているだけじゃないか、いいのか？ それで、というふうに、あのときも思った、今朝、同じことを思った。お湯が出るようになった。

修理には2万円が掛かった、泣きっ面に蜂だなとすぐ思うけど、すぐ思い直す、怪我をして縮小営業をしているこのタイミングでよかった、お湯が出なくても大して問題にならなかった、直った、次は治る番だった、早く。俺は今日も一日中、座ってダラダラするのだろう。

そのとおりにダラダラしていた。武田砂鉄を読みながら、ダラダラしていた、慣れてはいけない、こんな言葉の運用や不誠実な態度に、慣れてはいけない、いちいち言わなくてはいけない、言い続けなくてはいけない、総じてそういうことがたぶん書かれていた、「訃報をこなす感じ」という、タイトルから僕はなにか大喜びするようなその文章で、「訃報と朗報」というタイトルでまず朗報を書いて併せて訃報に触れるそういうブログを書いたスポーツ選手があった、という話で、ほんとみんなあんまり簡単にＲＩＰしすぎと思って、でもそのブログ記事はもう完全にいろいろが崩壊した感のあるイッちゃった感じが面白くて、「訃報と朗報ｗｗｗ」となってしばらく笑いをこらえながら読んでいたら、そうではなかった。

お通夜に行って悲しかったけど、その場で食べたお寿司がおいしかった、という接続は許されないし、お通夜で久しぶりに会った同級生との「20年振りの再会!!」という写真をアップすることは許されない。しかし、人は、その人が亡くなったことをしっかりと悼みながらも、この寿司はそこそこいけるとも思えるし、離れたテーブルに座っていた同級生の姿を見つけて、腹の内で喜びながら「こんなところでってのは残念だけどさ」と静かに語りかけることができる。マナーというのは、人それぞれでスケール感が異なる場面でも一つの指針を優先しなければならないという顔立ちで迫ってくるから、ただただ苦手。マナーとは、自分の中に生まれた、その時々の感情の階層を明らかにしてはならない、と強いる働きかけでもある。

武田砂鉄『日本の気配』（晶文社）p.254

そこから最後は「今、私たちが見つめ直す生と死は、もしかして彼女のうっかりブログにあるのではないか。「そしてここからは悲しすぎる訃報です」と大胆にないまぜにする展開は、人の死を体感する、程の良さを持ってはいなかったか。なかなか危ういブログだが、澄まし顔のルーティーンよりはマシに思えた」となって、いやあまったくもって、とやすやすと同調しながら感動しながら読んでいたら、暇で、なにも価値を自分は生み出していない、誰の役にも立っていない、そういうことを思っていたらどんどん悄然としていった、その気分がいちばん落ち込んだあたりでお客さんがとんとこと来てくださり、働くことになり、マジで、生かされている、と思った、帰り際に、すごくよかった、驚いた、と言ってくださった方があって、それはとてもうれしい言葉だった、マジで、生かされている、と思った。それにしても一本の指が使えない、アンタッチャブルな指が一本混ざっている、という手は、本当に使いづらい。洗い物と食器拭きのときに引き続き痛感する、つまむことしかできない、グラブができない、やりづらい、それでも今日は、洗い物があり、食器拭きがあるということがありがたかった。

読み終わってしまった。

今日はプルーストが手に取られず、武田砂鉄一辺倒になって、結果として読み終わった、プルーストを手に取るのはやはり何かしらのハードルがあるようだ、負荷が大きい、文字を追いながらも、ちょっと気を抜くと、あっけない簡単さで自分がいま何を読んでいるのかまったくわからなくなるというか、読んでいるつもりだった場面をまったく読んでいなかったことになる。昨日もそうだった、読んでいると思っていて、あれ、何読んでんだっけ、と思って引き返すと、一瞬たりとも頭のなかで像を描いたことのない場面がそこに描かれていた、ということがあった。

というそのあとはプルーストを読んだりメールを打ったりしていた。

しかし、それにもかかわらず彼らは、公爵であり公爵夫人である以上、私にとって、見知らぬ人間ではあっても、現実の存在であることに変わりがなかったとすれば、こんどは逆に、公爵という称号をもった人物が、途方もなく膨張し、非物質化して、その人物自体のなかに、彼らがその公爵であり公爵夫人であるあのゲルマント家を、太陽に照らされたあの「ゲルマントのほう」の全体を、ヴィヴォーヌ川の流を、その睡蓮とその背の高い木々を、そしておびただしい晴天の午後を、残らずふくむことができるようになるのであった。

マルセル・プルースト『失われた時を求めて 1 第1篇 スワン家のほうへ』

（井上究一郎訳、筑摩書房）p.288

かつて、緑色のボールペンで囲んだこの一節が、同じようによかった、というか総じて、線で引かれたところはやはりだいたいにおいては今も何かしらぐっとくるらしかった。

このいくらか前のページに、川べりの小屋に一人で住んでいる若い女のことが書かれていた。男と別れ、男が決して来ることのないであろう、そしてそこに住む人たちが決してその男のことを知らないであろう、そういう土地に引っ越してきた女ということだった、その挿話は、なんだか異物感があったというか、この先また、出てくるのだろうか、出てこないとしたら、なにかギョッとするような変な強い印象があった。そういうふうにしていたら思い出したのは、武田砂鉄の『紋切型社会』を、新宿の、あれはどこなんだろうか、花園神社よりもう少し北側というのか、あれは何新宿なのだろうか、道路が分岐して、自転車だとちょっとどう走ったらいいのか迷うようなそういうことのあった、四谷とかまでは全然いかない、そういうあたりの新宿のドトールではなくあれは、タリーズでもなく、なんだっけ、エクセルシオールでもなく、ＳＰＢＳ、今日はＳＰＢＳのブックカバーが巻かれた本を持った方を二人見た、明るい青、ＳＰＢＳ、の近くというか神山町の入り口というかのあたりにもあるあのコーヒーチェーン、160円くらいでコーヒー飲めるようなイメージの、もしかしたら全然違って220円とかかもしれないがあのチェーン、ワインレッドなイメージのあのチェーン、何新宿かわからないその新宿のそこにあったそのチェーンのコーヒー屋さんで僕は読んでいた、それでそのあとに新大久保のほうに行って久しぶりの友だちと会って、韓国料理かなにかを食べた、巨大なチヂミを食べた、肉を焼いたりもしたんだったか、そういう夜があった、それを思い出した、その友だちと会うのはうれしい楽しい予定だったが、それよりもちょっと待ってくれ、俺は今この本をもう少し読みたい、猛烈に面白いからもう少し読みたい、話はそれからなんじゃないか、そんなふうに思いながらも時間になったので後ろ髪を引かれながら席を立ち待ち合わせ場所に向かったそういう夜を、思い出した、やっと思い出した、ベローチェ。

6月2日（土）

セビーチェ。営業、それは暇で、あいまあいま、牧野伊三夫の『かぼちゃを塩で煮る』を今日は読んでいる、塩で煮たかぼちゃ、野菜と豆のスープ、おからと酢締めした魚の和え物、マダガスカルの鶏肉の煮たやつ、それからセビーチェ。まで読んだ、どれもやたらにおいしそうで、こういうおいしそうに思わせる文章というのはどういうふうにできあがっているのだろう、と思う。腹減った。

腹減ったあとにプルーストを読み始めた、読んでいったところ、第一部の「コンブレー」が終わって「スワンの恋」が始まった、そもそもこれはどういう構成というか、今読んでいるものはなんなんだろう、と思って検索すると、第7篇まである第1篇の「スワン家のほうへ」の第一部が「コンブレー」だったということだった。と、「スワンの恋」が始まったとたんに忙しい夜というか、いい夜の感じの夜になり、久しぶりにちゃんと働くような感触を得ることができて、うれしがった。

今日から、食事はこの一週間まったく出していなかったが、カレーを出すところから復活することにした、するといっときカレータイムのような時間が起き、カレー、カレー、カレー、になった、久しぶりに食事を出して、出してそれでわかったのは、食事は洗い物が出るからやっぱりこれまで出さないでやっていたのは正解だったということだった、洗い物が、飲み物と甘い物だけを出している場合よりも出て、そしてそれはそれらよりも早く出て、それで作業量が増える、作業量が増えれば、手が忙しく動く、手が忙しく動けば、今日もやはりあったが気が油断して指のことを忘れて「いてっ!」といはカレーだけで、とどめておくくらいにやはりしておこう、と今日、思った。
のが遅くなるだろう、それはよくない、だから、これでよかったし、ここで、だから今
うことが起きる、そういうことが起きれば、痛い、痛いのはいいが、それよりも、治る

それはそれとしていいとして炊いた米がなくなった、ということは、今日の僕の夕飯はなかった、そもそも、定食を作っていないということは、定食のおかずがないということだった、定食のおかずがないということは、僕が食べるおかずがないということだった、定食を作らない一番のデメリットはもしかしたらそれかもしれなかった、昨日は、冷蔵庫にあったしいたけとしめじと冷凍庫にあった豚肉とそれから玉ねぎで適当な炒めものを作ってそれで米を食べた、おとといはカレー、その前はマッシュポテトとポテチ、その前はカレーだった、今日は、ラーメンを食べようと思う、とわりと早い段階で思った、これから食べに行くことだろう。やむないが、どうなのか。早く、指が治るといい、指が治って、定食が作られるといい、定食が作られて、それを僕が夕飯に食べる日が来るといい。

なんとなく小説に戻るのも半端な気がして、半端なタイミングで読むことなんていく

らでもあるから、というか営業中なんて常にそうだから、半端というのは違うのだろう、そういう気分じゃなくなったから、というところだろう、小説に戻る気分じゃなくなったから、から、というか、とにかく、何か気になったのか、『失われた時を求めて』の成立過程みたいなものをなんとなく知りたい気になって、ウィキペディアを見ていた、それによると、1908年ごろに書き始めた「サント＝ブーヴに反論する」という評論から小説に発展していき、1918年までにいったん最後までが書かれ、ずーっと原稿に手を入れ続け、1922年、第5篇のゲラをいじっているところで亡くなった、ということだった、つまり14年間くらい、51歳没だから、37歳から51歳のあいだ、ずっとひとつの作品と向き合い続けたということだった、というか、書き終えてから4年間ずっと改稿を続けた、というその4年がすごい、と思ったのか、全部すごいが、その4年というのはどういう時間なのだろうか。想像がつかない。

今読んでいる井上究一郎訳のものだと、少ないながらに途中途中で改行されたり、空白行が入ったりしているのだが、空白行が見えるところでひと呼吸、みたいな心地になるのだが、改行だけでも少しひと息つける安心感があるのだが、ジョゼフ・チャプスキの講義のやつを読んでいたときに、改行もなにもまったくなしでいきたかった、みたいなことが書かれていた、ウィキペディアにあったタイプ原稿の写真を見ると、小さな画像で文字が読めるところまでは引き伸ばせないのだけど、バーコードみたいだった、改行されているようには見えなかった、原版というかフランス語版だとどういうふうになっているのだろうか。

6月3日（日）

閉店して店を出て、家に帰って、寝て起きて、戻ってきたわけだった、10時間くらいの時間を経たわけだった、すると今これを打っているテキストエディタの見え方が、こんなふうだったろうか、なんだか今までよりもギュッと詰まっているように見えてしかたがないが、こんなふうだったろうか、となっている、まるでバーコードみたいにギュッと詰まっているように見える、なんでだろうか、文字の大きさだろうか、行間の広さだろうか、どちらもだろうか、こんなに文字文字していただろうか、戸惑った気持ちを引きずりながら朝の準備をしている。

「行の高さ」という項目を「1・4」から「1・5」に変えてみた、すると、昨日までの見え方になったような気がする。この「0・1」で見え方が全然違う。そして今度は、これではスカスカすぎやしないか？という気持ちにすらなっている。なんでだろうか、なんなんだろうか、こいつが変わったのか、俺が変わったのか。こいつが変わったのだとしたら、10時間のあいだにいったい何が起きたのか。

その10時間後が今だとするならば現在、猛烈に腹が減っている、9時くらいから猛烈に腹が減っている、今日は夜ご飯はカレーを食べることにして8時くらいからカレーを作り始めた、人参とじゃがいもと玉ねぎと豚肉があったのでそれを使うことにしてそれらをカレーにし始めたのが8時くらいだった、トマトをどうしようか、トマト缶はたしかにあるが、と思い、そうだピザトーストに使うトマトソースがある、と思い、それを使うことにした、先日見かけた、カシューナッツをペーストにして入れるとカレーはおいしくなる、という記事を思い出し、ミックスナッツを粗いペーストにして入れた、入れすぎたか。

いい、日曜日で、いい日だった、怪我をしてからはずっと看板を外には出さないで踊り場のところに置いているが、それにもかかわらず昨日も今日もたくさんの方が来てくださり、それはとてもうれしいことだった、いい日だった、腹が減った、夜、ちまちまと『失われた時を求めて』を続けた、スワンとオデットの馴れ初めみたいなものが語られつつあって、スワンがどこかの社交の会で聞いた音楽がすばらしかった、それをまた別の社交の場で聞いた、ヴァントゥイユの『ピアノとヴァイオリンのためのソナタ』だった、というくだりがあり、聞きたくなり、調べると『ヴァントゥイユのソナタ』というタイトルのアルバムがあった、その説明には「マルセル・プルーストの長編小説「失われた時を求めて」には、架空の作曲家ヴァントゥイユのヴァイオリン・ソナタが登場します。爾来この曲が何を指しているのか研究され、サン＝サーンスのヴァイオリン・ソナタ第1番か、文中に譜例が示されたフランクのソナタか、あるいはプルーストの恋人で登場人物スワンのモデルともいわれるレイナルド・アーンのソナタかと議論されてきました」とあって、ほお、と思った、このアルバムにはそれらが収録されているらしかった、あとで聞いてみようと、カレーを食いながら聞いてみようと、思った、腹が減った。

そのあと、スワンがオデットの顔を見たときに、その顔に「システィナ礼拝堂の壁画にあるエテロの娘チッポラ」との類似をみとめ、それからその複製を部屋の机に置いて眺めるようになる、そういうことが書かれていて、「彼は大きな目、まだ完成していない肌を思わせる繊細な顔、疲れを見せた頬にかかる髪のすばらしい渦巻をうっとりとながめ入るのであった」とあって、もしかして、と思って文庫本の表紙を見ると、切手大の絵がそこには置かれていて、それはどうも、大きな目、繊細な顔、疲れを見せる頬、にかかる髪のすばらしい渦巻、があるように思えた、その瞬間になんでだか妙な、大きな感動がやってきた、なんでだろうか。検索すると、それはボッティチェリの「モーセの試練」という作品のようだった、それを見た、同じ顔があり、同じように感動した、いい顔だった、なんでなのか、感動を誘う顔だった。検索するまでもなく、本を開くとすぐのところにそう書いてあったが、全体が見られてよかった、感動した。それから、そのあとの、オデットを探すスワンの場面が、ひどくいい、滑稽で、悲しいような、胸に迫るような、心地になって読んでいる、オデットをとうとう見つけた、それから馬車に同乗した。

彼女はカトレアの花束を手にしていた、そして彼女が頭を被って顎でむすんでいるレースのうすいスカーフの下にも、この同じ蘭の花が、白鳥の羽かざりといっしょに、髪に挿してあるのを彼は見た。彼女はマンチラの下に黒ビロードの長い服をゆったりと着ていたが、その服は、片前が斜にからげてあって、白の節織絹(ファイユ)のスカートの裾を大きく三角形に見せ、おなじ白の節織絹(ファイユ)のヨークを、デコルテの大きくあいたコルサージュに出していて、そこにもまたべつにカトレアの花が挿してあった。

マルセル・プルースト『失われた時を求めて 1 第1篇 スワン家のほうへ』（井上究一郎訳、筑摩書房）p.389

そうあって、ずいぶん服装の描写が細かいな、と思うと同時に、まったくなんのこっちゃわからない、と思ってそのあと、もしかしたらこの描写をもとに絵を描いたりなんか服を何かしたりした人とかが広いインターネットにはいるのではないか、と思い、「cattleya odette proust」で検索してみたところ、それはまさに映画化された映画のなかで描かれた場面のようで、スワンがオデットの花を挿し直す、その場面があった、これはどうやら大事な場面らしく、日本語のブログが検索結果の最初にあって、このあとどうやら二人はベッドに入るらしい。

そのとおりのことになった。

カトレアの花は、その契機になったどころではなく、のちに長きにわたって二人のあいだで「カトレアをする」という言い方が流通することにさえなったとの由。クレヨンしんちゃんを思い出した。

6月4日（月）

入ると、すぐ目の前に平台があって、という言い方は適切ではなく、まず意識されるのは平台ではなくそこにピラミッド型に置かれた何本ものビールのボトルで、その空間に入る前に歩いていたのは立体駐車場のようなところだった、駐車場だったのだろう、それで扉の有無はわからないが入ると、何本ものビールのボトルがピラミッド型に置かれていて、ピラミッド型になっていたのはつまり台がそういう形だったのだろう、だから平台どころではない、複雑な台だった、だから、何本ものビールのボトルがピラミッド型に置かれていて同じラベルが貼られていて「母の酵母」と書かれていた、それが商品名らしかった、その下には副題のような様子で「マザリング・ホップ」と、アルファベットによってだったかカタカナによってだったか、書かれていて、とても小さな醸造所というか一人で作っているらしかった、まさにクラフトなビールがそこにあって、それを作って、今日ここに持ってきて売っているのはどのタイミングで気づいたのかわからなかったが帽子職人の友人というか知人というかの方で、帽子はかぶっていた、髪はかつて長かったことがあったか記憶していないが「短くなった」という印象だった、それで、え〜、ビール作ってるんですか、というと、そうなんだよ〜、まあ飲んでみて、おいしいよ、ということで栓が開けられグラスに注がれた、金を払ったか払っていないか。

昨日は久しぶりにうまく寝入ることができず、体が気持ち悪くなり、伸ばしたり、脚をわざと攣ってなにかの効果を期待したりしたが、うまく寝入ることができず、少ししたら寝ていた、寝ていた夜の次の朝、見た夢が「母の酵母」だった、脚を何度も攣ったせいか、脚が疲れていた、バカみたいだと思った、気持ちよく目覚め、今日もいい一日にするぞ、と思った、思わなかった。

ASAP Rockyの新しいアルバムを聞きながら準備したのち、店を開け、のんびりと働いていた、コーヒーを淹れていたら、ふいに、真っ昼間からコーヒーを淹れて、これが仕事なんだもんなあ、幸せな仕事だよなあ、というたまにやってくる幸福感に見舞われて、幸福だと思った、そのあと、プルーストを読んでいた、そのあと、『かぼちゃを塩で煮る』をいくらか読んでいたら飛騨高山の楪子という、「ちゃつ」という、もともとはお皿の名前のようなのだけど、そこにいろいろをのせて食べるご馳走のことでもあるようで、そのことが書かれていて、家でもいろいろ盛ってちゃつやってます、と書かれていて、そういうのはいいよなあ、と思ったあとふと、ポテトサラダを作ろうと思いたち、じゃがいもを剥き始めた、すると、左手は手袋をしているのだけど、手袋をしながらピーラーでじゃがいもを剥くということがとてもやりにくいことが知れた、引っかかりそうになる、手袋を切りそうになる、すごくやりづらく、時間もかかり、なるほど、やはり定食復活はまだだ、手袋が必要なうちは無理だ、と思った、それに、やはり、たまに、勢いが余って間違ったところに指をぶつけてしまって、痛い、となることが、まだまだ起こる、なにもかも、ふさがってからだった、腹が今日も減った。プルーストを読んでいた。

なんとなくまた、この先どういうふうに、いやこの先ではない、わりと目下のところだ、わりと目下のところ、どういうふうに働きたいのか、どういうふうに暮らしたいのか、ぽやぽやとまとまらない頭で考えていた。どういうふうに生きたら、気持ちがいいのか。

夜、酒飲みながらプルースト。「スワンの恋」は、スワンが恋をしている話になるのだけど、社交界的な白々しい場がたくさん描かれて、面白いが、つまらないというか、つまらなさがそのまま面白い面白さで、ずっと社交界のなかにとどまられると困るな、と少し思い始めた気がする。それでも、とても、面白い。

6月5日（火）

自転車のタイヤに空気を入れないとなと思いながら、毎日一回思って忘れてここ一週間を過ごしているそれを思いながら、店に行き、ひきちゃんと歓談したのち、ドリップバッグの作り方を伝授した、今日は『読書の日記』の特典としてドリップバッグをつけるそのドリップバッグを作ることをお願いしようと思っていた、それで伝授した、最後にシーラーで留めるときのコツみたいなものを僕は掴んでいなくて、よれたりしがちだった、ひきちゃんは一発で具合のいいやり方を見つけたのでそれを教わった、曰く、袋と友だちになることだ、ということだった、優しく揉み、均す、そんな感じだった、それで教わった通りにやってみるととても上手にできて、これがコツだからね、じゃ、よろしく、と言って店を出た。

本を買おうと思い、昨日ツイッターで見かけた小説が、なんだか面白そうで、本を買おうと思い、丸善ジュンク堂に向かった、松濤の住宅街を通っていると、歩いている人を見るたびに、この人は金持ちなのかな、と思う、思って、丸善ジュンク堂に行った、それでその目当てだったリチャード・フラナガンの『奥のほそ道』を取った、気になっていたイアン・マキューアンの『憂鬱な10か月』も買おうかと思ったが、なんとなく留まった、やめた、それで、そういえばと思い、前にツイッターで見かけて、面白そうと思ったと思い出し、『ウィトゲンシュタイン 哲学宗教日記』を取った、それでレジに向かったところ、新刊コーナーの本が目に入った、その一つを手に取ると、コタール症候群という、自分はすでに死んでいるという感覚に取り憑かれる病気のことが書かれていて、コタール、と思った、ジュール・コタール、19世紀のフランスの神経学者であり精神科医ということだった、ちょうど『失われた時を求めて』でもコタールという登場人物があった、医師だった、19世紀末、フランス、その符合に「ほう」と思って、もしかしたらコタールというのはありきたりな姓なのかなと思って、その本は取らなかった、より目に入ったのは、伊藤亜紗の『どもる体』だった、先日Facebookで見かけて、面白そうだと思っていた、それで取った、多分、『触楽入門』を読もうと思ったときに「触るとはなにか知れるのかな、面白そう」と思って読んだのと同じように、「しゃべるとはなにか知れるのかな、面白そう」と思った、そういうことのような気がした。たくさん買ってしまった。

さてさてたらふく読むぞ〜とうきうきしながら帰宅し、うどん、食う。お湯を沸かしたり茹でたりしているあいだ、『どもる体』、楽しい。それで冷たい、ざるうどん。たらふく食った、食った先から眠くなっていくようだった、コーヒー淹れ、『奥のほそ道』を始める。オーストラリアの作家らしかった、第二次大戦、ビルマ、日本軍の捕虜、強制労働、そんな感じが語られつつあった、いい手触りだった、期待しております、と思って、眠くなり、タオルケットをかぶって寝たところ、寝れば寝るだけもっと眠たくなるような眠たさの寝方をした。店に行かないと、という時間になって行き、ひきちゃんと交代をした。

ドリップバッグは半分までできていて、残りを作った、途中で、「これは!」という効率的なやり方を見つけ出し、歓喜した。効率的で、美しく、その改善に喜んだ。

それにしても『奥のほそ道』を読もうと思ったのは、これはたぶん『GINZA』の連載であげる候補になりえそうだ、と思ったからだった、それで、ここ一週間はプルーストをずっと読んでいたが、まず、と思って読もうと思ったらしかった、今回は早いこと原稿を書いてしまったので気楽な気でいたが、次の締切なんて気がつけばすぐ目の前に来る、一ヶ月というのは本当にあっという間だ、驚く、この驚きはいくらか会社員時代を思い出す、営業で、わ、もう月末だ、今月もほんと惨憺たる数字だ、ということを繰り返した会社員時代を思い出す、だから一ヶ月はあっという間だ、そう思うと、まず、という思考が働いたらしかった、この読書はどこまで健全か。わからないが、書店で本を、特に外国文学の本を探すときに探し方が変わったところがあって、ちょっと気になったものは奥付をまず開いて発行日を見るようになった、それで日付けを見て、あまり新しくないと、読みたくなったものはもちろん買うけれど、面白いかな、どうかな、と決め手を見つけられないものはスルーされる、そういうところがある。この読書はどこまで健全か。わからないが、『奥のほそ道』はなんだか凄い気配がある。

6月6日（水）

昨夜は、玉ねぎと人参があった、あと卵があった、生姜もあった、どうしようかと思った、コンビニでキムチとサラダチキンを買ってきて、炒めて食ったら飯が進んだ。そろそろ定食を復活させるときだろう。だんだん、そんなわけもないというか、包丁が使いづらい、ピーラーとかですら使いづらい、そういうことを味わっているのだからそんなわけもないはずなのだけど、だんだん、面倒で定食を復活させていないだけなんじゃないかと思うようになってきた、そんなわけはないのだが。そんなわけはきっとないのだが。

今日はカレーを仕込むことにした、やりづらいが、できないわけではない、という、「がんばり」みたいな態度で仕込むことにした、朝、いつもよりも早く店に行った、小雨だった、歩いた、雨中の行軍、コーヒーを淹れた、今日は午前中、撮影があった、撮影隊の方々が入ってきた、大所帯だった、10人前後おられた、揃うと、少しして、モデルと思しき方が入ってきた、それで撮影がおこなわれ、とても愉快そうに撮影がおこなわれた、1時間と聞いていたが、15分で終わった、1カットだけだったらしかった、お金をいただいた。チャリン。

気づいたのは昨日だった、明日は撮影だなと、確認の電話を受けて思い出し、忘れていたわけではないが改めて思い、早起きしなくちゃと思い、そのとき、ひきちゃんが、その直前に、というか電話が鳴ったところで、お湯直ったんですね、とひきちゃんが言った、それで、そうなんだよ、と言いながら電話に出て、気づいた、ほとんどちょうど、撮影の場所貸しでいただくお代と給湯器の修理代金が一緒だった、つまり、修理代金は無料になった。そのことに気が付き、大いに喜んだ。それで、撮影隊の方々が意想外の早さで帰られると、カレーの仕込みを始めた。カタログか何かの撮影だった模様で、こういった使われ方をするのはとても久しぶりだった、こういうことが月一くらいであったらとても助かると思ったが、どうやったら使われるのだろうか、編集者の方であるとかは、どうやって場所を見つけているのか。

皮膚科に行く等してから店を開け、それから本やTシャツを店で売るときに横に置くポップというか値札というかパネルというか、の作成にいそしんだのち、「至急開封してください」と表に書かれた公的ななんだかの書類が開封されずにしばらく机にあったので開封し、必要事項を書いたりしていた、なにか手続きのし忘れがあったかと思ったら、労災保険料とかの所定の書類だった、よくわからないところがあり、今度渋谷の労働基準監督署に持っていくことにした、調べたり、悩んだりするよりそちらの方が早いと思っているらしかった。

けっきょく、なんやかんやと、やるべきことをやっていたら夕方だった、そこから、今日3杯目のコーヒーを淹れ、本を開いた、『奥のほそ道』。日本軍の将校たちの狂い方のようなものに凄みがある、今、かつての、戦争前の、アヴァンチュール的なものが描かれている、スワンとオデットの恋のところでいくらかどうでもよい心地を味わった僕はここでもまた、どうでもよい心地に近いものを味わっている、戦争の悲惨を見たい、ということなのか。海ではなく、土を見せてくれ、と今、どうも思っている。

それにしても暇で、終日雨というか、終日暇なのだろう、と思って、いくらかしぼんだ気持ちになりそうになったが、いや待てよ、俺には今朝の撮影代がある、売上にこれを足せば、まったく冴えない日であっても瞬時にオッケーな日に様変わりじゃないか、と思い、それでひと安心した。撮影代は、先日の修理代をチャラにしてくれるし、今日の売上を補填してもくれる。ここに撮影代がある。なにか、買いたいものとか、なかったっけか？

夕方、『新潮』の方からメールがあり、エッセイのご依頼。「新潮……！」と思い、一気に緊張する、店にあった『新潮』を取り、ペラペラと見てみると、「随筆」というコーナーがあったから、これなのだろう。それにしても、新潮……ただただ緊張する、大したことはなにも書けないのに、俺なんかに書かせていいのか、と思う。

『奥のほそ道』を読んでいる、アヴァンチュールは終わった、寝取られた夫の悲しみに触れて、泣きそうになった。ずっとなにか、ヘミングウェイを思い出している、『武器よさらば』だろうか、戦争というだけだろうが。果たして本当にそれだけか。

6月7日（木）

炎天。店に行って米と納豆を食べた、店を出、市ヶ谷に行った、電車に乗りながら『奥のほそ道』を読んだ、市ヶ谷でコーヒー屋さんに入ってコーヒーを飲んだ、オーストラリアの豆とのことだった、オーストラリアでコーヒー豆が栽培されているとは知らなかった、暑い市ヶ谷の町を歩いていた、初めて来たかもしれなかった、マンションとオフィスビルがたくさんあるような感じだった、表通りに出ると靖国神社がすぐそこだということが知れた。祭り囃子みたいなものが聞こえた、WAVEのオフィスが入っているビルやディスクユニオンのオフィスが入っているビルが続いてあった、車がたくさん通った、この感じはやはり何か東側っぽい、と思ったが、市ヶ谷は東なのだろうか、きっと東ではなかった。

WAVEって、今もあったんだな、と思って検索してみると、「費用不足のため破産廃止、法人は完全消滅。」とあった、あれはなんだったのか。WAVE、大宮にあった。ロフトの中だったろうか。高校時代、学校帰りによく行っていた。

出版社に行った、行って、編集者の方とお会いして、お話した、一年前に書いて眠っている原稿をどこか本にしてくれないかなと思っていたところ、人の紹介で、読んでやるよ、と言ってくださった編集者の方があり、そして、いろいろ直すところはあるけれど、企画会議に掛けたい、と言ってくださり、どういう方向でやりましょうかね、というところでの話し合いと、はじめましての挨拶の、時間だった、これまでメールでのやり取りだけだったけれど、やっぱり直接会ったほうが気持ちがいいよな、と思った、つまり、いい時間だった。

済んで初台に戻り、家に帰った、布団に横たわってうとうととした、冷たい布団が心地よかった、すぐにじっとり暑くなってきた、窓を開けたらまた涼しく心地よくなった。

起きて、家を出た、暑かった、でもましになっていた、むしろ気持ちよかった、西郷山公園に行った、入る前にコンビニで買ったロング缶のビールを飲んだ、いい公園だった。高低差の激しい公園だった。それから駅のほうに行き、指定された店に入った、鶏肉の店らしかった、家族の集まりのようなものがあった、なんで代官山なんだろう、と思ったが、姉たちにとってアクセスがよかったらしかった。そこで姪っ子をかわいいかわいいと思いながら、ビールを飲み、日本酒を飲み、日本酒を飲み、串焼きを食べた、おいしかった、肉はぷりっとしていてやわらかかった、姪っ子はどんどん人間らしくなっていた。

早い時間に散会となり、酔っ払ったので帰宅した、ソファに倒れ込んだところそのまま寝ていた、日付けが変わったくらいで起きた、頭が痛かった、シャワーを浴びて、するといくらか目が覚めてしまったようで、本を読んだ。捕虜たちはどんどん人間らしくなくなっていった、人間らしさを構成するものとはなんなのだろうか。彼らは骨と皮になり、わずかに残る皮膚は腐り、異様に飛び出た肛門は糞便を垂れ流し、汚泥にまみれ、人は、人らしきものは、茶になり黄になり緑になり紫になり赤になり、耐え難い悪臭を放っていた。彼らを虐げる日本兵たちの残虐性とバカらしさには際限がなかった。全部が無意味で、無意味で悲惨で、そういう光景をこれでもかこれでもかと見させられた、どんどん気分が暗く重くなっていった。やりきれないというか、もう本当にバカみたいだ、なんて愚かなんだ、いったいなんなんだ、となって、眠くもならなかったが、本を閉じて、寝かしつけた。いったいなんなんだよ、と思った。

6月8日（金）

朝、起きた、そのときから気分がすぐれないというか、ダウナーなところにいた、陰惨。昨日転んで打った膝がいくらか痛い、変に酔っ払ったのか頭も痛い、そういう身体的な不調が、昨夜の『奥のほそ道』の暗い暗いモードと掛け合わせられたようだった、なにか、捕虜たちが、ジャングルのなかで、どんなひどい体調であってもひたすら労働させられるその苦しさを想像したらというか、逃げられない、休めない苦しさを想像したら、地獄のようだった。もちろん、彼らが生きた地獄のうちでそれはごくごく一面でしかないだろうけれども、それがたぶん一番想像しやすかったというか、生活と、変なリンクの仕方をしてしまった、朝から暗い気分だった。久しぶりにただただネガティブだった。

店。フヅクエで働きたいと言ってくださる方があり、お話をする。僕自身が、どういうふうに働きたいのか、どういうふうに労働を分散したいのか、人を雇って、なにをしたいのか、店としてどうよくなりたいのか、それがなんだか曖昧なままで、曖昧な話になってしまった。

開店。今日は、怪我以来で初めて定食の仕込みをする日だった、もういいだろう、できるだろう、というところだった、それで、どうせ暇なので、暇ななかでぽやぽやと仕込みをしよう、夜から定食を出せるようにしよう、と思っていたところ、まるで調子のいい休日のような午後の時間になり、おやまあ、と思った、そのなかで、仕込みを、やっぱりまだやりづらいよないろいろ、と思いながら、進めていった。

4時過ぎ、仕込みが終わって、そうすると体全体が途方もなく疲れていた、朝からの不調が、今度は極度の疲労感のようなものに変わった格好だった、いったいこの体はなんのつもりなのだろうか、肩が変に重く、呼吸が苦しいような気配がある、疲れて、疲れたことに嫌気がさした。

そのあと、やることもなく、でもこういう体のときは本を読むよりも働いていた方が楽だったりする、と思っていたところ、夜もいい調子になって、まるで調子のいい休日のような一日になって驚いた。節々で、なんとなくあたたかいたぐいの気持ちになった。夜ご飯、定食を食べた。やっぱりこれだよね〜、という収まる心地があった。

寝る前、『奥のほそ道』。一日、本を開いていなかったことに気がついた。戦争は終わった。捕虜たちを支配していた日本人たちや、そういう人たちがいたことを初めて知ったが日本軍に給料をもらって参加していた朝鮮人のその後が描かれていた。逃げる者、処刑を待つ者、無罪放免になる者、様々で、どこまでも陰惨で不真面目だった。腹が立ってきた。寝た。

6月9日（土）

昨日、『読書の日記』が届いた、夜、家に持ち帰り、それを開封した、すると目の前に、素晴らしい本があった。ためつすがめつした。幸せだった。「幸せです」と、内沼さんにメッセージを送った。

朝起きると大谷翔平が故障で抹消ということだった、それを残念に思った、ショックだと感じた、見た夢をいくつか思い出していた、

旅客機、町の中での事故、フードコート

ダルビッシュ、不機嫌、キス、笑顔

僕を毛嫌いする老婆の館

二週間ぶりくらいに看板を外に出し、さてさて今日から完全復活だ、といくらか意気込んでスタートをしたところ、すっかり暇な土曜日となり、むしろ昨日の方がずっと忙しかったということになり、わからんものだねと思った、暇だった、仕込みもなかった、それで多くの時間、座っていた。

いくらか『奥のほそ道』を読んだ。ひたすら陰惨ななかで、食べるのはいいことだよ、というやさしい、それだけでもう十分というセリフから、この小説でいちばんあたたかい、同時にどうしたって悲しい場面になって、泣きそうになりながら読んだ。

店からは徐々に客がいなくなり、店員が掃除をし、戸締まりをして出て行った。外、通りはひっそりとして、ほんのたまに車が水たまりを走っていくだけだった。なかでは男たちが老ギリシア人にさまざまなことを語りつづけていた。夜も更けて、開いているパブは一軒もない。だが彼らは気にせず、すわりつづけていた。釣り、食べ物、風、石細工について、トマトを育てること、家禽を飼うこと、羊を蒸し焼きにすること、イセエビと帆立貝の漁について語り、たわいもない話をし、冗談を言い合った。話の内容は重要ではなく、漂って行けばそれでよく、それ自体がはかなく美しい夢だった。

揚げた魚とイモと安物の赤ワインがどれほど申し分ないものに感じられたか、うまく説明できなかった。しっくりくる味がした。老ギリシア人は、小さなカップに苦みと甘味の効いた濃いコーヒーを淹れ、娘がつくったクルミの焼き菓子を振る舞った。すべてが不思議で同時に心がこもっていた。質素な椅子でも座り心地がよく、男たちはその場にしっくりなじみ、満ち足りた気分に浸り、ジミー・ビゲロウは、この夜が続くかぎり、この世でほかにいたい場所はどこにもない、と思った。

リチャード・フラナガン『奥のほそ道』（渡辺佐智江訳、白水社）p.340

でも夜は終わる。

このあと、絞首刑の場面が描かれた。それはちょっとぞっとする、読んでいて心拍数が上がっていくようなものだった、端的に怖かった。

僕はいくらかこの小説に対して怯えているところがあるのか、食らう、という感じがあるみたいで、少し読んで、読む時間はいくらでもあったが、それ以降は開かず、ひたすらに暇な夜、『新潮』の原稿書きを、休みの日にやろうかと思っていたが、もし休みまでにやれたら、休みにもっと休めるじゃないか、ということに思い至り、書くことにして、ずっと取り組んでいた。

6月10日（日）

雨がまだ降っていなかった、あとで降り始めた。雨読なのか、昨日よりも忙しくなってくれて、うれしかった、働いた、いくらかバタバタした、水をこぼしたからだった。夕方、重い眠気がやってきて参った、いま眠い、昨日も途中で目が覚めて、いくつもいくつも夢を見た、半端な眠りになった、そのせいだった。濃いコーヒーを淹れた、眠い。あと7時間ある、と思ったらいくらか怖くなった。こういった、重篤な眠気があったとして、捕虜たちは、決して眠るわけにはいかなかった、それを想像したら、怖かった。

5時間。このあたり、このあたりで、いや6から5のあたりだろうか、このあたりで、肩が、右腕がひたすら気持ち悪く、深刻に気持ち悪く、どうしたらいいのかわからないような感覚におちいっていた。肩甲骨から先、特に上腕のあたりが、別の意思を持ったなにかのように、気持ち悪く僕に作用してきて、気持ち悪く、呼吸に影響するような、なにかおかしな気持ち悪さが、重さが、辛さがあり、どうしたらいいのか、わからないような、状態になっていた、5時間！　あと5時間もこの状態をどう耐えたらいいのかわからない、というような。何度も何度も腕と肩を伸ばしたりほぐそうとしたり努めたが、どうにもならない気配があった。それから、いくつかオーダーをこなしながら、こういうときはやるべきことが外から与えられたほうがずっと楽だと思いながら、やりながら、それから座って、『奥のほそ道』を読み進めて、読み進めていったら読み終えられて、なんだか凄いものを読んだと思って、そうしているうちに意識がだんだん右腕に集中しなくなっていて、楽になった。

そのあと、伊藤亜紗の『どもる体』を読んでいた、体が勝手に外に出ていく状態として連発という症状のことが語られていて、それは読んでいたらたしかになにか美しいもののように思えた。面白い。

内沼さんから返信がなく、どうしたんだろう、と思う。8日の夜だったから、丸2日経った、わりと返信が早めなイメージがあるので、気になっている。

閉店して、物悲しく、飯食って、帰る。『失われた時を求めて』を再開する。帰ってきた、というような、心地いい気がした。

6月11日（月）

返信は、来ないのだろうか、と思うと、どんどん気分が塞がっていく。想像だけが広がっていく。どんな可能性もある。内沼さんに嫌われたんだろうか。俺なんか言ったっけ？　なんか言っちゃったっけ？　誰かに内沼さんの悪口とか言ったっけ？　それが伝わったとか？　いや待てよ。俺は内沼さんの悪口は言っていないというか内沼さんのことは好きでしかないし悪口を言う材料を持っていないはずなんだが、なんか言ったっけ？　いつも僕は勝手に後ろめたいから、人が不機嫌になったりするのを見るといつもこう思う。俺なんかしちゃったっけ？　まったく覚えがないけど、なんか言ったっけ？　本を作っているなかで、実はたくさんうんざりさせていたとか？　そういうのはきっとありうる。でも本を作っている最中なので我慢して、完成した今、はいもう終わり、縁切り、という説。でも、もしそうだとしても、このタイミングだろうか？　来週には一緒に登壇するトークもあって、せめてそれが終わってからではないだろうか？　それにそもそも、内沼さんが人を心底嫌いになったとき、果たしてそんなにわかりやすい形で、それを表に出すだろうか？　きっととても賢い人だしいろいろ計算が働く人でもあるだろう。「内沼さんになんだか嫌われちゃったみたいで」みたいなことを僕が流布しだしても、特に損もしないだろうけれど得もないだろう。そうわからせない形で、徐々に疎遠になっていくというか、え？　本作りもう終わったんだから、特に用事なくないですか？というようなしれっとした流れで関わりをなくしていくのではないだろうか。それじゃあ、いったいなんで。どうして。

どんどん気分が塞がっていく。吐き気がするようになるんじゃないかという気がする。怖い。これはきっと去年の夏に編集者の人と仲違いをして、完璧に蔑ろにされたときの気分を思い出している。あの時分、ひたすら吐き気を催していた。それを思い出して、吐き気に近い心地を手繰り寄せている。それにしてももし内沼さんに嫌われたのだとしたら、僕も内沼さんを嫌わなければいけない。僕は誰かに嫌われたら相手を嫌うことでしか対処できない。相手を軽蔑することでしか対処できない。その状態を考えたら、悲しい。僕は内沼さんを好きなので、嫌わないといけないのは悲しい。せっかく楽しかった本作りの時間の記憶を、全部、ダメな記憶に書き換えないといけないと思うと、ただ悲しい。とにかく重い心地になる。どうしてまた、こんな心地に、という心地になる。やるべきことに手が付かない。付けなくてはならない。何度も何度も、何も新しいことは伝えてこないと知りながら、そもそも試合もない日だし、そう知りながら、「プロ野球スポーツナビ」を開いて、閉じる。

雨がやまない、と思って苛立った。なんでまだ降ってるんだよ、と思って苛立った。

夜、内沼さんからのメッセージを、受け取る、受け取った瞬間、通知画面を見てそこに表示された数行を読んだ瞬間、すべてがほどけて、気分が開いて、そのとき、僕は両手で顔を覆って、安堵のため息を大きくついた。わかりやすく、深く安堵した人の様子を自分がして、おかしかった。よかった。それからは、原稿仕事をしていた、ずっと、本も手に取らず、ふーむ、と、彫琢していた。

6月12日（火）

寝る前、『失われた時を求めて』。スワンの恋が閉塞感を増していく。

スーパーに行ったらレジが長蛇の列になっていた、昨日おとといと雨で来られなかった人たちが、一斉に来た、ということみたいだった。晴れて嬉しい。

店に着き、ひきちゃんと歓談、それから仕込み。仕込みのペースがわからず、昨日、「あれ、これ明日必須じゃん」となって、驚いた。それで仕込みをした。Tシャツが届いた。でかい段ボールに入っていた、60枚のTシャツは、布団みたいだった。

なんのかんのと時間が掛かり、2時近くまでいたか。帰宅し、素麺を食べた、夏、と当然思ったし、久しぶりに食べる素麺はおいしかった。散歩に出、リトルナップコーヒースタンドで冷たいラテを飲んだ、NUMABOOKSの事務所に寄り、事務所着にしてもらっていた本の数十冊をピックアップし、帰った。売らねば。

そのまま今日は梱包であるとかをする予定だったが、する気にならず、昼寝をした、いくら寝ても寝足りなかった。

店。夜、キューバリバーを頼まれ、コーラないんです、とお伝えしたところ、再考します、とのことで、再考の結果、コーラ買ってきていいですか?ということで、いくらか申し訳なさも感じつつ、それよりも愉快で、え、あ、いいっすけど、なんかすいません と答えると、本にたくさん出てきて飲みたくなっちゃって、と机の上の文庫本を指さされた、『未必のマクベス』。それは飲みたくなっちゃうよな〜と思って、愉快な気分がとても高じた。その後、どうした、というほどに忙しい夜になって、びっくりした。とても短い時間にぎゅぎゅぎゅぎゅとお客さんの来店が集中して、満席近くに一気になり、うわあ、とワタワタこなしながら、こなしていると、今日は短い時間の方が多く、気づいたらだいたい空っぽになっていて、びっくりした。

『新潮』の原稿を夕方に送ったところ、2時間半後に詳細にいろいろのあれこれが書き入れられたPDFが戻ってきて、そしてそれはあまりに的確というか、ここ弱いかもなあと思っていたところがたしかに指摘されていて、そうですよねと思って、驚き、感動し、うれしくなった。なんというか、真面目に仕事をしている人たちがいる、組織がある、ということの喜びだったのか、なんなのか。とにかく、すごい、と思った。かっこいい、と思った。こんなに自分が書いたものにちゃんと向き合ってもらったのは初めてだった。なんというか、素晴らしい伝統みたいなものが連綿と守られていそうだと思った。新潮社に対する尊敬の念を新たにした。しかし僕はそれに応えられるのだろうか。その真摯さにかなうだけの真摯さを持っているのだろうか。というかそもそも。と不安にもなった。

寝る前、プルースト。

6月13日（水）

昼まで寝ていた、起きた瞬間から重苦しい気持ちに覆われていた。不安。何もかもに対する不安。飯を食う気にもならず、コーヒー豆を挽く気にもならず、ドリップバッグのコーヒーを淹れて、お湯が多すぎたらしくいくらか薄くなって、それを飲んで、家を出た、店に寄り、昨日漬けたレモンシロップを混ぜた、用事はそれだけだった、『GINZA』の新しいやつが届いた、今回の表紙もかっこよかった。

出、自転車で野方に向かった、笹塚のところで折れて中野通りに入って中野駅をくぐって、早稲田通りに入って大和陸橋のところで環七に入る、という行き方が精神的にヘルシーだった、ずっと環七を走っていたら疲れそうだ、というような。そのルートで行くと、すぐに野方に着いた。それなりに汗ばんだ。走り始めたくらいのところで、太陽が出た。走っていたらいくらか気が晴れた。

デイリーコーヒースタンドに行ってアイスのアメリカーノをいただいた、外の席で飲み、煙草を吸いながら、リュックに入れていた『収容所のプルースト』をあちらこちらと読んでいた、するとなにか幸福な気持ちになった。幸福な、安心した気持ちになった。

そういえば僕は、『失われた時を求めて』のマドレーヌを紅茶に浸して記憶がぶわ～～～というくだりを間違って記憶していたというか、おそらく多くの人も同じように間違って記憶していそうな記憶の仕方で記憶していた。つまり、紅茶にマドレーヌを浸して、口に入れた瞬間に、ぶわ～～！が起きるのだとばかり思っていたが、実際はそう簡単なものではなく、紅茶にマドレーヌを浸して口に入れた瞬間に、「あれ？ 今なんか思い出しそうになったよね⁉ めっちゃ今なんかすごい思い出しそうになったよね⁉ ちょっ、もう一回！ もう一回思い出したいの！」となって、それから「それ」を召喚するために、何度もトライする、しかし先ほどのようなことは起きそうもない、惜しい、いやだめだ、もう思い出せないだろうかとなる、と、何か工夫してだったか、漫然とだったか、もう一度やったとき、ぶわ～～～！になる。コンブレー！という。という、けっこうな試行錯誤を経ての無意志的記憶の召喚だった。それを先日、知って、そうだったのかあ、と思った、ということを野方で思い出した。

外の席にいると町の人々が目の前を通っていって、

おあ～～～！

おつかれ～～～！

あれええ！　はじめたのお⁉

はじめたのお！

あら〜〜いってらっしゃ〜〜〜い！

子どもを乗せられる自転車を漕ぐ女性二人がすれ違いながら、やたらに声を張り上げてコミュニケーションをしていて、なんだかやたら清々しい気持ちいい気持ちになった。あれだけ元気に声を出したら、それだけで少し元気になりそうだ、というような。

Tシャツを買った。Tシャツ祭りが開催されていると聞きつけ、行ったのだった、デイリーコーヒースタンドの小川優くんに、僕はTシャツの作り方を教わったのだった、それで、というか、それで、じゃ全然ない、関係ない、単純にほしかったので、行って、買った、かっこいいTシャツだった。

野方を辞し、今度はひたすら環七というルートで走った、どのみち気持ちはよかった、頭の中でなにか思考の種みたいなものをコロコロと転がしているつもりになりながら、走っていた。遊ばせろ、と命じた。

いったん帰り、それからまた出て下北沢に行った、B&Bに行って、「日記を読む、日記を書く」という特集らしいよと先日教わったばかりだった『kotoba』が目に入ったので取った、『kotoba』は、今検索したところ「多様性を考える言論誌」とのことだった。それから三浦哲哉の『『ハッピーアワー』論』を取った。開いて目次を見た瞬間に、いくつかの場面の記憶がぶわ〜〜〜〜〜〜っと広がって、危なかった。B&Bは、移転してから初めて行ったが、棚のあいだを歩いていると面白くて、売り物にもなっているKONTRASTの本棚がB&B印として作用するところが強くあるようで、すぐに、これはとてもB&Bだ、となった。

来週、月曜日、ここで、と思った。考えるだけで緊張した。考えないように努めた。

トロワ・シャンブルに行った、下北沢に来たらトロワ・シャンブルだったそのトロワ・シャンブルに行き、コーヒーをお願いして、パソコンを出した、ここでパソコンを出すのは初めてだった、本当は本を読んで過ごしたかった、でもしょうがなかった、原稿の直しをしようとした、全然、どうしたらいいかわからない、という時間がけっこう過ぎていき、少しずつ指が動いた、そうしたら、これは、よくなっていっているといっていいのではないか、というものになっていった気がした。編集者の方に導かれている感、教育されている感じが強くあった。心地よい教育。

途中でコーヒーをおかわりし、そのあとサンドイッチを食べ、本を読むところには至らなかった、結局ずっとパソコンを開いていた、飲む約束をしていた方から連絡があり、出た。

トロワ・シャンブルの下で落ち合い、新代田のほうに歩いていった。住宅街を迷いながら、迷えばいいと思いながら、迷ったほうが楽しいと思いながら、歩いた、たくさんの家があった、柴崎友香の『パノララ』を思い出させる家があった、『パノララ』は、代沢のあたりが舞台なんじゃないかと、読んでいるとき思っていたが、どうだったか。環七に無事ぶつかり、それで目的地だったえるえふるに着き、ビールを飲んだ、いくらかつまんだ。立ち飲み屋とレコード屋ががっちゃんこしたこの店は前に、そうだった、それこそデイリーの小川くんに連れてきてもらったのだった、今日デイリーは小川くんは不在だった、スタッフの方があった、面識があった、その面識はまさにこの店でだった、去年の夏頃、なんでだったか、三人で飲んだ、それで、えるえふる、これはいいなあ、と思って、今日は、本屋とカフェががっちゃんこしたような店をやろうとしている友人というか知人というかの方と飲むにあたって、何かひとつ参考というか何かになるのではないか、と思ってこのお店で飲むことにした、飲んだ。

しばらく飲んでいたら座りたくなったこともあって、下北沢の方に戻りましょうか、というところで戻っていった、途中、かつての線路で、緑道になるらしい工事中の道が、おびただしい数の赤い小さい工事用照明でライトアップされていて、いいイルミネーションだった。下北沢で、内沼さんに声を掛けてみたところ来てくださって、合流して、りゅうという居酒屋に連れて行ってもらった、下北澤ビールと、それから長野の日本酒を飲みながら、ちくわぶのバターとかの炒めもの、コハダをガリと大葉で和えたやつ、花椒っぽい風味のする油揚げのなにか、焼きうどん、ひとつひとつおいしいつまみをつまみながら、お店を始めようとしている方の候補物件について協議した、その結果、その場所がいい、絶対それがいい、物件はなまものだ、明朝契約する旨を連絡しましょう、ということに落ち着き、愉快だった。果たしてそうなるだろうか。

帰り、バーと一緒になった遅くまでやっているお花屋さんがある、という話が途中にあり、それで、行ってみましょう、となって、行った。着くと暗くなっていて、1時間近く前に閉店していた、しかし中に人がいて、覗いていたところ、扉が開き、お花、ダメですか、と問うたところ、通してくださった、それで、三人で花を選んだ、一人が、明日が結婚記念日ということだった、けっきょく全員、トルコキキョウの花束を選んだ。それでそれぞれ、家に帰った。

なにか、あとで思い出しながら、酔っ払った男が三人で花屋さんに行って花を買って、家に帰る、というそのなにか一連が、これはなんだかものすごく愉快なことだったんじゃないかというような気になって、とてもよかった。

寝る前、プルーストを少し。スワンがしんどそう。

6月14日（木）

朝から晩までよく働いていた。味噌汁、トマトソース、ブロッコリーの白和え、チーズケーキ、鶏ハム、ピクルスをこしらえた。

隙間の時間を捻出し、原稿の手直しをした。昨日やっていたときに、これは俯瞰できた方がいい、テキストエディタ上だと全体が見えない、全体が見えないと展開の整合性のようなものもよくわからなくなったりする、と思い、印刷した。もともと、最初に書いたときに、一行の文字数がこれで行数がこれで、こんな感じだよなというレイアウトを、InDesignはいったん解約したのでイラレで組んでいて、そこに書いては流して、面白がっていた、それをPDFにして印刷した。それを見ながら、赤字というか黒だったが黒字を入れ、直し、また印刷し、また黒字を入れて直して、これでどうだろうか、というものになったので、送った。また早かった。1時間半後に、またいくつか指摘してくださっているものが戻ってきた。本当にすごいなあ、と思って感動が強まった。敬服。

だいたいオッケーが出たような感じだった、なんというか本当にほっとした。ほっとしたまま放っておかないようにしなければ。

10時くらいになってやっと何か手が空いた感じがあり、座り、伊藤亜紗の『どもる体』を一章読んだ。「ノる」。リズムの持つ力とは、「解放ではなく秩序、自由ではなく規則にある」と書かれていた。

同意した／していない、主導権がある／ない、自由／不自由、そんな二項対立がすべて無効になってしまうのがリズムの状態です。気づいたときにはすでに巻き込まれていて、パターンとともに動いている。私の運動の主語を私だと言うことが憚られる、というより主語を問うような私が消えてしまっているのが、「ノる」の特徴でしょう。レヴィナスは言います。

「なぜそれらのこと〔同意や引受や主導権や自由〕について語ることができないかというと、主体はリズムによって掴まれ、連れ去られるからである。(…) しかも、みずからの意に反して、そうなるのでさえない」。

伊藤亜紗『どもる体』(医学書院) p.180

ぽやぽやと働きながら、昨日のことを思い出していた。トロワ・シャンブルを出てからの時間。まだ暮れない空のなかで、繁華な下北沢から静かな住宅街へと、たらたらと歩き、適当に迷いこみ、せり上がった小さな踏切を越える。アップダウンの激しい道のわきに立つアパートに向かって歩いていく人の後ろ姿があった、カンカンカンという足音を立てながら、外階段を上がっていった。彼女は、新代田駅ではなく下北沢駅を使い、それなりに歩くことを選択して日々を過ごしているのだなあ、と思った。生活。それから大瓶のビールをグラスに注ぎ注ぎ、飲みながら、物件紹介の紙を広げて、内観の写真を見せてもらって、まだ見ぬ店のことを考えた、それから、もうとっぷりと暗くなってから、下北沢に、別のルートを通って、今度は豪奢な家々を両手に見ながら歩いた。居酒屋に行き、また店のことを話し、一人の人間の重大な決断を無責任に愉快に後押ししながら酒を飲んだ。今日、連絡があり、不動産屋に連絡を入れ、その物件で話を進めることに無事なったという。「これから店を始める」というステータスというのは、ウキウキするものだなあ、と思う。静まった一番街をとことこと歩き、花屋。花束。それぞれの帰路、それぞれの家の中に流れる時間。なんだか、妙に「いいな」と思って、思い出していた。

寝る前、プルースト。ヴェルデュラン家の夜会とは桁違いのたくさんの人がいるらしい、ザ・社交界的な場面が描かれていて、なんともえげつなかった、きっつー、いたたまれなー、と思って、寝た。

6月15日（金）

起きづらかったのは空が暗くて部屋が暗かったせいかもしれなかった。出たい時間より10分ほど遅く家を出たらちょうど雨が降り始めた。なんというバッドタイミング、と思ったが、小雨だろう、と思い、自転車にまたがり、スーパーに着くまでにずいぶんしっかり濡れた。レジに並びながら外を見ると先ほどよりも強く降っていて、傘を買った。

やる気起きず、なんとなくいろいろを放っておいて、開店。気分晴れず。カレーを仕込んだりしながら、日記特集の『kotoba』を開いて、最初に林望の文章を読んだ、古来から、日記という形式は物語や歌集や随筆と不可分というか地続きにあった、とあった。そのあと小林エリカのやつを読み、『親愛なるキティーたちへ』を読んでみたくなり、そのあとみうらじゅんのやつを読もうとするも、何度も吹き出しそうになって、断念した。

お客さんが帰りがけ、行こうと思って今予約しようと思ったら、売り切れてました、と言われ、え、と驚いて、ほぼ同じタイミングで友人から同じ内容のメッセージが来ていた、月曜のトークイベントのチケットが売り切れたらしい。マジかよ、と思った、どうやら増席してまた買えるようになるようなのだけど、それにしても、どのみち、マジかよ、というところだった。

それにしても何か、行くよ、であるとかを言ってくれた友人やお客さんのことを思うと、なにか、想像したら、なんだか何かの俺の人生の大団円みたいな光景になりそうというかそういう気分になりそうで、変に感動しちゃいそうだ、と思った。泣いたりしたらどうしよう、なんの場なんだっけ、俺の葬式とかだっけ？と思った。

雨がずっと降っていて、やらないといけないことがいろいろあったような気がするが、なんだか動く気がない、カレーとチーズケーキを仕込みするだけでよかったんだっけ、多分よくないと思うのだけど、いいんだっけ。動く気がない。本棚から保坂和志の『この人の閾』を取ってきて、開いた、すると、最初の数行だけで、なにか気がほっと安らぐような、落ち着くようなところがあって、いつもそうなる、と思った。これはなんなんだろうか。

そのあとぼーっとインスタを見ていたら、フヅクエの位置情報というのか、フヅクエにチェックインというのか、の投稿を見ていたら、3日前の投稿に、今日は友達とおしゃべりをするから入らないけれど、今度来てみようかな、というようなテキストとともに、店内の写真が何枚かあって、ということは写真だけ撮って帰っていった、という方があったということで、最近そんな方を見た覚えはなかった、ひきちゃんがいた時間にそういうことがあったのかな、と思ったら、写真の奥に僕のジャケットが掛かっているように見えて、あれ、と思って、もう一枚の、ソファの方向を写したものを見ると、本棚の上に『新潮』の日記特集の水色の号、『重力の虹』、それから『わたしたちの家』の冊子というか小さい本、があって、だからたぶん、2月か3月の写真だった。3日前は6月12日だ。なんというか、どういう気持ちでやっているのだろうか、興味深かった。

それにしても、暇だ。十時になった。

「夜は十時ごろには二人とも寝ちゃうから。何しろよく遊ぶ二人でしょ、だから、ダンナが帰ってくるまでにはだいたいそこで一度眠るでしょ。

朝も洗濯物干したあとでお昼まで寝ることもあるし、午後お昼寝することもある——。ま、でもやっぱり、眠るんだったら午前中より午後の方がだんぜん気持ちいいわね。横になってるからだのまわりをゆっくり空気と時間が流れてるみたいで、なんかフシギィなノスタルジーに包まれる感じがするの——」

真紀さんは合い間にビールを一口ずつ飲んでいて、ぼくは「不思議なノスタルジー」と繰り返した。

「なんて言うかさあ、ラテン・アメリカの小説なんか読んでると、村じゅうが微睡んでるような描写が出てくるじゃない。

天井で扇風機がカラカラ回ってるような駅の事務室があって、そこに一日一本しかない長距離列車が入ってくるんだけど、降りてくる人はたった一人で、改札には誰もいなくて、事務室からラジオの音が聞こえてくるからその中を覗き込むと駅員がうたた寝してて、ラジオは革命に失敗したテロリストのグループが山に逃げ込んだっていうようなニュースをしゃべってて、駅を出ると物売りのおじいさんが道端の日陰で荷物に寄りかかって熟睡していて、その向こうではバナナ畑の大きな葉っぱがゆっくり風にそよいでいる——っていう、そういう感じ」

保坂和志『この人の閾』（新潮社）p.60, 61

まったく暇な金曜になった、今週の平日のどの日よりも暇だった、どういうことだ、金曜、と思って、それから、それから。

『週刊ベースボール』を定期購読しようかな、と思った。トイレに入ったら、イチローが表紙の『Number』があって、ちょっとイチロー見飽きたな、と思った。『週刊ベースボール』の最新号は松坂世代的な特集らしかった。それにしても『週刊ベースボール』は、もしかしてこれ週刊なのか⁉と思ったら、毎週野球の雑誌があるなんて夢みたいだと思ったし、なんで今まで気に留めなかったのだろうと思った。とりあえず最新号をポチって、帰って、プルースト。

6月16日（土）

真紀さんは最近は長いものばかり読んでいるらしい。理想は『特性のない男』で、どうしてああいう長くてたんたんとした本が少ないのかしらと言った。『ローマ帝国衰亡史』だとか『失われた時を求めて』だとか長い話（あるいは〝長い長い話〟）のいいところは読み終わるのに時間がかかるから次に何を読もうかと迷う頻度が少なくてすむことと、どうせ一気に読めないと思っているから読むのが中断されることに何の抵抗も感じないこと、それに長い話の方が緩くできていて自分の生活のテンポに合っているんだというようなことを言い（真紀さんはドストエフスキーはダメだと言った。ドストエフスキーは真紀さんにはおもしろすぎてやめられなくなってしまうらしい。もっともドストエフスキー程度の長さはいまの真紀さんにとって〝長い話〟のうちに入らないだろうけれど……）、ぼくは半ば冗談で、「読み通すのに時間がかかるのがいいんだったら、哲学の本もいいんじゃないの？」

と言った。

「そうなのよ。いいのよね」

真紀さんは哲学の本も読んでいたのだった。

「ああいう本って、ページめくるのがゆっくりだから、重し置いて、手ェ放して読んでいられるのよ」

ぼくは笑ってしまった。本を読むのに一つとても幼稚なことだが、ページをめくる満足感のようなものがあるが、真紀さんにはそれもないのだった。というか、真紀さんはことさら自分の読む本は内容で選んでいるのではなくて量、つまり読むのにかかる時間で選んでいるんだと言おうとしているみたいで、「だからニーチェなんかはよくないのよね」と言った。

「アレ、けっこうすらすら読めちゃうじゃない。それにニーチェって、一瞬にしてわかるかそうじゃなかったら、ずっとわからないかみたいな書き方でしょ？　違うのよね。ヘーゲルとかハイデガーなんかの方がねちねちしてていい」

保坂和志『この人の閾』（新潮社）p.67, 68

昨日、保坂和志の本を何冊か、ペラペラとしていた、そのときに、長い本がいいというくだりでは、なんの本がいいって書いてあったんだっけか、と思って、「この人の閾」を読み始めた、『読書の日記』に収録されている一年のあいだに僕は2回この箇所について言及していて、そこでは「ドストエフスキーみたいなのがいい」というように書いていた、それを校正の奥田さんが「ドストエフスキーはダメだ、とあります」と指摘してくださって、でもその記憶違いはそのままがいいからそのままにしていた、そうしたら『失われた時を求めて』の名前が出てきていて、おお、と思った。こう続いた。

随想や日記や書簡集もたまに読んでみるが、哲学と違って展開がないから最後まではつづかないと言う。いかにもたいして内容をあまり気にせずにだらだら読んでいるようなことを言ってるくせに(実際だらだら読んでいるのだろうが)、最低限の筋だけは必要らしいところがおかしかったが(それとも日記や随想は日常というものに近すぎるのだろうかともぼくは想像してみたが)、いずれにしろ真紀さんの読み方は読書感想文に代表されるある種の義務から最も遠い読み方で、ぼくはだいたいそんなことを言った。「だって、もう読むだけでいいじゃない。何読んだって読書感想文やレポート書くわけじゃないんだし。読み終わっても何も考えたりしないでいいっていうのは、すごい楽なのよね」

つまりいつのころまでかは知らないが、真紀さんにとって読むということは読んだあとに何かをまとめることと結びついていたということを意味しているのだが、いまはそれがなくなった。そしてこの人はふつうの人がなかなか読もうとしない長い長い話や哲学のなかでもしつこいタイプのものを読んでいる。

真紀さんは人にビデオは見ると言っても本を読むとはあまり言ってないだろうと思った。「あれ読んだ? あたしも読んだ。良かったわよね」とか「あれ読んだの? 良かった? ふうん。じゃあ、あたしも読もう」という種類の会話で出せる本ではないから言ってもしょうがない。

ぼくは言った。

「真紀さんはこれからずーっとそういう本読むとしてさ、あと三十年とか四十年くらい読むとしてさ——、本当にいまの調子で読んでいったとしたら、けっこうすごい量を読むことになるんだろうけど、いくら読んでも、感想文も何も残さずに真紀さんの頭の中だけに保存されていって、それで、死んで焼かれて灰になって、おしまい——っていうわけだ」

「だって、読むってそういうことでしょ」

同前 p.68, 69

読書感想文に代表されるある種の義務から最も遠い読み方。こんな記述があることを全然覚えていなかったけれど、大きく影響されていたんだろうなあ、と改めて思った。僕は、でも何かを書きつけることはどうしてもしたいらしい、読んでいた、という時間を残すというか、記述しておきたい。貧しさのようなものも感じるし、これでいいとも感じる。月曜日にきっとこの話もするのだろう。するのだろうか。わからないが、昨日はそれで帰って、その月曜日に会場でTシャツを売りまくるぞという魂胆があるため、Tシャツを畳んで袋に入れる作業をしていた、OPP袋という袋に、A4サイズに畳んだTシャツを、入れていく、というそういう内職だった、だんだん手早くできるようになっていって、人は成長する、と思った。

朝、プロ野球のニュースを見にいくと、阪神の藤浪に関する記事があり、昨日、一年以上ぶりに勝ち星を上げた、そのことに関するわりと情緒的な言葉で書かれた記事で、「何度、自宅の壁を眺め、歯を食い縛っただろう。藤浪が住むマンションのリビングに、大日本帝国海軍連合艦隊司令長官、山本五十六の言葉が飾ってある。」とあって、なんだか笑った。

開店して、なんとなくドリップバッグの作成作業をしていた、13時まで誰も来なかった、そのあと、23時まで座ることはなかった。久しぶりの、ヒイヒイ言いながらやる忙しい日になった、ありがたかった。余計なことを考えないで済んだ、という点でもありがたかった。

最後のお客さんが、帰り際、2011年ごろ、岡山のモヤウにしばしば行っていた、それでそれから大学で東京に出てきて、初台で始めたことを知って、行ってみたいと思っていて、今日、来れた、という話をしてくれて、「へええぇ!」って思ったためそう言った。高校生のときに来てくれていたのかあ、というところで、高校生のお客さんなんてそんなにいたっけな、と思った。僕が覚えているのはひきちゃんくらいだった。ひきちゃんは、学校帰り、制服姿で、同じ友だちと二人でモヤウに来てくれていた、大学生になってバイトの面接に来てくれて、ああ、あの子ね、というところで、即採用で、モヤウで働いてくれて、それから、東京に来て、フヅクエで働いてくれた、くれている。なんというか、すごいなあ、歴史みたいなものを感じるなあ、と今、いくらかの感慨にふけった。

ワールドカップのニュースやつぶやきを見ていたら、多分に漏れない格好でサッカーを見たくなった。どこかできっと大きなスクリーンでみたいなことをやっているのだろう、見に行こうか、見に行きそうだ、と思った。

6月17日（日）

夜は、ウイスキーを2杯、水割りで、飲みながら、ソファでプルースト。それから、布団に入ってワンモアプルースト、そういうふうになっている。それを昨日もそのように実行したのち眠り夜は終わり朝になって起きて、店。『週刊ベースボール』を開いて松坂のインタビューをいくらか読んで、開店。

そう忙しい感じでもないような感じがあり、ぽやぽやと働き、途中、座っている余裕もあったので保坂和志の『試行錯誤に漂う』を開き、読む。読み始めたらずっと読み続けていたくなった。

中学高校の頃の方向づけられていない騒音状態とか試行錯誤の中に作品が漂うというのは似ているような似ていないような考えだが、何かを何かが似ていると思うとそこに真理があるように感じる心性、あるいは物理法則や宇宙の法則がシンプルな数式で表しうると期待する信念、私もまたそれについ寄りかかりそうになるが、小説を書くこと、何かを作ることは、むしろそういう統一をほどいていくことなのではないか。問題は強い共鳴ではなく、ごく弱い遠い響き合いだ。

保坂和志『試行錯誤に漂う』(みすず書房)p.24

なんのかんの、とても忙しい日になった、いい週末だった、よかった。閉店後、今日はワールドカップはどんな調子かな、と見に行くと、「[ライブ配信]ドイツvs.メキシコNHK」とあり、ライブ配信?とクリックをすると、ライブ配信されていた、え、ネットで試合見れんの!?となって、見始めたら、ずっと見続けていたくなって、見ていた、メキシコ。メキシコの選手や、途中途中で映し出されるスタジアムの観客を見ていたら、ボラーニョの『野生の探偵たち』が思い出されるというか、『野生の探偵たち』の人たちはこういうふうだろうか、と思うような気分があった。あの双子の姉妹は。あの詩人たちは。こんな顔だろうか。メキシコ。そのメキシコがゴールを決めて、決まった瞬間、自分でもびっくりするような声で「お〜〜〜」と大きな声を出していて、ゴールというのは気持ちのいいものだった、サッカーというのは見続ける以外にどうしたらいいのかわからないような競技だった、久しぶりにサッカーを見て思った、目を離す時間がない。前半戦が終わって、それでご飯を食べた、『週刊ベースボール』を読みながら食べた、食べ終わったころにパソコンを見ると、ハーフタイムが終わりそうな雰囲気だった、なんとなく慌てた気分になって家に帰って、後半戦を見た、メキシコがそのままのスコアで勝って、泣いている選手もいて、観客も泣いていて、あるいは大喜びしていて、なんだかいいものを見た気になった。

そのあと、メキシコというのは今ランキング的にはどういう位置のチームなんだろうな、とFIFAのランキングを見に行くと、ランキングを見ていた、そこでカーボベルデという国があることを知った、アフリカの火山群島の国とのことだった、地図を見ると、北側の左だった、アフリカ大陸の右の方よりも南米大陸の方がずっと近いようなそういう位置だった。

饂飩。スタジアムの、フィールドを囲う、刻々と変わっていく広告を見ていると面白く、「饂飩」みたいな字が見えた、中国企業と思しきものが多かった、カタールエアウェイズなんかも意外性を感じた、饂飩。

するとなんと、3時からのブラジル対スイスの試合まで見始めた。客席が、なんだかガラガラに見えるのは気のせいだろうか、前半の途中で眠くなった、ハーフタイムの終わりの頃、選手たちが出てきて、練習をしていて、あんなに走ってこれからまた45分やるのにまだ練習するの、疲れないの、と思った。スタジアムから見える、矩形に縁取られた夕焼けの空が、あまり見ないような薄紫の桃色みたいな色合いで、刷毛ではいたような水色の雲が流れていて、きれいだった。

外が明るくなってきた。

6月18日（月）

昼過ぎ起き、本の梱包と発送の作業をする。添え状と本をOPP袋で包み、ドリップバッグ2個を紙袋に入れる。レターパックに宛先を印刷したシールと送り元住所のシールを貼り、底部を折って、マチができるようにする。本とコーヒーを入れ、閉じ、補強のため透明テープを巻く。これをたくさんつくった、途中でドリップバッグが足りなくなり、それまで作った分を持って外に出て、郵便局で渡し、店に行った。昼間にB＆Bにいたらしい友人から、『読書の日記』が積まれた写真が送られてきて、おお、と思い、フヅクエでも明日から売るので並べておこう、と思って並べる。それから上の階の大家さんのところに行き、一冊差し上げる。喜んでくださる。家帰る。

引き続き作業をし、もう一度郵便局に行き、送った。家に帰る前に外で煙草を吸って、深呼吸をしていた、僕は、もうこの頃は、波のように緊張感が高まったり落ち着いたりしていた今日のこの頃はもう僕は、どでかい深刻な緊張の中にいた、そろそろ家を出ないといけない、家を出て、ご飯を食べて、コーヒーを飲んで、臨まないと、というのでそろそろ家を出ないといけない。という時間で、歯磨きをして、トイレに入っていたところ、緊張が押し寄せ、何度かえずいて、涙目になって、気持ちが少しおさまった。僕はダメだなあ、こういうのは本当にダメだ、何年か前にやはりB＆Bでのトークに呼んでいただいたときも、始まるまではとにかくひたすら緊張して、数日前から、緊張して、当日となればこうなる、人前で何か、とか、今日はとても緊張する人と会う、とか、そういう前はこういうことになる、それは知っていたから、自分が緊張していくここ数日の状態を見ながらも、まあしょうがないよ、緊張するよ、と思っていたし、今日えずきながらも、えずくレベルは久しぶり、久しぶりだなあこういうの、と思った、思ったが、いいものでは別になかった、さてさて、そろそろ、と思って、家を出た。

電車を待ちながら、『試行錯誤に漂う』を開いていた、開けばいつだって、面白かった。ランボーはアフリカから家族にあてて手紙を書いていた、それが残されていて、出版されている、残されていない手紙もきっとランボーはアフリカでいくつも書いたのではないか、アフリカに住むランボーという名の商社マンであるとしか知らない人たちにも、つまり彼が詩人であることを知らない人たちにも、手紙を書き、送ったのではないか。そう書かれていた。

この全集の家族宛、アデン、一八八四年九月十日の手紙を読み出すと、「皆さん、（改行）長いこと、お便りをもらっておりません。万事好調なん」までで、四一一ページの二段落の下段が終わり、ページをめくると、「でしょうね。」につづいて、「実りゆたかな秋を祈ります。」

という一文が、あざやかに私の目に飛び込み、私は、一九九三年九月二十三日、秋分の日の昼前、もうすぐ遊びにくる妻の昔からの友達とそのダンナを迎える準備で、家の前の坂をおりて遊歩道を二分ばかり行ったところにあるセブンイレブンにビールを買いに行って、そのとき買ったのがはじめて買ってみたキリン秋味だったのを思い出した。

保坂和志『試行錯誤に漂う』（みすず書房）p.63

下北沢。先週に続いて、となった。降り、丸亀製麺でうどんと天ぷら食う。そのあとトロワ・シャンブル。丸亀製麺もトロワ・シャンブルも、先週とまったく同じ席に座った。『試行錯誤に漂う』を引き続き読んでいた、するとやはり先週下北沢で会った友人からちょっと話したいことがあって、という連絡があり、彼は今晩のイベントにも来てくださる、それで、僕は今トロワ・シャンブルですよ、よかったら、と送った、送ってすぐ、いやいやいや、俺今めっちゃナーバスなんだけど人と喋ったりとかできるかしら、なんで「よかったら」とか送ったんだろう、と思った、いやもしかしたら人と話したかったのかもしれない、いやそんなこともない、とはいえ「よかったら」と送った、すると来た、合流すると、ボックス席の方に移ることになって、僕はカウンターで隣も空いていたからそこでいいのかなと思ったら、あちら空いてますよと言われて、「あ、むしろ移動した方がいいってことなんですね」とお尋ねしたところそうなんですというところで、なるほど、トロワ・シャンブルのカウンターというのは一人客にしか提供していなかったのかと初めて知った、そうやって守ってくれていたのかと知った、それで今までこの場所に来て快適に過ごせていたのかと知れた、なんだか感動して、それで奥まったボックス席に移った、コーヒーのおかわりをした、話をした。店の内装や施工管理の業者をどうしよう、ということだった、もしもあれだったらフヅクエやってもらった人に声を掛けることはできるので、言ってください、というところだった。

そろそろ時間だ、と思って出る前、トイレに行ったところ、また緊張して、えずいた。鏡を見ながら笑った。と思ったが、鏡があったかどうか覚えていない。出、コンビニに寄り、そう、これが今の俺には必要なの、と思ってフリスクを買った、すぐに口に2粒入れた、スウスウと、深呼吸深呼吸、それで、坂道を下っていくと、向こうにゆらゆらと、「本」という字の看板が見えたり、消えたりして、ああなるほど、こうやって見えたり消えたりするのか、と知って、着いた、降りた、イベント時はなるほどこうなるのか、という形だった、内沼晋太郎さんがおられ、こんにちはをして、控室に入って、控えた。簡単な打ち合わせというところで、今日のことや、今日のことではないことなどを話した。内沼さんと話し出すと、というかB&Bに入るときには、緊張はだいたい雲散していて、話していてえずきそうになる、ということはなかった、そういうものだった。知っていた。7時半過ぎに保坂和志さんが来られ、握手をした。保坂さんは座るなり、『読書の日記』をバッグから取り出して机に置いた、その本には3本のスピンが挟まれていて、100本入りとかで売っている、何本か必要だなというものには、カバーの背のところでボンドで貼り付けてしまうのだそうだ、僕は、保坂さんが、自分の書いたものに、スピンをそれも複数、挟んでいる、という光景にまず感動して、保坂さんはそれを置いて開口一番に「今日自分から言いたいことはあるの？」というようなことを聞いた。僕は特になかった。お聞きしたいことはいくつかあった。保坂さんはノートを取り出し、メモがいろいろと書かれていて、メモがいろいろ書かれている、と思った。自分の準備不足、油断、まあなんか話になるでしょ、してくれるでしょお二人が、という構え、それを恥ずかしく思った。ビールが運ばれてきて、飲んだ。

僕はしきりに肩を回したりしていて、落ち着きがなく、それで途中で首を寝違えて痛いんです、ということを言うと、ストレッチの方法を教えてくださった。その流れで大谷の名前が出て、野球の話をした、野球に関する文章をどこかに書いたりはしていないのですかと聞いたところ、横浜が優勝した年に中央公論で数十枚の原稿を書いたことがあったというが、それくらいだということだった、そうだったのか、と思った、というか、出版社は、どうして依頼しないのだろうか、『Number』とか、なんで依頼しないのだろうか。僕は保坂さんが書いた野球の文章を読みたかった。

8時になって、始まった。たくさんの人が目の前にあった。緊張みたいなものは、予期していた通り、そのときにはまったくなくなっていた。だから緊張とは関係なく、最初のほう、僕は調子がわからず、調子がわからないなあ、と思いながら話していた、聞いていた。1時間ほど経っていったん休憩で、その時間、うろうろしながらいろいろな人とこんにちはをして、なんだか幸せだった。後半、僕は気が楽になっていったところもあったのか、調子もつかんだのか、つかまれた調子がどのようなものだったのか、僕にはわからないが、どんどん楽しくなっていって、途中、話している保坂さんの顔を見ながら、幸せだなあ、と、なんだか噛み締めたりしていた。これはもう、俺にとっては抜群の、素晴らしく幸福な夜だ、と思った、質疑応答になり、そのあと、時間まだ大丈夫なんでしょ、まあなんか適当に続けようよ、と保坂さんも言ってくださり、なんだかラフなスタイルで、立ったまま、なんだか、話した、昔から、それこそはてな時代から僕の文章を読んでいました、という方がいたりして、どういう質問があって、どう答えたのか、もうまったく覚えていないが、すごい！　と思った。保坂さんも、フヅクエ以前の僕が書いていたものを存在として知っていたとのことで、すごかった。滝口悠生さんが来てくださっていて、僕はもちろん初めてお会いした、保坂さんが「滝口さん何かないの」と振って、滝口さんは演劇版『高架線』について僕が書いた日記のことに触れられて、感動した。びっくりした。

　ということを翌日、昼間、書いていると、だんだん、そのときの自分はもうちょっと油断しすぎていてはしゃぎすぎていて、まずいことになっていたのではないかという「翌日の例のやつ」がやってきて、ちょっとソワソワし始めた、滝口さんのときなんか、まさかの『高架線』の話題で有頂天になって、「この話を僕は滝口さんとしてみたかった！」と、この通りのことを、かなり元気な声で言ったりしていた、まるで知己であるかのような口ぶりだった、そういう場面がきっといくつもあった、あとで恥ずかしくなった、恥ずかしいというか、苦々しい気持ちになってきた、どうだったのか、いやそんなつまらない反省はやめたい。反省にもならない反省なんだから、やめたい。とにかく、幸せな、ちょっと、ああこれはなんかもう、ご褒美、今晩は俺に与えられたご褒美、という夜になった、もう閉店だということでおしまいになり、最後にこの日5杯目くらいのビールを、ボトルビールを買って、飲みながら、最後まで残ってくださっていた方とぴゃあぴゃあと話し、出た。階段を上がると下北沢の夜の町が目の前にあって、5時間ぶりくらいの外の空気を、大きく吸った。

6月19日（火）

外に出てからもじわじわと高揚した気分に覆われていて、高揚と、解放感に包まれていて、それから幸福感にも、包まれていて、うわあああ、という気分で、駅でもそんな感じで、電車でもそんな感じで、降り、ラーメンをごちそうしてもらって、餃子も食ってライスも食って替え玉もしてビールも飲んで、満腹で満足で、帰った。寝る前、解放感、と思いながらプルーストを開いたが、まったく頭に入らず、寝た。

それが昨夜だった、起きて、コーヒーを飲み、昨日の日記をいくらか書き、それから店に行き、もう開店していて、ひきちゃんにこんにちはをして、ほんの少しだけの用事を済ませて出て自転車に乗って下北沢にまた向かった。昨日友人からもらった花をB&Bに置いていってしまっていて、取りに行った、せっかくなのでなにか食べようと思って茄子おやじに行ってカレーを食べて、きのこのカレーを食べた、おいしかった、それからB&Bに行ってお花を受け取った、そのまま帰った。帰って、昨日の夜に立て続けにオンラインストアで本とTシャツが買われたのでその梱包をして、郵便局に出しに行った、今日の送り先は京都、福島、静岡、岡山だった。

もう夕方になっていた。コーヒーを淹れて、昨日買った友田とん『『百年の孤独』を代わりに読む』を読み始めた。これはなんというか憧れるような企てというか、僕も一時期、いくつかのことに触発されて「『若い藝術家の肖像』を読む」というなんか読み続けるやつをやろうとしたけれどもつまらなくなって頓挫した、それが最後まで貫かれたきっとそういう本だった。冒険小説を読み出す前みたいななんかワクワクした感じがある。

店。ひきちゃんとバトンタッチをして、働く。悪くない感じの日だったが、9時になる前に誰もいなくなった、笑った。日本代表の試合がある夜だった、9時から。その影響なんてうちにあるの？と思ったが、その影響であってほしかった。仕方がないので僕もサッカーを見ながら、いんげんを茹でたりドリップバッグを作ったりして暮らした、サッカーは、面白かった。そのまま閉店した。

寝る前、『百年の孤独』を代わりに読む』。どうしたって、『百年の孤独』を読みたくなる。それから、途中でよしながふみの『きのう何食べた？』への言及があって、読みたくなった。

作品の初期段階ではふたりの価値観にズレがあり、それらが露呈するたびに大きな衝突が起こった。そこにあるのは、ふたりであるという孤独だ。そして、価値観の違いを埋めることは容易ではないが、代わりに傷つけてしまった相手に料理を作ることでかろうじてバランスを取っていた。ところが、7年後の第9巻では、信頼関係を築き、互いの抱えている問題や異なる価値観を理解し、相手の身になって考える余裕が生まれている。ふたりであることで生じる問題は変わらないが、まわりには家族以外のコミュニティが形成されており、それが少しずつ孤独を癒してくれている。ドラマとして考えれば、当初の一触即発の状況の方が面白いかもしれないが、大事には至らないいまの方が読んでいて心地よく感じるのは私だけではないだろう。

友田とん『『百年の孤独』を代わりに読む』p.29

大事には至らないいまの方が、読んでいて心地よく感じる、というところが、なんだかよかった。僕もそっちの方がいい、と思った。そういうものに触れたいというか、そういうもののなかにいたい。

6月20日(水)

雨。開店前、郵便の配達の人が入ってきて、入ってきた時に立てかけていた看板を倒した、割れたらどうするんだと思った。雨粒をぼとぼとと床に落としながら、発送したものが発送先住所に発送先氏名の人は存在しないということで返してきた、僕は、ぶっきらぼうに応じながら、応じていたが、やっぱり気に食わない、と思い、看板、せめて謝るくらいはしないんですか？と質問をした。そうしたら謝った。気が晴れるわけではなかった。不機嫌。

ずっと仕事が終わらない、なにかがまったく落ち着かない、そういう感覚で過ごしていた、途中、『新潮』の原稿の仕上げというか、推敲をして、送った、オッケーとのことで、心からほっとした、ずっと、なんだかずっと働いていた気がする。仕込みというものはなんというか、本当にライブだなと思った、もし鶏ハムがあと1食出たら、もしチーズケーキがあと1個出たら、みたいな無数の「もし」のあとに仕込みというものは控えている感じがあり、昨日はその「もし」がいくつか重なって、これ今日やることになるとは思わなかったな、という仕込みが、夜になってどんどん発生して、驚いた。がんばってやった。

昨日からエゴサーチの要領を変えた。これまではツイッターで「フヅクエ OR fuzkue」で検索していたが、昨日からは「フヅクエ OR fuzkue OR〝読書の日記〟」になった。それをブックマークバーに置いているので、それをしきりに開いた、開いて、リツイートをしたりしていた。なんというか、これまではエゴサーチしても出てくるのはたいがい自分のアカウントのツイートだったが、本の発売というタイミングで、様子が違っていて、面白い。

面白い、面白いのだが、本屋さんのツイートがいくつもあって、新刊案内ツイートがあって、それを見て最初は「ほ〜ありがたいなあ」と思っていたのだけど、少し経つと、そういえば一日何百冊と新刊は発売されるんだよな、全部が入荷されるわけではないにしてもいずれにしても毎日たくさんの新刊本がきっと新たに届くんだよな、そのなかで「この本について案内しよ」って選択って、けっこうな選択ってことなんじゃないか、こういう場で取り上げていただけるのってけっこうすごいというか、どの本でも取り上げられるわけではないことなんだよなあきっと、と思って、感動した。

で、エゴサーチを続けていると、今日くらいから「読んでる」系のツイートが出てきて、おお、読まれている！と思うと、けっこうこれうれしいものなんだなあ、と思った。なんとなく、反応はどっちでもいいような気がしていた。僕はこれは面白いと思うし、それは誰がなんと言っても変わらない気がする、だから面白く読まれてもつまらなく読まれてもなんなら読まれなくても、なんでもいい気がするなあ、と思っていたが、いやこれ、うれしいものなんだなあ、と思った。ブログが読まれるのとはなんだか質がぜんぜん違う感じがある。これはなんでだろうか。ブログだと記事単位で、読んでいるというよりは読んだ、であって、本だと、特にこの本はバカみたいに分厚いし、今、読んでいる、どこまでいつまで読むかはわからないが、今はこれだ、という、時間が流れていく感じがあるのだろうか。その人の暮らしに、自分たちが作った本が並走させてもらっている、というような。この本が、読む人の暮らしや読書の記憶を喚起したらうれしいし、そしてこの本を読む時間が読む人の暮らしや読書の記憶のひとつになったら、とてもうれしいだろうな。と思った。

等々思いながら、なんだかリズムが作れない、とにかく何かやることがある、という感じで、日記を書くのも後手後手になる感じで、なんだか調子が狂う、と思いながら働いていたところ、お客さんにひとつ嘘をついた。ソファに置かれたトートバッグが、見覚えのあるものだった、あれ、なんだっけ、と思ったらそれは、STRAND BOOK STOREのトートバッグで、色も形もたぶん一緒だった、同じものを持っていた、今調べたら、「ニューヨークの本屋といえば」みたいな「お土産に大人気」みたいなところみたいなのだけど、僕はさっぱり知らなかった、店名も今どうにか漕ぎ着けた、なので「おお、一緒だ！」とだけ思った、そのためお帰りの際に、そのバッグ、と指さして、あの、そのトートバッグ、僕も持ってて、と言った。その方はニューヨークで買われたとのことだった、いい書店だったとの由。僕はそれで、僕は、いとこからお土産でもらって、と言った。これが嘘だった。本当は姉夫婦だった。今だったら姉夫婦と言えた気がするが、そのときはなんでだか義兄な気がしていて、口頭で「ぎけい」というのはちょっとどうなのだろう、とたぶん判断した、いとこだったら音も素直に伝わりやすいし、伝えたい内容は僕もそれを持っている、人からもらったものだが、ということであって、いとこだろうと姉夫婦だろうと関係なかった、と、そこまでそのとき考えていたわけではなかったが、自分の口は、いとこ、と言っていた、それを僕は面白く聞いた。そういえば『どもる体』で、吃音の人が言いにくい言葉をとっさに言い換える、「飛行機」を「航空機」にしたり、「利き手」を「ふだん使っている手」にしたりする。面白かったのが、それが多くの場合は半ば自動的に処理されているというところだった。

Nさんは言います。「最初は苦手だな、という感じがあって意識的に言い換えていたと思うんですが、もう無意識と意識の中間のような感じでやっているので……。たぶん言い換えのパターンがあって、いまはほとんど意識せずにやっていますね」。

難発が対処法でありながら自分からするものではなかったように、言い換えも「代案の言葉」が出てくるのは自動的です。Nさんは、言い換えてから、「あっ、いま言い換えたな」と事後的に気づくこともあるそう。外国語を話すときのように、「この言葉、どう言い換えられるかな?」と悩むことはありません。

伊藤亜紗『どもる体』(医学書院)p.126, 127

今日も、働きながら、月曜の保坂さんとのトークを思い出している。あの質問、ああ答えたけれど、本当はこうだったんじゃないか、等々、くよくよ思ったりしている。ミスったな、とか、話すという行為はおそろしいものだな、とか、思ったり、いい場面を思い出して、あれはよかったなと思ったり。こういうのは普段は翌日で済むものだけど、今日も反芻している。なんだか笑ってしまうけれど、笑ったあと、いや、そりゃあまあ、大きな出来事だったよな、10年以上思い続けた人とお会いしたんだ、そりゃあまあ、大きな、忘れられない出来事だったよ、と思うと、しばらくこの状態のままでいていいと思った。

夜まで本を取ることもなかった、取る時間もなかった。帰宅後寝る前、友田とん。明日、『百年の孤独』を読み始めようかな、というおそろしい気分が起こる。

6月21日（木）

朝から、夜が楽しみだった、リュックに何冊か本を入れて店を出た、今日は7時閉店で、7時からどこかで本を読もうという算段だった。こういうふうに構えているときほど、読めないものだった、下手をしたらサッカーを見始めるのではないか、と思った。

夜まではだから、まじめに働こうと、まじめに働いた。そうやることもないような気もしていて、午後から読書の時間になって、夜にはもう読み飽きたりしていて、ともどこかで思っていたが、そうはならず、まじめに働くことになった。手が空くと、日記を書いた。6月20日の分だった、昨日はパソコンに向かっている時間がなく、書かなかった、珍しいことに、書こうと思ったことをメモしていた、アンカーとして使うみたいなことだった、珍しいことだった、日記を書くことに躍起にでもなっているのだろうか、とにかく、それを頼りに書いていったところ、予定していなかったことも書き始めて、そういうことが大事だった。保坂さんもトークで、引用のところを書くときにそのあとに書くことをメモしたりするが、引用部分を書き写しているうちに、どうこう、ということを話されていた、それを思い出した。どうこう、のところが大事な気がするが、なんだったか。

昨日の夜、『『百年の孤独』を代わりに読む』を読んでいたところ、ウルスラが息子に何かの治療法を伝えたところで、それにしても老婆というのはどうしてこうも民間療法が好きなのだろうか、みたいな流れで、著者の祖母のアロエの話に展開されて、なんでだか、そこで感動した、それも思い出した、一つの読書が、読書である必要はどこにもない、なにかが、なにかの想起のスイッチとして働くとき、なにかそれは感動的ななにものかだなあ、と思う。

今日初めて、『読書の日記』がフヅクエで読まれている場面が生じた。帰り際、いやあ、変な感じですよねえ、フヅクエ成分でお腹いっぱいになっちゃいそう、と話した。愉快だった。それで閉店した。なにか、最後までしっかり働いていたためか、7時で閉めてもすぐには動き出す気が起きずに、ダラダラと店にいた。腰が重かった。どうにか持ち上げて、店を出た。

それでビールを飲もうとタラモアに行って、キルケニーとピクルスとポテトフライをお願いして、カウンターの端の席で、本を読むことにした、リュックには『失われた時を求めて』『どもる体』『『ハッピーアワー』論』『ウィトゲンシュタイン 哲学宗教日記』『『百年の孤独』を代わりに読む』が入っていて、『『ハッピーアワー』論』を読みたかったが、読みたい気分が強かったが、それよりも『『百年の孤独』を代わりに読む』の気分が勝ったので続きを読んだ。

前半は読みながら愉快がりながら『百年の孤独』を読みたいスイッチが刺激され続ける感じだったけれど、途中から、代わりに読むことを試行しながらなかなかうまくいかない人の物語への興味に読むモードが完全に移り変わって、この試みは失敗に終わるのだろうか、それとも、と引き込まれていった、小泉今日子のあたりでテキストが、それまで以上に自在に交互に行き来するようになって、すごいグルーヴが響き始めて、うわわわわ、と思いながら、そしてA子が登場して、端役かと思ったら重く満遍なくせり出してきて、うわわわわ、と思いながら、A子さんの恋人、僕は断然A君派、と思いながら、うわわわわ、で読み終わった。最後の方、泥に腰まで浸かりながらグイグイと強引に力強く前に歩くみたいな様子に、なにか泣きそうになりながら読んでいた、それは家でのことだった、その前、ヤバイIPAを2杯めのビールとして飲んで阪神対ソフトバンクの試合を流していたテレビはデンマーク対オーストラリアの試合に変わって、きれいなシュートがひとつ決まった、前半がそろそろ終わろうとしていた、そのあたりで店を出て、スーパーに寄ってハムと惣菜のポテサラと、ビール2缶を買って家に帰って、スーパーの惣菜のポテサラというのはおいしいのだろうか、と半ば疑いながら買った、食べたところおいしくて、ポテサラはいいよなあ、と思ってつまみながら読んでいって、それで終わった。

『『ハッピーアワー』論』に行こうかと思ってまた開いた、目次を見た、それだけで胸いっぱいになるところがあったが、今日はもう酔っ払っているし、また明日からにしようかと思い、数日ぶりにプルーストに戻った、すると、それまでいくらか鼻白みながら見ていたスワンの懊悩が、なにかビビッドなものに響いてきて、面白い、面白い、と思ってしばらく読んでいた。

彼の残酷な嫉妬は、オデットの告白によって彼に痛撃をくらわせるために、まだ何も知らない人の状態に彼を置きなおし、そして数か月後には、古いこの話が、はじめてもらされた事柄であるかのように、依然として彼の心を転倒させるのであった。スワンは彼の記憶のおそるべき再創造力に感心するのであった。彼がそうした拷問の苦しみの鎮静を期待することができるのは、この母胎が衰えて、多産な繁殖力が年齢とともに減少するのを待つよりほかにはなかった。しかし、オデットのいった一つの言葉に、彼を苦しめる力がやや衰えたらしく見えると、それまでスワンがさして気にとめていなかった、ほとんど新しい一つの言葉が、たちまち交代にやってきて、元気な力で彼に痛撃をくらわすのであった。

マルセル・プルースト『失われた時を求めて 1 第1篇 スワン家のほうへ』（井上究一郎訳、筑摩書房）p.621

元気な力。

それにまた、彼に見やぶられたのではないかと彼女が想像して自分のあやまちをスワンに告白すると、彼にはその告白そのものが、古いうたがいに終止符を打つというよりは、むしろ新しい疑惑の出発点になるのであった。なぜなら、その告白はけっして彼の疑惑にぴったりとあうことはなかったからである。オデットがその告白からもっとも肝心な個所を削除していても、なんのことはなかった、付随的な個所に、スワンがいままで想像もしなかった何かが残されていて、それの新しさで彼を圧倒し、彼の嫉妬の問題の限界を変更させようとするのであった。

同前 p.624

嫉妬の問題の限界。

網戸にしていたら、外で男が怒鳴りまくっていて、途中で女が何度か泣き叫んだ、怒鳴るのはそれでもしばらくやまなくて、しばらくすると声はなくなった、スワンとオデットの不和を考えた、考えなかった、眠った、ぐっすり眠った。

6月22日（金）

朝、パドラーズコーヒー。冷たいラテ。気持ちいい。朝、パドラーズコーヒー、に行くと、一日がなんだか晴れやかになるような気がする。

経理の作業が溜まっているというか全然していないなあ最近、とここ数日思っている、Excelと触れ合っていない、

と打ってから、触れ合おう、となって、溜まっていた伝票の入力作業をした、ひと月分溜まっていた、これはけっこうな溜まり方だった、最近興味がなさすぎる。お客さんが一人もいない時間が長くあって、そこでずっとタンタカタンタカExcelと踊っていた。疲れたし、早くおしまいにしたい、と思いながらやっていた、俺は今日は『ハッピー

アワー』論』を読みたいの、と思いながらやっていた。終わって、終わったら、そうだ、ブログを書かないと、となってブログを書いた、先日届いた『CAFERES』で、バールボッサの林伸次さんにインタビューをしていただきました、というお知らせのブログだった、書いたところ、書けた、書けたので更新した、そのまますぐにシェアをしようとしたところ、それが7時ぐらいだったか、そこから一気に、畳み掛けるようにお客さんがいらして、ヒイヒイ言いながらひたすらこなしていった、なんだかすごかった、そのままひたすら働いていたところ閉店時間になった、今日は店頭で本が3冊売れてうれしかった、あ、マジっすか、買ってくださるっすか、という感じで、うれしかった。閉店後、先にカバーを掛けておいた方がオペレーション的に楽だということが昨日思われて、それでいくらか巻いていたのだけど、もっと巻いておこう、と思って巻いた。クマたち。クマが並ぶ。並んでいるとアニメーションみたいに見えたりもする。クマよ、よたよたと歩きだそうとするクマよ、扉の角のようにただ独り歩め。

　と思ったら、独り歩もうとしているのか、青山ブックセンターでは3面で展開されていて、東京堂書店では入口横のワゴンに平積みになっているとの情報を得た。なんというか、こんなふうなことは想像もしていなかったんだよな、何を想像していたかといったら何も想像していなかったのだけど、すごいなあ、と思った。

帰宅後、プルースト。「スワンの恋」が終わった、辛い恋が終わったらしかったが、このあとスワンがオデットと結婚することは最初の章で言われている、それだけでも胸が詰まりそうだった。それで、「土地の名、——名」になった。このタイトルだけで、なんかご飯3杯くらい食べられそう。寝た。

6月23日（土）

朝、「Number Web」の野球の記事を読んでいたところ、「誰よりも早くグラウンドに姿を見せる」というフレーズがあり、わりとよく見かけるフレーズだよなと思って、誰よりも早くグラウンドに姿を見せる選手って各チームに何人かいそうだな、と思ってから仕事をした、ぽんぽんと、働きながら、日記の推敲をしていた、今週は長かった、17000字くらいあって、長かったが、推敲が終わって、つまり読んでいる時間がいくらもあったということで、終わって、終わったところ、ちょうど終わったくらいのタイミングから一気にドライブする感じになり、わわわわわ、となって働いた、働いていたところ、これは、煮物を作って、チーズケーキ焼いて、鶏ハム作って、味噌汁も必要だ、和え物も、等々、どんどん新たなタスクが出てくる感じになり、これはとても終わらないのではないか、という深刻な気分になって少し青ざめるような、そういう気分があった、そもそも洗い物が追いつかない、洗い物が追いつかない、と思いながら、どうにかこうにかやって、やったところ、1時くらいには全部終わるようなところまで持っていけた、とにかく働いた、背中がなんでだか痛いというか痛くはない、なにかじんじんと、引っ張られるような感じがある、とにかく、とにかく疲れた。

寝る前プルースト。土地の名、名、名。

6月24日（日）

昨日は開店直後に来られた方々のほとんどがまずドリンク、という注文で、珍しいなと思った、今日はほとんどの方がまずご飯を頼まれて、様子がまったく違った、日によっていろいろと本当に変わるものだなと思う、思って、ずっと忙しかった、本が刊行されたあとで、露出というか、人の目に触れる機会はこれまでよりもずっと多くなっている、いま忙しくならないとしたらいったいいつ忙しくなるというの、という時期だろうから、これでありがたかった、それでも、今年最初の3ヶ月、3月までの3ヶ月と比べたらずっと少なかった、それはオペラシティアートギャラリーで「谷川俊太郎展」が開催されていた時期だった、町に来る口実、というのは、あると本当に違うんだよな、とは思うし、でも、今の方がずっと平和だと思った、ずっと健全だと思った、今の方がちゃんと目指されている感覚があった、それはそうかというか、それはそうだ、と思った。いや思い出した、平和とか嘘だった、はっきりと腹を立てていたんだった、夕方に入っていたご予約のうちの一人の方が来られ、と思ったらあとからもう一人合流して、つまりお二人で、でも予約はひとつで、それで、お話できないのはもちろん大丈夫ですよね、というと知らなかった、そのつもりじゃなかった、ということで、帰ってった。

予約のページは、予約ボタンに行き着くまでに説明書きがあって、どういう店なのか知ったうえで来てください、というのがあり、それから一つの予約はお一人として受けるとあって、それから、それから、だから、完全にすっ飛ばして予約してきたわけだった、満席状態が続いていたあとで、その予約があったことによって予約できなかった人というのがありうる状態だった、予約ページの文言の最後のほうには「また、いらっしゃってから「やっぱりやめた」「すごしかた」とお帰りになる方がごくごくまれにですがおられます。繰り返しになりますが、「すごしかた」のページをご覧になり、フヅクエがどういった店なのかをお知りになったうえでご予約ください。席確保のために他の方をお断りしていた場合等は1500円を頂戴します。」と書いていて、この「等」というのがミソというか気分次第で運用できる感じがしてミソなのだけど、今回は普通に「いやそれなら1500円いただきますわ」と言っていいというか完全に妥当なケースだった、でも言えなかった、なぜなら、とてもにこやかな二人組だったからだ！

10時を過ぎて落ち着いた、昨日よりは楽だった、仕込みも特になかったから楽だった、それでやっと『『ハッピーアワー』論』を開くことができた、読み始めて、すぐに、彼女たちの姿が目に浮かんで、ゾクゾクとした、これからこの本を読みながら、たくさんの彼女たちの記憶を蘇らせていくのだろう、と思うと、それはひたすらに楽しみなことだった。

閉店して、飯食って、帰って、家の近所のバーというかパブというか的な店にサッカーを見に行った、予約をしていないと言うと、けっこうな僻地しか案内できないと言われて、予約しておくべきだったのかと思ったし、まったく構わなかった、パイントのビールを買って、地べたに座って見ていた、前半は、ガラス越しみたいな見方で、画面の左端は見えない、そんな見方だった、ゴールネットが2度揺れた、それが前半だった、後半はここ座ってもよさそうだ、というポジションがあったので座った、そうしたらずっと快適に見られた、画面の全部が堂々と見られた、パイントのビールをもう一杯買った、普段はパイントかハーフパイントかでいったらハーフで頼むから珍しかった、なにか豪快な気分だったのかもしれなかった、それで見た、するとゴールネットが2度揺れた、本田が決めたときは、すごかった、ずっと、すごく楽しかった、日本のチームはこんなに立派に張り合うサッカーをできるようなチームだったのだなあ、と感心した、弱いはずのチームががんばっている姿、という感動の仕方だった、だろうか、とにかく、楽しい試合だった、よかったねえ、面白かったねえ、と言い合いながら店を出た、同時に出た人たちが、徒歩で、それぞれの家に向かって歩いていく様子は、町、暮らし、という感じがあって、よかった。

寝る前、オンラインストアの発送の準備と、プルースト。

6月25日（月）

昨日のお酒が残っているらしくおでこのあたりと喉の下のあたりにいくらか違和があり、外は晴れていた、快晴というふうで、夏のような重い暑さが立ちこめていた、店に着くと時折どうしても聞きたくなるリアーナのなんとかというアルバムを大きな音で流しながら仕込みをした、飯を食った、店を準備した、リアーナの、少年みたいな絵か写真と顔のところが赤くなっているその写真か絵のジャケットのアルバムを、聞くと、というよりはこのアルバムのことを思うと思い出すのはいつだって渋谷のベローチェで『ビッグデータ・ベースボール』を読みながら涙ぐんでいたときのことで、あれはなんの時間だったのだろう、夜だった、思い出すこともあるし、思い出さないこともある。

先日お会いした出版社の方にメールを送った、しばらく返信を怠っていた、先日、お会いしたあと、企画会議で企画を諮ってくださった、上長の方は、基本的には買ってくださったらしかった、さらに、こういうコンセプト、売り出し方なら、もっとこれくらいの部数で出してもいいんじゃない、というような、前向きなことを言ってくださったようだった、ただ、それは僕は、やっても面白くないし気持ちよくなさそうだな、なにより、僕がその本を今の『読書の日記』みたいにせっせと宣伝しようという気にはならないし、フヅクエのブランディング的にやっちゃいけない振る舞いな気がする、と思い、難しいなと思い、その旨をお伝えした。この原稿は、いつか日の目を見ることがあるのだろうか。

そのあと、あれ、これ、と仕込みをしたりしながら、とんとんと働いていた、やることは次から次へと出てくるものだった、だからそれをやっていった、落ち着いて、夜、『『ハッピーアワー』論』を読んだ、読みながら、見たのはもう、あれはいつだ、2015年の末、それから翌年年明け、2回見た、2016年1月からどれだけの月日が流れたのだろう、引き算、2年と、5ヶ月。2年と5ヶ月前に見た映画について、いまだに思い出すだけで感極まるのだから、これは本当に、僕は見たときはこの記憶の仕方、人物に対する記憶の仕方は実際の暮らしのなかでの記憶の仕方に近いというように感じていたけれど、つまり「あんなことがあったなあ」というような、「あいつあのときああ言っていたよなあ」というような、のだけど、2年と5ヶ月後に『ハッピーアワー』を論じる文章を読んで湧き上がる感情を見ていると、それとはまた違うものだったのだと知った。こうは、ならない。じゃあこれは、なんなんだろうか。この強度は。

等々思いながら、桜子が「ただ見てるだけや」と言って、そしてページをめくると2つの場面の写真が配置されていて、桜子のうつろな顔、路上でわっと崩れる夫、その2カットが写っていて、見た瞬間、涙があふれた。その瞬間、お客さんに呼ばれ、涙目で近づいていったところカフェオレとのことだったのでカフェオレをこしらえた。

それからなんでだか、なんなのか、どうしたのか、猛烈に忙しい夜になり、満席になり、満席が入れ替わり続き、という事態になり、なんだなんだ、これは、と思ったが、週末と違ったのはそこにあった顔ぶれのほとんどが馴染みのあるものだったことで、なんというか、よく、とか、しばしば、とか、そういった方々が一斉に集まったような、そういう状況だった、なんとなく安心のようなものを感じた、この週末は初めてであろう方を多く見た、でもそれも、不安を感じるようなものではなかった、しっくりくる感じが僕の中にというか店の空気にあった、だから初めての方で構成されていようと馴染みのある顔で構成されていようと、フヅクエという場と時間を享受しようという構えで来てくださった方で構成されている、と感じることさえできれば、どちらもナイスだったが、とにかく今日はそうだった、それで、バタバタ、バタバタ、終わらないぞこれは、と思いながら働いた。

へとへとになって帰宅した、明日発送する本の梱包をした、明日、朝、渋谷のラジオでNUMABOOKSの内沼晋太郎さんと朝日出版社営業の橋本亮二さんとお話をする、そのことを考えながらシャワーを浴びていたら、二年ほど前に一度お招きいただいたことがあって、そのときのことを思い出した、ラジオというのはヘッドホンをしながら話すのだなと知って、ヘッドホンをつけて会話をしている相手の声を聞くのは変な感じあるんだよな、先日叔父が補聴器のことを話していたけれどもしかしたらそれと少し近い、音が全部同じベクトルからやってきてしまう、ヘッドホン、いやもしかしたらラジオはそうではないのかもしれない、どのマイクの音は、この位置から聞こえて、みたいな調整がされたりしているかもしれない、とにかく、ヘッドホン、そう思った時に、そういえば先週の、B&Bで、僕は、保坂和志さんと、内沼さんと、話したり、話を聞いたりしながら、目の前にある、マイクを置く波型のクッションみたいなもの、スポンジみたいなやつのことを何度も考えていたなあ、ということを初めて思った、黒い、波型の、スポンジみたいな、なるほどこれに置けば音が鳴らないのだなあ、と思って、見ていた、それを思い出した。

寝る前、プルースト。「土地の名——名」になってから、うまく乗れない感じがある、あ、すいません、今なんの話してたんですか、ぼーっとしていて、というような。

6月26日（火）

早起き。寝過ごしそうになった気がしたが起きた、自転車乗った、暑かった、渋谷に向かった、晴れていた。南口の方だった、もう少し行ったら並木橋とかそういうあたりの。少し時間があったのでベローチェみたいなところだったかベローチェだったかに寄って、ベローチェだった、寄って、アイスコーヒーを飲みながら一服して、外を歩く人たちを見ていた、9時半、人々が、どこかに向かっている、たくさん動いている、早い、みんな早い、と思うが、9時半だ、僕もかつては9時には会社にいた、それと比べたら30分も遅い、こんな遅い時間にちんたら何やってんだ！と怒られてもしかたがない、申し開きしようがない、そう言う者もいるかもしれないし、いないかもしれない、昨今はフレックスなものがもっと浸透しているのだろうから、みんなフレキシブルに働いているのかもしれない、かもしれないというか、きっとそうなのだろう、だから怒られるいわれはなかった、誰も怒っていなかった、と思ったら電話で誰かと話している若いスーツの男はわりと怒っていた、内容までは聞こえなかった、さっくりと出て、暑かった、ベローチェの入り口には「ゲーム機のご使用はご遠慮いただいております」とあった、ゲーム機とは。雑な禁止は、あまり人を幸せにしないと思う。

すぐ近くに渋谷のラジオの建物があって、敷地に入って、入り口の前に灰皿があったので性懲りもなく一服していると橋本さんが来られた、コンビニでアイスコーヒーを買ってボタンを押して待っていたところ外国人旅行者に話しかけられて、ぼーっとしていたため話しかけられてびっくりして抽出中のコーヒーが手に触れて、熱い、となった、話しかけてきた人はソーリーソーリーと言っていた、明治神宮に行きたいんだ、彼は言った、歩いたら20分くらいは掛かるよと伝えたが、歩くさ、という様子だった、明治神宮、難しいなあ、説明が難しいなあ、あっちを越えたらね、説明が簡単になるんだけど、今めっちゃ工事中だから、説明が、ということを説明しながら、説明した、という話をうかがっていたところ内沼さんが来られた、内沼さんは素敵なTシャツを着てらっしゃった。「eat sleep read repeat」と、書かれているTシャツだった、かっこいいTシャツですね、と言わなかったが、僕が作ったやつだった、先週差し上げたやつだった、着てくださっていた。

入ると、ラジオのスタッフの方が、エビアンをくださった、「エビアン」と思った、それで前の番組が終わったので中に入ると、すぐに放送が始まり、始まったのでおとなしくしていた。

1時間はあっという間で、目の前に残り時間を刻むものがあったのだけど、あっという間だなあ、1時間という時間は、と思いながら過ごしていた、掘りごたつ式のスタジオは、座り心地がよくてよかった、愉快な時間だった、あっという間に終わって、出て、コーヒー屋さんに移動しておしゃべりの続きをおこなった。愉快だった。朝からいい日だなあ、と途中で思っていた。

晴れていた、暑かった、坂を上がり下がりしながら初台に向かって、店に着いた、ひきちゃんが働いていた、その横で煮物を作った、大根を切っていたところ、昼飯は大根おろしが関係する冷たいうどんかそばを食べたい、という強い欲求が湧いてきた、きっと少し余るだろうから、持って帰ろう、と思った、すると余らなかった。あとは煮えるのを待つだけ、というところまでやって、外に出てひきちゃんといくらか話をして、家に帰る前にスーパーに寄って大根を買った、そばを茹でて、大根おろしとめんつゆで、がーっと食べたところ、それはおいしかった、たいへん満足した。

それで、『「ハッピーアワー」論』を読み続けた。せやな。わからへん。なんやねん。これか。どの言葉も、その文字を見るだけで、ああ……という気分というか思い出が蘇る。桜子は、わからへん。

この言葉は、長年の親友である純の「せやな」と好対照をなしている。純の「せやな」が、相手への肯定の意思表示、知的な見切り、覚悟、残酷な決断、等々へと結びつくものであるのに対し、桜子のこの言葉は、むしろ知的に見切ることのできないもの、言葉の余白、曖昧なもの、人間の相互関係においてはじめて生じる何か、つまり、あとになってみないかぎりわからないものを大事にしようという姿勢の表れだろう。(…)本作において桜子がまぎれもない主人公の一人であると言えるのは、言葉によって見切れないものの価値を擁護し、本作の観客へと身をもってそれを指し示す役割を与えられているからだ。

三浦哲哉『『ハッピーアワー』論』（羽鳥書店）p.84

芙美の「これか」も、本当に印象深い。これか。マジか。本当にもう、涙ぐむ。「主人公四人とも、別種の聡明さを持った人物として造形されており、それぞれ特徴的な台詞が発せられるすばやいテンポとともに四者四様の知性が観客には感得される。『ハッピーアワー』はまずもって四人の女性の知性を克明に描き、それを賛美する映画だ」とあり、知性という言葉で考えたことはなかったけれど、言われてみると、知性、はあ……本当にそうだなあ……と思った。

読み終え、伊藤亜紗の『どもる体』を読み、すると前からそうだったように眠りたくなり、ずっと眠かった、なぜなら早起きだったからだ、眠かった体をソファに横たえ、眠った、すると水位がどんどんと上がっていく円筒形の建物の中におり、一番てっぺんまで上がって、天井のつかめるところを掴んだ、足元の水はいつの間にかなくなっていて、だからぽっかりと虚空があった、手を放して、どんな賭けがありうるのかわからなかったが、賭けだった、死ぬことになるのか、助かることになるのか、後者の可能性は確かに残っていると感じていた、ただ、まだ手は放さないことにした、そのあと、どうなったのか。

どうも、バベルの塔らしかった。日中に「ボルヘス」という言葉を口にしたことが原因のようだった。

起きて、そろそろ店に行く時間だった、起きると、眠かった、店に行って、ひきちゃんが働いていた、交代して、外で少し話して、中に戻った、働いた、いろいろとやることはあった、昨日のような忙しさはなかったというか暇だった、昨日満席だった時間に、今日は誰もいない、ということですらあった、9時半からは無人で、無人というか僕一人で、やるべきことをやってから日記を書いたりしていた。

なぜか肩が重い。両肩が重い。

11時頃、今日受け取った先日のトークの音源を再生させてみた、するとのっけから、自分の話し方に爆笑した、読点、読点、読点。たど、たど、しい、それの文字起こしを少し始めた、するとのっけから、人の発話というのは本当に面白いなあ、と思って何度もゲラゲラ笑った。

家に帰り、シャワーを浴びながら、トークのことを思い出していたのだろう、人前で話すということ、そうしたら今度はワールドカップの日本とセネガルの試合を思い出し、長谷部が負傷して鼻血を出しているところを思い出した、それを見ながら何万人に見られながら鼻血を出すというのはどんな気分なんだろうなあ、と思っていたことを思い出した、そのあと、1時間だけやろう、と思って文字起こしをしたところ1時間半くらいやっていて、4時くらいまでやっていた、面白くてやめられない作業だった。

6月27日（水）

コーヒーを飲んで家を出て、少しのあいだツイッターで猫の動画をいくつか見ていた、いずれもかわいかった、満足してリュックから『ウィトゲンシュタイン 哲学宗教日記』を開いた、昨日の夜、寝る前に読み始めて、編者による序文であるとかを読んだところで眠たくなり、日記にたどり着く前に眠った、その日記を読み始めた。

「しかし彼の批判は何かを助けて先に進ませるものではなく、押しとどめ、酔いを醒ますものだった」とあり、そういうのあるよな、俺もわりとやりがちな気がするんだよな、助けて先に進ませる者でありたい、になりたい、と思った。

おそらく彼が何よりも愛していたベートーヴェンの最後の弦楽四重奏曲の一つの最終楽章について、ここで天が開くように感じる、と彼は私に語った。そして彼がこう語ったとき、それは何かを意味していたのだ。

確かにフロイトは実にしばしば間違っているし、彼の性格はといえば、多分下劣な人間かそれに近いものだろう。しかし彼が言うことの中には、恐ろしく多くのことが含まれている。そして同じことが私にも言える。私が言うことの中には、多くのことが含まれている。

私はだらだらするのが好きだ。おそらく今ではもう以前ほど好きではないが。

ルートヴィヒ・ウィトゲンシュタイン『ウィトゲンシュタイン 哲学宗教日記』

（鬼界彰夫訳、講談社）p.25, 26

神保町に着いた、着いてコンコースというのか構内の道を歩いていると壁にはポスターがいくつもありそのひとつが「これは暴力です」という大きな文字で、3つのイラストで、人を殴る、人にものを投げつける、もうひとつは忘れた、そういうことが書かれていて、えっ、これが暴力って説明しないといけないってどういうことなの、と思った、思って、地上に上がると夏だった、ピンポイントの場所に上がれた、路地を曲がると、そのまっすぐのところにまさに行こうと思っていた餃子屋さんであるところのスキートポーヅのファサードが見えたのでうれしくなった、ぐんぐんと近づいていく、という向かい方がうれしかった、それで入った、相席で、前の人もまだ注文の品を待っていた、餃子の定食を頼んだ、僕はウィトゲンシュタインを読んでいた、前の人に食べ物が届いた、食べ始めた、でかい口を開けて食べ物を入れるなあと、ページを越えた視界の端で見て思った、すると直後、ずずーずずー、ちゃっちゃっ、ちゃっちゃっ、と咀嚼等々の音が大きく鳴って、うわあ……と思った、まずい、目の前がクチャだ……！と思って、ウィトゲンシュタインを読んでいた、僕が食べ始めるまでに、食べ終えてくれ、と祈りながら、それにしてもずずーってなんなんだろう？　中皿定食のはずだった、それに汁物は付いていないはずだった、いや付いていたかもしれないがそれとは違う気がした、その吸う音なはんなの？ｗｗｗ　今いったいなに食ってんの？ｗｗｗと思って愉快だった、いや、不愉快だった、ずずー、僕のところに定食が届いた、祈りが届いたらしく食べ終えてくれたらしく、安堵した、それで食べた、うまかった。腹いっぱい食った。

スキートポーズ、何度か振られていた、のだった、ということを思い出した、そもそも僕が神保町に行く機会自体がめったにない、行ったら、誰かにあそこはおいしいよと教わったのだったか、行ってみたいと思って行こうとする、すると休みだったりして行けない、そういうことが何度かあった、2016年10月、11月だったか、雨の日、東京堂書店でヘミングウェイの『移動祝祭日』とジョン・ファンテの『満ちみてる生』を買った日、休みだった、2017年の8月、雨の日、東京堂書店では武田百合子の『富士日記』の中巻だったかを買った、ちょうど、投資信託とかを始めた方がいいのかなと、そのことばかりを考えている日だった、その日も休みだった、大雨、それはお盆だった、それを思い出した、今日は晴れていた。

店を出て、大通り、日は照っていた、信号待ちをしながら突っ立っていると夏の葉っぱの風の匂いが、揺られてかさかさ鳴る葉っぱの音とともに流れてきて、夏だった。

岩波ホールに行った、『ゲッベルスと私』を見た、103歳という年齢はこんなにはっきりとした話し方をできるものなんだろうか、きんさんぎんさんのイメージしか持たない僕はそのはっきりとした話し方にまず驚き、というかこれは「すごいはっきりしゃべるんだよ」と事前に聞いていたから驚きはしなかった、改めて、というか「ほんとだ」

と思い、それで、すごいなと思って、というふうに話しはじめるその前、映画の最初、濡れた唇が大写しになって、舌先がちろっと出て、舐めて、いくつかの音が、口のあたりから鳴って、それから話しはじめられた、その、話しだそうとする体がある様子、話しだそうとする体がなにか運動する様子、それにときめいたし、そういうものを僕はもっと見たかったのかもしれなかった、時間が流れていないような撮り方というか切り取り方だったように思った、正しい話し方というか、テキストを読んだらいいんじゃないかという話し方というか見せ方というか、それはそういう話し方というだけで、そこには話者なりの運動があるのかもしれないけれども、画面を見ていて、喜びが湧いてくる、というものでは僕にとってはなかったらしくぐんぐん眠くなっていった、最前列で見ていた、岩波ホール、スクリーンは奥まったところにある、それで、というか客席はかなりいっぱいで、それで最前列で見ていた、僕はかくんかくんと頭を落としながら、見たり、うとうととしたり、していた、最後のほう、ショッキングな映像があって目が覚めて、体が硬直したし、せっかく目が覚めたが、直視し続けられなかった。しかしこうやって、ショッキングな映像でやっと目が覚めるという自分の救いがたさというか、それは言いすぎかもしれないが、つまらなさに、つまらない人間だなあ、と思った。

近くだったので、神保町ブックセンターに行ってみた、聞いていたとおり岩波書店の本だけが並べられていて、それはなるほどこれはいいなあ、というものだった、なるほどほんとだ、こうやって岩波の本だけの棚を見ていると、新旧関係なく目に入り手に取る感じになるなあ、と思った、なるほどこれとか岩波だったのか、そうかここらへんも岩波だったのか、等々、面白かった、青い岩波文庫のウィトゲンシュタインのやつを買おうかと思ったけれど、ペラペラしたところしんどそうだったので買わなかった、コーヒーを飲もうかと思ったけれど、煙草を吸いたかったので飲まなかった、どこか喫茶店に入ろう、ということになった、その前に東京堂書店に行った、岸政彦の『はじめての沖縄』を読みたかった、なんとなく手を出しそびれていたが、先日Facebookを見ていたら「私たちはなかなか、お互いに親切にすることはできない。なぜかというと、親切にするということは、ほとんど必ず、なにかの小さな規則に違反してしまうからだ。」という箇所を引用した投稿を見かけて、その引用箇所が僕をあきらかに惹きつけたため、読む気がはっきり立ったため、そういうところで買おうと東京堂書店に向かった。

するると、建物に沿って入り口に向かって歩いていると、見慣れた表紙が目に入ってきて、よたよたと歩きだそうとするクマの姿があった、おおお、と思って見るとそのもう少し先にも同じようにクマがいて、おおお、と思って見ると、今週のベストセラーみたいなコーナーで、4位という場所に『読書の日記』が置かれていた、すごいし、すごいことだし、わけがわからなかった、もっと売れる本がいくらでもあるだろう、と思った、だから喜び半分戸惑い半分というところで、でもいいことではあった、それにしても不思議な、見慣れない本の並ぶ不思議なランキングだった、池田大作、ゲッベルス、芹明香、1100ページの日記。

それで入って、岸政彦と、それから先日教わった『すばる』の7月号を買った、保坂和志の連載小説と、「日本映画の最前線」という特集を読みたく。で、読むことにし、喫茶店喫茶店、と思って古瀬戸珈琲店に入った、広々としていてありがたかった、そこでコーヒーを飲み飲み、「読書実録〈夢と芸術と現実〉」を開いた。

しかし、ここは考えどころだ。自然の中に生きるウサギにとってワシやタカに捕食されることもきっと天寿をまっとうすることになるだろう、それこそがウサギにとっての天寿かもしれない。ウサギたちは天敵の姿を見るとカチカチ歯を鳴らしたりして仲間に危険を知らせ、みんなで逃げるわけだが、逃げきれる/逃げきれないの枝分かれする世界で逃げきれなかったとしてそれが天寿をまっとうしなかったことになるとはかぎらない。

そこが世界の不思議というか謎というか、言葉による理解の及ばない層（または相）だ。そしてもしも本当に鈍感ゆえに天敵から捕まらずに老衰死するまで生きたウサギがいたとして、それは天寿をまっとうしたとは言わない、それは間違いない、そのウサギは何物とも触れることなく何事とも触れることなく、つまりどんな世界もそのウサギには開示されず、死がくるまで動いただけだ、それを生きたとは言わない。

保坂和志「読書実録〈夢と芸術と現実〉」『すばる 2018年7月号』所収（集英社）p.13

僕は本になってから読めばいいと思っているから、というか本になってから読みたいから、読まなくてよかったはずだったが読みたくなってしまって読みだしたところ、面白くて読んでいった。保坂和志の書き方はもうどんどん、行儀が悪くなっていくというか箍みたいなものから解き放たれていく。引用部をカタカナにしたり（これはトークのときに吉増剛造がやっていてかっこうよかったから、とおっしゃっていた）、挙げ句は訳者には申し訳ないがそのままだと理解しづらかったので適宜書き換えた、とあったりする。

と、論法の少し変形で情景ははっきり不穏になるが、さかのぼって三つ目のセンテンスで不穏はすでにはじまっている、夢でないとしても夢っぽい、私はいま夢であるかどうかにこだわるつもりはない、こういう夢を見てそれを書いたと考える方が意味を解釈しようとするバイアスのかかった読みよりずっとリラックスして、むしろ細部まで読める、これはこれとしてカフカの一日の何時間かがそれに費やされた生涯の時間の断片である。カフカは眠っているあいだは夢を見て、目覚めているあいだは小説と手紙を書いた、ただしカフカは不眠症だった。

同前 p.18

リラックスした読み。これはこれとしてカフカの一日の何時間かがそれに費やされた生涯の時間の断片。

店を出、電車に乗って移動し、電車の中、それから駅のホーム、エスカレーター、コンコースというのか構内の道を歩きながら、読み続けた、珍しいことだった、安全にはちゃんと配慮した。ミシェル・レリスの『ゲームの規則』のことがたくさん書かれていた、そうしたら『幻のアフリカ』を読みたくなった、今、気づいたが、昨日のラジオで『幻のアフリカ』のことが話題になったときに内沼さんがたしか「アフリカ日記」だったか「アフリカの日記」だったか、何度か言っていて、僕がそれを正すように「アフリカの日々」と言った、しかし今『ゲームの規則』のタイトルを確認するために検索したところわかったとおりそれは『幻のアフリカ』だった、アフリカの日々、恥ずかしい、なお、『アフリカの日々』という本は本であるようでそれはアイザック・ディネーセンのものだった。

それで、『幻のアフリカ』を読みたくなって、降りた日比谷で地上に出ると目の前が目的地だったTOHOシネマズのシャンテだったがそれより目に入ったのは東京ミッドタウン日比谷というらしいミッドタウンというか広場で、広々としており、高いビルに見下ろされている圧迫感のないなにか広々とした広場で、気持ちがいい、と思った、思って、かつて日比谷のこのあたりに来たのはいつだったか、まだTOHOシネマズになる前のシャンテシネのときで、いろいろ見た、ゴダールの『映画史』とかも見たというかそれ以外ぱっと思い出さないが、そういう、大学時代に来たのがきっと最後だろうか、という場所がずいぶん様変わりした気持ちのいい広場になっていて、記憶の感触がぶわーっと迫ってくるとともに、変容した現在の姿を愛おしむような気持ちが同時にあった。

それで、『幻のアフリカ』を読みたくなって、あったら、と思い、HMV & BOOKS HIBIYA COTTAGEに行くことにして建物の中に入ってエスカレーターで3階まで上がった、うろうろして、滝口悠生コーナーがあっていろいろ読みたい気持ちになったりしたのち、小説の棚に行くと小説は扱いがとても小さいようで、もしかしたら海外文学の棚を見落としたのかもしれないが、すぐ諦めた、それで広場に戻ってベンチに座って保坂和志の続きを読んでいた。風が強かった。しっかりおさえた。

時間になって、映画館に入った、なんか、小さなＴＯＨＯシネマズって初めて行った、違和感あった、しかしその小さなＴＯＨＯゆえなのか、あ、ポップコーンか、みたいな、いつもは遠くにある存在のポップコーン売り場がとても身近で、あ、ポップコーンか、みたいな気分になってポップコーンを買った、単品だったからなのか、紙袋に入れて提供され、これ、そこの箱みたいなやつに入れてもらうことはできないですか、と所望してみたがダメだった、紙袋はきっと簡単にうるさい、不満だった、それでグレタ・ガーウィグの『レディ・バード』見た。

最初に泣いたのは「Wanna dance?」といって、ダンスをするところで、途中で教師というかシスターが精霊たちが通れるように16インチだかセンチだか離れてね、と注意しながらうろうろする、離し、すぐ密着する、いたずら笑いを浮かべながら二人は密着し、踊る、そのあたりで「最高」となって、泣いて、そこからはたびたび、ことあるごとに泣いた、『タレンタイム』を思い出したりしていた、やさしい大人たち、なんというか、カメラというか製作者が人というか被写体に向ける視線がとにかくやさしい、こういうやさしさのある眼差しのあるものと僕はふれあいたいんだよな、と思って、とにかくやさしかった。人のやさしさや善良さを信頼している、あるいは信頼する意思を持った眼差しだった、最高最高最高最高最高と思って、たくさんのいい瞬間を目撃した、たくさんのいい時間を過ごした。

見終えて、こういう、やさしいものに触れたいんだよな、と思って、でもそんなのってなんかぬるい感じもするんだよなこの嗜好って、と思ったあとに、でも日々、生きているなかで、人のやさしさや善良さをそんなに毎日毎日目撃できるわけではない、たくさんのギスギスしたものと簡単に関わることになるわけだから、やさしさや善良さをちゃんと捉え、作品として提示するということはまったく普通に貴重なすばらしいことなのではないかと思って、だから、オッケーだった。

日比谷、有楽町のガード下あたりのエリアで、外の席で酒を飲みたくて、適当に目についたところに入ってというか外の席に座って、飲酒をした、生ぬるい夜気が心地よく、聞こえてくる電車の走行音もなにかを彩るようだった、よかった。

帰り、電車に乗っていたら、飲み会帰りの人たちがいて、ホームに残る一群にしつこく丁寧に手を振る、笑顔を振りまく、を視界から消えるまでやっていて、立派だと思った、電車に乗り込んだのは若い女性2人と年長の男性の3人だった、「渋谷、渋谷、ではい、はい、はい、で横浜方面」。彼女は、暇すぎてこのままじゃダメになりそうなので資格の勉強をしている。

6月28日（木）

朝からケーキを焼いたりしていた、のんびりした気分もあった、開店前、『すばる』を開いて三宅唱のインタビューを読んだ、「もう二度とこんな風には作れないと思うくらい遊んだし、今まで以上に好きになりましたね。人にしろ場所にしろ、好きになるためにこの仕事をしているし、好きになる瞬間に映画作りの喜びがあります」とあった。

あと近年、東京ではない地域を舞台にすると特に、閉塞的な状況を訴えるのがリアルなんだという傾向がありますが、映画の役割はそんなもんじゃないだろうと感じていて、どういう時代、町であれ、楽しいことや幸福なことを自分たちで発見している人は当然いる。僕はそういう人の姿を映画館で観たい。恋をするとか、部屋に花を飾るとか、好きなミュージシャンのライブにちゃんと足を運ぶとか、生活のそういう側面を、こういう時代だからこそ大事にしたかったし、函館の風景がそれを際立たせてくれたと思う」

「特集 日本映画の最前線」『すばる 2018年7月号』所収（集英社）p.112

昨日の映画のことかな、というようなことが話されていて、風通しのよさ、そうだった、やさしさ、善良さ、風通しのよさ、それが僕が好きなものなんだった。のびやかさ。

店、開け、ぼんやりと働く、日記を書きながら働く、それが夕方に一段落して、『はじめての沖縄』を読み始めた、「私たち」という語りの人称についての言葉が続いて、いいなあ、やっぱりいいなあ、誠実で善良、と思ったところ、あそうだ、あれやんなきゃ、ということを思い出し、やる、やったら、お客さんがゼロになった、6時くらいだろうか、それで、あそうか、お客さんゼロか、じゃあお客さんいないときにしかできないことやるかな、と思って大きな音を出して文字起こしを始めた、笑ったり、感動したりしていた、1時間くらいやったところ、お客さんがやっと来てくだすった、それでぽこぽこと働いていた。

そのあと、また誰もいなくなり、11時からサッカーを見た、ＦＯＸスポーツで見られるのかなと踏んでいたが全然見られなかった、TVerというもので見られるということだったのでそれで見た、見ていると、アナウンサーが「われらが日本」と言っていた。なんの考えもなさそうだった。私たち、日本。私たち？

もし境界線が乗り越えられていく物語を、当の境界線を「構造的に押し付けている側」であるマジョリティの人びとが語ってしまった場合、自らが押し付けている壁を否定し、隠蔽し、その責任から逃避することになる。だから私は、私たちは、あくまでも境界線の傍に踏みとどまるべきなのである。「本土も沖縄も関係ない」という言い方は、あきらかに、沖縄の側からなされた場合と、本土の側からなされた場合とでは、政治的な効果という点において真逆の結果をもたらすだろう。

線引きをやめること、あるいは、境界線を飛び越えることが、ひとつのドラマになり、書かれるべき価値のあることになるのは、そもそもそこに境界線が実際に存在しているからだ。境界線が存在しないところでは、それを飛び越えることもできないのだ。

岸政彦『はじめての沖縄』（新曜社）p.22

前半が終わると家に帰り、後半を見た、見ていると、思った以上に日本チームを強く応援している自分がいて、ゴールを念じている自分がいて、驚いた。

サッカーが終わり、岸政彦を続けた。読もうと思ったきっかけとなった箇所に当たった。

私たちはなかなか、お互いに親切にすることができない。なぜかというと、親切にするということは、ほとんど必ず、なにかの小さな規則に違反してしまうからだ。わかりやすい例をあげよう。電車や路上という公共空間では、そもそも私たちは、見知らぬ他人に話しかけてはいけないことになっている。だから、苦しそうにうずくまっている誰か知らない人を助けようと思ったら、まず最初にこの、「他人に話しかけてはいけない」という規則を破る必要があるのだ。

私は、良い社会というものは、他人どうしがお互いに親切にしあうことができるような社会だと思う。そしてそのためには、私たちはどんどん、身の回りに張り巡らされた小さな規則の網の目を破る必要がある。

私たちは、規則を破らないと、他人に親切にできない。だから、無意味な規則というものは、できるだけ破ったほうがよい、ということになる。そして、そういう「規則を破ることができるひと」が、沖縄にはたくさんいる。

こういう感覚を、「自治の感覚」と呼びたい。自分たちのことは、自分たちで決める、という感覚。自分で決めて、自分のルールで、他人に優しくすることができる人びと。

同前 p.69, 70

『レディ・バード』のことを思う、『タレンタイム』のことや、ジエン社のことや、滝口悠生の小説のことを思い出す。

布団に入り、プルースト。

6月29日（金）

なんとなく平日は、開店してからやればいろいろ大丈夫、という油断があるが、今日は真面目に開店前の時間に仕込みをできるところまでやった、吉と出た。なんだかパタパタと慌ただしい前半戦で、開店前にやっていなかったらけっこうしんどいことになっていたな、と思って、偉かった。『レディ・バード』の、素敵な大人たちのことを思い出していた、善良な世界。

夕方落ち着き、岸政彦。沖縄戦のことを語る老人たち。の話を読みながら、『奥のほそ道』のことを思い出していた。どういうふうに処理したらいいのかわからない、と思いながら読んでいたし、きっと処理しなくてよかった。それにしても聞き書きというものはやっぱり本当にいいなあ、と思った、思って、思ったところ、ちょうど前後半の入れ替えみたいなことだったのか、ぽっかり誰もいない時間が生じ、文字起こしをしようかな、と思ったところお客さんがトントコと来てくださり、

と思ったら止まらない感じになり、すごかった、閉店し、ヘトヘトと倒れ込みたかったが止まったら終わりだった、やらないといけないことをやっていった末に明朝やろうと思っていたことも勢いに任せてやったところ2時までかかった。Chance The Rapperを久しぶりに聞きながら、やっていたら、愉快だった、アメリカ。朝や昨日はフランク・オーシャンを聞いていた、アメリカ。『レディ・バード』のことを思い出しながら、聞いていた、『レディ・バード』のサントラも聞いていた、聞きながら、高校生のときや大学生のときや会社員のときや店をやっているときや、だからずっと、音楽は救いを求めて聞くものだった気がした、というか、救いが必要なときに必要とされるのは小説よりも映画よりも音楽だったような気がした、いろいろうまくいかないときに、わーっと、思い出されるのは夜中にジムで走りながらわーっと、OMSBを聞いていたような場面で、そういう、救いを求めるような、鼓舞してもらうような、そういう聞き方をしていた、それを『レディ・バード』を思うことで思い出した、ここしばらく、僕は音楽をそ

んなに必要としていない感じがあった、のんきに生きているということかもしれなかった、あるいはただ営業時間が長くて聞く時間がどこにも当てはまらないということもあるかもわからなかった、かつては昼と夜のあいだの時間もあった、そういうものが全部なくなって、オンとオフの境目は今まで以上にあいまいになって、そうやって働いているそのせいというだけかもしれなかった。2時半。朦朧。

帰って3時、シャワーを浴び、ウイスキーを飲み、プルースト。しおりがおかしなところに挟まっていて、どこまで読んだかを探しているうちに眠くなったら、と思ったら笑った、しかしそういうことにはならず、少し読んだ。

6月30日(土)

起きると先に出た遊ちゃんの書き置きが二枚テーブルにあり、一つは冷蔵庫にあるマスカルポーネを持ったかどうかのリマインドで(いつも買っているところが品切れで、売っていそうな店で買ってきてもらっていた)、もう一つは外を見てみて、とのことだったので見てみると、一階の大家さんの庭の木が二本、ちょうど目の前で茂っている、一本は梅で、しなしなした葉っぱ、もう一本の名前のわからない何かいくらかエキゾチックな感じのある木のその濃い緑色の葉っぱたちのてっぺんに桃色の花がすっと、これから開くその花が、すっと、一つだけ際立つような姿で伸びていた、晴れていた。書き置きの紙の余白に下手くそな葉っぱと花の絵を書き、ピンクの蛍光ペンで花の部分を塗って、家を出た。

煮物をこしらえ、ケーキを焼いて、飯を食って準備をし、店を開けた、忙しい土曜日になって、がんばった。なんでそこまでがんばろうとするのだろう、というがんばりかたをした、なんでこの状況でそこまでやろうとし、そしてやれちゃうのだろう、という様子でカレーとショートブレッドを作った、つまり、がんばった。

閉店後、飯を大量に食い、食ったまま、眠りそうになった。

ぼんやりしながらエゴサーチをしていたところ、店と本についてのうれしい紹介ブログと、それから「宇多丸さんのラジオで紹介されてて読み出したんだけど、読み心地がすごくいい。色んな本を読みたくなる。読み方にこだわらず、それに書くことへのハードルも下げてくれる。うれしい。」というツイートがあって、この、読むこと書くことへのハードルを下げてくれる、という受け取られ方は、すごくうれしいものだった、それで、なのか、ふと、『読書の日記』を読み始めた、そのまま50ページくらい読んでいた、面白い日記だった、最初の時期は、やはり一日あたりの分量が少なかったのだなあ、今と比べてずっと、と思った、なのでどんどん進んだ、それは、だからその分量が少ないことは、きっと悪くない始まりだろうなと思った、いきなり毎日何千字も書かれているよりも、たぶんそれこそ読み出しのハードルを下げる効果はあるように思った、狙ったわけではもちろんなかったそれは、いいことだった、と、思って、ぼーっとしていた、顔全体がぼーっとしている。体全体が。

7月1日（日）

昨日から怪我をした指先に絆創膏を貼らずに過ごすようになった、それまでは貼り替えながらもずっと絆創膏をしていたため剥がしたときも白くふやけていて気づかなかったが、爪がたくさん伸びていた、皮膚はまだ薄く、痛くはないが刺激が通りやすく、なんとなく爪切りを当てる気にならない、でも爪が長いのもみっともないというか一本だけおかしいくらい長い、こうやって、タイピングしていても、絆創膏をしていたときには気づかなかったが、爪の長さの分だけいくらか打ちにくいというか誤差が生じる、絆創膏をしていたとき、なんで気がつかなかったのだろうか。

朝から疲れている、全身が重い、昨日は風邪を引いたかと思ってビクビクしながら寝た、ビクビクはしていなかったが、鼻水が止まらず、なんとなくぼやっとした感じがひたいのあたりにあるような、そんな感じで、まさか夏風邪だろうか、ありうる、と思って、それから、本を持って帰るのを忘れたため家にあった若林恵の『さよなら未来』を読んだ。はじめから順番に読んでいったが、とても面白くてこれじゃあ眠くなるものも眠くならない、と思って面白く読んでいたが、きっちり眠くなったので眠った。

朝、疲れている、全身が重い、風邪ではなかった、よかった、準備をした、開店前、コーヒーを淹れながら考え事をしていると、水のポタポタいう音が聞こえて、外で水撒きでもしているのかな、と思ったり、経年で排水管がどうこうになってどうこうになるようなこともこれから起きるんだろうなあ、と思ったりしていたところ、ラッセルホブスのケトルに水を張っていたところあふれて、本棚のほうに流れて床に落ちるその音だった。コーヒーを淹れているあいだに浄水をケトルに溜めて、また沸かして、というのが流れなのだけど、これまでは豆を蒸らしているあいだに片手でケトルを持ってそれで水を入れていたが、これはもしかして繰り返したら腕が肩が疲れるその要因になっているのではないか、と思い、浄水器の位置を工夫し、酒瓶が乗っている本棚の上のところにケトルを置いて、そこで溜める、ということをするようになった。こういう、うっかりがあるから、受け皿を置いて、やっていたが、うっかりし続ける、ということがしばしば起きて、もう何度目だろうか、けっこう何度も同じことをやってしまっている、意識から全部抜け落ちて、間に合わなくなる、安部公房の文庫が最たる被害者で、それから阿部和重や中原昌也の単行本、舞城王太郎の文庫、その下の大判で横向きに積んでいるいくつかの漫画、そのあたりに対して申し開きができない事態を何度も生んでしまっている、悲しい。それで今日も被害者はそれらで、あわわわ、と思い、コーヒーを淹れる手を止め、布巾を持って慌てて本棚の方に行き、本を救助し、棚を拭き、いらだち、憤った。

考え事は昨日から考えている『GINZA』の連載のことだった、どういうふうにしようか、と考え、こうかな、とか思ってメモ帳に思いついたことをメモしたりしていたら、すっかり水のことを忘れていたかっこうだった、その分、いい原稿が書けたらいい、とそのときは思わず、いらだち、憤った。

店を開けてからもなんだか疲れていて、疲弊、倦怠、あんまり働きたくないな、と思う一方、ちゃんとお客さん来るといいな、と思った、思いながら、働いていた。働きながら、日記の推敲をしていた、今週も長くなった、先週同様17000字ほどあった、土曜日に、テキストエディタ上で推敲し、日曜にアップし、アップした画面上で改めて推敲する、というのが流れで、土曜日に整ったと思っていても日曜に改めて読んでみると何箇所も直す箇所は見つかるもので、何箇所も直した、つまり、日曜の午後くらいにアップされている日記というのはまったく未完成の、不完全のものということだった。

なんだか本当に疲れていて、体が疲れを表現していて、いつになく表現していて、とてもだるいことになっている、瓶の煮沸という、シロップに使う瓶の煮沸という、非常に簡単なタスクでさえも、取り掛かる前、面倒くさい！という気持ちに阻まれて、なかなかやれなかった、やりだしたらこんなに簡単なことはなかった。

夜、暇な日になった、やることもなかったので『GINZA』の文章を書こうとした、四苦八苦と試行錯誤を数時間したところ、書けた、書けたので満足して送った、もともとは休みの日にやるつもりだった、なので、これで休みの日にちゃんと休める、映画を見に行ける、と思ってうれしくなった、それでうれしくなって、送ったので、それから本を読もうかな、と思ったところ、そうだドリップバッグを作らないと、となって作った、作り終わり、本を読もうかな、岸政彦、と思ったところ、そのあたりでお客さんがゼロになって、10時半くらいだった、じゃあ文字起こししようかな、と思ってやり始めたところ、やはり止まらなくなって、途中で鶏ハムの仕込みをして、文字起こしをして、して、して、とても幸福な時間だった、保坂和志さんは、見た人が言っていたが、とてもうれしそうな顔をしてしゃべるよね、ということを何人かが言っていたが、まるでおいしいものを食べているときみたいなしゃべりかたをしていたよね、ということを何人かが言っていたが、聞いていてもとても気持ちのいい、明るい、元気な、素敵な声とトーンで、いいなあ、と思って、幸福な時間だった。

帰り、帰ったところ、エゴサーチをしたところ保坂和志の引用部分がとてもいい、というものがあって、『未明の闘争』のこれとか、とあり、『未明の闘争』の引用ってどんな感じだったかな、と思って『読書の日記』を開いて、開いたところそのまま読み始めてしまい、読んでいった、1月の終わりから2月の真ん中くらいまでか、わりと長々と読んでいた、面白くて、面白いなあと思った。

寝際、『ウィトゲンシュタイン 哲学宗教日記』。

7月2日（月）

歩いて店に向かっていたら気持ちのいい青空で暑さは気持ちよさをとうに越えていて、着いたらアイスコーヒーを飲みたい、と思い、水出しコーヒー今年も始めないと、と思って、思った。それから、早いところTシャツを店頭に並べないとな、夏に売らないでいつ売るの、と思い、朝、遊ちゃんにその気分を述べたところ、ハンガーラックが夏場は空いているのだからそこに掛けたらいいのでは、と言われて、そりゃそうだ、と思ったのでそのようにした、白いのが並んだ、なびいた。

午前中、父から連絡があり、おばあちゃんの容態が悪くなった、とのことだった。調子が悪いなんて話は聞いていなかった。ここ数年、怪我をしがちになっていて、それによって痴呆が進んでいて、というのはあったが、調子が悪いなんて話は聞いていなかった。心しておいて、ということだった、会いに行こうと思い、明日行く、と言うと、ただ、意識はないよ、ということだった、つらい気持ちになるかもしれないけれど、それでもよければ、とあった。それは危篤というのではないか、と思い、ざわついた、泣きかけた、少し泣いた、そうなりながら、なぜか、行ったら、僕が行ったら、意識が戻るのではないか、とどこかで思っていることに気がついた、もちろんどんな根拠もなかった、祈りに近いものかもしれなかった。祈りだった。午後、夕方だったか、母から連絡があり、少し落ち着いた、ということだった。脳梗塞を起こしたとのことだった、突然のことでびっくりしているとあった、突然のことだったと知った。母方の祖母だった。いくつかのことを思い出していた。

いくつかのことを思い出しながら、ぽやぽやと働いていた、たまに感情が粟立つようなことがあった、働いていた、やることがだいたい済んで、おばあちゃんは、93歳くらいだろうか、と、年齢を思ったときに、『奥のほそ道』を思い出した、92歳、ジミー・ビゲロウ、死の床にて、「再び煙が見え、肉が焼かれるにおいがし、突然、自分の身に起きたのはそれだけだったと知った」、思い出す必要のない思い出しだった、そのあと、岸政彦を読んでいた。

しかし私は、彼の言ったことが「間違っている」とは思わない。そういうことを言いたいのではない。彼が言ったことは正しかった。しかし、私たちが「正しくある」ことで踏みにじってしまうものが存在するのである。貧しくあること、従属的であること、周辺的であることから帰結する、複雑で多様な判断は、単純な正しさの基準のもとでは、単なる愚かなこと、間違ったことになってしまうだろう。

しかし、それでは周辺の存在がもつこの複雑さと多様性を強調すればよいかというと、そういうことでもないのだ。そうした話法は、すこし間違えれば、とても保守的な語り方——沖縄の人びとも基地を必要としているのだ、といった——に利用されてしまう。いずれにせよ、私たちは「単純に正しくなれない」のだ、という事実には、沖縄を考えて、それについて語るうえで、なんども立ち戻ったほうがよい。

岸政彦『はじめての沖縄』(新曜社)p.242

正しさ。

沖縄という場所について、どこでもいいが、福井や島根や愛知や青森や千葉や宮崎やその他その他について興味が別にないというのと同じように別に興味がなかったから、沖縄についての本は別にいいかな、と思っていたけれど、全然そういうことではなかったし、読んでよかった、と読み始めてから読み終えるまでずっと思っていた。

19時で閉店して、今週は今日明日が19時まで営業という週にした、19時で閉店して、閉店する前、最後のお客さんがコーヒー豆を買っていってくれた、今日2人目だった、Tシャツの売り場を作ったことに伴って、これまで入り口横の棚に置いていたコーヒー豆販売のあれを、レジ横的な場所に移した、これまで週に1度でも売れるかどうかというか月に1度くらいしか売れないくらいのものだったコーヒー豆が、この場に移したその日に2人の方から買っていただけた、ということに、なんだか笑った、ここだったらコンスタントに売れたりするのだろうか、そうなると、それはとてもいいことなのだが、どうか。

それで閉店して、夜になった、大学生くらいのときのことだったか、引き続きいくつかのことを思い出していた、岸政彦を読んで聞き書きを見たりしたことも影響しているかもしれなかったし、文字起こしをしていることも影響しているかもしれなかった、大学生くらいのときだったか、どうしてそうなったのだったか、おばあちゃんと差し向かいでいろいろ話して、若かりし日の話とかをいろいろ聞いた、聞きながら、いい話を聞けたなあ、と思った、その場面を思い出した、場面は思い出しても、話の内容は一切思い出せなかった、なにか、バドミントンが関係していただろうか、バドミントン的な記憶があるが、どうか、とにかく、こんなにもまるっきり忘れてしまうのだなあ、と思って、今、もったいなかったような思いに囚われている、ということを思った。いくつかのことを思い出していた。もっと思い出したかった。

新宿に向かった、ウィトゲンシュタインを読みながら向かったところ、2行くらい読んだら着いた、2行は言い過ぎだった、とにかく着いた、新宿駅を通るといつも思うことを思った、少し時間があったので紀伊國屋書店に入って、2階をうろうろとしていた、『読書の日記』を2箇所で見かけて、1箇所では蓮實重彥の上にあった、蓮實重彥と並んだ、『読書の日記』、と思って、取ったのは先日「とってもいい」と聞いた宇田智子の『市場のことば、本の声』だった、それから、なにか小説を、と思ったが、わからなくて、それから、ミシェル・レリスの『幻のアフリカ』を読もうと、文庫のほうに行って平凡社ライブラリーの棚を探したが一向に見当たらず、見当たらずぐるぐるしていると岩波文庫のところで、本の背を見ながら横並びで、あれやこれやとすごく楽しそうに話をしながら、ときに棚の隙間の空間にすっと人差し指を入れて本を抜き出したりしながら、買おうとしているらしい本を何冊も手にした、そういうカップルの姿が目に入ってなんだかいい心地になって、平凡社ライブラリーはそれにしても見当たらず、観念して検索すると在庫なしとのことだった、そうか、と思って1冊だけ持ってレジに向かった、するると、レジをしてくれた店員の方が「フヅクエのTシャツですね」と言って、今日僕はなんでか友人たちに見せようみたいな気持ちが湧いたためフヅクエのロゴTシャツを着ていた、それで「フヅクエのTシャツですね」と言われて、「あっ！」となんだか妙に驚いた声をあげたところ、「最近、日記本が出たんですよ」と言ってきて、「あ、あ、すいません僕なんです」と言った、するとあちらも驚いて、「毎日ひと月ふた月ずつ読んでいます」「わあマジっすか」それから「紀伊國屋のことはわりと辛口ですよね」とあって、紀伊國屋から届く新刊情報とかのメールがクソみたいだということを何回か書いていたので、わあ、ちゃんと読まれている、と思いながら、そうなんですよねと笑って、いやなんだかすいませんありがとうございますとか言いながら、レジが終わった、うれしかった、何がうれしいって、ここで重要だったのは結果として僕がその店およびその本の関係者だったことではなくて、そうじゃなくて、あの場で、「あ、そのTシャツ知ってるよ」と思って、つい声が出たことで、その、それは「接客」みたいなモードの外にあるモードで、それがちゃんと発露される遊びがそこにあったことだ、と僕は思って、大きな書店でこういうコミュニケーションが生まれたということに僕は感動した、こういうのはとてもいいと思う、常々、「あ、その本、僕も読んでるっす」とか、「それいいですよねえ」とか、そういうのってあってもいいのになと思っていたから、こういうのはとてもいいと思う、もちろん、リスクは常に付きまとう、人間と人間のコミュニケーションになっているのだから、素気ない返事をされるだけだったり、無視されたり、嫌な顔をされたりすることもあるだろう、でも、せっかく人間が働いているんだから、そのリスクを取ってこそだよなと僕は思うそういう立場なので、こういうのはとてもいいと思う、思って、ホクホクした気持ちで書店を出て待ち合わせ場所のお多幸に向かったところ建て替え中なのかなんなのかお多幸の影も形もない建物がそこにあった。

仕方がないので、その先の歩行者天国のところに椅子とテーブルがあるのが見えたので、その椅子に座り、近くのテーブルではアコースティックギターを爪弾く人があった、周りには、高いテンションの若い男女がいくつもあった、それで座っていたところ鈴木さんが近づいてきたので手を上げた、こんにちはを言った、鈴木さんは本屋さん準備中という方だった、クレープ屋からスピッツのなつかしい曲が大きな音で流れていて、それはやっぱりこれはいい曲だなあ、というものだったが、でもここで聞かされる必要はどこにもないというか、変なの、という感じがあった、とにかくお多幸だった、ビルには足場が組まれていて、貼り紙もなにもない、閉まったシャッターの前にはいくつかのゴミ袋、メッセンジャーでその様子を送ると、西口のほうに行きましょうかということになり、西口に向かった、小田急の建物の前で武田さんと合流した、武田さんは断食明けで、復食期は終わったが今もまだちょっとずつという段階らしく、動物性タンパク質はとらず、今日は野菜、ということだった、顔がすっきりしているように見えた、すっきりというのは表情ではなく痩せたということだった、ずいぶん体重が落ちたということだった、断食の話はまたあとでと思ったが、歩きながらもつい断食のことに興味が引き寄せられた、西口側の、あれは西新宿というエリアなのだろうか、お店がいろいろとある、あのあたりを適当に歩いていると、なんだか野菜が食べられそう、というきれいな漢字が用いられた店名が目に入り、入った、人が、ビジネスホテルの受付みたいだなと思って、通された店の奥の妙な明るさがまた、なにかビジネスホテルみたいだなと思って、それから、ビールを持ってきてくださった店員の方の感じがなにか、なんだか「なんか出張、みたいな雰囲気の人だったね」と僕は思って言った、「あの人はまるで出張のような人だ」。全体に、出張先にいるみたいな気分にさせた、つまり、出張したくなったらこの店に行ったらいい、という話になった。

意想外にすぐに、優くんが到着した。

先週、渋谷のラジオに招いていただいてNUMABOOKSの内沼晋太郎さんと朝日出版社の橋本亮二さんと話している中で、僕は日記において人との関わりみたいなことを書くときにすごく慎重になる、どう扱っていいかわからない、誰かに何か嘘をついて来ている可能性だってあるし、切り取り方によっては間違った印象を読む人に与えてしまうのが怖いというか避けたい、ああ、あの人ってそういうこと言う人なの、というようなな。だから人と会ったことはあまり書かなかったし特定できないような書き方しか基本的にはしない、というようなことを話していた、でもこれからは何か変わったりするかもしれない、変わってもいいような気もしている、とも話していた、それでたぶん、今週は人を登場させてみよう、という気分になって、土曜日に「遊ちゃん」を登場させるのを事始めに、実行してみているのだが、やはり人というのはどうしたらいいかよくわからない、まず呼称がわからない、ここで、「武田さん」と書くのが正しいのか、「武田俊さん」と書くのが正しいのか、「編集者の武田俊さん」と書くのが正しいのか、「優くん」なのか「小川優くん」なのか「デイリーコーヒースタンドの小川優くん」なのか、「鈴木さん」なのか「鈴木永一さん」なのか「本屋準備中の鈴木永一さん」なのか、あるいは「Tさん」「Yくん」「Sさん」がいいのか、それに、武田さんと優くんはなんとなく書いてもすんなり問題ない気がしているが、鈴木さんはよくわからないというか、本屋準備中とかも言っていいのか、名刺にそう書いてあるからいい気もするが、自分が渡す名刺と、人が勝手にパブリックに、というのは同じではない。ここで、扱いがわからないわからなさのひとつとして変な感覚だなあと思うのが、武田さんも優くんも、なんというか自分の名前を外に出して仕事をしているというか、わけで、そういう人を書くことのほうがずっと容易い感じがあり、鈴木さんがもしもう店舗を構えてあるいは屋号を作ってそう名乗って、ということをしていたら、また感覚も変わるだろう、ということだった。変な感覚でもなんでもないか。そりゃそうか。自分の名前を外に出していない人を勝手に外に出すわけにはいかないというのは当然か。たとえば来週会うことになっている大学時代の友人、会社勤めをしている友人のことは、どう書くか、きっと「N」だろう、では、たとえば今日、彼もいた場合、僕は「武田さんと優くんと鈴木さんとNと飲んだ」と書くのだろうか、いや普通にそもそも「友人」でいいのではないか、いや、どうなのか。

わたしたちは酒を飲んだ。

武田さんは断食以降はじめて酒を飲んだ、ハイボールを頼んでいただろうか、ひとくち飲んだところで「酒の味がわかる」と言った、「アルコールの味」だったろうか、とにかく数週間ぶりのアルコールはすぐに効きそうだった、断食は面白そうだったが、その生活はつまらなくなりそうだった、明日は、納豆でご飯をたらふく食うぞ、ということが楽しみになるような、そういうことだから、僕は、そうだから、食べることから快楽を取ったらどうなってしまうのか想像がつかなかった、休みの夜は唐揚げを食うぞ、みたいな、餃子だ、カレーだ、というような。それがない暮らしを想像できなかった。

わりに早い時間に閉店になって、お店はいいお店だった、店の方がとにかく親切というかよかった、早い時間に閉店になって、コンビニで酒を買って大ガードを臨む歩道橋に上がって、そこで飲んだ、優くん武田さんとはいつからだったか1年半前くらいだったか、忘れたが、3人でちょこちょこと、月一くらいのペースで飲むようになり、飲むときはどうしてだかこのエリアになることが多く、そうなるといつもこうなる、ここに来る。下を車が通るタイミングと同期しない、それは同期しないのだが、しばしば揺れるそこで、車の通りや、向こうのネオンを見ながら、しばらく飲んで、ぐだぐだと話して、満足して帰る、ということになる、それでこの日もそうなって、四人で、全員がメガネをかけていた、愉快に話した、優くんの店の話は本当にいいなあ、といつも思った、そうなんだよな、そうなんだよな、と首肯した、「ホイップクリームはまだのせられない」という言葉が出てきて、それはいいパンチラインだった、山内マリコがそんな短編書きそうだね、と思ったし言った。鈴木さんは学生時代、美術家になりたかったが、いつからか本を読むことのほうが好きになった、というようなことを言っていた、それがなんだかよかった、「本を読むことのほうが好きになった」。一緒にいる人たちを、この人たちほんと好きだなあ、と思うことは、幸せなことだった。

歩道橋の上を通る人は多くなかった、車はひっきりなしに通っていた、高いビルに囲まれていた、生ぬるい空気に包まれていた、歩道橋の上は、少しだけ他のところから切り離されたような、少しだけ特別な感じを与えてくれるようなそんな場所だった。満足して帰った。

腹は満足していなかったというかいつもそうするように、家に帰る前に富士そばに寄って、冷たいうどんを食った。たぬきは余計だった。帰って、ウィトゲンシュタイン日記を少し。

奇跡が我々に語りかけるものであるのなら、それはジェスチャーとして、表現として理解されなければならない。奇跡とは、それを奇跡的な精神でなす者がなした場合にのみ奇跡なのである、とも言えるだろう。この奇跡的精神がなければ、それは単に異常で奇妙な事実であるに過ぎない。それが奇跡だと言えるために、私はいわばすでにその人物を知っていなければならないのだ。そこに奇跡を感じるために、私は全体を本当に正しい精神で読まなければならないのだ。

ルートヴィヒ・ウィトゲンシュタイン『ウィトゲンシュタイン 哲学宗教日記』（鬼界彰夫訳、講談社）p.66

7月3日（火）

電車に乗りながら少しだけウィトゲンシュタイン。本当に少しだけ。新宿、パン屋で惣菜パンを3つ買い、猿田彦珈琲でアイスコーヒーを買い、湘南新宿ライン、グリーン車。新幹線で行けば早いが、お金は掛かるし、そもそも早く行く理由もない、というかゆっくり行きたい、望まない早さに追加料金を払うのは馬鹿げていた、それで鈍行＋グリーン車だった、乗ると、同じタイミングで乗った人がぐるっと席を回してボックス席をこしらえて、脚を伸ばした、ずいぶんリラックスした、という言い方はやさしい言い方だ、ずいぶんな使い方をするものだな、と思ったというか、しかし周りは空いていたしこれから混むこともあまり考えられないだろう、それならばまったく問題ないとも思うが、なんとなく横暴だというような気持ちを抱いてしまうのは僕のなにかが間違っているような気がする。気がすると思いながら、コーヒーを飲み、パンを食い、食ったら、パソコンを出して昨日の日記を書き始めた、どうしてだかそれが妙に時間が掛かって、ずいぶん長い時間、日記を書いていた、蓮田とか、いや小山とか、もっと先まで書いていたかもしれなかった、書き終えたので、隣の画面に移って、文字起こしを始めた、本を、リュックに、ウィトゲンシュタインと武田百合子と昨日のやつを入れていたが、どうやら今日はずっと文字起こしをしているつもりらしかった、宇都宮で乗り換えてから、普通の席の電車になってからもパソコンをカタカタとしていた、途中、笑っちゃうところは、どうしたってていくつもあって、ニヤニヤしながらパソコンと向かい合っていた、高校生がたくさんいた、昼過ぎだった、期末テストとか、そういう時期だろうか、早いだろうか、どうだろうか。

迎えに来てくれた父が駅前の駐車場にいた、駅前は、よくよく見回してみると本当になにもなかった、レンタカーの事務所くらいだろうか、それから学習塾、あと交番。本当になにもないなと思いながら、暑かった、ここのところは東京よりも日中は気温が高いらしかった、東京よりも一度、高いらしかった、それでいったん家に寄り、それから祖母と長姉家族の住む家に向かった、母方の実家は文房具屋兼書店のようなものをやっており、実態は学校を相手にしてインターネット環境の導入であるとかそういう授業の教師のサポートだとか、そういうものが今はメインの事業のようだが、書店とも名乗っていて本棚はあって、といってても店に入ってくるお客さんに本を売ることが主な仕事だったという時期は一度もないのではないかと思う、教科書販売のために取次と契約していたのではないかと思う、春休みになると決まって僕はここに来て、奥の畳の部屋に並べられた大量の教科書を、各学校の各学年の数ずつまとめて、それからワゴン車に乗り込んで、各学校に配っていく、そういうバイトをしていた、その金でパワプロを買ったはずだ、開幕版を。教科書販売を今もやっているのかは知らないが、だから書店で、だからごくごくわずかだが本が並んでいる、久しぶりに営業している時間に行った、もう年に一回正月に行く以外にここ何年も行っていないから、営業している明るい店内というのはとても久しぶりだった、かつて、走り回ったりしていた、店の入り口から入って、店と事務スペースを通り抜け、家に上がり、おばあちゃんの部屋に入ると母と、その姉と、その姉がいた、母は四姉妹の末っ子だった、ベッドにおばあちゃんが寝ていた、昨日よりも落ち着いたらしく、だいぶ寝ているようだった、起きた、目が開いて、見た、僕は、こんにちは、と言った、それから、ベッドの端に腰掛けて、しばらくの時間過ごしていた、姉妹たちは賑やかで、こういうとき、四人いるということはどれだけ心強いことだろうなと思った。

途中、部屋を出て、庭に出た、それから裏の畑のところに行った、農機具とかを収める小屋みたいなものと、土蔵みたいなものが両脇にあった、おばあちゃんが畑仕事をしなくなってどれくらいかは覚えていなかったが、畑ではもう農作物はつくられておらず、いい加減に草が生え、それから、かつては気づかなかったがあちらこちらにいろいろな花が色を添えていた、風が吹いて、地面の草や、その奥の竹林の笹をかさかさと鳴らしていった。竹林の坂道を下っていくと田んぼが広がっていて、それはもうこの家の土地ではきっとなかった、大学生のころ、3年のときだろうか4年のときだったか、うつろな気持ちで夏休みにこの家に逃避したことがあった、そのときは何度も田んぼの方に出て、そのとき僕は小説を書いていた、僕は、風景描写の練習をしようと見える景色をスケッチしていた、それを、竹林の入り口に、もうしばらくのあいだ人が通っていないのか道が消えかかっているように思うその竹林の入り口に立つと思い出した。

素麺があるから食べていったら、と言われたのでいただき、いろいろな薬味が出てきた、それで食べた、おいしかった、なすの漬物も途中で出てきた、おいしかった、と思っていたら居間にみな集まり、コーヒーゼリーにアイスクリームを乗っけて食べる、ということをみながやり始めた、僕も食べた、食べ、それからまたおばあちゃんの部屋に行き、しばらくそこで過ごし、帰ることにした。会えてよかったと思った。母は残り、泊っていくということだった。

　いったん実家に戻り、少しゆっくりしていた、部屋には、連載をしている『GINZA』や先日受けたインタビューが載っている『CAFERES』が、机の上とソファの上に置かれており、微笑ましかった、エアコンを掛けていない部屋は暑かった、静かで暑かった、夏休みのような静けさと暑さだった。麦茶を飲んだ。メールを受信し、見ると、「「ユリイカ」編集部明石と申します／濱口竜介特集へのご寄稿のお願い」とあった、どどどと緊張を覚え、外に出て、煙草を吸いながら開いた、内容は、掲題の通りだった、明石さんは、明石くんだった、大学のゼミで一緒だった明石くんで、青土社にいることは知っていた、それにしても、『ユリイカ』でエッセイとはなあ、『新潮』で書いて『ユリイカ』で書いて、まるで文化人みたいじゃないか、それはともかく、僕に書けるのだろうか、どどどどと緊張。

　麦茶を飲んで、父に駅まで送ってもらった、その途中で、帰り道の高校生が二人歩いていて、一人の首がまったくないように見えた、首がない以外はまったく普通の様子、というふうな姿勢に見えて、ぎょっとして追い抜きざまに見るとすごい首の曲げ方でスマホを見ているようだった、父も同じことを思ったらしくて、びっくりしたなあ、と言った。

電車に乗って帰った、帰りも文字起こしをしていた、今度の電車は上野行きで、宇都宮乗り換えをせずに赤羽まで一気に行く、というのでよいものだった、文字起こしをしばらく続けているとパソコンの電池がなくなるところになり、やめた。ちょうどいいやめさせられ方だった。キリはなかった。

それで宇田智子『市場のことば、本の声』を開いていくつか読んで、それからとても久しぶりに武田百合子の『犬が星見た　ロシア旅行』を開いた。

ホテルの裏手の入口に、プラチナブロンドの少女と、ジャンパーを着た少年がうろうろしていた。ホテルの中のダンスホールに何とかして紛れ込もうとしているらしい。ボーイが錠をあけ、私たちを入れたすきに少年と少女は滑りこむ。ボーイが見逃してやると、二人はダンスホールのある食堂の方へ駆けて行った。中庭へ通じる扉の外にも、ジャンパーをひっかけた少年少女が、七、八人いた。ボーイの姿を見た少年たちは硝子を叩いてせがんだが、ボーイはそのまま通り過ぎた。外へも洩れているらしいホールの音楽に合わせて、中庭でゴーゴーを踊っている少年少女もいた。

月が赤く出た。洗濯して入浴して、午前二時になった。

武田百合子『犬が星見た　ロシア旅行』（中央公論新社）p.223

踊っている人たちというのが僕はとにかくなにか惹かれるのだろう、とてもいい。と思って赤羽で乗り換え、埼京線で新宿に向かった、西武線のホームを過ぎ、電車がアルタであるとかの新宿駅前のネオンのなかに滑りこんでいくとき、外を見ながら、帰ってきた、という強い気持ちが湧いた。

そのまま帰り、遊ちゃんと待ち合わせをして、代々木八幡のクリスチアノに行った、一年前、7月4日だった、一緒に暮らし始めたお祝いみたいなところでクリスチアノで食事をした、雨がザブザブと降る日だった、一年後、一緒に暮らすようになって一年が経ったお祝いみたいなところで、またクリスチアノに行こう、ということだった、ポルトガル料理。にぎわいつづけていた。晴れていた。

いろいろ食べるぞ、と思って、いろいろ頼んだ、ミガス、あれ、ミガスしか思い出せない、なんだったか、ピタパウみたいな、パタパウ的な、バカリャウではない、なんだったか牛肉豚肉鶏肉のトマトの煮込みみたいなもの、その2つが、名前を見てもいったいどんな料理なのかわからなかったので面白がって頼んだ、それから大根とゴルゴンゾーラのサラダ、パプリカのペースト、フムス、パンをいくつか、そのあとでジャガイモだったか長芋だったかと鱈の卵とじ、これはお皿が来たときに去年も食べていたことを思い出した、それから揚げソーセージ、それらを食べた、ビールやワインを飲んだ、ヴィーニョ・ヴェルデ、そうしたら、追加の2皿でお腹がいっぱいになって、メインで魚料理を食べようと思っていたがお腹がいっぱいになったのでやめた。やめて、出て、今夜は少し歩こうか、というところで、コンビニでアイスを買って、食いながら、散歩をした、途中で、行きの電車で、さびれた建物に掛かっていた看板に「好きな道」というものがあった、ということを思い出した、スナックか何かなのだろう。好きな道。好きな道は、いくつもあった。いい夜だった、家が近づくと、なにか安心するような心地があった、家、と思った。わたしたちの家。

寝る前、ソファで武田百合子の続き。

ロシアともお別れだ。皺を気にしながらトランクに入れてきた、あやめが描いてある新調の白い光る服を、私は着る。ロシアにお礼の心を込めて――。

(何となく、消防自動車に乗っている人のようではないか?)着てみてから不安がよぎり、元気がなくなる。廊下に出て歩き始めると、

「宇宙探検隊みたいだなあ」と、主人がおどろいた風に言う。笑うまいとしている。

「着替えてくる」

「しっかり者に見えていい。百合子はいつもくったりしているから、たまにはこういうものもいい」と、面倒くさそうに言い直した。

同前 p.234

7月4日(水)

朝、仕込みをいくつかいっしょけんめいおこなう。全身がだるい。休日明けにこの疲れを目の当たりにすると本当に馬鹿らしい気持ちになる。働く。

夕方、さみしい気分が広がっていった、お客さんも誰もいない、それとこのさみしさは関係しているか、それはわからなかった、わからないことだらけだった、さみしさ、不安、もろもろ。なのかなんなのか。

やることをやって、そうしたらやり終わった、暇だった、宇田智子を何篇か読んで、これはとてもよかった、「お盆」というのがとてもよかった、他のもよかった、これは朝とかに、ちびちびと読んでいきたいものだった、それから武田百合子を開いた、旅行が終わろうとしている。

ふと、武田百合子は、というか、と思い、生年月日を見ると1925年生まれで、いま生きていたら93歳か、おばあちゃんが96歳だから、同じ年代の人なんだなあ、と思って、それはなんだか不思議な感覚だなあ、と思った、旅行が終わろうとしている。

エゴサーチをいつものようにしていた、ツイッターとは別に、グーグル上でもおこなっている、一週間以内の、という検索条件でやっている、すると見覚えのない結果があった、「雑誌の新聞［分家］ 週刊現代」がタイトルで、「1日前 武田砂鉄／宇田智子「市場のことば、本の声」、田尻久子「猫はしっぽでしゃべる」、阿久津隆「読書の日記」週刊現代(2018-07-14)頁：114」とあった、ん、と思い開くと「リレー読書日記」という企画で、武田砂鉄が、間違えた、武田砂鉄さんが、今回この3冊を取り上げているということらしかった。武田砂鉄があ間違えた武田砂鉄さんが！と思って、武田砂鉄さんの文章なんてこれまでどれだけビリビリ言わされてきたことか、先日も『日本の気配』を読んで快哉を叫びまくっていたところだったわけで、今もっとも鋭利に鮮やかに日本語を使う書き手というか、そんなふうに思っている方に、なにか評してもらえるなんてこれはすごいことだな、と思って、思ったときちょうどお客さんが誰もいなかった、いかんせんとにかく暇な日だった、それでシャッターをおろして「すぐ戻ります！」の貼り紙をして、コンビニに行って『週刊現代』を探して、見つかって、一応この号なのか開いて確認して、それだったので、買って、ついでに薬局に寄ってトイレットペーパー等も買った、それで帰ってきて、読んだ、「何がしかの法則に則るのではなく、偶発的に出合う、寄り道の中で思考する、その豊穣な体験がひたすら書いてある本」とあった、うーん、うれしい、というか、読まれ、そして書く対象として選ばれた、ということがうれしいというか、なんでだろうというか、どういうことなんだろうというか、すごいなと思った。

と思ってから、ポヤポヤと働きながら、突然、なんだかものすごく虚しくなっていった。エゴサーチして、なんだかいろいろな人が読んでると言ってくれたり面白いと言ってくれたりしているのを見て、うれしいうれしいと思ってリツイートをしたりして、その挙げ句、自分にとってすごい存在というか、すごい存在が、ほめるというか取り上げてくれて、くださって、みたいな、あるいは、お、著名な人じゃんこの人みたいな、そういう人がそういう方が言及してくれたりほめてくれたりして、そういうことが起きて、そういうふうにして今、日々が流れていて、俺は、俺はここにいるはずなんだけど、なんだか、誰なの？と思う。阿久津隆って誰なの？　誰か俺の知らない人？　みたいな感覚というか、みんな誰のこと言ってんの？　『読書の日記』って誰が書いた本なんですか？　なんかそれ俺とは別の人なんじゃないの？　というような。

いや、違うな、そうじゃないな、むしろ、なんでお前が喜んでんの？　お前にいったいなんの関係があるの？　というような感じか。関係があるも何も関係があるはずなんだけど、なんだか関係ないような気がしてくるような、関係ないというか、もう関係ないというか。なのに、なに慌ててコンビニに走ってんの？ｗｗｗというような。とても虚しい。どっと虚しい。

これはただの気分さ、ということはよくわかっている。というか、初々しいというか、微笑ましい感じも、している。それはわかっている。

それでもなにか、悄然とした気持ちを拭えないまま、夕飯を食い、どんよりとした気分でビールを飲みながら、残り少しになった武田百合子を読んだ。

河岸の倉庫の金網柵の向うにいるものが見える。倉庫の軒先の灯に照しだされて、そこだけ浮き上ってはっきり見える。白い犬とにわとり（らしい）と人が一人、皆横向きに佇んでいる。どうしてあんなところに、いまごろ犬とにわとりと人がいるのだろう。人は荷物を提げている。いま見えていることは、年とってからも覚えていそうな気がする。

「何か見えるか」遠眼のきかない主人が寝床に入りかけて言う。

「またここに来ることがあるかしら」

「恐らくないな」

荷物を作る。一時過ぎとなった。


武田百合子『犬が星見た　ロシア旅行』（中央公論新社）p.325

こちらも、一時過ぎとなりました。そちらは、最後の夜ですね。次の行に「七月四日」とあって、これが最後の日だった、彼らの旅行の終わりの日に、ちょうど、読み終わることになった、ということだった、一時過ぎとなったから、もう5日ではあるが。1969年7月4日、それからちょうど、49年だった、来年だったら、もう1年が足されるため、50年だった。もし去年読んでいたら、48年だった。

行きは船でナホトカまで、帰りはコペンハーゲンから飛行機で。

「スパシーバ（ありがとう）」ふいに竹内さんが盃を上げた。

「パジャールスタ（どういたしまして）」すぐ主人も盃を上げる。話が続く。とぎれる。竹内さんは「スパシーバ」と盃を上げる。「パジャールスタ」恭しく主人が返す。私は浅く眠り、ときどき覚める。

「スパシーバ」

「パジャールスタ」

蜒々と飲んでいる二人を眺めて、また眠る。

アンカレッジ空港に着いた。

飛行機から降りて一時休憩する旅行者たちで、ひとしきり売店は異様に活気づくが、それは、その飛行機が飛びたつまでの間のことである。あとは売店も空港も捨てられたように静かになってしまう。

売店には、アザラシの財布だのアザラシの手提だの免税品だののほかに、世界各国の土産物まで並んでいる。日本人の女売子たちもいた。出発時間がきた日本人旅行団の男たちが引揚げて行くとき、嬌声をあげてふざけ合っていたが、姿が見えなくなると、ぱったり口をつぐんで、音をたてて椅子をひき、頬杖をついたり、脚を組んで濃い化粧を塗り直したりしていた。飽き飽きしているように見えた。

それはページの左端で終わり、開くと、あとがきとあり、わあああ……と声が出た。なんてうつくしいんだろうなあ。かっこいい。

同前 p.331

7月5日（木）

起きたときから左手の、なんというのだろうか、親指と人差指のあいだの、エラが昔あったとしたらここかな、エラではなくてヒレか、鰭、ヒレが昔あったとしたらここかな、というところが痛く、痛い。お盆を運ぶ、ぐらいの重さでも十分に痛く、どうしたのだろう、と思っている。指をけがしたときに破傷風の予防接種を受けて、ひと月後にもう一度すると、向こう1年の予防になる、と聞いたのだが、受けないままひと月が過ぎたなあ、と何度か思っていたところだったので、同じ左手だし、というところで、まさか何かバイ菌でも入って破傷風にでもなったのだろうか、などと考えるが、と打ってから症状を検索したところ、「潜伏期間（3〜21日）の後に局所（痙笑、開口障害、嚥下困難など）から始まり、全身（呼吸困難や後弓反張など）に移行し、」と、ものすごく怖いことが書いてあった。

ゆっくりと働きながら、プルーストを開いたところ、開いた瞬間にとてもよかった。

いざジルベルト・スワンのまえに出てみると、そのジルベルトは、私の記憶が疲れてはっきり思いうかべられなくなった彼女の映像を、ふたたび鮮明にするために、その顔を見ることを私が期待していたジルベルトにちがいなく、きのうもいっしょにあそび、いましも盲目的な本能で、たとえば、歩行中、考えるひまもなく右足を左足のまえにふみだすあの本能にも似た盲目的な本能で、その姿を認めて私がこちらから合図をしたばかりのジルベルトにちがいはないのだが、さてそのまえに出てみると、たちまちこの少女と私の夢の対象の少女とは、二つの異なる存在であるかのように、すべてがはこんでゆくのであった。

マルセル・プルースト『失われた時を求めて 1 第1篇 スワン家のほうへ』
（井上究一郎訳、筑摩書房）p.676

そのあと、宇田智子を読むリズムをもしかしたら見つけたかもしれなかった、休憩で外で煙草を吸うときに携行する、ということをやってみた、すると一編読む時間で、ちようどいいだけ煙草を吸える、ということがわかった、はてブから記事を読んだりツイッターでエゴサーチして過ごすよりもよっぽどいい、よかった。

それで腹が減ったのでパンにチーズをのせてトーストした、先日父親が渡してきたものだった、生食パン、というやつで、なましょくぱん、近くに最近だかいくらか前だかにできたらしく、買ってみたらしく、一本単位でしか売っていないので2斤分買っていて、半分持っていくか、ということだったのでいただいた、ずっしりと重いものだった、生食パン、山口でも似たようなパン屋を見かけた気がした、なにかフランチャイズ的なもので地方に広がったりしているものなのだろうか。生でも食べたが、昨日今日とチーズをのせてトーストして、台無しにして食べている。おいしい。

「感染して3日から3週間からの症状のない期間があった後、口を開けにくい、首筋が張る、体が痛いなどの症状があらわれます。その後、体のしびれや痛みが体全体に広がり、全身を弓なりに反らせる姿勢や呼吸困難が現れたのちに死亡します。」

眠くなって、プルーストを開き、即座に眠くなったため『kotoba』を開いた、日記特集のやつだった、湯川秀樹のやつと手帖類図書室の方のやつを読んだ、手帖類図書室はとても行ってみたいが行ける日なんて来るのだろうか、という場所だった、眠く、そのあとまた宇田智子を開き、それから林伸次『恋はいつもなにげなく始まってなにげなく終わる。』を開いたというか、膝の上に置いて、めくった、林さんは、先日インタビューをしてくださった縁なのか、編集者の方からメールが来て「よかったらゲラを」とのことで、送っていただいていて、それがあった、それを読んだ、恋愛小説とのことだった、恋愛に関する短い話で構成されているようで、ひとつひとつがとても短い、つまりものすごい数の恋愛話が収録されているっていうことだよなあ、と思うと、すごいなあ、よくぞこれだけ、となった。たぶん各話で一枚というか一曲音楽が掛かっていて、それらを聞きたくなった、しかし営業中なのでそういうわけにはいかなかった。眠い。

しばらくのあいだ、誰もいなかった、昨日も今日もやたらに暇で、今日は雨はけっきょくほとんど降らなかった、僕の知る限りは。それで、誰もいなかったので文字起こしをしていた、いくつも、その答えは間違っている、というか、言いたいことはそれではなかった、ということを言っている、しゃべるというのはそういうことだった、しょうがない、と思った、総じて、引き続き、愉快だった、それで、そのあと、ほんの少し、お客さんがあり、文字起こしは終了して、それから伊藤亜紗の『どもる体』を開いた、著者プロフィールに、「趣味はテープ起こし。インタビュー時には気づかなかった声の肌理や感情の動きが伝わってきてゾクゾクします」とあって、いいプロフィールだなあ、と思う、思った。

いつのまにか、本は最後のほうだった、対処法が症状になるのが吃音の複雑なところで、ということはこれまでにも何度も書かれていて、その一つの行き着いた先だった、どもりたい、という人の話があった、どもりたいというか、どもる体を取り戻したい、ということだった、その人は、長い時間を掛けてほとんど周りの人にそうだと気づかれない程度に、吃音を隠すすべを構築した、しかし、それは自分の体を抑圧していることだった、自由にどもりたい、せめて大切な人の前ではどもりたい、「せめて大切な人の前ではどもりたい」、たしかにそう書かれていた、見たことのない美しい言葉だと思った、それで、そうなって、しかしすぐには思うようにどもれない、数年を掛けて、どもる体を取り戻していく、という、そういうことが書かれていて、それはなにか感動するところだった。そうしているうちに読み終えた。本当に、人によって症状／対処法に対する感覚が大きく異なるようで、それを記述することもなにかと難しそうだなあ、と思った、思って、これはいい本だったなあ、踊ること、踊ること、踊ること。

少し、『ウィトゲンシュタイン 哲学宗教日記』を読む。そのあと少し、『すばる』の「特集 日本映画の最前線」の濱口竜介のインタビューを読む。寝ても覚めても。閉店し、看板を上げに下りようとすると、郵便受けのところに封筒を見た、『新潮』の8月号が入っていた、取った、朝、新潮から「刷り出し」とスタンプのされた封筒を受け取っていた、それは掲載ページを切ってホチキス留めをしたもので、それが入っていた、明後日くらいに現物が届くのかな、と思っていたら夜に届いた、朝、刷り出し、夜、掲載誌、この微妙な連続感というか、微妙な隔たりというかは、なんなんだろうか。

夕飯を食べながら『週刊ベースボール』の「シーズンの今後を占う！ 12球団戦力検証」という特集を読む。ソフトバンクが何かと苦しいとのこと。

帰宅後、寝る前、プルースト。かつて読んだときと同じように、あいだを開けながら少しずつ読み、そしてだいたい眠く、たまにピタッと体にはまる、そういう読書になるのだろうか、今日、やたらに「いいぞ」というところが多かった、これまで、この章になってからは何かピントが合わなくて間遠になっていたのに、今日、久しぶりに開いたら、ピタッと体にはまる、そういうところが多かった。語り手は今、ジルベルトに恋をしていた。恋をしたときに、環境すべてをその人との関わりのなかでまなざすような心地が描かれていた、たとえば「そしてこのように待ちこがれることが、ついにはシャン＝ゼリゼの全区域と午後の全時間を、そのどの地点どの瞬間にもジルベルトの姿があらわれる可能性をもった広大な空間と時間とのひろがりのように思わせ、それらをいっそう感動的にした」であるとか、「私はあらゆる事柄につけて家の人たちにスワンという名をいわせようと仕向けた、むろん、私は心でたえずその名をくりかえしてはいた、しかし、その名の快い音響がききたかったし、黙読では十分とは行かぬその名の音楽がききたかったのであった」であるとか、それから、ジルベルトから、あなたをずっと恋い慕ってきましたという手紙が来ないかなあ、と願う少年の姿に笑った。

夕方になるといつも私はそんな手紙を想像してたのしみ、それを読んでいるような気になり、その文句を一つ一つ暗唱していた。突然私はどきりとして、それをやめるようになった。もしジルベルトから手紙をもらうことになるとすれば、やはりそんな手紙であるはずはないであろうということがわかってきたからであった、なぜなら、そんな手紙を現にいまつくりあげたのは、この私であったからだ。そして、そのときから、彼女に書き送ってもらいたいと思った言葉を自分の頭から遠ざけようとつとめるのであった、そうした言葉を自分で述べることによって、まさしくそれらを――もっともなつかしい、もっとも好ましい言葉を――可能な実現の場から排除してしまうことになりはしないかとおそれて。私の創案になる手紙が、たとえありそうもない暗合によって、ジルベルトのほうから私にあてた手紙に一致しようとも、そこに私は自分が書いた文章をすぐに見わけてしまって、私から生まれたのではない何物かを、現実の、新しい何物かを、受けとる印象を私はもたなかったであろうし、私の精神のそとにある幸福、私の意志から独立した幸福、恋によって実際にあたえられる幸福、そうした幸福を受けとる印象を私はもたなかったであろう。

同前 p.689

なぜなら、そんな手紙を現にいまつくりあげたのは、この私であったからだ！

そんな手紙はどうせ来ないのだから、虚しくなるし悲しくなるからやめよう、ではなくて、あんまり想像しすぎると、手紙が来たときに新鮮味を感じられなくなっちゃうからやめよう、というこのなんなんだろうかポジティブさだろうか、笑った。つまり、あらゆるパターンを考えていた、という芙美のそれだった、「これか」という、それになりたくない彼の、考えまいという抗い方だった。眠った。

7月6日（金）

小雨、とぼとぼと歩きながらニュースアプリを開くと麻原彰晃らの処刑が執行されたとあり、開くと、「松本智津夫（麻原彰晃）死刑囚（63）」とあった、63？と思い、見ると、1955年生まれ、84年にオウム設立、90年衆院選立候補、95年地下鉄サリン事件、とあった、坂本堤弁護士一家殺害事件は89年、つまり、35歳のときにはもう、狂信的な集団のリーダーというかカリスマという確固たる地位を築いていたのか、サリン40歳か、と思って、若かったのだなあ、と思った。

店、着、昨夜読んでいたプルーストのよかったところをパシャリしようと思い開くと、どこだっけ、と思って開くと、昨日の続きを読むことになっていた、そこもまたよかった。

しかしながら、ジルベルトをとりかこんでいるすべてのものを、そのようにひねくりまわし、ひっかきまわすことによって、そこから何か幸福なものがとりだせるかもしれない、と私には思われたのだ。ジルベルトがその家庭教師をたいへん愛していることを、私はくりかえし両親にいうのであった、あたかも、そういう意見を出しつづければ、百度目にはついに効果をあらわして、永久に私たちと生活をともにしようとやってくるジルベルトを、突然私たちの部屋にはいらせることになるかのように。

マルセル・プルースト『失われた時を求めて 1 第1篇 スワン家のほうへ』（井上究一郎訳、筑摩書房）p.696

朝ごはんを食べながら『週刊ベースボール』を読み、それから働いた、よく働いていた、ここのところ、土曜日に日記の推敲をしているとなかなか長くて大変で、昨日までの分を今日やっちゃおう、と思ってやり始めたら、やっぱり長くて大変で、なかなか終わる気配がなかった、途中、いやその前か、仕込みの一環で水なすの一本漬けをつくろうとした、これは、そろそろピクルスを仕込もうと八百屋さんにカブを買いにいったところ、カブは午後に来るんだわ、ということでないということで、今日は水なすがいいのあるよ、と言われ、先日おばあちゃんちで出された漬物がとてもよくて、こういう漬物はどうやったらできるのかなあ、と思っていたところだったので、ほいほいと買った、それを漬けた、どうなるだろうか。

今日も、暇な日だった、先週、いま忙しくならなかったらいったいいつ忙しくなるの、というような時期だから、というようなことを書いた記憶があるが、今週は総じて暇で、いったいいつ忙しくなるの、というようなところだった、夕方、誰もいない時間が続いた、その時間、また文字起こしをしていた、本当に面白い、「あのだから、ええとなんだろ、こうさえっ、新しくB&Bがここにできたってことを、驚きで、初めて来たときに驚きであって、しかも隣にサイゼリヤがある、っていうことにびっくりしたっていうB&Bてのが、」というところがあって、この「さえっ」がいい、これは「サイゼリヤ」を言おうとして止まって、サイゼリヤを出す準備というか、サイゼリヤが出るために必要だったことが言われて、改めてサイゼリヤが発せられるというか、思考の順番というか、軽重ではないが、発想の出どころみたいなものが生々しく表れるようで、こういうところは本当にいい、と思いながら、本当に面白い。それで、聞いていたら、思い出した、月曜日、飲んだとき、このトークのときの話にもなって、武田さんが教えてくれた、休憩時間のときに内沼さんに近づいていったら内沼さんが「イエーイ」と言いながらダブルピースをしてきた、というそういう話だった、聞いて、それはいいなあ、なんだかすごくいいなあ、とニコニコ思った、武田さんもうれしそうに教えてくれた、それで、それが録音されていないかと思って休憩時間のあたりをしばらく聞いていたら、聞こえた、笑った。それでまた思い出した、全部が終わったあと、僕がトイレに行っているあいだに内沼さんが、「この仕事やっててよかったなあ」と言ったと遊ちゃんが教えてくれた、なんだか、それは、なんだかうれしいなあ自分がその喜びの事象に関わっていられてうれしいなあ、ととても思ったというか、ホクホクと思ったのだった、遊ちゃんもうれしそうに教えてくれた、そういうことを思い出した。自分のまわりで起きた、目撃した、人が喜ぶ喜びだとか、楽しむ楽しみだとか、そういうものを、今まで以上に、留めておきたいような、そういう気分が今、たぶん高まっている。

そうしていたら夜になったらいい調子というかそこそこに金曜らしい夜になって、よかった、働きながら、少しずつ推敲しながら、11時くらいになってやっと金曜日に追いついた、こうやってその週のうちに推敲をしていると、日記になにか、巻き込まれるというか巻き取られるような、変な感覚になる、なった。

推敲していたら、やっぱり人名の出し方はなんだか難しいなあと思った。今度、他人の日記を読んでいて人名がさらっと出てきたとき、なにか引っかかったりすることがこれまで起きたことが何度もあるような気がしている、その、あの、置いてけぼりにされるようなあの感じは作りたくない、というときに、どうしたらいいのか、というのがあって、これまで僕は人名を出した数で圧倒的に多いのは内沼さんだけど、それは『読書の日記』の打ち合わせの場面だからじわじわ宣伝も兼ねて書いていこう、ということで内沼さんとの打ち合わせのときは名前を出して書いていたけれど、その週の初出時には「NUMABOOKSの」と多分だいたい入れていて、入れることによって「内沼さん?」というのを読む人に与えないようにしていた、あるいはひきちゃんのことも、たいていは、入れないこともあったけれど、「スタッフの」を入れてクッションを作ることが多かった、と書いてみて、そうだったっけ、と思った、わりとそのまま書いていることが多かった気がする、ともかく、いや、どうなのか、たとえば遊ちゃん、「彼女の」と毎回入れるのもおかしいし、そもそも僕は遊ちゃんを思うときに「彼女」という語彙は違うというか使っていない、「大切な存在の」とか、そういうほうがずっと近い、もっと言えば遊ちゃんは「遊ちゃん」だ、僕のなかで遊ちゃんは絶対的に「遊ちゃん」だ、で、他、たとえば武田さん、「編集者の」とか、たとえば優くん、「デイリーコーヒースタンドの」とか、毎回入れるのもおかしいし、「友人の」はありか、友人の、でいいのかもしれない、というかそもそも「友人」でいい、でも友人かわからない場合も多々あるだろう、それに、いや、どうなのか、等々、やっぱり来週は元に戻るかもしれない、と思いながら推敲していた。

帰宅後、また文字起こし。家でやっていると、気が抜けているのか、「のか」というか気はもちろん抜けている、そのため、なのか、おかしいことがあると簡単にゲラゲラ笑った。

7月7日（土）

朝、パドラーズコーヒー。今日、パドラーズコーヒーの2店舗目というのか姉妹店というのかの家具と生活雑貨のお店ブルペンがすぐ近くでオープンする日だったはずで、それに伴うというか、オープン待ちみたいな人たちがパドラーズに押し寄せていたりするかな、混んでるかな、と思ったら、静かな土曜日の午前、という感じで、外の席には誰もいなかったくらいで、拍子抜けした、アイスのラテを飲んだ、おいしい。遊ちゃんは何箇所も蚊に噛まれていて、噛まれないために途中から腕をふらふらさせていた、効果はあったたか。

出、一緒に店まで歩き、途中で八百屋さんと肉屋さんで野菜と肉を買った、店で、僕はご飯を食べたりしながら、話し、帰っていった、それから、店を開けた。

日記体の身振り。ダイアリスティック・ジェスチャー。改めて日記を推敲というか手入れをしながら、人名、どうしようか、というふうに悩んだ、そういえば武田さんはどういうふうに書いてたっけ、と見に行くと、「夜中、マセ、たかくら、けんすけの3人でモンハンやる。」というような書き方だった、こういう書き方がいちばん素直でやっぱりいいのかもしれない、とも思った、「そういえば友人の編集者の武田俊さんはどういうふうに書いてたっけ」よりもよほど、圧倒的に正しい態度な気がする、「マセ、たかくら、けんすけ」、読んだら、ああ、友人なのね、と理解する、それで十分な気もする、でも本当にそうだろうか、とも。なにかわからなさを、引っ掛かりを覚えるのだろう、自分が取る態度として何がもっともいいのか、わかりかねている。

と思いながら、誰？ｗｗｗとも思った、なんでそんな日記の書き方悩んでるの？ｗｗｗというようなたぐいのアホらしさも感じた、そんなに日記って大事なものだったっけ、というような、ちょっと何かのバランスを崩している感じがある。先週は２４０００字にもなった。書きすぎている。

ゆっくりしているような、そんな気でいたが悪くない感じの休日だった、働いていた、途中、靴がほしくなったというか今というかずっと履いているビルケンのサンダルがもういい加減ぶっ壊れる感じなので、4年前くらいに一度ソールを張り替えるというのか付け替えたが、もうさすがにそろそろだろう、というふうなので、ペラペラにすり減り、穴も空いている。雨の日は即座に靴下が濡れる、というふうなので、買わないとなと思って、今度はくるぶしをちゃんと守ってくれる靴、つまり多分それは靴、靴と呼ばれるものにしよう、と思い、前から少し思っていたが今日、明確にそう思い、なにかきっかけはあっただろうか、とにかく思い、前に遊ちゃんに教えてもらったＮＡＯＴというブランドのサイトを見たり、それからビルケンのサイトを見てみたところそうなのかサンダルだけじゃなくて靴もあるのか、と思ったり、してから、他の用事で、というか滝口悠生さんとのトークイベントについてのことでやりとりがあった内沼さんに、そうだ前に内沼さんが履いていたやつがあんなのがいいなって思ったことあったんだ、と思って、何を履いてらっしゃるんですか、と問うたところ、僕の問いの雑さによってというか語彙の貧しさによって、あ、それじゃなくて、それでもなくて、というやり取りを何度かおこなった結果、内沼さんが履いている靴についていたずらに詳しくなる、ということが起きた。なんだかすいません、と思って愉快だった。

それで、そうしているうちに、革靴とスニーカーの違いを今日初めて認識したような気がして、今の俺の認識はこうだ、革靴は革が使われた靴、スニーカーは布が使われた靴、どうだろうか。それから、そのあと、自力でも調べてみよう、と思って、調べようと検索バーにカーソルを当てたその瞬間、いや待てよ、俺の手持ちの検索ワードは「革靴」しかない。これじゃあ、絶対にいいところには辿り着かない、と思って検索を断念した。

学び、と思い、「スニーカーとは」で検索した、すると、「スニーカー（sneakers）とは、天然皮革や人工皮革、合成繊維などのアッパーとゴム底などで製造された運動靴の一種」とのことだった、ん？　皮革？　というところで思考は停止して、視線を右にずらすと「他の人はこちらも検索」のコーナーに「靴」「ブーツ」「履物」「被服」「サンダル」とあり、シンプルでいい、と思った。

それから『新潮』の8月号を開くことにして開いたところ、木村友祐の講演原稿「生きものとして狂うこと――震災後七年の個人的な報告」を読んだ、そのあとに宇田智子を開いた。

閉店後、お客さんと話していた、『レディ・バード』の話になり、話しているといろいろな場面が思い出されて、それだけで感動した、一週間、特に思い出すこともなかったけれど、思い出すということはすごいことだなあ、と思った、私はこの町で母親になりたい、という彼女の姿、ああ、そうか、生き方、生き方なんだなあ、と思った、彼女の存在によってその言葉によって、ただの寂れた飛び出したい田舎町の物語ではなくなった、それから、免許を取ったあとの、ドライブ、その前の、教習所の教官の君ががんばったんだから、という言葉、泣きだす教師、はりきるアメフトコーチ、素直に従う生徒たち、の愉快さ、いくつもの場面が浮かんできた。

閉店後、また文字起こしをし始めたら止まらなくなり、2時近くになって慌てて飯を食い帰る。5万4千字。7万字くらいに着地するだろうか。

寝る前、プルースト、読んでいると、「中二階」という単語が目に止まり、そういえば、チェーホフ、『中二階のある家』、買ったきり忘れてた、ということを思い出した。

7月8日（日）

日記を更新しようとしたら文字数が多すぎて更新できない、というエラーが出た、それで金曜日分を取り払って更新した、翌週に回すことにした、それから働きながら、2回目の推敲というか、をしていた、こうやって、更新前に一度、更新後に一度、チェックしているということは、書いているときにも読んでいるわけだから、都合3度、自分の日記を読むということだった、幸い、僕は自分の書いた文章が肌に合っているのか好きだから、苦ではないが、少し時間を取られすぎているような感じになり、どうなのか、という気持ちになった。

暇な日曜。極端に暇な日曜。推敲もあっという間に終わって、よかったとも思ったが、困った、と思いながらピクルスとカレーの仕込みをしていた、最近ピクルスににんにくを少し使うようになったら、満足のいく味になったような気がして嬉しがった、カレーも少しずつ変わっていく。

宇田智子を開いていくつか。そのあと、茄子の一本漬けを作ったときからチラチラ思っていたことだったたし、トークイベントの告知が今日なされたことで後押しされた格好で、久しぶりに滝口悠生の『茄子の輝き』を棚から取ってきて読み始めた、ゆっくり、しかし確かに始まる感じあって、最初からなんというか充実感、というふうになる。一瞬でなる。すると3ページ目に「月曜会議では、たとえば日頃の業務体系における不備や問題点、OA機器や文房具、その他備品の取り扱いや設置場所について、社員の待遇面での改善要求、あるいは花見や歓送迎会、年末年始の飲み会の幹事選びなどが議題になった」とあって、なぜか、このセンテンスが目に流れ込んだその瞬間に、鼻がツンとなって、泣きそうになった、この小説でそのあとに流れた、そのあとと言っていいのか、あるいは以前だったりもする、流れた時間の全体や、いくつかの場面、居酒屋で、茄子が輝いている、島根の土産物屋で、店番をする、ことを語る、廊下で、観葉植物があり、歯医者があり、千絵ちゃんがあらわれる、うろたえて、煙草を吸う、会津若松で、酔いつぶれる、カーリングを見る、そういう、いくつかが、やってきて、泣きそうになった、泣きそうになって、とてもなにか豊かな心地になった。

この連作短編集を開くと、というか思うと、思い出されるのは雨の日の夜に営業中に読んでいたときのことだった、ことだったといっても何もないが、読んでいた、週末で、どこかの花火大会が、なんと決行されるらしい、と思ったそういう日だったしきっと花火の上がっているような時間帯だった、暇で、だらだらと読みながら、グーグルマップを開いて出てくる通りの名前を検索して、高田馬場のこのあたりか、と思ったりしていた、その夜を思い出す、花火大会、といえば今日、夕方、遊ちゃんとのやりとりの中で、花火大会のことが出てきていた、出てきていたというか出したのは僕だった、今日は各地で夏祭りがおこなわれているという、渋谷でも浴衣姿の人を多く見た、というから、どうりでフヅクエが暇なわけだ、さすがに花火大会はまだだよね、と言った、送った、花火大会なんて久しく行っていない、ということで、人が多くないやつだったら行きたいね、と僕は送って、そんな花火大会は存在するのだろうか、平日開催で、混雑していない花火大会なんて、あるのだろうか、と思った、夏、どこかで花火をしようねという ことを言ったら、言ったそばから、とてもそれをしたくなった、それが夕方だったか、という発語が『茄子の輝き』を導いたというふうにも思うし、前だったら、あれ、逆か？あれ、わからなくなった。まあいいけれど、とにかく『茄子の輝き』は行ってもいない花火大会となにか結びついて記憶されているのかもしれなかった。それで今日、1年近くぶりに読みながら、会社の入っているビルの廊下の、大きい窓のほうからは新目白通りに出る道路が見え、反対の非常階段からは神田川が見えるというか、神田川側が見える、というあたりでまたグーグルマップを開き、ということは、このあたりだろうか、と思ったりしていた。

「お願いだからそのいらいらは私だけに向けて、千絵ちゃんには向けないでほしい」とあった、その祈りは、「寝相」の老人の祈りと完全に響き合っていた、「寝相」を読んだのは『茄子の輝き』のあとだろうか、前だろうか、「寝相」というか『寝相』は、新宿御苑、それから幡ヶ谷駅前のガードレール。

夜は少しまともな感じになり、働くことができた、喜んだ、喜びながら、ときおり座って続きを読んだ、「お茶の時間」が終わり、「わすれない顔」を読んだ。

そもそも観光は口実みたいなもので、できるだけあちこちを多く見て回りたいなどとはふたりとも思っていない。行って、帰ってくれれば、その間に何をせずとも何かしら心に残る景色や出来事や出会いというものがある。妻はそういったものをこそ愛おしんだ。

滝口悠生『茄子の輝き』（新潮社）p.46

行って、帰ってくれれば。

閉店後、グーグルマップを開いて、総社のあたりを見ていた、高梁川であるとか、酒津であるとか、サラリーマン時代、営業で行っていた事務所は、どこだっけ、川、近かったっけ、とか、見ながら、かつてはすんなり頭の中に像を描けたはずの地図が、そうはならず、少しずつ、道と風景が立ち上がる、ぶつ切りで立ち上がる。

7月9日（月）

朝、ごぼうときのことクミンの炒めものを作っていた、ささがきにしたごぼうと塩とオリーブオイルでしばらく蒸して、それからきのことクミンを入れてしばらく蒸して、醤油と酒とみりんで煮て煮詰めて、みたいなことで作った、最近これが好きだった。工程を書いていて気づいたが炒めていなかった。

それから、営業時間が始まって、大根と豚肉のいつもの煮物と、それからブロッコリーの白和えを作っていた、作って、作ると、特にやることもなくなり、『茄子の輝き』を読みながら、読み、働き、読み、働き、というふうに正しく一日は過ぎていった、なんだか一日疲れていた、両肩というか肩甲骨のあたりがじんわりと重い、疲れていた、疲れが溜まっているというような疲れ方をしていた、そんなに疲れるほど働いたっけかと思ったが、どうだったか。

『茄子の輝き』の語り手がかつて働いていたカルタ企画は、豊島区高田3丁目12あたりだろうか。

いや、人の、と私は言いかけたところで、ちょっと胸がいっぱいになって、片手に握っていた煙草のケースから一本抜き出してその場ですばやく火を点けてしまった。彼女がしゃべる時の変わった抑揚は、どこかの方言なのかもしれなかったが、これまでそんな方言は聞いたことがなかった。方言というより、ほとんど歌のように聞こえた。私はひとつ吸い込んで煙を吐いたあと、人の名前にもありますけど、植物の名前でもあるんですね。僕は、と言いかけてまたもうひと口煙草を吸って、吐いて、僕も家で、育ててるんですベンジャミン。他にも、他にもいろいろな植物を育てて。

滝口悠生『茄子の輝き』（新潮社）p.76

読んでいるとちょっと胸がいっぱいになる。何度も、ちょっと胸がいっぱいになる。読みながら、そうか、このあたりはこのあたりだったのか、もっとあとの話かと思っていた、等、そういうことを思っていた、これは、たぶん初めて読んだ直後にも感じたことだったし、テジュ・コールの『オープン・シティ』を読んでいたときにも同じことを思った、とたぶんそのときも思った感じと同じだった、それはつまりなにか「全体」みたいなものとして記憶されているということで、僕はそれは面白かったし、豊か、という言葉でなにか思うところだった。

それから、語られているのは２０１６年で、舞台というか、主に描かれているのは２０１１年の地震のあとの時期のことで、神田川が大雨で冠水したら、ということが言われたり、冠水して、ということが言われたり、ということもあるだろうというか、単純にニュースがそうさせるのだが、岡山の、と打ってから、やっぱり僕はこれを岡山のことだと捉えているんだ、と思った、西日本の大雨の、屋根と泥水の風景を何度も思った。２０１１年、僕は岡山にいて、２０１８年、僕は東京にいた。なんでこれだけのことに、うしろめたさを感じているのだろうか。というか、いつまでこんな幼稚な感情に付き合うつもりなんだろうか。

帰宅後、文字起こし。気づいたら4時になった。明るくなりつつあった、寝る前、プルースト。第1巻が終わりを迎えて、驚いた。

7月10日（火）

昼前起き、店、ひきちゃんと挨拶を交わし、出。電車で『茄子の輝き』を読んでいると、読んでいたのは表題作の「茄子の輝き」だった、

日が暮れて高速を降り、会津若松の市街地に入ったあたりで、おい、すごい雪だな！と急に目覚めたらしいお父さんが大きな声で言った。私もそれで目が覚めて、外を見ると真っ白で、落ちてくる大粒の雪はまだまだやみそうになかった。

助手席のお母さんがお父さんの方に振り返って、伊知子たち今年中に籍入れるんだって、と言い、お父さんは、えっ、と固まったあと、そうかそりゃおめでとう、と隣の私に言った。私も驚いたふうな顔をして見せてから、はいありがとうございます、と応え

た。

このあたりからぐんぐんとじわじわと感動して、なにか、都営新宿線、乗りながら、それから、

「会津若松。雪。伊知子、」

というそういうふうにはじまる行があって、実際は

滝口悠生『茄子の輝き』（新潮社）p.109

そんなに細かく書かないのよ。メモみたいなもん。今日もこれだけ、と言ってお母さんは私に日記帳を見せてくれた。「朝食、パン。宇都宮で伊知子・市瀬くんと合流。袋田の滝、白河の関、会津若松。雪。伊知子、今年入籍の予定。」

同前 p.111

というパラグラフだから前後があるけれども、「白河の関、」で行が終わって次の行の頭に「会津若松。雪。伊知子、」とあるのを見たときに、とん、とん、とん、と、こつ、こつ、こつ、と、ジェンガで、あいだのやつを抜くときのように指で軽く、とん、とん、

とん、こつ、こつ、こつ、とやったら無事抜けて、落ちた、というときのように、感動のさざなみみたいなものが、押し寄せるというか叩いてきて、それで、あふれる、という瞬間があった。ずっと、泣きそうなというか、涙を目の淵にためたまま、いつそれがそこから落下してもおかしくない、そんな様子で読んでいたら、落ちた。

次の「街々、女たち」に行くと、何度か語り手が自分の年齢のことを言っていた、33歳、とあった、ちょうど昨日、僕はまだ32歳だが、ひと足先に誕生日を迎えた地元の友だちに「33歳！」と送ったところだった、ちょうど、今の自分、たちと、同じ年齢の語り手が語っているその小説を読んでいると、蔵前に着いて、それでA7出口、厩橋のところで出て、いやそれはあとの話だった、同じ年齢の語り手が語っているのだなと思ったのはあとの話だった、蔵前に着いて、A7出口、厩橋のところで出て、ほんの少し歩いたところの建物の3階だったかに目的地の靴屋さんNAOTがあった、そこに上がっていくと踊り場が、2階も3階も同じようにとてもいい雰囲気で、植物があり、それがいい光を受けて、広々とした心地にさせた、その3階にあったNAOTに入ると、入って、いろいろと履かせていただき、当初僕は紐のない革靴みたいなものを買おうと思っていたが、紐のあるものを履いてみたらずっといいように見えた気がして、いくらか迷った結果、紐のある革靴を買うことにした、たぶんWISDOMという種類のものだった、

ＮＡＯＴは作業場になっている奥のスペースの広い窓のすぐ向こうに川があって、隅田川の花火大会のときはここでみなさんで花火を見るということだった、それはとても贅沢そうだと思った、隅田川の花火大会は7月28日だった、それは、僕の『茄子の輝き』の記憶と結びついている花火大会は隅田川の花火大会だったろうか、どうだったか。

無事買えたが僕は、靴のことなんて何も知らないというかファッションなこと全般にも知らず、ＮＡＯＴも遊ちゃんに教わったものだった、僕はＮＡＯＴを教わったことによって、ビルケン、ＮＡＯＴ、という2つの選択肢を靴について持つことができたというわけだった、ビルケンを買ったのは6年前とか7年前とか岡山で、だから、だからというのも特に根拠のない話だが、僕はこの靴を6年か7年は履くのだろう、そしてそこで、また新たな選択肢を学ぶのかもしれないし、また同じところ、2つの選択肢から考えるのかもしれない、とにかく、長い年月履き続けていたビルケン生活に終わりを告げるその日、僕のリュックには『茄子の輝き』があり、それを読んでいた。

それを読んでいた、ＮＡＯＴを出て、そこからすぐのところにあるハンバーガー屋さんであるところのMcLEANに入って、お店の方に一番人気だとうかがったチーズとアボカドのハンバーガーを頼み（名物は天ぷらのハンバーガーとのことだった）、そこはこちらがハンバーガー、背中側がコーヒースタンド、みたいな作りになっていて、コーヒースタンドのほうでアイスコーヒーを頼み、２階に上がって、そこでまた『茄子の輝き』を読んでいた、33歳、とあった、僕は今32歳、秋に33歳、同じ年の語り手の話を、聞いている、と思った、思うと、ふと、なにか、いま自分がしていることはとても信頼のできる友人の話を聞いているようなことにかなり近いと思った、本がよき友だちになる、みたいなのはもしかしたらこういうことなのかもしれない、と思った。初めて思った気がした。

ハンバーガーはとてもおいしかった、危うく刺してある鋭利なものまで食べそうになって、怖い気持ちになったが食べずに、負傷せずに済んだのでよかった、ハンバーガーという食べ物は、ひと息に食べる以外にしようのないものだなと思ったし、その制約はむしろいいことのように思った。ひと息に食べた。とてもおいしかった。

電車に乗り、少し歩き、濱口竜介監督の新作『寝ても覚めても』の試写会場に行った、試写。試写会場というのはどういうものなのだろう、と思った、試写なんてたぶん初めてだった、僕が懸念していたこと、いやむしろ普通に公開してからお金払ってちゃんとした劇場で見たほうがいいのではないか、と思ったりしていたが、それはもしかしたら半分はその通りかもしれない、画面はやはり大きくはない、シネマカリテぐらいの大きさだった、つまり小さかった、通された席につき、それで映画を見た。

原作の柴崎友香の小説はとても好きな、おそろしい、凄い、ものだった、その映画化をなぜするのだろうと思っていたが、見てみればそれは必然的なことだと思ったというか、『PASSION』、『親密さ』、『ハッピーアワー』とまったく通底するというか、正しく生きること、自分なりに正しく生きること、そのことが描かれた映画だと思った、爆竹、スローモーション、美しい始まり。それから、くっしーの突然の演技と怒り、朝子の抗弁、亮平のあまりにすばらしい取りなし、マヤの許し、ちょっとここが、最高で、涙がごうごうと溢れて困った、こういう瞬間を、僕はやはり目撃したい、ここがいちばん強度のあるシーンのように僕は思った。そのあと、許されねえなとおっちゃんが言って、言った、そのあと、許されたいわけではない、一緒にいたい、と言った、朝子は桜子だった、許されたいとは思わない、とかつて彼女も言った、そういうことだった、正しさ。誰も否定できない正しさ。苛烈な正しさ。二人が走る、奇跡のようなロングショット。

あわわわわ〜と思いながら出て、初台に戻って、少し時間があった、なにか考え事をしたかった、ドトールでアイスコーヒーを買って、屋上に久しぶりに行って、煙草を吸いながら、さっき見た映画のことを考えていた。もう一度見たい。見るだろう。

7時前、店に戻り、ひきちゃんとおしゃべりをして、チーズケーキを焼いた、8時から「会話のない読書会」だった、10人、ちゃんと来てくださり、短時間、ぎゅっとぎゅっと働いた、全員が、『読書の日記』を読んでいた、フヅクエで書かれたフヅクエの人が書いた本をフヅクエで10人の人が同時に読んでいる、フヅクエの人が淹れたコーヒー作ったご飯を飲み食いしながら、読んでいる、という、その異様な状況を人々は楽しんでくれただろうか。僕は楽しかった。

終わって、みなさん帰っていかれて、わーっと洗い物をして、片付けて、ご飯を食べて、満足した、日中、熊本のときにそうしたのだが、誰か知っている人に直接お金を渡したいというか、それが僕にとっていちばん素直なやり方なんだよな、と思っていたら、Facebookを開くとちょうど、これ以上ないほど信頼できる友人が、真備町から車で数十分のところに住んでいて、自身は被災していないが今は日々復旧支援で足を運んでいるというその友人が、募っていて、なんて素晴らしいタイミング、と思って送金をした。

7月11日（水）

家に帰り、少し、文字起こし。少し、プルースト。

昼前まで寝ている、起きる、家を出る、青山のほうに出る、丸亀製麺でうどんを食おうと思ったら行列ができており、列は早く流れるような予感はしつつ、慌てたくもないので諦めて、夏、暑い、コーヒースタンドのザ・ローカルに入り、アイスコーヒーを飲んだ。2杯めのコーヒーをテイクアウトで、ホットで、いただいて、イメージフォーラムに行って『ザ・ビッグハウス』。想田和弘、テリー・サリス、マーカス・ノーネス監督作品、とのこと。

すごかった。全米最大の収容人数を誇るミシガン大学のスタジアムの通称なのか正式名称なのかが「ザ・ビッグハウス」で、そこでおこなわれるアメフトの試合を形作る人々の姿が主に映されていく、チアリーディングの人たちやマーチングバンドの人たちの足取りの強さや確かさに目を見張るところから始まり、警備員たちのミーティング、大量の食べ物を作るキッチン、放送席、スポーツメディアの人たち、医療スタッフ、搬送用のカートの人たち、警察と警察犬、清掃チーム、用具のメンテナンス、マウスピースを並べる係、スタジアムの外でも、チケットを転売する人、神の教えを道行く人に伝える人、チョコレートを売る親子、グッズショップの人。なんというか、10万人規模のお祭りを支えるのは、そりゃあもう、ものすごい数と種類の人たちの働きなんだよな、と思って、ずっと面白かった。試合中の、スタジアムの熱狂というか地鳴りのような声の集まりもすごかった。すごかった。

とても満足し、いったん家に帰るつもりだったけれど、やめて、丸善ジュンク堂に行きたかったけれど、やめて、本屋はすぐそこにある、と思って丸亀製麺でうどんを大量に食べたあと、青山ブックセンターに行った、それでうろうろと本棚のあいだを歩きながら、映画を見ているあいだにアメリカ、中西部アメリカ、と思って、彼らの熱狂というか、ちょっと怖いぞこの熱狂、という熱狂に触れながら思い出した、ジョン・クラカワーの『ミズーラ』、あれももしかして中西部の話じゃなかったっけか、と思って、それを探していた、しかし見つからなかった、そもそも『ミズーラ』というタイトルを思い出せなかったので調べたところモンタナ州とのことで、モンタナ州は北西部とのことだった、全然違ったな、と思って、でもいま改めて検索したところ「同大学のアメフトチーム「グリズリーズ」は、市民たちの誇りでもあった」とあり、だからアメフトチームの人たちが起こしたレイプ事件を追うノンフィクションなのだろう、だから、やっぱり関係なくはなかったんだな、と思った、やっぱり読んでみたい。それで、見当たらず、ミシェル・レリスの『幻のアフリカ』も、探したがたぶんなさそうで、それでうろうろと歩いていたところ、全然思ってもみなかった2冊を手に取っていた、思ってもみなかったし、まったく知らなかった2冊だった、エレーナ・ムーヒナ『レーナの日記 レニングラード包囲戦を生きた少女』、ジル・アレグザンダー・エスバウム『ハオスフラウ』、前者がみすず書房で後者が早川書房だった、早川書房の、翻訳権独占がどうのこうの、みたいなことが書いてある小説を手に取ることは普段はなくて、なんでないのだろう、なんでだかあまり信用していないのか、その喧伝の仕方ってなに？ みたいなところがあるのかもしれない、とにかく普段はないのだけど、なんでだか気になった、それでその2冊を買った、出て、それでビールを飲みながら神宮球場を目指した。

一塁側に上がり、チケットに書かれている席を探すと、先に着いていた西山が息子を抱っこしてグラウンドでおこなわれている練習を見ていた、息子は、2歳のちびっこは、グラウンドをほとんど見ていなかった、野球への興味は今のところないらしかった、今日はここに来る前は博物館に一緒に行っていた、恐竜がすごかった、本物の恐竜を見たい、それが今の彼の願いだったが、本物はもういないんだよ、と西山は教えた。かつていたが、もういない、ということを、2歳児はわかるのだろうか、どういうふうに理解されているのだろう、と思いながら、その話をしていると、「ほね」と彼は言った。そう、骨だね。

試合開始くらいのタイミングで仕事終わりの奥さんが息子を引き取りに来て、それで一緒に外に出て、遊ちゃんが手を引いて、スタジアムの階段をひとつひとつ上手におりていった、西山の奥さんとはとても久しぶりだった、久しぶりだね、ということを言った、ちびっこは、お母さんの登場に安心したのか、ずっと持ったままで口をつけなかった白いせんべいをやっと食べ、せんべいは口の丸い形の分だけなくなって、できた形をこちらに見せながら「ねこ」と教えてくれた、もう少し食べると、その耳に当たる部分がなくなって、今度は何になった？　と聞くと、「おふね」ということだった。

席に戻って、野球を見た。7月のナイターはこんなに暑かったか、という程度に蒸し暑く、飲むビールはぜんぶ汗になるようだった。グラウンドでは、野球がおこなわれていた、ヤクルトと巨人の試合だった、巨人の試合を見るのなんて本当に久しぶりで、坂本や吉川やマギーや岡本や亀井や長野や陽岱鋼や宇佐美や山口がいた、最初の打席の時点で、4番・岡本の打率が・299で、5番・亀井が・288、6番・長野が・277だった、それで、その次の陽岱鋼は、じゃあ、どうだ、と思ったら・264で、2厘差、惜しかった。亀井が2本のホームランを打って、他にもマギーがホームランを打った、山口は、毎回打たれているな、と思いながら見ていたが、けっきょく6回3失点でQSを達成していて、わからないものだな、と思った。上原が投げるのを見ることができた、よかった。

それにしてもいつも、いつも思うのだけど、ヤクルトの、投球練習時の内野の守備練習というのだろうか、あのときのヤクルトのそれは、いつもなんだか、他のチームと比べてちんたらやっているように見える、のだが、どうなのだろうか。

暑い、暑い、と言いながら、代々木まで出て、知らない道や知っている道を歩いたところ代々木まで出て、焼き鳥屋さんに入って飲み食いをした、子育ての話、学校教育の話、ほうほう、と思って、話した、12時前、西山と別れ、帰った、長いこと外にいたためか、体がはっきりと疲れていた、寝る前、『レーナの日記』。1941年5月。試験や、好きな男の子のこと。

7月12日（木）

起きても体がはっきりと疲れていた、母親から連絡があり、今朝おばあちゃんが亡くなったとのこと。すぐ、通夜と告別式は今日明日だろうか、であるならば、早く段取りをつけなければ、と思う。父親に電話をして、日曜月曜になりそう、と聞く。ソファで遊ちゃんに話していたら、平気な顔でしゃべっているつもりが涙が次から次にべったりと流れていって、そうか、と思った。

夕方まで、何かしらやることがあって、やっていた、トマトソースをこしらえたり。それでやることが済んで、通夜、告別式は日月に決まった、とのことだった、金曜土曜、どういう仕込みをしたらいいのだろう、と考えたが、考えてもよくわからなかった、それで、当座のところ、やることが済んで、日記を書いたり、本を読んだり、していた、『ハオスフラウ』を開いた、2ページ目くらいに、「バスでは行かれない」「どこまで歩いて行かれるのか」という訳文があり、行儀のいい言葉、行儀がいいのか知らないがなんとなく行儀がよく僕は感じる言葉があり、なんだかいいなと思った、しばらく読んで、それから『茄子の輝き』の「街々、女たち」をおしまいまで読んだ、本当になんというか、開いて、少し読むだけで、水面にひとつしずくが落ちて、波紋が広がるような、そういう感覚になる、いろいろな場所に、とん、とんと、しずくが落ちて、波紋が、いろいろな場所に、重なったりしながら、広がる、そういう小説だった。

極度に暇な一日になった、あんまり静かな時間が流れていたせいか、ぼーっとしていたのか、音楽が消えていたことに気づかなかった、ということに気づいて、つけたところお一人だけおられた方がちょうど帰られるところで、すいません音楽消えていたこと気づかなくて音楽掛かってなくて、と伝えたところそういうものかと思っていた、というかあまり気づかなかった、ということだった。音楽は、ドローンが多いから、僕の席だと特に背中の冷蔵庫のファンの音等に混ざって、フェイドアウトしてもそのまま持続音が持続しているような感じになることがあり、エンドレスのリピートで勝手に掛かっているから掛かっているはずだと思いながらも、たまに掛かっているのか掛かっていないのかわからなくなることがある。そういう日だった、8時には誰もいなくなり、そのあと、ずっと、誰もいなかった、いなかったので、文字起こしをしたところ、やっと終わりになった、69984。7万字くらいかなと、予想したところにぴったりいって、びっくりした。それからまた『ハオスフラウ』に戻った。

一日、かなしさみたいなものがつきまとった。暇だったこともそれに拍車をかけた。こんな日は忙しくあってほしかった。ぼんやりしている。なんか、いいビール飲もう、と思って、ミッケラーのビールを飲んだ、飲み終わると、もう一本飲みたい、と思って、ハートランドを開けた。

なんだかむしゃくしゃしているようなところがあった、それでご飯を食べ始めたら、大盛りのご飯3杯みたいなバカみたいな食べ方をした、茄子の一本漬けや鶏ハムなど、ご飯が進むものがあったことも一因というか大きな理由だが、というか最たる理由だが、むしゃくしゃした心地が後押ししたような格好もあった、後押しというか、今の気分と見合う行動を取ってみたらどうだろう、みたいなところでの暴食というところがあった、この貧しさ、と思っていた、この貧しさ。

日曜、月曜と3連休のうしろ2日を閉める、売り上げ、と思った、月曜日、告別式が終わって夕方には出られるだろうから、夜には戻れるだろうから、夜だけ開けようか、というような思いがもたげたのを僕は感知した、少し考えて、そうはしないことにしたが、それにしてもこの貧しさ、と思った、なんで、こんなに余裕がないのだろうか。余裕なんて、今の店の調子がいいわけでは多分ないけれど（本が出たらしばらく忙しくなるかと思っていたのに！）、余裕なんて、別段、たとえばひと月のあいだ店を閉めていたって資金繰りがどうのこうのでダメになるような、そんな状態でもないし、なんなら一年くらいぷらぷらするくらいの蓄えはできているはずだ、それなのに、なんでこんなに目先の売上を欲するのだろうか、この貧しさ。

いやこれは、売上に対してではなく、お客さんに対してなのかもしれない、また閉めてんの、となって、なにかそっぽを向かれることを恐れるような、そんな心地がどこかにというかたしかにある、この余裕のなさだ、そっぽを向かれることが怖い、今の、週一日は休みにしている状態だって、休んじゃっていいのかな、これによって離れるものがないだろうか、というような恐れを、僕は確かに感じているということを僕は知っていて、いやいや、週一日休むとか、休むでしょ、というか、休むでしょそりゃ、と思うのだけど、でもなんだか怖さがある、やっぱり毎日開けていたいよなあ、そうしたらこういう心地になることもない、と思うと、やはり、早めにまた、人員を募ったほうがいいのかもしれないと思う、5月にスタッフが減って、それから体制はそのままにして休日を設けることで対処というかそういう感じにやっていたのは、なんだかいろいろ慌ただしい気分だしいま人を育てるというかトレーニングするみたいなのは余裕ない気がするなと思って、なにか落ち着いたらまた募って体制整えて毎日開けられるようにしたいなと思ってのことだったが、そろそろなのかもしれない、わからない、そもそもどれだけ人に払うお金があるのか、どのくらい払えるのか、払い続けられるのか、いまいち水準がわからない、週1日人員なのか、2日人員なのか、3日人員なのか、4日人員なのか、僕の働き方も変わってくるし、お金の出方も変わってきて、どこがちょうどいいところなのかまったくわからない、でもそろそろかもしれない、なぜかって、と考えたときに、今日が度し難く暇な日だったからだ！という、この目先しか見えない貧しさ。

むしゃくしゃして、帰ったら、眠くなって、本を読もうと寝床に本を持っていくも、開くことなく、寝た。

7月13日（金）

開店前、宇田智子を少し読む。冷え取り靴下について書かれていて、4枚履きを小島信夫が実践していた、ということを知って愉快だった。

昼、意想外に定食が出て、おお、どうしたらいいのだこれは、となった、金曜日、土曜日、そこから2日が空く、どう考えたらいいのかわからなくなるというか混乱する、思考コストの点でも、休みなく営業しているというのは楽だった、ただ反応すればいいだけだから。

午後、暑い。店はこれは、暑くはないだろうか、僕は少し動くと暑くなる、でも長い時間、動かないで過ごす、という過ごし方を前提に、寒くなりすぎないように、と思ってエアコンを入れているから、僕の感じ方はサンプルにはならない、どうなのだろうか、と思いながら、意想外の定食の減りに対応するために煮物をこしらえ、それからごぼうのおかずに着手した、考えることが面倒になったらしく、またごぼうときのこの炒め煮みたいなものになった、前回と違うのは、クミンを使っていない点、バターを使った点、オリーブオイルではなくごま油を使った点、だけだった、甘辛く、煮詰めていく。お客さんは誰もいない。

とてもさみしい気持ちが、どうにもお腹や胸のあたりに満ちていた、『茄子の輝き』は「今日の記念」に入った、住民票を取りに役所に行くとカップルが多くいて、それでこの日が「いい夫婦の日」だったことが知れた、そのあと、語り手は戸籍課に行き、すべて自分の名前で埋めた婚姻届に丁寧に押印までして、窓口に出す、という、かなり不穏な場面があった、こんな不穏なところあったっけな、と思いながら読んでいた、それから品川のほうに行く、荒涼とした、さみしい、不安な気持ちを彼は覚える、そういうところを読んでいたら、僕もそのままさみしい気持ちでいた、3時半、やっとお客さんが来てくれて、なにか、安堵するようだった。

それにしても、「今日の記念」を読んでいて、驚いた、あのエピソードはいつ出てくるんだっけかな、と思っていたエピソードが立て続けに、オノとのラーメン屋での素敵な昼食の場面で描かれていて、そうか、伊知子のコラージュ写真を目撃したところも、島根に行った千絵ちゃんとの長話も、ここだったのか、となって、やっぱり、この小説に流れている時間はなんというか本当に線状では記憶されていなくて、まるい波紋みたいに、なっていて、全部がここで、全部は言いすぎだが、多くがここで、わーっと、広がって、たぶん去年読んでいたときに日記で「滝口悠生が今ホワイトステージのうえにいて聴衆はうおおおと吠えている」みたいなことを書いた、ということはつまりそれはフジロックの時期だったのだろう、時期というか、フジロックの週末で、かつ花火大会があった週末なのだろう、フジロックは7月最終週だから、やはり隅田川の花火大会だったのだろうか、それで、ホワイトステージ上の滝口悠生、聴衆の俺、両腕上げて咆哮、それと同じ気分にやっぱりなった、ここはすごい、すごい、となって、

え、でも、ちょっとかわいい、って思いましたよ、あの写真、とオノは言った。何これ、おもしろい馬鹿みたい、って。

オノは知らぬだろうが、部屋の押し入れの中には同様のアルバムが何冊もある。伊知子と別れてから少しした頃、私は少しずつその写真群の制作をはじめ、沖縄旅行編、会津若松編、世田谷の日々編、学生時代編などふたりの過ごした場所や思い出の場所ごとにまとまっていった。もちろんそこには、当時実際に撮った写真や、ふたり一緒に写っ

た写真もあるが、同様のコラージュで私たちの記録は大幅に増補されていた。

滝口悠生『茄子の輝き』(新潮社) p.184

ここを読んだ瞬間に、目頭がカッと熱くなって、涙が溢れて外に退避した。厨房奥の扉を開けると段差の次に大きな矩形の穴が目の前にあって、扉前のスペースの鉄の板のほとんどが錆びて朽ちて割れて落ちてできた矩形の穴が目の前にあって、真下の地面がよく見える、以前は今にも落ちそうなたわんだ状態だったが、いつだったか忘れたがパキッと落ちたのだろう。そのとき、どれだけの音が鳴っただろうか。今の足の踏み場は板の残った20センチくらいのところで、そこは安定していて安心で、そこから下に急勾配の階段と手すりが外壁に沿って続いている、階段といっても下の通りとはつながっていないというか、階段の終わりは下の店のポリバケツや酒瓶の空ケースで埋まっているから通ろうにも通れない、通ろうとするならばとても大掛かりな動きになる、そういう状態で、僕はいちばん上の段に腰掛けてそこで煙草を最近は吸っている、誰の迷惑にもきっとならない場所だった。幅は体よりほんの少し広い程度だから狭くて、慣れたら気にならなくなった、いつかスマホを下に落とすのではないかということは懸念している、そこで座って、煙草を吸いながら、涙で目を熱くしながら、本の続きを読んだ、やはり、

このあたりはほんとうにすごい、

いちど弾いてみないと、その日、その場所でギターからどんな音がするかはわからない。でも、いちど弾いてしまったら、はじまってしまったら、それがどんな音でも次の音を続けないといけない。歌うことも同じ。声を、出してみる。出たら、次の声を出す。

千広くんがいつかそう言ったそのことに、私はとても感動した、と千絵ちゃんは言った。それを聞いて私は、楽器で音を鳴らすというのはそういうことだったのか、と知った。私は楽器が弾けない。そして私は、悩んでばっかりだ。会社の仕事でもそうだし、お昼に何を食べるか、お弁当のおかずは何にしようか、どのジュースを飲もうか、お茶にしようか。そして、道にも迷う。知っている道を歩いていたはずなのに、いつの間にか全然知らない道を歩いている。けれど、それは全部、間違いたくないから悩んだり迷ったり困ったりするので、その時鳴った音からまたはじめればいい、とそういうふうに思えた。そう考えるようになって、いきなり悩みや迷いがなくなるわけではないけれど、私はそれからというもの、楽しいと思ったり、嬉しいと思ったら、あまり深く考えずその楽しさや嬉しさに存分に浸ることにした。そしたら、音楽のようになった。私は、自分の生活のなかに楽器を見つけてその楽器なら弾くことができたみたいだった。

同前 p.190

そこから、チーズケーキを焼いて、焼いているあいだに終わった、最後も、本当に風通しがいいというか、文字通りに景色が前方に開けている感じで、見晴らしがいいというか、気持ちがいい、うれしい、やさしい、ありがたい。

夕方、白水社のメールマガジンを開いたら、7月13日発売の、『ぼくの兄の場合』という小説を知り、急にとても読みたくなった、日曜月曜の移動のときに読みたくなって、それで遊ちゃんに今日大型書店に寄るなり寄らないまでも横を通るなりするような用はないだろうか、と訪ねたところ、渋谷の丸善かな、と言ってくれたため、お願いしようかと思ったが、入荷しているか確認しておこう、と思って電話してみたところ、まだとのことで、週末はないので、早くて週明け、とのことだった、それで、諦めて、店が終わって余裕があったら蔦屋書店に行こうかな、と思って、思った。ぽやぽやと働いて、10時を過ぎて、先に確認しておこう、と思って蔦屋書店に電話を掛けてみたところ、未入荷とのことだった、未入荷とのことで、なんだか安心して閉店まで過ごすことができた。Amazonで、夕方に見たらまだ未入荷と表示されていたが、見たら残り7点、みたいな様子になっていたので、ポチった。明日、届くだろうか、届かなくても構わなかった。いや、本当は読みたい。

帰宅後、髪切り、寝る前、『レーナの日記』。試験が終わって、夏休みになって、自由だ、と思っていたらドイツが侵攻してきた、一気に、戦争になった。

7月14日（土）

一日、よく働いた、忙しくなってくれて、うれしかった、ありがたかった、やさしかった、先んじて、先んじて、と思って、というかせざるを、いや、を、得ない、なんてことはない、のだが、日記の更新は日曜日だ、それが俺の中での今の決めごとだ、それは破ってはならない、や、ならない、なんてことはない、のだが、のだが、と思いながら、普段は日曜日の午後におこなわれる日記の更新を0時を過ぎたのを確認しておこなった、夕飯食い、たらふく食い、2日間の不在に備えて準備というよりは確認をよくして、帰り、日記の推敲というか確認をいくらかした、していたら、これはまだ時間が掛かりそうだ、今週分も2万字ある、と思い、そういえば、と思って遊ちゃんに持っていってても大丈夫なWiFiってある？と尋ねたところあった、それを借りることにした、それで安心して確認作業をやめることにした、明日は早く起きなければならない。

僕は、今は、これは、悲しみではなかった。おばあちゃんが亡くなって明日、通夜に行くわけだが、今は、ここにあるのは、悲しみではなかった。明日あさってと移動が長い、『茄子の輝き』に続いて今度は『死んでいない者』を読もう、葬儀だったか通夜だったかの日の話だったはずだった、これはきっと、今読むのにとてもちょうどいいのではないか、と思って、行き来の電車が楽しみですらあった。悲しむのは悲しみがやってきたときでいい、悲しむモードに自分を浸しておく必要はない、悲しくなったら素直に悲しもう、悲しみがもし、この週末にやってこなくても構いはしない、悲しい顔をして過ごすことだけはやめよう、そういう気分がなんだか強くあった。真面目であろうと思った。ここで今、僕が、神妙な顔をしてみせたとしたら、それこそ不真面目だった。僕はおばあちゃんを好きだった、先々週、最後に会えて本当によかった、それでもう完全に十分で、そのままでいよう、と思っていた。

7月15日（日）

寝る前、『レーナの日記』、ソヴィエトの、英雄的精神。

早起き、出、新宿へ。昨日調べていた、電車で朝食としておにぎりを食べよう、ねぇグーグル、新宿駅でおにぎりを買えるのは？　いくつかあったが、アクセス的にニュウマンの2階にある、というところがいいのかもしれない、ニュウマンの中とかって高いのかな、と懸念し、検索したところとても高いというふうでもなさそうで安心して、眠りについた、そのおにぎり屋さんに僕は向かった、暑い、茹だるような、日だった、全国的に、酷暑ということだった、災害レベルの、という表現を見かけた、オレンジから赤になり、赤から紫になった、地図上で。それで、だけど行ってみると、改札内だったおにぎり屋、それで、であるならば、中にコーヒーを買えるところはあるのだろうか、懸念、と思って外の、ヴァーブコーヒーというのだったか、で、ニトロブリューの大きいサイズ、16オンスのアイスコーヒーを買った、つまり大きいコーヒー、それは僕がまさに希望していたものだった、悲しくはなかった。電車に乗った。頭が眠く、手前にずっとあった。

宇都宮までの湘南新宿ライン、グリーン車は、連休中日、どうだろうか、と思ったら空いていて、エアコンがききすぎて途中から寒くなった、リュックに手を突っ込むと羽織るものが入っていたので取り出した、なにか、クリーミーな香りがした気がしたがどうか。

『死んでいない者』を読み始めた、餃子屋さんでビールを飲みながら、読んでいた記憶があった、紙ナプキンに、家系図を書いてみた、そういう記憶がある、通夜の夜の話だった。

押し寄せてきては引き、また押し寄せてくるそれぞれの悲しみも、一日繰り返されていくうち、どれも徐々に小さく、静まっていき、斎場で通夜の準備が進む頃には、その人を故人と呼び、また他人からその人が故人と呼ばれることに、誰も彼も慣れていた。人は誰でも死ぬのだから自分もいつかは死ぬし、次の葬式はあの人か、それともこちらのこの人かと、まさか口にはしないけれども、そう考えることをとめられない。むしろそうやってお互いにお互いの死をゆるやかに思い合っている連帯感が、今日この時の空気をわずかばかり穏やかなものにして、みんなちょっと気持ちが明るくなっているようにも思えるのだ。

滝口悠生『死んでいない者』(文藝春秋) p.3

最初からずっと心地いい、家族構成というか誰が誰のなにで、と追いながら、留めながら、頭がカラカラと動いている、だんだん関係が作られていく、その感覚が気持ちいい、すぐに忘れる、ほどける、それもいい、高校二年生の知花が出てきて、同い年のいとこの男の子が汚らしくて、それから、10歳離れた兄の美之の話になるあたりで、とてもいい、美之を巡る話が僕はたぶんとても好きで、やさしい。

途中、うとうとしたりしながら降りるべき駅に着き、着いたので降り、実家に向かった、姉家族は昨日からいたらしく、前に会ったときよりも少し成長したように見える、何が成長を感じさせるのかはわからないが、そう見える、単に時間が経ったことが、といっても一、二ヶ月だが、時間が経ったことが、ことがというかことから、こちらが勝手に成長しているはず、と思っている思い込みがそうさせるところは大いにありそうだが、成長したように見える姪っ子が迎えてくれた。母方の実家に向けて出るまではもう少しあるらしく、しばらく、家全体が昼寝の時間になった、カーテンが閉められ、うっすらと明るくなくなった部屋で僕はソファに横になり、姉は布団を敷き、そこでみんながパタリと横になった、時間が淀んで、僕はうとうとと眠ったり起きたりしながら、寝ない姪っ子が一人で遊ぶ、たまに僕のところに来てマトリョーシカの半分を渡してくれる、ありがとうと言う、そういうことをしながら、姪っ子が一人で遊ぶ音や声を聞きながら、静かな静かな時間のなかを漂っているようだった。

起きて、着替えて、出た、先発隊は母と僕で、あまり長いと姪っ子が大変だから彼女たちは通夜からの参加だった、母方の実家に着き、着くと、伯母たちや、いとこたちや、いとこの子供たちがいた、おばあちゃんが眠っている奥の部屋に行った、眠っていた、先々週に対面したときが、終始苦しそうというわけではなかったけれどしかし嚥下は苦しそうだったその姿は見たからやはり苦しそうという印象を一部は持っていた先々週対面したときから比べると、穏やかな寝姿がそこにあるというふうで、僕と母とがその横に座って、ふむ、と思っているところに、7歳のちびっこがやってきて明るく無邪気に、ねえねえ死んだらもう生き返らないの、等言っていて、その明るさはこれから過ごす二日間の通奏低音いやむしろ主旋律としてずっと流れるだろう。

いちばん涼しいのが台所で、この家の台所は、この家の台所のにおいとしかいいようのないにおいがあって、落ち着く、その台所がエアコンがきいていて涼しくて、だから台所の椅子に座って、親戚と話したり話さなかったりしながら、本を読んでいた、しばらくすると、納棺の時間になって、豆腐を飲みこんだり酒で唇を湿らせたりしてから、おばあちゃんのいる部屋にたくさんが集まった、8畳の部屋がいっぱいになった、そこで、足袋を履かせたりしていた、僕は手につけるものを手につけることになり、手につけた、中指を通す、というので指を持ち上げようと触れたときに、硬く、そしてひんやりとして、冷たくて、そうか、と思った。そのあと棺が、8畳の部屋の縁側のほうから入れられて、納棺を自宅でやるということは、棺を部屋に入れられるだけの開口部があってこそなんだということを改めて思った。出棺し、寺に、何台かの車で向かった、車で2分くらいだったが、歩くという選択肢は誰にもないらしかった、暑かったから、それもそうだった。

寺の本堂は天井がとにかく高く、立派だった、坊さんが3人いて、読経はその寺の住職だったが、両サイドに座る2人も参加するお経がひとつあり、3つの声が妖しく交差する感じ、それから、両サイド2人の、力の抜けた、息継ぎや休憩を自在にするような、聞かせるためではない読経というのか、唱えるための読経のように見える読経がよかった、仏教のことを僕はまるで知らないが、こういう読経になにか本当のことがあるような気がしたし、もしかしたらそうじゃなかった。

とにかく、暑かった、スーツをちゃんと着ていたが、お経を聞きながらそこに没頭することで暑さを忘れようとしたが、お腹のところでじんわりと汗が噴き出るのを感じた、宗派的なものなのだろうけれど一緒にお経を読むパートがなくて、聞くだけだったのもあって、早く終わらないかな、と最後のほうは思っていた、意味がわかればもう少し違うのだろうなと思った、お経は、現代語訳をしなくてもいいのだろうか。

通夜ぶるまいの席になり、大広間にたくさんの人があった、『死んでいない者』は、おじいちゃんが亡くなり、子が5人いて、それぞれの配偶者が5人、孫が10人、孫の配偶者が1人、ひ孫が1人、という、その孫のうち2人が不在だったが、そういう親族たちの通夜の晩が描かれた物語で、悲しむ、ということはそう描かれず、通夜ぶるまいの時間の途中くらいから始まる、飲む、未成年の孫たちもなんだかやたらに飲む、そのなかであれこれが、それぞれが思う、話す、だからそれが故人を偲ぶ、なんというか僕にとってはそれは正しい偲び方に思えて、他の作品同様に風通しがとにかくいい、そういう小説だったが、主に親戚たちで構成されるこの大広間も同じだった、96歳のおばあちゃんが亡くなって、娘が4人、その配偶者が3人、孫が9人、その配偶者が7人、ひ孫が13人。ひ孫1人が風邪で不在で、35人。35人！ なんということだ！ 孫は32歳の僕が最年少で、上は45歳くらいか。ひ孫は、19歳から1歳半。5歳児や7歳児たちが、にぎやかに、にぎやかに夜を彩っていた。

必要以上に神妙な顔なんて絶対にしないぞ、というのは、たぶん、SNSで見かけるたびにモヤモヤする、「ご冥福をお祈りします」であったり「RIP」であったり、どんなリアリティを持ってその言葉を書き込んでいるのだろう、という、冥福を祈るとか悼むとか偲ぶって、そんなものなんだっけ、違うんじゃないのか、みたいな、そういう苛立ちがずっとあったからで、それで、せめて、せめて俺は真面目に振る舞うぞみたいな、子供じみた反抗心みたいなものを持って臨んだわけだったが、拍子抜けするくらいにみな、そう振る舞うべき正しい悲しみらしい態度みたいなものに淫することなく、過ごしていた。とてもいいし、おばあちゃんにとっても、これはきっととてもいいもののはずだ、と思って、気持ちがいいものだった。

ゆるやかに散会となり、いったん家に戻って、店の正面は閉まっていて、鍵を持っている人がいなかったのだったか、建物のまわりをぐるりと歩いた、すると納棺をした部屋の前を通ったとき、この家でおばあちゃんとずっと暮らしてきた伯母が、「あーあ、おばあちゃんいなくなっちゃった」とつぶやいた。

シャワーを浴びて、いとことウイスキーを飲み飲み、やはり台所で、飲み飲み、ぽつぽつと話しながら過ごし、それから3人で寺に戻って、先ほど飲み食いをしていた大広間に家から運んできた布団を並べた、寺で一晩過ごす、という役目だった。

線香を絶やさない、寝ずの番で線香を絶やさない、そういうことなのかと思っていたら、いまは24時間続くような螺旋形の線香があるらしく、だから寝てよい、というものか、と思っていたら、本堂のおばあちゃんの横たわっている祭壇のところに行ってみたら、線香がついてすらいなかった。もはやそのあたりも簡略化されていっているらしかった。そうか、と思って、ビールを一缶だけ飲んで、遊ちゃんといくらかＬＩＮＥをしていた、一緒に暮らし始めてから別々に眠る夜は3回目で、1回は遊ちゃんの出張のときで、1回は大雨過ぎて帰るの大変なので店で寝ていく、という日だった、だから3回目で、違うか、年末年始の数日も別だった、ともあれ遊ちゃんが隣にいないで眠るのはとても不在、という感覚があった。

本を読もうと、開いたが、ほとんど読まずに、眠った。

7月16日（月）

途中途中で目を覚ましながら、8時になって起こされた、起きると、昨日の酒が完全に残っていて、体調がこれは悪いのではないか、というような調子があった、読経のときとかにしんどくなったら嫌だな、と最初思った。布団を畳んで車に乗っけて家に戻って、戻ると、もうわりと大勢が起きていて、朝ごはんの用意がされつつあった、朝から、ずいぶんいろいろなものが食卓に上っていた、ご飯、味噌汁、茄子の漬物、海苔の佃煮、ピーマンの肉詰め、ハンバーグ、ポテトサラダ、とんかつみたいなものの卵とじみたいなもの、あといくつか、すごいなこれは、と思いながら、ご飯を食べていた。この家にいると、ほとんどしゃべったこともないいとこの子供たちであるとかがいる中でも、不思議とそのまま落ち着けるような感覚があって、不思議なものだった、なにか、勝手にしていられる感覚がこの家にはあった。それは、この家がずっと、たくさんの人たちを迎えてきた時間の厚みみたいなものがそのまま返ってくるというようなことなのかもしれなかった。そこにいる人たちの関係性によってもたらされる落ち着きではなくて、この家という結び目というか、子どもや孫たちにとってのなにか結節点みたいな、そういうものがもたらす落ち着きなのかもしれなかった。それを全員が了解していることが、この気楽さをさらに高めているのかもしれなかった。

食後、店のほうに出て本を読んでいた。静かだった。しばらく読んでいると、部屋の壁がぱきっと音をたてた。

一音だけで別に続くでもないその音が、祖父のなにかであったかどうかなんて説明できないが、たとえばあの星が、ともう集会所の庭まで来ていた知花は空を見上げ適当な星をひとつ定めた。あの星がおじいちゃんの生前のなにかで今光ってるみたいなことを誰も証明できっこないけど、そうかもしれないと考えることをとめられなくない？

うん。

滝口悠生『死んでいない者』（文藝春秋）p.59

うん。7歳のちびっこがやってきて、テレビを見たいというからつけた、チャンネルをいくつか替えるとどれも朝のワイドショーで、普段は学校だからこのあたりの番組って見ることないんでしょ？と聞くとそうだということだったが、羽鳥アナウンサーというのだったたか、たぶん羽鳥アナウンサー、が出ている番組で、「これ」と言った、しかし、大して見ようともしなかった、外に行こう、というので庭に出た、後ろをついて歩いた、庭の木や苔を点検するところから始めて、奥の畑のほうに行った、畑の端っこの竹林の入り口のところまで行って、草木を見ていると、トンボが飛んでいた、しっかりと黒い、透過性のない黒の羽のトンボがあって、黒いトンボだ、というと、捕まえるために近寄っていった、何か、藁みたいなものでできている小山をのぼって、進んでいった、そこから手を伸ばそうとして、でもその先は竹林の急斜面につながるというかそこへ何かでずぼっと落下するようなことがありそうなのでそっちは落ちるんじゃないか、というと素直に引き返してきた、黒いトンボが目の前に止まっていた、見ると、細い体は明るい緑色で、きれいだった。それから方向を変えて探検を続けた、小さいカエルがいて、器用に捕まえていた、それから木の幹に茶色いつやつやした卵を見つけて、拾った枝でつんつんとやると鈍くやぶれた、ヤモリの卵だろうか、と言った、ヤモリの卵ってあんな感じなの、と聞くと、トカゲの卵はあんな感じだ、ということだった。少し離れたところに立っていると、おじさんもさ、こっちで探そうよ、と言ってきて、おじさんって俺のこと? と聞くと、そうだ、ということで、おじさんと人に言われたのはなんというか初めてのことのような気がして、それから過ごす一日のあいだ、おじさん、という言葉を思い出すことが何度かあった。驚いたのかもしれなかった。いや、ただの、否認の感情か。

それからもしばらく、トカゲを捕まえてぶら下げてみたり、空いているほうの手でカエルを捕まえて食べさせようとしたが食べなかったりして、そろそろ中に戻らないか、俺は暑いよ、暑くないの、と聞くと、暑くない、涼しいくらい、と言って、どうして、大人になると暑いんだろうね、暑くてたまらないよ。その疑問への答えはなかったが、カマキリの巣を破壊しながら、カマキリは50匹くらい孵化するから、壊しちゃったほうがいいんだ、家がカマキリだらけになっちゃう、ということを教えてくれた、また、カマキリは親と一緒に行動しないから、カエルとかに食われてしまうんだ、人間は、親がいるから安心していられる、そんなことを教えてくれた。そのあとも、拾った鉄の棒みたいなものを振り回しながら、インゴット、という、これをトントンとやって刀にするんだ、というようなことを教えてくれた、俺の知らないことをたくさん知っているなあ、と思ったし、都会の子どももこんなふうに虫であるとかに詳しくなるものなんだなあ、と感心した、いい時間で楽しかった。

昼前に寺に行き、着くとお弁当があったので食べた、また食事だ、と思って、食べたらお腹いっぱいになって、それから葬儀だった、今日も坊さん3人体制だったが今日はサイドの2人が読経するパートはなかった、それはそれでかっこうよかった。昨日の反省から上着は着ないで、ワイシャツも袖まくりをして、熱を逃がそうとした、ずいぶんマシだった。せみの鳴き声、夏の音の中で聞く読経は、いいものだった。

わたしたちは、おばあちゃんの横たわる棺を花でいっぱいにした。

わたしたちは、そのとき、悲しかった、悲しかったし、たぶんそこには、感謝とか、思い出の思い出しとか、その場にある幸福のようなもの、めでたさを伴わない幸福というものがあって、この、数十人の親族に見送られるおばあちゃん、そして彼女の存在によって存在している数十人の私たち、という、これを幸福と呼ばないでどうしたらいいのか僕にはわからない幸福に包まれて、泣いたり、泣かなかったりしながら、悲しかったし、感動した。こんなにいい、豊かな葬式には、もう二度と立ち会えないのではないか。

そこから焼き場へ。焼かれるのを待つ間、畳の大広間の控室のようなところで本を読んでいた、美之の、「どちらかと言うと働かずともこうしてなんとかなっていることについて、無理なく肯定的でいられるにはどうしたらいいかを考えているというか、わりと肯定的でいられるのはなぜか、ということについて日々考えているし」という、わりと肯定的でいられる、という、それは本当に健やかなことだよなあ、それでいいよなあ、濱口竜介の『親密さ』の工場で働く兄の言葉を思い出した、というところに続いて

引きこもりがちではあるにしても、卑屈であるわけでも、塞ぎがちであるわけでも、何かに熱中しているわけでもなく、むしろ平然としていて、スーパーに買い物に行ったり、何か凝った料理をつくって祖父と一緒に食べたりもしているらしい。そんな話を聞いて、いったい何を考えているのかわからない、などと言うのは自分が何も自分で考えようとしていないからだ。あいつらは、いっそ、お兄ちゃんが、典型的な、新聞やニュースで見るような、引きこもりの青年であってくれればいいのにと思ってるんだ、と知

花はさっきプレハブで一緒に酒を飲んでいる時に言っていて、立派なことを言う妹だ、と美之は思った。

同前 p.117

それから、祖父が妻と喧嘩というか、祖父の感情が高ぶって、逃げるように家を出て、行きつけのスナックに行き、ママに、カラオケを一曲歌ってもらう、それはテレサ・テンの「時の流れに身をまかせ」で、プロ顔負けの歌声を披露した、と、その歌詞で章が終わって14章になって、

歌い終えた美之がギターを置き、いとこたち、そして浩輝は、歌を聴いている時から変わらぬ戸惑った様子のまま、誰かが何かを言うのを待った。

同前 p.132

という一文にぶつかった瞬間に、大きな、分厚い、感情の動きに見舞われ、本を閉じた。泣きそうになって、胸の内側で何かが轟々と音を立てていて、しばらくやめた。広間では、10くらいのテーブルに別れて人々が、茶を飲んだり卓上に用意された菓子をつ

まんだりビールを開けたりしながら歓談していて、ちびっこたちは楽しそうにここでも走り回っていたか。明日は君たちは学校があるか。

明日も忌引きで学校に行かなくてもいい。でも明後日からはまた学校で、授業はいやだし、中間テストは迫っているし、進路のことも考えなくてはいけない。ひそかに思いを寄せている行きつけの美容院の美容師にはたぶん彼女がいる。でも、今夜は気持ちがいい。明日まではいやなことを考えなくていい。おじいちゃんが死んだんだから、こんなに晴れやかな気持ちになるのはおかしいけれど、どうしてか、かなしみの隙間にこういう晴れやかさとか楽しさがないというのも嘘だ。たしかに今私は晴れやかなのだから。

同前 p.135

かわのながれにーみをーまーかせー、あなーたーのうえーにーのーせーられー、とさっき美之が歌ったのとは全然同じじゃないメロディで、歌詞も違うしがなるような声だったがしかしやけくそのように歌い続け、やがて息が切れたみたいに歌うのをやめると、その場で腰を下ろして水のなかに尻をつけた。あー気持ち悪い。酔ったー。

知花ちゃん、大丈夫？

それから後ろに体を倒して、知花は水のなかに寝そべった。浅いから、頭と体の下半分が水に浸っただけだったが、浩輝は、流されるかもしれないと思い、知花の手を握った。知花も浩輝の手を握り返し、あー、気持ちいー、と間抜けな声をあげて目を閉じた。あれ、と陽子がさっきみんなで歩いてきた方を見た。遠くから、長く響く鐘の音が聞こえてきた。

同前 p.138

僕はなんというか、こういう小説を書いてくれる人がいるんだから、大丈夫、という、何に対して何が大丈夫なのかわからなかったが、大丈夫という、なんだかそういう気になった。

薄い黄色や桃色やすみれ色がところどころにあるような骨を拾い、骨壷に移すと、知花たちはバスに乗り込んでまた寺に戻った。精進落しで食事が出され、あれは誰だったろうか、また飯かあ、と冗談めかした声が上がり、そんなこと言って、どうせみんな食べちゃうんだから、と伯母連中の一人が言うと、どっと笑いが起こった。ゆるやかな終わりの気配があった。フェス会場をあとにして、じゃあそこで、と言って数台の車で別々に向かって入ったうどん屋で、あるいはスーパー銭湯で、話したり、話さなかったりしながら、明日からまた暮らしが始まると、誰しもが思っている、そこに流れる暗くはない倦怠やまどろみのような、そういう時間にいくらか似たものがそこにはあった。少しずつ、人が減っていく。

寺を辞し、実家に戻り、ごろんと横になると、家に帰りたい、という気持ちが強く湧いて、湧いたと思ったら僕のごろんの横に姪っ子がちょこんと来て座って、この2日の、たくさんの数の見知らぬ人が周りにいたという状況下で相対的に僕の地位が上がったような気がし、仲良くなったならうれしかった、それで、カレーが出てきたのでまたご飯を食べ、桃を食べ、母の運転で駅まで送ってもらった、姉と姪っ子はもう一日いるらしく、帰りは姉の夫というかだから義兄とだった、宇都宮の乗り換えでグリーン車に座り、僕は「鈍行で時間を掛けて」×「グリーン車で安定」という状況がすごくご褒美みたいな感じがある、そこでビールを飲み飲み、話し話し、広がる田んぼ、乳白色の光を受けてさやさやと揺れる明るい田んぼや、深い緑色の高い木々による森みたいなものであるとかを見ながら、これらが僕に与えてくるこの落ち着きのような安堵のような感情はいったいなんなんだろうな、と思った。本当はこういう場所にいたいのだろうか、たまに見られればそれで足りるのだろうか。

窓外の景色は、空が暗くなるにつれて今度は商用の光というか、ネオンの割合を高めていった、都心に近づいていった。赤羽で降りて義兄と別れて、新宿、それから初台、店に行った、それで翌日の準備をいくらかして、2日間エアコンの掛かっていなかった店内は暑かった、暑い、と思いながら、アイスコーヒーを淹れて飲んで、働いて、家に帰って、風呂に入って、ゆっくり浸かって、汗をかいて、ビールを飲んで、遊ちゃんと話して、布団に横になって、本を開いて、『レーナの日記』を何日分か読んで、早い時間、眠りについた。

7月17日（火）

外に出れば太陽の容赦ない熱が攻撃してくるし、出なくても、ここ数日で一気にアトピーがよくない調子になり、ちょうどステロイドを切らしているところで対処というか「塗ったんだからよくなれ〜」と念じることもできず、あるいは無意味に念じることしかできず、だから外に出なくても、体がガサガサと攻撃を仕掛けてくる、そういう状況にあって、全部が俺に敵対しているようだ、という心地になり、なんのやる気もない。

朝、買い物し、店行き、仕込み、しているとひきちゃんがやってきて、こんにちは、しばらく歓談したのち、いったん皮膚科へ。処方してもらう。戻り、しばらくうろうろし、昼間、ウディ・アレンの映画を見に行こうかとも思ったが、調べてみるとちょうどいい時間のものもあったが、行く気にならない、敵対する世界に妨げられた、それに、ここのところ家でゆっくり過ごすということをしていなくて、それをとても欲していた、それで、じゃ、と言って出る。家帰る。スーツ等を持ってクリーニング屋さんに行き、帰り道にセブンイレブンでアイスコーヒーを購入し、家帰る。ひやむぎを茹でて冷やして食っている途中で、途中で味を変えるためにいつもそうするように生姜をすりおろそうとしたところ、引っ掛けてグラスを落っことし、完膚なきまでに割れて悲しくなる。食後、床をきれいにする。それから、日記を書いたりして、それから、『レーナの日記』を少し読む。戦争でどこかに疎開しているのだったか、どこかの学校にいて、レーナは恋をしたり、恋をしている男女をうらやましく思ったりしている。レコードを掛けて、踊ったりしている、その場を離れて、外を歩く、音が、喧騒が小さくなっていく、空を見上げる。

そのあと、店に届いていたのを取ってきた『ぼくの兄の場合』を読み始める、数ページ読んで、いい感触、と思う、そうしたら、眠くなる、タオルケットをかぶって、ソファで、眠りだす。眠ると、3時間くらい昼寝をしていた、最後に夢を見た、場所は家だったがそれは店だった、表情のない小柄な女と幼児が2人、気づいたら目の前におり、すいません、おしゃべりできない店なので、と、エアコンで枯れた喉からどうにか声を出して告げる、帰ったかどうかは知らない、同じタイミングでもう一人来られて、僕が親子にそういうことを言っているあいだにキッチンに立っていて、フライパンを振り出した。なんなんだ、こいつは、と思ったところで目が覚めた、それからもう少しだけ『ぼくの兄の場合』を読む、第二次世界大戦のときにドイツ軍の兵士として戦争に参加して、そこで命を落とした兄について、思い出したり、思い出せなかったり、残された日記を読み解いたり、するようだ。

店。ちょうど誰もいなかった、ひきちゃんと、暑いねえ、と言い合う。

やる気が、まるでそのまま湧かず、なにかしようとも思うが、気づいたらすぐにネットサーフィンをしているので、途中で諦めて本を読むことにした。兄の日記を読む限り、ソ連での殺人や収奪に対する懊悩や自問のようなものはうかがえない、とのこと。ドイツに侵攻されたソ連の少女の日記、ソ連に侵攻したドイツ人兵士の日記、を並行しているのか、今。

夜、どんどんむなしくなっていく、どんどんむなしくなっていって、どうにか夜にやるべき仕込みをひとつだけして、帰る、悲しい、なんだか未来がとても暗い、なにもうまくいかないように思う、帰っても元気が出ない、ソファでだらだらと本を読み、その気分のまま、寝る。

7月18日（水）

起き、コンビニでアイスコーヒーを買い、試写会場に。三宅唱監督作品『きみの鳥はうたえる』を見る。『すばる』の日本映画特集のインタビューで一緒に映画を作る人たちを好きになるために自分は映画を撮っている、今回もそうやって、好きだった彼らをもっと好きになった、というような発言があったが、もう本当にそんなふうで、というかそんなふうな気分があふれていて、どこまでも気持ちがよく、うれしい。いくつもの、いくつもの最高の最高の顔を見ることができた、クラブの場面ではずっととにかく涙が止まらなかった。いち、に、さん、よん、ご。函館の町に対する敬意というか、そこで暮らす人々への敬意というか、愛情というか。最高だった。柄本佑、染谷将太、石橋静河。最高だった。みんな最高にかっこよく、愛らしく、情けなく、全部、最高だった。いろいろ、思おうとしそうになるのだけど、思おうとした先から「最高」という言葉が迫ってきて、そうだよな、最高だよな、というので、最高としか言えなくなる。最高だった。

最高だったと思いながら外に出て歩きだそうとすると、見知った顔に似た顔があり、わりと長いことその顔を注視していたのだが、それが本当に見知った人なのかどうか確信がどうしても持てず、いったん通り過ぎ、でもやっぱりきっとそうだよな、と思って引き返し、またジロジロ見て、ほぼそうだと思う、違う可能性もなんでだか全然拭えないけれど、ほぼそうだと思う、ここまでほぼそうだと思うのだから、間違っていたときも「人違いでした」でもういいだろう、と思ってもっと近づくと、あ、という顔があって、やっぱり武田さんだった。同じ回で見ていたようで、立ち話をしながら、あそこね、よかったよね、ほんとね、と言っていたら、喜びがまた戻ってきてちょっと泣きそうで、声を震えさせたりしながら話していた。駅のほうまで行くというのでしばらく一緒に歩き、別れた。

その足で労基署に行き、よくわからなかった書類の記入方法を教えていただき記入し、そのあと税務署に行き、なんかの書類をいただき、お金を納付した、それで、それから久しぶりにファブカフェに行った。

ファブカフェは本当に久しぶりだった。一年前、とても頻繁に来ていた。4月ぐらいから7月ぐらいまで、とても頻繁に来ていた。それは本の原稿を書いていた時期で、休みのたびにファブカフェに行ってずっとパソコンの前に座って過ごしていた。原稿は、最初のうちはファブカフェでしか書いていなかったが、途中から営業中も書ける方法を見つけたというか慣れていって、店でもどんどん書くようになったが、やっぱりいちばん多く書いていたのはファブカフェにおいてだったと思う。7月いっぱいで書き終わり、それから、こんな気分悪い状態でだったらやりたくないわ、と思って話を終わりにして、もう一年が経とうとしている。というそういうファブカフェで、とても久しぶりで、久しぶりに行って、懸案だった『ユリイカ』の原稿を書き始めようとした、その前に、サンドイッチを食べた、久しぶりに食べた、おいしかった。お腹いっぱい。スタッフの方が寄ってきて、今日このあと、フロアの向こう半分でドローンを飛ばすイベントがある、大丈夫だと思うが、飛んでくる可能性がある、ということを言われ、ファブカフェならではの注意みたいな感じがして好ましい気持ちになって笑った。

それから、書き始めた、すると、これは危険な原稿というか、感情が刺激されすぎて、というか自分で刺激しているわけだけど、書いていたら刺激されすぎて、泣きそうになるというか、喉のあたりがはっきりと泣きそうになっている、震えるというか、目に涙が溜まっている、ちょっとのことで落涙するだろう、そういうことになってしまって、うろたえている、ファブカフェで泣きながらタイピングする男。というのもどうかと思い、どのみち今日はいったん仕込みのために店に行かなければいけないというだいぶ面倒な用事がある気がずっとしていて、しかしその仕込みは本当に今日でなきゃいけないのだろうか。いや今日だろう、というものがあったし頭にチラチラしているのもあったので、出、買い物をして店に行き、仕込みをいくつかした、チーズケーキを焼いたり、ショートブレッドを焼いたり、おかずをひとつ作ったり。けっきょく2時間以上やっていた。『きみの鳥はうたえる』を見たらとても簡単にそうなって、OMSBの『Think Good』と、それからHi'Specのアルバムを大きな音で聞きながら仕事をした。映画のなかのHi'Specの音楽も、ライブシーンの「Think Good」も、最高だった。

それから、コーヒーを淹れて、また原稿に戻って、書いていた、途中で号泣していて、やめた、それからは、続きをやろうとしてもすぐにネットサーフィンをし始めるから、もう今日は無理だと思って諦めて、餃子を食べに行った、ビールを飲み、餃子とご飯とキャベツの酢漬けみたいなものを食べ、『ぼくの兄の場合』を読んだ。

7月19日（木）

朝からはっきりと疲れていて、開店前には疲労困憊している気になった、生きているだけで疲れる、いつだって生きているだけで疲れるのに、こんなに暑かったらなおのこと生きているだけで疲れる。息してるだけで疲れる。

いくつか仕込みをしながら一生懸命働いて、あとの時間は原稿の続きをやっていた。宿題があると気が重い、気が塞ぐ、ということを、宿題を目の前にするたびに思う。毎回忘れて毎回思う。この感覚はもしかしたら小さい頃からなのかもしれなくて7歳か8歳か9歳か10歳あたりのところで進研ゼミを始めたときに届いたその日にその月の分を終わらせたがる、そういう傾向があった、きっと遠くない未来にやらなければならないことが残っていると気持ちが悪い、という感覚があったのだろう、この感覚は、いつどうやって芽生えたのだろう。

原稿をやりつつ、それなりに働いて、やっと、労働のモードというか、そういうモードに慣れてきたというか体と気持ちの準備が整った感じがある。週末はちゃんと働くぞ、という前向きさが今ある。

帰宅後、印刷をした原稿をソファで酒飲み飲み、ボールペン片手にチェックというか通して読んでみる、ということをやっていたら、妙な満足感というか幸福感というかお楽しみ感があった。ライターごっこというか。

寝る前、やっと本を開く、『レーナの日記』。

7月20日（金）

朝、早め、のつもりが同じ時間。仕込みいくつか。

営業しつつ、昨夜書き入れたあれこれに従って原稿を直していく、という作業をしていたら夕方というか夜になった。とりあえずこれで送ろう、と編集者の方に送った。何も終わっていないけれど、何かが済んだような、肩に乗っていた荷物が下りたような、そういう感覚があった。どうなるか。

午後、父が来た。『鬼が来た！』という中国だったかの映画があったことをとても久しぶりに今思い出した。とても大変な映画だった記憶。で、父が来た。大学時代だったかの友人たちとの集まりがあり上京したとの由。ウイスキーを一杯。『読書の日記』も買ってくれた。途中、外で煙草を吸って、中に戻るときにそのあいだに来られた方はいるかなとなんとなく客席を確認する視線の動きがあるのだけど、そのときに、父の後ろ姿が見えて、いることを忘れていたのか、あ、父さんだ、と思って、なにか、やわらかい心地になった。神田に行った。

夜、忙しい日に。働いた。働きつつも、文字起こしをしたものを送って、それから、今週の日記の推敲をしていた。今日はだから、原稿、文字起こし、日記という、3つ別々の何かしら書かれたものを、どうにかこうにかしていた、触っていた、つまり、このテキストエディタの画面とずっと触れ合っていた、ということだった。本読んでない。なにやってんだろ。

帰宅後、昨日、友人が贈ってくれた本をひらいた、ヘンリー・スコット・ホランド『さよならのあとで』だった。読みながら頭に去来していたのはジュリアン・バーンズの『人生の段階』だった。バーンズも読んだだろうか。
「私の名前がこれまでどおり　ありふれた言葉として呼ばれますように。」
この一節に当たったとき、うわあ！と思った。泣きそうになった。なにかのとき、この本をまた開こうと思うだろう、と思った、また開こうと思うときが訪れなければばいいのに、と思った。

なんか、そうか、本って、こういう力も持てるのか、と思った。それで、『レーナの日記』を開いた、毎日空襲、レーナはめっちゃ恋に恋してる。それで、『失われた時を求めて』の2巻を開いた、数ページ読んで、なんの話してるのかな、と思いながら眠った。

7月21日（土）

なんとなく働いたところ、いったん座る時間ができて、そこで宇田智子の『市場のことば、本の声』を開いたところ、大滝詠一と断捨離のやつを読んだ、断捨離のやつがなんだかすごくよくて、なんだかすごくいいぞ、と思った、この本を教えてくれた人が、タイトルとかに「本」とか「本屋」とかってこれ入れる必要ないんじゃないかと思う、ただのエッセイでいい、補助は要らない、十分な強度がテキストにすでにあるのだから、というようなことを言っていた、それを思い出した。それで本を閉じて、和え物でもこしらえておくか、とこしらえ始めたところ、一気に忙しくなり、夜まで、ひいひい言いながら働いていた、7時、疲労困憊というふうになって、しばらくしたら困憊というほどでもなくなった、あのときの、とても困憊した感じはなんだったたか。

閉店前、『ぼくの兄の場合』読み終わる。

夜、食べていいものが見当たらず、ラーメン屋。ラーメン大盛りとご飯大盛りにしたところ、いくらか過剰だった。食べながら「Number Web」の記事を読んでいた、巨人の内海哲也のことが書かれていた、今年は直球の比率が高くなり、それがいいことになっているとの由。それから、サイト内検索で「内海哲也」と入れると、２００６年くらいからいろいろと出てきて、そのとき、内海は期待の若手で、２０１０年であるとかは完全なエースで、という、そういう時期時期の内海哲也の語られ方の違いが面白かった、この遊びはいいと思った。

帰宅後、酒、飲み、プルースト。なんでだか明日の晩、翌日を気にせず好きなだけプルーストを読むぞ、ということがやけに楽しみな気持ちになったが、きっと、すぐに眠くなる。

7月22日（日）

それにしても、と朝思った、日ハムが昨日もソフトバンクに勝っていた、これでこのカードの勝ち越しは決めた、おとといが6対5、昨日が3対2。なんだか、とても勝っている印象があるけれど、ソフトバンクはいったい本当にどうしちゃったのか、と思ったが、印象がそうなだけで実際の対戦成績はよくてちょっと勝ち越しくらいだろう、と思って見てみると、11勝4敗と、これはお得意様というやつじゃないか！というような勝ち越し方をしていた。ソフトバンクがお得意様ってどういうことだ！という驚き。そして昨日、西武は楽天に逆転負けをしていて、気づいたら0・5差しかない。どういうことだ！という驚き。今年の日ハムは変なすごさがあるようだった。

それで、今日は仕込みも特になかったのでパドラーズコーヒー。暑い、外の席、座って、あ、これはいけないかも、中に入らないといけないかも、と思うような暑さが当初あり、去年はこんなことなかったような気がしたが、と思った。しばらく蟻を見ているうちにそこまで暑くなくなって、いられた。よかった。

店に行き、ご飯を食べる等、営業の準備をおこない、開店した、ゆっくりな始まりで、日記の推敲をしていた、今は、金曜か土曜、先々週くらいから金曜、に、エディタ上で推敲をして、それで日曜に更新し、ウェブ上というのか、更新されたものを再度確認し、という段取りになっているが、これは、最後の画面のところでなんやかんや間違いが見つかるからなのだけど、実際にけっこうな箇所、書き換えているのだけど、つまり、そうすると、日曜の12時くらいからとても掛かれば夜くらいまで、そこに表示されている日記は修正前のもので、なんというかきれいではなくて、というところで、急いで確認だ、という気持ちがあるのだが、なんでそう思ったのか、金曜に一度推敲したものを、アップする前に、何か読みいい形にして、印刷して紙で確認すれば、ウェブ上で再度確認するということをしなくて済むのではないか、と思って、それにしてもなんでそう思ったのだろうか、それは本当だろうか、とにかくそう思って、なぜなら紙のほうがやはり確認しやすいから、と思って、今日は途中でイラレでそういうフォーマットを作り、流し込んで、試しに印刷して見てみる、ということをやった、というか、これだったら、というか、だったら、というわけではないが、最初のエディタ上での推敲というのも省いて一発でできないだろうか、と思ったが、どうか、というか、なんだろうか。

とても暇で、ゆっくりゆっくり、と思って、推敲も終わったので、やることも、と思って、昨日、読みだしたら忙しくなったという縁起を担ぐみたいなところで宇田智子読み始める。昨日読んだ断捨離に続いてあった「オキナワで考え中」というやつもなんだかすごくよくて、なんだかすごくよいぞ、と思って、いくつか読んだ。「よすが」という言葉が出てきて、僕はよすがという言葉を使いこなせるようになりたい、たぶん今まで一度も使ったことがない、と思った。よすが。よすが。縁。あ、よすがって縁なのか。

それから、というか、今日はそれによって忙しくなるという効果は得られず、それから、経理仕事が最近は本当に放棄されている、日々やればなんでもないのに、やたら溜まってしまった、これはいよいよちゃんとタスクとして課したほうがいい、と思ったところ、じゃあTODOリストをまずは作り直そう、今のものは、なんとなく一覧性が低いというか、パソコンの画面上だと8つまでしかタスクが一気には見えなくて、どれくらい消化できたかがよくわからなくなるというか、漏れが生まれやすい気がする、もっと一気に見られるようにして、それでそこに毎日経理のタスクを入れて潰す、ということを繰り返したら、追いつくはず、というところで、スプレッドシートをあれこれして、TODOリストを新調した、愉快！と思って満足した。

そのあと、いったんピークタイムのようなものが訪れ、淡々と働く、途中、来られた方が、『百年の孤独』はありますか、というので、ありますよ、取ってきますね、といって取ってきて渡した、そのやり取りのあと、なんだか、幸福感というか、いい店だなあ、と思った、貴重ないい店だなあ、というか、初めて来た方が、「『百年の孤独』はありますか」と躊躇なく店の人間に聞く気になれて、そして「あ、『百年の孤独』ね、ありますよ」とすんなり話が通り、かつ実際にある、という、店って、なんだか稀有というか、気持ちいいというか、いや『百年の孤独』なんて超有名作品じゃないかみたいな、いやいやそんなのはね、海外文学に親しんでいる人にとってはそりゃあそうだろうけれどもそういうものさしで世の中を見るのはなんか俺は不健全だと思うんだよねというか、僕は誰に向けて話し始めたのだろうか、そういうさ、よくないよ、そういうのはさ、というか、というかではないが、うちのお客さんにはこういうものを読んでいてほしいんだよねみたいな、そういうものは僕には一切ないし、そもそも何を読んでいるかなんてたいていはわからないのだけど、人が本を読んでいる光景は等しく美しいと思うというかそう見ているのだけど、自分が知っている本や読んだ本や好きな本を読んでいる人を見かけると「お」とは思うわけで、それはちょっとどこかお楽しみみたいな感覚はあって、昨日、面白かったというか「お」と思ったのは、ウィトゲンシュタインの『論理哲学論考』を読んでいる方があって、その隣に座った方がソローの『森の生活』を机に置いて、二人ともカバーを掛けていなかったからわかったのだけどだからなんだというところだけどそれはどちらも岩波文庫で、岩波文庫を読んでいる方が二人並んでいて、なんだか、これは、おかしな店だぞ、と思って愉快になった、ということがあった、ということを今日思い出したし、「プロ野球 スポーツナビ」を見に行ったら日ハムが今日も接戦を制して勝った、ナイターの西武が負けたら首位なんだけど？ と思って、それにしてもソフトバンクを3タテってどういうことだ、と思った。

夜になり、暇なままで、『レーナの日記』を取る。1941年10月4日。

彼女たち（母と娘）は防空壕に入ったが、多くの人、とくに男性は入り口のところに残っていた。そしてこの時に爆弾が炸裂して、防空壕の入り口を埋めてしまい、入り口にいた人はみんな埋まってしまった。中にいた人たちは無事で、天井が少し沈んだだけだった。彼らは窓の一つを叩き破って、そこから外に這い出した。そして目にしたのは、埋まった人たちが掘り出される様子で、多くの人は生きていたが、錯乱状態だった。

エレーナ・ムーヒナ『レーナの日記　レニングラード包囲戦を生きた少女』（佐々木寛・吉原深和子訳、みすず書房）p.113

「多くの人は生きていたが」で「あ、生きているんだ」となり、「錯乱状態だった」で「あ、そうなるのか」となった。西武はがんばって勝った。

帰り、店を出て自転車にまたがろうとすると歌声が聞こえてきた、夜中のひとけのない通りを、女が熱唱しながら歩いていて、「今すぐ会いたいクレイジーフォーユー」と歌っていた、それで、歌っているな、と思って自転車に乗り、しばらく進むと、そういえばスマホを忘れた、と思って引き返した、さっきの女とすれ違った、まだ歌っていた、店に着き、取り、また出、乗り、漕いでいくと、また女を追い越す格好となった、女はまだ歌っていて、また「今すぐ会いたいクレイジーフォーユー」の箇所だった。

帰宅し、さあ、たくさんプルーストを読むぞ、と思い、買ってきた缶ビールを開けて、飲み始め、読み始め、すると10ページくらいで眠くなったのでやめた。そうなると思っていた。布団に移り、『レーナの日記』を少し。

7月23日（月）

起きると先にとっくに起きていた遊ちゃんがお腹が空いた、と言っていて、なにを食べるの、と聞くと、カレーが食べたい、というから、それなら一緒にカレーを食べに行こうよ、と言ったところ、カレーを食べに行くことになった、それで、二人で自転車に乗り、38度だったか、暑くないね、涼しいね、寒いくらいだね、と言いながら、走り、渋谷。無印良品に行って買いたかったものを買おうとしたがなかったので買わず、宇田川町のほうに行き、虎子食堂というのか、カレー屋まーくんというのか、名称がわからず、出る前、調べるのにも難儀した、月曜は営業しているのだろうか、どうだろうか、と思った虎子食堂に行ったところ看板が出ていて「虎子食堂の昼の部はカレーだけです」的な文言があったから、間借りというか、でも名称は虎子食堂でやっているんだなということが知れて、階段を上がった、入り口に説明書きの黒板があり、それがとてもよかった、かくかくしかじかと書かれていて、カレー食べて、ちょっとゆっくりして、とという感じの認識だったら問題ないと思います、みたいな締められ方がしていて、とてもいい説明だなと思った、入った。それでカレーを食べた、とてもおいしくて、きれいで、おいしくて、きれいで、自分が何を食べているのか全然わからないまま（これ魚介かな、レベルに）、おいしいおいしい、と思って食べた。こまごまと食べていると結構な量で、遊ちゃんが食べきれなかったのももらって、満腹&大満足というところだった。夏だった。

丸善ジュンク堂に行って、特に目的はなかったがなんとなくふらふらして、そうだミシェル・レリスの『幻のアフリカ』を、と思って在庫を調べるとなかった、アプリの検索は近い店舗から表示されて、それらはどれも在庫△で、三角はどういうことなのかわかっていないが、一冊は、昨日くらいの時点ではある、くらいなのだろうか、画面をずっと下っていくと在庫○が目に入った、それは丸広百貨店飯能店だった。飯能！何も買わず出て、コーヒーをまだ飲んでいない、と思ってCoffee Supreme Tokyoに入ってアイスコーヒーを飲んで、それで帰った。帰って、少しゆっくりして、夕方、出て、電車に乗りながらプルーストを開いた。ノルポワ氏の言葉。

要するに彼はまだ大御所といった地位にあげられているとはいえませんが、徒手空拳でずいぶんりっぱな地位と成功をかちえたものです。何も成功は、くわせ者と相場がきまっているような、狂躁者、逆上家、からいばり屋だけにやってくるものとはかぎりません、じつに成功は彼の努力にむくいたわけなのです。

マルセル・プルースト『失われた時を求めて 2 第2篇 花咲く乙女たちのかげに 1』（井上究一郎訳、筑摩書房）p.44

「要するに彼はまだ大御所といった地位にあげられているとはいえませんが、徒手空拳でずいぶんりっぱな地位と成功をかちえたものです。」という一文がなんだか気に入って、エピグラフに使いたい、と思った。エピグラフを必要とする機会があるならば。

新宿に着くと暑くて、町がなんかもうそれ自体が暑さ、という暑さですぐにうんざりして、無印良品に行った、何も買わなかった、どこで時間を潰そう、としばらく考えた結果、椿屋珈琲店に入った、アイスコーヒーを頼んだ、それで、買ったまま忘れていたチェーホフの『中二階のある家』を持ってきたので、読んだ。書き出しからよくて、落ち着くような心地があった、しばらくすると、「そしてこの健康で裕福な美しい人々は皆この長い一日を終日何もしないで過ごすのだと分かっているとき、そんなときには、だれしも人は、一生がそんなふうであって欲しいと思うものだ。このときの私もまったく同じことを思い、一日中、一夏中をそんなふうに仕事も目的もなく歩き回るか、という気持ちになって庭を歩き回っていた」とあり、一夏中を、仕事も目的もなく歩き回る、というところで、そんな言葉を最近聞いたような気がする、と思ったら、『きみの鳥はうたえる』だった。彼らには金はなかった。

ジェーニャは画家としての私がとても多くのことを知っていて、知らないことを正しく洞察できるものだと思っていた。彼女は、私が彼女を永遠なるものや、いと美しきものの領域へ、彼女の意見によれば私がその一員である至高の世界へみちびいてくれるのを望んでいて、そして彼女は、神や永遠の生命や奇跡について、私と話しあった。で、私は、私も私の想像力も死後それっきり滅びてしまうことを認めていなかったので、「もちろん、人間は不死です」、「もちろん、永遠の生命がわれわれを待っていてくれるのです」と答えた。彼女は耳をかたむけ、信じ、証拠を求めなかった。

アントン・P・チェーホフ『中二階のある家　ある画家の物語』（工藤正廣訳、未知谷）p.21

信じ、証拠を求めなかった。

とても久しぶりにチェーホフを読んだけれどもよくて、よかった。最後のところは、保坂和志のあれは「キース・リチャーズはすごい」だったか、で引用されていたところで、そこがすごくよかったから、読んでみたくなって、買ったのだったそこを読むことになった。

私はすでに中二階のある家のことを忘れはじめている、でも、ただ時折、絵を描いたり読書したりしているときに、ふっと、これといった理由はないが、あの窓の緑の灯りや、また時には、恋をした私が戻る途中に寒くて手をこすりあわせた、あの夜の野畑に鳴っていた自分の足音などが、思い出される。そして、これはもっとまれだけれども、孤独に苦しめられ悲しくなる瞬間、私は、おぼろげに思い出し、すると少しずつだがなぜかしら、私も思い出されているのだ、私を待ってくれているのだ、そして、私たちは会えるだろう、とそう思われはじめるのだが……ミシューシ、きみはどこにいるの?

同前 p.50

やっぱり美しかった、すると少しずつだがなぜかしら、私も思い出されているのだ。保坂和志の引用で見たのは小笠原豊樹訳で、今度そちらも確認しよう、と思った。

ちょうど時間になったので店を出て歩きながら、これは贅沢な本で、50ページの短編ひとつで、残り半分くらいは訳者の解説エッセイとあとがきということだった、先日読んだ『さよならのあとで』なんかは一編の詩だったからなおのことだったが、短編一つでも本になるのだな、と思って、なにごとかを考え始めながら、なにごとか、つまり、2時間で読み切れるような本を作って、フヅクエで売るとか、だった、考えながら、歩いた、新宿三丁目に行き、鼎という居酒屋に入った、地図を調べるときは「ていだん」で「鼎談」で「鼎」だったが、この字は「かなえ」と読むのか、と驚いたし、実際いま入力したところすぐに変換されたから、そうだった。それで地下の店に入ると、入った瞬間にこれはいい居酒屋、という居酒屋で、よいなあ、と思って、まだ人々は来ていなかったので、チェーホフをぺらぺら読み返していた。すると、内沼さんが来て、それからしょうくんが来て、大地が来て、4人で飲んだ、しょうくんとはフヅクエ閉店後にたらたら話したり道端でばったり出くわして茶をしばきに行ったりということはあったけれど、こういう場で改めて飲むというのは実は初めて会ったとき以来なかったんじゃないかというところで、それは12年前とかということだった、大地としょうくんともう一人と、映画好き大学生はてなダイアラー的なつながりで今度会ってみましょうよみたいなところでオフ会みたいなところで、横浜の土間土間で飲んで、という、それが初めて会った夜だった、それからも映画館や、クラブや、そういうところで出くわしたりしていた、なんというか、いい思い出というか、圧倒的いい思い出、という感じがあった。大地とは、ちょこちょこと会って飲んでいるけれど、しょうくんは会うのも今日は久しぶりで、久しぶりに話すしょうくんはやっぱりとても気持ちのいいやつで、気持ちのいいやつだなあ、と思った、愉快だった。

ＹＣＡＭで見た『ワールドツアー』について日記で書いていたのを読んでくれていたみたいで、僕が「置いてけぼりをくらったようでさみしい」みたいなことを思った、ドバイであるとかタイであるとかの場面は、場面というか画面は、てっきりしょうくんが行って、撮ったものだと思っていたが、どれも他のＹＣＡＭスタッフが行ったときのものだった、それに、「人と人は同じ場所にいることはできない、でも、人と人は同じ場所にいることができる。」と、書いた、なんだか格言めいたものを思ったのだけれども、これはどういうことだったろうか、「人と人は同じ眼差しを持つことはできない、でも、人と人は同じ場所にいることができる。」というほうが正しいだろうか、そう思った、そう、感動しながら思った、フェリーの中から撮られた3つの画面、あれはなんと、全部しょうくんが撮ったものだったとのことで、大笑いした。

内沼さんが本やチラシを持ってきてくださっていて、それを見て、『きみの鳥はうたえる』、それを見て、ああ、もう、ほんと、この場面、最高でしたよね、であるとかを、話しているだけで思い出して涙ぐみそうになった、大地はまだ見ていなかった、最高だよ、驚くよ、と言った、それから、『読書の日記』のファーストカットについて、みんながいいと言うから、そんなにいいものだったっけか、と改めて開いて読んでみたところ、ちょっとゾクゾクとした、たしかに、これはこれしかない、という書き出しだぞ、というような。そして、このタイトルのこの物量の本の一行目として、すごいぞ、というような。

それで、映画のこと、仕事のこと等、あれこれと、愉快に話し、飲み食いした、よく笑った、完璧にいい夜だった、途中、僕は内沼さんにずっと言っていなかったというか、別に言ってもいいのだけど、言ってみたかったようなことがあって、それは僕が、内沼さんの講座に通ったことで内沼さんと知り合うことになったわけだけど、4年前の夏、ちょうどフヅクエの工事の真っ最中で、毎週土曜日だったか、隔週くらいだったか、日中工事をして、そこからみなとみらいのBUKATSUDOに行く、ということを繰り返していたのだけれども、通うことにした動機の3割くらいのところに、僕というかフヅクエという店のことを内沼晋太郎という人に知ってもらおう、というものがあった、ということだった、そこで、何かしらいいものだと認めてもらえたならば、フヅクエにとって何かいいことが起きうるのではないか、という狙いがあったというか目論見があった、十分にいいものとして認めてもらえたならば、それを人に紹介することが紹介する自身を利する、利するは言い過ぎにしても少なくとも価値を落とさない、と思ってもらえたならば、こういうお店があってね、ということを人に話したりしてもらえるのではないか、というような。僕は始める前からなんだか妙な自信があった（それは今も変わらない）、ここにいる阿久津という男が始めるフヅクエという店、他に類を見ない強度を持ったいい店になるはずですよ、知っておいてもらって損はないですよ！というところだった。

好きでもなんでもない人に対してだったらこういうあざといアクションは僕は取れな

いだろうなと思うし、こういうことを自覚的にやったのは後にも先にもなかった気がするのだけど、本を通してしか知らないがしかしそれで十分だがはっきりと好きで、敬愛みたいな感情があって、という人に対してならば、なんだか堂々とそういうことをできるような気がして、本の仕入れ方法とか学びたいし、面白そうだし、これはいい機会、よっしゃよっしゃ、近づいとこ、と思って、それで受けた、ということだった、という話をした、して、これはなんだか僕にとっては堂々とした気持ちでできる話だったけれど、聞かされた方はどういう感じだろうかなと、利用しようとしてたのか、と気分を害されたら怖いなと、言ったあとから、なんだかそわそわして（違うんです利用じゃないんですウィンそしてウィンを目論んだんです！（不遜にも！））、帰り道にもう一度その話をして、ちゃんとヘルシーに届いていることを確認して芯からやっと安心した、小心なんだから小心らしく振る舞えばいいのにと、こういうとき思う。

7月24日（火）

冷たいうどん食って帰った。チェーホフの、訳者解説エッセイのようなものを少し読んで、気持ちのいい抜けのいい文章で、いいなあ、と思って、寝た。

起き、出、買い物、店、おかずをがっつりと作る、作っているとひきちゃんやってきて、セイハロー。ひきちゃんは最近はもっぱら豆腐そうめんを食べているとの由。12時半くらいに離脱、帰宅、うどん茹でて食う。それから日記書き、家にあったはらだ有彩『日本のヤバい女の子』を少し読む、そのあとプルースト。ノルポワ氏が長広舌を振っていて、ものすごく退屈。で、眠くなるので、眠る。眠ると、たくさん眠った。アラームに起こされて、まだ明るくはあった、体が眠気でしびれていた、店行った。

休日明けで夜まではオフ、となると、働く気にならないなあ、と思った、すると、ひたすら暇な夜になった、もっと働きたかったなあ、と思いながら、おととい苦心して、じゃなくて歓喜しながら作ったTODOリストに従って、経理をやったりをして、やることもすぐになくなり、今、読んでいる本はプルーストと『レーナの日記』ということだけど、なんとなく心がウキウキはしていない、なにか、読みたい！というものがほしい、とこう書いていて思い出したが来週には柴崎友香の新刊と保坂和志の新刊が出るんだった、まさかの同じ日だった、8月1日だったか7月31日だったか、ともあれ、水曜日にABCで買おう、と思っていて、それは愉快な予定だった。ただ、それまで、一週間あった、なにを読もうか、というところだった。

やることも、お客さんの姿もなかった、Tシャツを、とそういえば思い出し、Tシャツを畳んでOPP袋に入れる作業をした、それが済み、チェーホフを、とそういえば思い出し、本棚から取ってきて「学生」を読んだ。

> で、今も、寒さに縮かまりながら、学生はリューリクの時代にも、ヨアン雷帝の時代にも、ピョートルの時代にも、これとそっくりの風が吹いていただろうということや、彼らの時代にも、これとそっくりのひどい貧しさや飢えがあっただろうということを考えた。こういう穴だらけの藁屋根や、無知や、憂愁や、こういう周囲の荒地や、暗闇や、重苦しい感じ――こうした恐ろしさはみな、昔もあったし、今もあるし、これからもあるだろう。そしてなお千年たっても、暮らしはよくならないだろう。そう思うと、家へ帰りたくなかった。
>
> チェーホフ『子どもたち・曠野 他十篇』(松下裕訳、岩波書店)p.176

『小説の自由』だったか、他の本だったかで保坂和志が引用していたところもやっぱりすごかった。

こうして今、学生はワシリーサのことを考えていた——彼女が泣き出したところを見ると、あの恐ろしい夜、ペテロに起こったことがみな、彼女になんらかのかかわりがあるのではないだろうか……。

彼は振り返ってみた。淋しい火かげは闇の中で穏やかに瞬いていたが、そのそばにはもう人かげは見えなかった。学生はまたもや思いに耽った。ワシリーサがあんなふうに泣き出し、娘があんなふうにどぎまぎしたところを見ると、たったいま自分が話して聞かせた、千九百年むかしにあったことが、現代の——この二人の女に、そしてたぶん、この荒涼とした村に、彼自身に、すべての人に、なんらかのかかわりがあるのは明らかだった。老婆が泣き出したのは、彼の話しぶりが感動的だったからではなくて、ペテロが彼女に身近なものだったからだろう。彼女がペテロの心に起きたことに身も心も引かれたからだろう。

すると喜びが急に胸に込み上げてきたので、彼は息つくためにしばらく立ち止まったくらいだった。過去は、と彼は考えた、次から次へと流れ出る事件のまぎれもない連鎖によって現在と結ばれている、と。そして彼には、自分はたった今その鎖の両端を見たのだ——一方の端に触れたら、他の端が揺らいだのだ、という気がした。

同前 p.180, 181

10ページほどの短編だが、学生が、歩いていて、女二人と出くわして、一席ぶって、歩いていく、というそれだけの短編だが、すごい緊密さというか、すごかった。この短さの中で、どうしてこんなに大きな音を響かせられるのだろう、というような。で、他の短編を読もうかと思ったが、やめて、『桜の園』を今度は取ってきて開いた。人が、びっくりするくらい簡単に寝入っていた。

ピーシク　あれが大した人物であることは、認めにゃなりませんて。現にうちの娘のダーシェンカが言うには……、いや、いろいろと言うとりますが……（鼾をかく。しかしすぐに目をさまして）それはともかく、奥方さま、どうかわしに、二四〇ルーブル貸して下さらんか……

チェーホフ『桜の園』（小野理子訳、岩波書店）p.37

雨だ！

7月25日（水）

昨夜は帰宅すると遊ちゃんも帰ったばかりだったようで、送別会帰り、酔っ払ったらしく、布団のわきで床に寝ていた、足が寒い、というので、足にタオルケットを掛けた、楽しそうに寝ていて見ているだけで楽しかった、僕は、シャワーを浴びると、『桜の園』の続きを読み、すると読み終わって、「桜の園」と思い、「喜劇」と思い、それからプルーストを開いた。「私の名と私の人間とがそのように一瞬間ジルベルトのそばに見出され、知られない彼女の家と彼女の生活のなかにはいりこむという官能的な快楽」というところで、いいぞ、と思い、この、名前がうんぬん、というのは第一巻でもあった、シラブル、音韻、うっとり、的な。それから、

しかし父は、このうえ変わらない私の趣味について語り、私の生活を幸福にすべきものについて語りながら、私の心に二つの非常に苦しい疑惑を呼びおこすのであった。第一の疑惑は(毎日私は、自分というものを、まだふみこまない生活、あすの朝にしかはじまらない生活の、敷居の上に立っているもののように見なしてきたのだが)、その生活はすでにはじまっているのではなかろうか、つづいてやってこようとしているものは、先に過ぎていったものと、それほどちがわないのではなかろうか、ということであった。

マルセル・プルースト『失われた時を求めて 2 第2篇 花咲く乙女たちのかげに 1』

（井上究一郎訳、筑摩書房）p.92, 93

昼間あんなに退屈だったプルーストが今度はきらめきを放っているというか、面白い、と思って、ここもエピグラフに使いたい、と思って、それで存外に長い時間読んで、寝た。

起きた、25日、水曜日、今週は長いというか、月曜が休みで、次の休みが来週の水曜だから、長い、という気持ちがあって、長いぞ、と思った。

開店前、準備をしながら、おとといの夜の会話を思い出していた、大地は医療に関係する仕事をしていて、今の会社に入って仕入れた、アートはかつて医学、手技だった、という知識というのかあれを、すごくない、これ、感動するよね、みたいなことを言ったところ、しょうくんが、そうだよね、だれだれの時まではそうだよね、ダ・ヴィンチとかもお医者さんじゃん、というようにさらっと返した場面を思い出して、そのときに、わ、すごいな、教養、みたいに思ったことを思い出した、大学を卒業して10年とかして今さら学歴とか言ってもバカみたいだが、しょうくんは（内沼さんも）一橋で、僕はなんだか一橋と東大と京大はなんか異次元、と思っているところがあるらしく、さすが一橋なんだなあ、と思った、ということを思い出した。

営業、まじめにいろいろとやり、夕方にはだいたい片がついて、本を開いた、レーナ、きみはどこにいるの？　彼女はレニングラードにいて、17歳で、１９４１年の11月だった。「ああ、なんてことだ、みんなを再教育して欲しくてたまらない」と書いたあと、彼女は混乱しているところらしく、「ちがう！　そうじゃない！　ただの旅行者なんかじゃない。何になりたいのか、自分でもわからない。頭の中がこんがらがった！　カオスだ！　……」とあって、それを、いくらか倦みながら、この時間自体に倦みながら読んでいたところ、まんまと「何になりたいのか、自分でもわからない」と考えだした。僕は、今むやみに疲れていて、肩が馬鹿みたいに重くて、ということもあるだろうけれどやたらネガティブになっているらしく、何になりたいのかわからない、どう働きたいのか、どう生きたいのかわからない、どう生きたら、心地いいのだろうか。金銭的な心配が仮にまったくなくなったとしたら、僕はどんなふうに生きようとするのだろう、どのくらいフヅクエに立ちたいと思うのだろう、どのくらい本を読みたいと思うのだろう、映画を見たいと思うのだろう、旅行にいきたいと思うのだろう、どのくらい文章を書きたいと思うのだろう、なんだか全然わからないなと思って、ただ長く眠るような姿しか想像できなかった、倦んで、ただ体を横たえて、目をつむる、そんな姿しか想像できなかった。頭の中がこんがらがった！　カオスだ！　……

いくつかの条件が重なってのことだったと思う。これだ、という読みたい本がわからないこと、体にやたらな疲れを感じていたこと、夜までに調子よくお客さんが来たためここから先ゼロでも今日のバジェット的にはもうオッケーだったこと、それなのに、どんどん読んでいいんだよというそんな状況なのに、なんだか読書に食指が動かないということ。喜び、どこにあるの？ みたいな気持ちになったらしかった、それで、こんなときは保坂和志だ、と思い、保坂和志コーナーの前に行っていくらか考えたところ『小説の誕生』が取られて、それで開いたら、開いて一行二行読んだら、なんだか一気に気持ちが開けた。俺今晩ずっとこれ読んでたい、というふうに即座になって、喜びに満ち満ちた生が帰ってきた。簡単だった、それで、最初がミシェル・レリスの日記というか『ミシェル・レリス日記』からの引用で、ミシェル・レリス日記、これは、『幻のアフリカ』とはまた別の何かなのかな、と思って検索したところ、そういう日記があるらしくて、１９２２年から１９８９年までの、みすずで２冊で出ているらしくて、５０００円くらいと８０００円くらいで、怯む金額で出ているらしくて、まあまずは『幻のアフリカ』だろう、とは思ったのだけど、そのAmazonに行く前の検索結果のページで、いくらか下におりていくと、「思うに、最も加工せず、生【なま】な書き方をしたのがレリスなのではないか。加工しないから、前述のエッセイとも何とも分類不能な短文を集めた本がレリスには多いのだ。」という文章があり、そうだよ、なまな書き方、これだよ、と思って、いいこと言う人だな、このブログは読んでみたいな、と思って開いた、開いたら、ずいぶん古いつくりのウェブサイトで、読んでいたら、あれ、これって、と思って、アドレスバーを見たら「k-hosaka.com」とあり、だから保坂和志のウェブサイトだった。日経新聞、「半歩遅れの読書術」1回目、とのことだった。

それで、読み読み、営業し、夜が過ぎていった。『幻のアフリカ』をいい加減、もうポチっちゃおう、と思って、それで検索したところ、平凡社ライブラリーのやつと、それが2010年ので、1995年に出ている単行本というやつもあって、どちらが、テンションが上がるのだろう、どちらが、持っていてうれしい気持ちになるのだろう、というので、悩む、平凡社ライブラリーにした。

閉店前、そうだそうだ、昨日畳んでいたTシャツの写真を撮ってあるんだ、シェアして購買につなげないと、と思って、「やることも、お客さんの姿もないし、というので

Ｔシャツでも畳むか、というところでＴシャツを畳んでいた様子です、さあ売れろ、Ｔシャツ！と思っているところです。」という言葉とともにツイートした、その15分くらい後、なんとなく、そうだそうだ、というか、そうだ！ｗ　ちょっと試しにというかｗなんとなくｗｗｗと思って、「売れた〜！（大歓喜」というツイートを足した、これによって、そうか、買うに値するものなのか、と思う人が現れたらいいな、みたいなところというか、これによって売れたら面白いな、と思ったのか、なんか悪ふざけをしてみたくなったらしかった、それで、その数十分後、どうせ嘘をつくならば骨まで、みたいなところで、「ちょうどＴシャツと値段が一緒だったので（ので？）『幻のアフリカ』をポチりました。」というツイートを足した、時系列ぐちゃぐちゃｗｗｗみたいな、なんか愉快になっちゃった、みたいなことを、帰宅後、ツイッターの画面を見せながら遊ちゃんに話していたところ、話していたまさに、だから一緒に画面を見ていたまさにそのとき、画面上部からメール受信の通知がおりてきて、そこに「商品購入通知：ＢＡＳＥショップにて商品が購入されました。」という文字列があって、見ると、まさにＴシャツをどなたかが買ってくださったらしかった、なんというか、先ほどは虚偽も混ざっていたが、買われたことによって虚偽はなくなり、なので、いよいよ時系列ぐちゃぐちゃｗｗｗと言える状態になって、それはとてもよいものだった。

寝る前、ア・リトル・ピース・オブ・プルースト。

7月26日（木）

昨日のような疲れはなくなっていたが腰がピキッというたぐいの痛さをどうしてだか、持っていて、腰痛でも発症しただろうか、と思いながら起きた、外は、そう暑くはなかった。

夕方までいっしょけんめい、タスクをこなしていった。TODOリストを新調してから、なんというか真面目に働いている感じがある、これまでも真面目だったが、これまで以上に真面目ということだった、午後4時の時点で、今日やるべきことは、今のところというか現在のTODOリストを見る限り、何もないらしかった、また増える可能性はいつだってあったが、目下のところ、すべてのタスクが灰色に塗り潰された、あとは、本を読んで生きるのか、どうか。

だいたいの時間、『小説の誕生』を読みながら生きていた、暇な日だった、『小説の誕生』はずっと面白くて、レーモン・ルーセルの『アフリカの印象』や『ロクス・ソルス』

の引用箇所がアホほど面白くて、『アフリカの印象』はそれで、かつて読んだときに読みたくなって読んだのだったが、やっぱりいちばん印象に残っているのは『小説の誕生』で引用されていた家族みんなでお腹を反響装置にして音をすごいことにするあの場面で、引用で見かけるというのは印象として強く残ることになるのだなと思った、先日のチェーホフもそうだった、それで、だからずっと『小説の誕生』で、ここのところはひとつの本を長い時間は読んでいられないというか気があちらこちらに散っていろいろな本に手を出しながら暮らしていたような気がするが『小説の誕生』はそれ自体が散っているのか、散りながらゆっくりと進んでいっているというか、なのか、だからなのか、まったく飽きずに、ずっと新鮮に、ずっと読んでいた、そうしたらしまいにはふいに豚の生姜焼きを食べたくなって、それで、ちょうど冷凍庫に豚肉があったから、それを解凍して適当な漬けダレを作って漬けて、玉ねぎが甘く炒められたそういう生姜焼きが食べたかったから、玉ねぎも、薄く切って、一緒に漬けておいて、それで、閉店したら、一日暇だった、閉店したら、生姜焼きを作って食ったところまったくもって完全にこの味が食べたかった味だったという味の生姜焼きになり、ぶくぶくとご飯を食べた。

帰宅後、プルースト。なんでもそうなるわけではないから反応するなにかがあったということだけれども小説の中とかで「コートを着て」とか「朝の冷たい空気のなか」とか、わからないけど、冬を知らせる記述があると、とてもビビッドに「あ、冬」と思うことがあって、冬のあの寒さ、みたいな、思うことがあって、似たようなこととして、プルーストを読んでいたら「病気を家人にさとられたら外出をゆるされなくなるという考が、たとえば生存本能が負傷者に力をあたえるように、やっと私の部屋までたどりつく力を私にあたえ、その部屋で熱が四十度もあるのを知った私に、なおもシャン＝ゼリゼに出かける仕度をしようとする力をあたえた」という記述があって、それで、あ、子供時代、と思って、熱なんて、大人になっても出しているけれども、やはり子供時代なのか、というか書かれているのが子供時代だからなのか、あ、子供時代、となって、そのまま続けていたら、頭の中に浮かんでいるのは幼年期から高校生のときまで暮らした大宮の大和田駅の駅前の光景で、踏切があって、さぼてん、東武スポーツクラブ、東日本銀行。

7月27日（金）

ずっと働いていた、ここまで今日作ることになるとは思わなかった、という仕込みをいくつもしたような気があった、朝は、長靴を買おうと思って、よくわからない生活雑貨屋みたいなところに入った、たまに洗剤とかを買う、そこに入ったところ、いくつかあったが、おんなこども用のものしかなくて、僕はおんなこどもという言葉が好きだった、「きょうびそれ使っちゃいけない言葉でしょ~ｗｗｗ」という感じが好きだった、この悪ふざけ感が好きだった、でも表記が難しい、「女子供」だと「じょしども」という感じもするし、「女子ども」でも同じで、「女こども」だと、あ、これはいいかもしれない、「おんなこども」だとさすがに開かれすぎていて一瞬なんのことなのかわからない、いや、「女こども」も「女の子ども」、あ、これはまた問題だ、「女こども」も「女の子ども」みたいに見間違われる可能性ありそうと思ってそう書こうとしたのだが、「女の子ども」、あ、だから、だからというか、これは別の話だ、「女の子ども」というのは女の子たちという意味にも、女のチャイルドという意味にも、どっちにも取れる！というところで、というところでなのか、そもそもなのか、こんな言葉は使わないほうがいい、ということなのかもわからなかった、ともあれ、そこにはだから、メンズの長靴はなくて、おんなこども、つまりレディースとキッズの長靴しかなかった、そうとは気づかず、これは入るのでは？と思って履いてみたLサイズの長靴はだからレディースで、入らなかったというか無理があった、それで諦めて、インターネットで購入をした。日曜日に届くとの由。

ずっと働いていて、ときおり、座って『小説の誕生』を読んでいた、小島信夫の『菅野満子の手紙』のことが出てきて、読みたくなった、講談社文芸文庫とかで出てたりとかするのかな、と思っていま調べてみたところ、それはなさそうだったが、水声社の「小島信夫長篇集成」で出ているらしかった、8000円。水声社のこのシリーズは全部たぶん8000円とかで、8000円はさすがにちょっとさすがに過ぎるんじゃないのか、と思った記憶があって、今も、思った。しかし『菅野満子の手紙』は古本でも今あるようで、1986年発行の集英社のやつが出てきた、と、こんな商品をご覧になっていますコーナーが上に表示されていて、そこに「Guwa」という表紙があった、『寓話』なんだろうけど、なんなんだよこの表紙はwww と思って、愉快だった、それは、福武書店、1987年、のものだった、「Kojima, Nobuo」の文字もあり、下には「Note : This is not the actual book cover」とある、なんなんだこれは。これがなんなのかはよくわからなかったが福武書店版の『寓話』を検索したら装丁が見られた、いい装丁だった。『寓話』はそもそも持っていた。

それで結局、なんだかよくわからない忙しさのある一日だった。よく働いた。雨はまだ降り出さなかった。帰宅後、プルースト。ぼく、ジルベルトのおうちに、通えるようになったよ！　ということが書かれていて嬉しそうだった。

もういまでは、もし彼ら夫妻のどちらかが私の到着したところに通りあわせると、腹立たしいようすをするどころか、にこにこしながら私の手をにぎりしめていうのであった、

「《ごきげんいかがですか？》Comment allez-vous?（彼らは二人とも t を連音しないで《コマン・アレ＝ヴ》と発音した。いったん家に帰ると私も、その連音をやらないという、たえまのない、官能的な練習にふけったことを、考えていただきたい）。

マルセル・プルースト『失われた時を求めて２第２篇花咲く乙女たちのかげに１』（井上究一郎訳、筑摩書房）p.128, 129

7月28日（土）

覚醒の大砲、不動の心。トイレに入ると、目の前に『週刊ベースボール』があり、特集タイトルは「最強四番論」で、オリックスの吉田正尚とともに表紙を飾っているのが巨人の岡本和真で、その岡本の名前の上に「覚醒の大砲、不動の心」とあり、見るたび

につい、読み上げてしまう、読み上げて、笑う。

それで、土曜日で、雨が強くなるのは夕方からのようだった、店に行くときはほぼ降っておらず、自転車で行けた、よかった、行って、今日は暇だ、と決めていたので、ダラダラと準備をして、開店して、するとわりと来られ、ありがたい、と思って、思いながら、いろいろとやるべきことをやっていった、日記の推敲を、先週そうしてみたように、印刷したものを紙で確認する、という方法にしてみたところ、これはやっぱり紙はいい気がする、これなら一発でオッケーになる気がする、という感覚があり、よかった、よかったし、紙で読むのはやっぱり体験として全然違った、画面上だと表示されている部分が全部になるというか、すごく現在にフォーカスされる、連綿と続いていることは頭ではわかっていても、前や後ろがないようなそんな感覚にもしかしたらなるというか、紙と比べたらずっとそうだった、紙で見ていると、全体が、紙の枚数や、視野に入っている今は読んでいない部分によって常に意識させられて、させられるのだけど、させられるし、「あのことが書いてあった箇所」と思って探そうとするときも、スクロールよりもずっとずっと速く目を動かすことができる、ブロック、ブロック、ブロック、という感じがする、スクロールは巻物で、全体のうちのどのあたり、という位置関係が直観的には全然つかめない、多分そうで、その違いは面白い、と思いながら推敲をしていた、夕方になった、やるべきことは済んだ。

済んで、そうしたら『幻のアフリカ』を始めるぞ、とも思ったが、『小説の誕生』も引き続きすごく読みたいんだよな、と思って、どうしよう、と思った、昨日から、今日のこの夕方以降、雨が激しくなる以降、どうせ絶対に暇で、すでにもう暇だ、暇になるから、読むぞ、どっちを読もうかな、ということが楽しみだった、楽しみだと思ってからふと、西日本のことを考えた、台風はわけのわからない経路を取っていて、関東のあと、関西のほうに行くという、そんな予報を今、岡山や広島の人たちはどういう気分で見ているのだろうか、と思ったら、おそろしかった、雨という、極めて日常的なものが、誰かにとって大きな傷になり、恐れになる、ということを想像したら、それはつらいことだった。地震なら、と地震を軽いものにする気はまったくないけれど、地震なら、予報がないから、起きて、「わ!」と思う、それで済むというか、そうなるしかない、という性質が地震にはあるが、雨は、予報されちゃうから、待たないといけない、これは、つらいことだった。雨マークを見るたびに、恐れをいだく、それは、つらいことだった。今回の台風によって被災地が、より大きな被害に見舞われませんように、と、なんだかやたら強くそう思った。

やたら強く思い終えたため、本を開くことにして、今日は5時間くらいは読書の時間になっちゃうかな、飽きるだろうな、『小説の誕生』とレリスがあれば大丈夫かな、と思っていたら、意想外に仕事をし続ける日になり、けっきょく1時間くらいしか読んでいなかった、嬉しい誤算だった、大雨なのに、人々は。

それで、読んでいると、やっぱりずっと面白くて、読んでいるあいだじゅう頭の中が喜んでいるというか動いている感じがあって面白くて、レリスについての記述があった。

レリスは日記に書いた文章に手を入れて、それらを再構成して（といっても明確なテーマがあるわけではないが）、『成熟の年齢』『ビフュール』などの本にして出版した。それらに書かれているのは、半ページないし一ページ、ときどき長いのがあって数ページに及ぶことがあるけれど、どれも断片であって、それらは詩でも評論でも随想でもない。

日記から日付を消して、少し取捨選択して並べただけのはずなのだが、その少しが決定的な違いになっていて、それらは間違いなく〝文学〟になっている。それに対して『日記』の方は、〝文学〟であるかどうかを問う以前の状態に踏みとどまった文章（＝思考の不連続な連なり）であって、あくまでも〝日記〟なのだ。

　もちろん、生前のレリスは日記を公表していないのだから、手を入れて取捨選択した文章を集めた著書によって名が知らていたわけだけれど（…）ライヴの思考（の胎動）と作品化された思考（の抜け殻）ほどの違いがある。

　レリスはもともと強く作品化された著書は書かず、断片という作品化の度合いが最も低い著書しか書かなかったわけで、〝作品〟というもののある意味での限界があるのかもしれない。


保坂和志『小説の誕生』（新潮社）p.301, 302

「日記ほどにはおもしろくない」と書かれたあとの記述だけど、『ビフュール』は『ゲームの規則』の第一巻で今だと『ゲームの規則I 抹消』として出ていて、今、『すばる』の連載では保坂和志はその『ビフュール』なのかわからないけれどもどうやら『ゲームの規則』を読んでいるというか読みながら書いているらしく、だからきっと今はぐっと面白いのだろう、考えが、どういうふうに変わっていったというかどういうふうに面白くなったのだろうか、と思った。それにしても、これだけレリスレリス書かれていたのにレリスの本を読んでみようと思わなかったのはどうしてなのだろう、それどころか、ミシェル・レリスがこんなに取り上げられていたこと自体、まったく覚えていなかった。

雨が、閉店する前くらいの時間はもうやんでいて、閉店したくらいでまたザアザアと降り出して、ご飯を食べているくらいはやんでいて、またザアザアと降り出して、それが上がった1時過ぎ、店を出た、まさか行きも帰りも自転車で動ける日になるとは思わなかった、台風は、どっちに行ったのか。

走り出し、なにかを感じたのかふと見上げると、空の高いところにやたら明るいまんまるの月があって、その下を薄い雲がすごい速さで流れていった、木々のある家の横を通るとばちばちと雨粒が屋根に落ちる音が聞こえ、老人ホーム建設中の、足場と骨組みがカバーで覆われたところはもっと細かく強くたくさん雨粒の音がした、それから、強い風が吹いて、水の音はなくなり、風の音の中にいた。それで帰宅し、あまり面白いのでプルーストでなく夜も保坂和志、というところで、続きを読んだ、眠くなって寝た、『小説の誕生』は寝る前に読む本ではないような気がした、ずっとちゃんとはっきりと追っていたいのに、布団の中だとどうしても眠りへと滑り込みながらになるから、もったいない、やっぱり布団ではそもそも眠いプルースト、みたいなことなのかもしれなかった。雨がまた降っていた。

眠りにつくまで、雨のことを何度か考えていた。雨のことを思うとき、ずっとひとつの顔が念頭にあった、岡山のときにバイトをしてくれていた、今は結婚して去年あたりに子どもも生まれて真備町に住んでいた、『読書の日記』を買ってくれた、僕はだから真備町宛に本を送った、今回、ど真ん中で被災した、彼女のことを思っていた。どんな心境でいるのか想像もつかないが、傷が、少しでも早く軽くなり、癒えますように、と、いつになく強く、そう思っていた。

7月29日（日）

朝、眠い眠いと思いながら、なんとなく幸せな気持ちで起きた、すぐ出て、店。今日は台風も明けてどうだろうか忙しい日になるのだろうかといくらか期待しながら店を開けたところ、とても忙しいというふうではなかったがいい調子で、うれしく働いた、6時くらいにはどうにもこうにも体が疲労困憊していて弱気なことばかり考えていた、この先どうやって生きていくのだろうか。

暗く、疲れ、いつもは外で煙草を吸っているときはスマホをいじいじしているのだが、保坂和志をこわきに抱えて連れ出して、読んでいた、元気出る。強度、刺激、音調。それが思考である。と、ピエール・クロソウスキーが『ニーチェと悪循環』のなかで書いている、と書いてあって、ギュンギュンと来た。

強度、刺激、音調。それが思考である。思考が何を語るかはまた別の問題であり、思考が何を語ろうとも同じである。そして思考が何かに適用されれば、また他の強度、他の刺激、他の音調が生み出される。いまやニーチェは、もはや概念的能力においてではなく、情緒的能力において、思考を実践しようとする。それは一つの限界点。知が、悟性の平和のためにではもはやなく、〈カオス〉の呼びかけにも似た諸力の意のままに活動する、そのための手段のようなものを手にする限界点にほかならない。(『ニーチェと悪循環』「トリノの陶酔」兼子正勝訳)

保坂和志『小説の誕生』(新潮社)p.310

それで、

と打って、働いていたところ、それで、と見ても、どういうことを続けようとしたのかまったく思い出せない、それで、思い出せないそのあとはまた本を読んでいた、今日は夜は暇で、ゆっくり本を読んでいた、フレイザーの『金枝篇』の引用を読み始めたところで、この本がどうして飽きないのかがわかったというか、まるで飽きないでずいずい読んでいきたくなるひとつの理由はやはり引用によるのだろう、ということがわかった、次に何が出てくるのかわからない緊張感と、まったく違う手触りの文章にとつじょ出くわすことでの覚醒感みたいなもので、ということだと、なんでか、フレイザーのときに思った、引用によってポリフォニーになるというか、すごいポリフォニーになる感じが、すごいポリフォニーというかわかりやすくポリフォニーになる感じがあるのだろう、これが、ずっと、同じことを考えながらでも、引用をせずに単声で書かれていたとしたら、と、でも同じことで、それは単声に見えてもどうやったってやはり多声ではあって、多声なのだけど、でも単純に見え方として、単声的だとどっかで倦むというか、気持ちが疲れそうな気がする、と思った、で、そうじゃないので、疲れないで、読めば読むだけ元気になって、どんどん読みたい、と思って、読んでいた。

途中、そうだ、メールをいくつか返さなければ、という思い出しがあり、メールをいくつか返した、そのなかのひとつが、僕がうぶなのかもしれないけれどもこれまでになかったことだったからぎょっとして、ええっ、となった、ウェブメディアで、今度ブックカフェの特集をやる、貴店を紹介したい、つきましては協力いただきたいことがあり、写真数点と店のコンセプトやアピールポイントなどを教えてください、というもので、え、なんでそれに協力しないといけないの、と思ったというか、それはもちろん、こちらの露出になるというそういう点でのウィンとウィンということなんだろうけれども、それがどれだけのものであるかは知らないけれど、UUとかPVとか書いてあったけれど、知らないけれど、そういう点でウィンとウィンということなんだろうけれど、だから協力してよねということなのだろうけれど、だけど、だから、なんでそれに協力しないといけないのというよりは、なんでそんな悲しいことの片棒を担がないといけないの、と思った、ということなのだろう、悲しい。哀しい、のほうかもしれない。なんなんだこれは、というか、やっていることはつまりバイラルメディアに毛が生えたみたいなものというか、見てみるととても有名な俳優のインタビュー記事とかもあるからそれだけではないのだろうけれども、でもここでやっていることに関してはバイラルメディアに毛が生えたみたいなもので、被紹介者によって公式に承認されたバイラルメディアみたいなもので、バイラルメディアは清々しく不毛だからいいけれど、いいというか、不毛の一言で済ませればいいけれど、でもこちらは、その不毛に一毛くらいが生えている点がすごく虚しくて、つまり編集部員みたいな人が介在しているというか、いる、ということが悲しい、哀しい、なんで、紹介したいと思ったものを自分の目で見てみたいと思わないの、という、なんで、紹介したいと思ったものを自分の言葉で書きたいと思わないの、という、このなんというか欲望のなさというか、欠如というか、枯れみたいなもの、それが哀しい、虚しい、クソみたいな写真と嘘だらけの文章でも送りつけようかと思ったが得るものもないので断りのメールを送ったが、ところで僕の思っているバイラルメディアというのはこれ認識正しいのだろうか。キュレーションメディアというのだろうか。なんでもいいが、なんだか、ええっ……と思った、ということだった。そのあと、政治家のクソみたいなツイートを見かけてというかはてブ経由で見かけて、ええっ……と思って、なにか、すごく気持ち悪い気持ちになり、世界がバグってきたような気がしてきた。ちょっとおののきを覚えた。

帰宅。ソファで保坂和志、布団でプルースト。

プルーストを読んでいたら、「彼女は私の両親が夕食をとる時間をたずねてくれさえした、まるで私がそんなことをまだ思考にとめる余裕をもっていたかのように、まるで私を支配していた混乱が、私のうつろな記憶と麻痺した胃のなかに、食欲不振とかひもじさの感覚、夕食の概念とか家族の映像の遺存をまだゆるしていたかのように。」という一文の、後半の、というか真ん中の、「まるで私を支配していた混乱が、私のうつろな記憶と麻痺」くらいのところで、ジョナス・メカスのなにかを思い出したというか、ジョナス・メカスを巡るなにかの感触が立ち上がって、最初はそれがメカスだとはわからず、なにか、と思って、ちょっと焦点を当てたらメカスだとわかって、それから、そのメカスを立ち上がらせた箇所をもう一度読んでみるも、いったいどうしてここでメカスなのか、見当もつかなかった。

7月30日（月）

いつもより15分早く起き、店。重めの仕込みがいくつかあり、がんばる。そのためには大音量の音楽が必要。昨日、ツイッターでその名を見かけたことあり、久々にケンドリック・ラマーを聞こう、と検索すると最初に表示されていたアルバムが『アベンジャーズ』関係のなにかのサントラというもので、流したところ、めっぽうよかった。アメリカはたいしたもんじゃあ。とこういうとき思う。わしゃ、よう知っとる。前からよう知っとった。わしゃ、よう知っとったんじゃ。アメリカはえらい国じゃあ。とこういうとき思う。

開店後も、重めの仕込みが重なった感じの日になった感じがありいろいろがいくつもあり、しゃかりきに働く。夕方、イライラした。自分はものごとを高速で処理できると思っている人がわりと嫌いかもしれない、ただ軽んじられるのが癪に障るというだけかもしれない、さらさらさらーっとメニューをめくっていって、飲み物を頼んで、という、それ自体はそう珍しいことではないけれども、ほとんどの人は最初は読まなかったとしてもその後にはある程度は目を通してくれるものだけれども、その人が、本棚から6冊くらい本を取ってきて机に置いて（あとで4冊ほど追加された）、読んでいた、読んでいたというか、目次のあたりを見たり、適当なページを開いたり、いちばん後ろのほうとかを見たり、という感じでやっていて、数分すると、ものによっては一分もしていなかったか、横に押しやって、次の本に行って、という感じだった、いや、そんなのは、多読というのか、なんていうのかわからないけれども、読書のひとつのメソッドなのかもしれない、それこそ松岡正剛あたりが何か名前をつけているかもしれない、のだけど、だから、だからというか、それはなにか面白いことを発生させるメソッドなのかもしれないけれども、それを見ていると、というか、ただただ本の扱いが雑だったことがきっと全部だけど、本は雑に扱う、みたいな姿勢は、それは人それぞれで、かまうもかまわないもないが、自分の本だったらね、というところは抜け落ちちゃいけないだろう、人の蔵書、蔵書という言い方は僕は性に合わないので、店の備品、それは雑に扱っていいものではないだろう、というところが、多分それだけが気に食わなかったのだろうけれども、そうやって気に食わないでいるとその読み方もすごく気に食わなくなって、なにか、高速で処理できているつもりなのかな、今、済んだと思ってかたわらに押しやった本、もう処理できたと思っているのかな、なにか判断できたと思っているのかな、と思ったというか、なにかを読んで、違うなとか、あるいは、もうわかったとか、思って、置いて、というところを見ていると、そんなの、自分のサイズでしかものを考えようとしていないいってことじゃん、みたいに思ったというか、自分のサイズを超えるものにその読み方って対応できないいんじゃない、ちょうどよく自分の思考をくすぐるものとしか触れ合えないいんじゃない、みたいな、ことを、思って、余計なお世話だが、思って、だから、ただ苛立っていたというか、雑に扱うなよ、ということだったし、本を戻すのも、ある程度は元にあった場所に戻してくださいねと書いてあるのに、驚くほど全部間違えてる！となって、いや間違っててもいいんだけど、覚えていられないなら一挙に持ってくんなよというか、と、言えばいいのだが、言わなかった、その場で言わなかったことを日記に書いているこれはだからただの愚痴になっているのだが、お客さんがその人だけだったら言っていたがそうじゃなかったので、のでというか、言う機会をつかめなかった、それで、だから僕は終始なにかイライラしながら、いて、その、高速で処理できていると思っている、高速は関係ないか、処理できていると思っている、思い込んでいる貧しさみたいなものがずっとなんだか気に食わなかった、と書いていて笑うがそもそも完全に僕の想像でしかない、ひどい話だ、だがとにかく気に食わず、苛立ち、本が変な折れ方をさせられるんじゃないかとハラハラしてほとんど監視しながら過ごしていた、こういう監視みたいなことは記憶になかった、ハラハラ、それはすぐにイライラ、それで、というかすぐにというか同時にイライラか、それで、1時間半くらいだろうか、いて、帰って、帰るとき、やっぱり案内書きはなにも読んでいなかったことが露見して、だから、ほら、処理できていないんだよ、処理できているつもりで、それは処理じゃないんだよ、自分のサイズでしか考えていないんだよ、自分のサイズからはみ出たものを捨象してるだけなんだよ、憶測を頼りにものを判断してるだけなんだよ、それでけっきょく自分の体験を貧しくしてるんだよ、この人にとってフヅクエの体験は「本がいろいろ置いてあってどうしてなのか静けさが保たれている店」くらいなもので、

まあいいやというか、それ以上続くものがなかっただけだが、目を凝らそうとしない人には見えないものがあって、耳を澄まそうとしない人には聞こえないものがあって、手を伸ばそうとしない人には触れられないものがあって、できる範囲で僕は人生を豊か

に過ごしたいので、目を凝らしたいし耳を澄ませたいし手を伸ばしたい、そうやって生きたい、と思った、というか、しかし、この場合において多読的な読み方はいま不当な難癖をつけられたのではないかと、そのときも、書いている今も思っていて、ああいう読み方を否定するのは違うし、そもそも、書店での立ち読みは同じようなことをやっている、数ページ、あるいは目次だけ、見て、違うかなとか思って、戻して、ということをやっているわけで、まったくやっているんだった、いや、違うんだ、だから、今日目撃したそれらの本が、雑に、物理的にも、物理じゃない方（？）的にも、雑に扱われるのを見て、なんだかふいに、あ、かわいそう、といま俺は感じた、という気持ちが浮かんでしまったというか、

夕方、それからは、働いたり、働かなかったりしながら、本を読んでいた、『小説の誕生』を今日も読んでいた。ところで、想像的な他者。僕は、やはり、ネガティブなことを書こうとするとき、とても想像的な他者に邪魔されるというか、注意を払う、前の段落のことで、書きながら、誰かを傷つけはしないだろうか、読んだお客さんを萎縮させたりはしないだろうか、変な圧力を感じさせはしないだろうか、例えばこういう人はどう読むか、例えばこういう人ならどう受けとるか、そういうふうにけっこう頭を使っ

ていて、途中で、そんなコストを掛けるくらいならやめて消しちゃおう、とも思ったが、どこかで、まあ大丈夫だろう、と思って消さないことにしたのだが、実際どうかはわからないが、ともあれ、ネガティブなことを書こうとするときは注意を要する、余計な注意を要しかつ書いていていても愉快でないことなんて書かなければいいのに、とはとても思うが、なんなんだろうか。

それで、保坂和志を引き続き読んでいた、「つまりこれらの文言の細部は、一つの観念－世界観を表象するための比喩ではなく、それ自体が伝達されるべき実体であり、それゆえ（例えばカフカの小説と同じように）要約不能である」、これは樫村晴香からの引用だった、それ自体が伝達されるべき実体。

お寺には桜や梅や欅の木があり、バス停からお寺までの道にもいっぱい木があるのだが、その夏は猛暑だったにもかかわらず蝉があんまり鳴いていないことに気づいた。お寺からの帰り道、私はふいに、

「東京では蝉が、いっぱいいるカラスに食べられて数が減ってしまうなんてこともあるんだろうか。」

と、それまで一度も考えもしなかったことを考えた。というよりも、その考えが急に

頭に入ってきた。

そしてバス停まで戻り、バス停で道をはさんだ向かいにある大きな欅をぼんやり見ていたら、欅の木の葉叢から蝉が一匹飛んで出た——と思ったら、たぶん電線にでも止まっていたカラスが急襲して、蝉をくわえて飛んでいってしまった。

ある人はこういう話を「予感」と言うかもしれない。しかし私は予感や胸騒ぎは感じたことがないから、ただ自分でそれまで考えもしなかった考えが頭に入ってきたとしか思わなかったし、「入ってきた」という言い方も後付けかもしれない。しかしとにかくそういうことがあった。

カラスがそんなに頻繁に蝉を襲っているとは思えない。少なくとも私はあの一度しか、そんな場面を見たことがない。しかし、これを確率としての可能性の低さを根拠にして語ってしまったら、科学という制度化された思考法に掬い取られてしまうだろう。

あのとき私はカラスや蝉たちが棲んでいるのと同じ空間に短時間だけ棲んだのではないか。

保坂和志『小説の誕生』（新潮社）p.480, 481

それから、「あのとき、私の肉体か思考の一部が空間化されたのだ」とあって、最後にレリスの日記からの引用があって、この本は終わった。

それが11時頃で、昨日の夜、その、ネットを見ていてなんだかうんざりしたのもあったのだろう、というかあって、つい、はてブであるとかからなんかバズっている記事とかを読んでしまうのだけど、怒りとか非難とか嘲笑とか、そういうものにどうしても触れることになって、これはどうなのかなあ、と、ずっと思っていたが、昨日特にそう思ったらしかった、つまり目をつむりたいねということだった、で、じゃあ、でも隙間の隙間で何かを読みたいという私は何を読んだらいいのだろう、と思ったときに、そうだ、青空文庫、と思って、青空文庫アプリを昨夜入れた、それで、いろいろあるのだなあ、数が多すぎてどうしたらわかんないくらいだ、と思いながら、「日記」でとりあえず検索するといろいろ出てきた、夏目漱石『自転車日記』、横光利一『厨房日記』、国木田独歩『酒中日記』、魯迅『狂人日記』など、落としてみるが、どれもしっくり来ず、閉じて（高速で処理！）、が昨夜だった、今日、もう一度ラインナップを見ていると、山中貞雄の『気まま者の日記』というものを見つけた、へえ！　山中貞雄の日記なんてあるの！　と喜んで開いてみると、日記というふうでもなかったけれど、読みたい気になり、だから、外で煙草を吸い吸い読んだ、数ページ。

とにかく、とにかくというか、ネットにあふれるなにかを削ってくるろくでもないあれこれの言葉に触れるよりも、もっといいものに触れていたい。

帰り、『幻のアフリカ』を始める。さあ、冒険が始まるぞ！と思って開いたら、訳者による解題と、「はじめに」がわりと続き、律儀に読まずに日記を読めばいいじゃないか、とも思ったが、なんだかこれはゆっくり大切に読みたい本のような気もあって、律儀に読み、しかしそれが本当に本に対して敬意のある作法なのかはわからない、その律儀さは不真面目さでもあるのではないか、本に対してというよりも自分に対してか。とにかく、律儀に読み、「はじめに」が終わり、開くと、見開きの2ページの中に2つ3つの日付けが見えた、さあ、日記が、冒険が、始まる！と思って、寝た。

7月31日（火）

昼前まで寝、起き、歯磨き、店行き。家賃の支払いと、昨夜生地を作ったショートブレッドをついでに焼いた、とんとんとお客さんが来られていて、昼間から、ビールやジントニックがオーダーされていて、気持ちがよかった、暑かった、どう考えても夏だった。

それだけで家に帰るのももったいない気が起こり、パドラーズコーヒーに行った、アイスのアメリカーノを頼み、外の席に座った。スタッフの方がドリンクを持ってきてそのついでで、蚊取り線香をセットしようとしてくれていて、僕、あまり刺されないんで大丈夫ですよ、と言った、あまり刺されないから大丈夫って初めて聞きました、と言いながら、香りもいいし、ということでつけてくだすった。そのあと、座っていたら、けっこう蚊が寄ってきて、なるほど、いつもは遊ちゃんと一緒にいて、遊ちゃんはO型で刺されやすいという話だから、だから全部が遊ちゃんに行っていただけであって、僕単体では普通に刺されるのだな、と知った。

それで、『幻のアフリカ』を読み始めた。

一九三一年五月十九日

午後五時五十分、ボルドーを出航。作業が終えたことを知らせるため、荷役夫たちはサン＝フィルマン号に一本の小枝を置く。娼婦が何人か、前の晩に寝た船員たちにさよならを言っている。船が着いたときには、女たちは夜を一緒に過ごそうと男を誘いに波止場へ来ていたらしい。数人の黒人の港湾夫が、仲間の出港を見送っている。そのうちの一人は、《三段に》ボタンのついたダブルの青い水夫服を着て、格子縞の庇つき帽子をかぶり、黒いエナメル革と白い裏革の靴を履いている。とても粋だ。

ミシェル・レリス『幻のアフリカ』（岡谷公二・田中淳一・高橋達明訳、平凡社）p.36

とてもいい。一本の小枝を置く、というのも、どこにどう置かれたのかわからなくてなにか掻き立てられる感じでいいし、娼婦が律儀に見送りに来ているというのも、なんだか、というか、前夜の「誘いに波止場へ来ていた」というところから、なんだろうか、なんだか人生、という感じがしてグッとくるし、港湾夫の姿を想像するのもグッとくる。娼婦たちは肩になにか薄手のものを羽織って、腕を抱いて、船が出ていくのを見上げている。

　読みながら、ボルドーから、リスボン、ラス・パルマス、ヌアジブ、ダカールへの航程を、グーグルマップを開いて追っていった。5月いっぱいをかけてダカールに着いた、ダカールは、セネガル。そこで船を降りて、西へ西へと横断調査する、という調査団、ということだった、解題のところで、刊行時、大顰蹙を買った、というかスキャンダルだった、ということが書かれていた、「何しろ厳密な客観性にもとづく科学的民族誌を推し進めようとしていた彼らの前に、民族誌学上の記述の合い間あいまに、夢や、エロティックな妄想や、個人的すぎる悩みの赤裸な告白の入りまじった途方もない日記が現れたのだから」とあって、レリスはこの旅行に「書記兼文書係」として参加した、「一日も欠かすことなく日記をつけることは、旅行中、彼に課せられた義務であり、この日記は調査団の公的な日記であり、報告書であるはずだった」とあり、なんだかとても笑ってしまった。「個人的すぎる悩みの赤裸な告白」というのが、「個人的すぎる」というのが妙におかしかった。それにしても、そりゃ怒るよな、としか思えない。僕が団長だったらお前マジでいったい何やってんのｗｗｗと笑いながらブチギレそうだった、レリスの目論見は「最大限の主観性を通して客観に達する」というものだったとの由。

読んでいると、ちびっこと親とその友だち的な数人が外の席にやってきて、おそらく、カブトムシを入れた飼育容器的なものを持っていたのだろう、カブトムシとちびっこを中心に盛り上がっていた、聞いているだけで愉快な心地になった、明治神宮で取ってきたとのこと。本当は取ってはいけないとのこと。そうなのか、いけないのか、と知った。ちびっこは、その「実は禁じられている行為だった」という事実をどういうふうに処理するのだろうか、と思った。

それから、どこか遠くから、強い風の音みたいな子どもの泣き叫ぶ声が聞こえてきた、全力で泣いている、という声で、吹き荒れる風みたいだった、もうやだ、やめろ、そういうことを言っていて、ちょうどパドラーズから出ていったやはり家族連れのちびっこが、「もうやだって」「やめろだって」と冷静にリピートしていて、そのあいだもずっと叫んでいた。声が近づいてきて、外の通りを、父親に手を引かれて歩く少年の姿があった、組体操の、いちばん簡単なやつ、手をつないで側面に体を倒すみたいな、そういう方向性の力の掛け方をしながら歩く、歩かされる、引っ張られる、少年の姿があった。路地の奥に消えていった。どうしてだか、肉味噌を食べたくなって、肉味噌うどんを食べたくなって、そうすることにして、ちょうど船もダカールに着いたことだし、というところで帰ることにした、スーパーに寄って、帰った、スーパーには、求人の貼り紙があり、そこで働くメリットというか楽しさみたいなものが列挙されていて、「知らない人と知合いになれた」というものが、見るたびに笑ってしまうので、今日も笑った。なんでこんなに面白いのだろうか、打っている今も吹き出しそうになった。

帰って、肉味噌うどん。油が見当たらなかった。肉の油分でまあ大丈夫だろうと思って、フライパンで肉に火を通して、生姜とにんにくをすりおろして、味噌、麺つゆで煮詰めていったら肉味噌になった。冷たいうどんに乗せて、混ぜて食べた、大満足だった。それから、しばらくのあいだ『幻のアフリカ』を読み、遊ちゃんが帰ってきて、そのあたりで眠気がやってきたので眠ったところ、ずいぶん眠った、2時間以上眠っただろうか、先週も長い時間昼寝をしていた気がする、どうしてこんなに眠たくなり、そして眠れてしまうのだろうか、と思いながら起き、歯磨き、店行き。ひきちゃんと歓談し、バトンタッチ。夜だけの日は、まったく働く気が起きず、まあこれは今度でいいや、これも今度でいいや、といろいろを後回しにしながら過ごした。途中、次の『GINZA』で取り上げる、ウーヴェ・ティムの『ぼくの兄の場合』をぺらぺらと読んでいた。

危険なのは、そのときの衝撃や驚愕、恐怖などが、くりかえし語るなかで次第に理解可能なものに変わっていき、体験がゆっくりと色褪せて決まり文句のようになっていったことだった。灰と化したハンブルク。街が火の海に。炎の嵐。

ウーヴェ・ティム『ぼくの兄の場合』（松永美穂訳、白水社）p.46

あるときぼくは、父がストーブのそばに立って、両手を背中に回し、暖かい空気に体を晒しているのを見た。父は泣いていた。ぼくはそれまで一度も、父が泣くのを見たことがなかった。「男の子は泣くもんじゃない」。それは死んだ息子を悼む涙というだけではなく、言葉にできないようなものがそのなかに滲み出ていた。そこに立って泣いている父は、何か恐ろしい記憶と対峙しながら、底なしの絶望に駆られていた。自己憐憫ではなく、口にできない苦しみであり、ぼくの問いかけに対して、父はただくりかえし首を振るだけだった。

それから原稿に取り掛かり、しばらくうんうんと唸っていた、それから、たびたび取る休憩中、青空文庫、今日は『海野十三敗戦日記』をダウンロードして、読んでいた、これは、柴崎友香の『わたしがいなかった街で』で取り上げられていたというか大事なモチーフというのか、モチーフっていうんだろうか、あれで使われていた、というか、語り手が日々、青空文庫で読んでいた、そういう日記だった、それを、読んでいた。昭和19年の12月10日からの日記で、その前の「これまでのことを簡単に」という項目で、「本格的な空襲は、昭和十九年十一月二十四日から始まった」とあり、次の段落で「高射砲が鳴りだし、待避の鐘が世田谷警察署の望楼から鳴りだした。英や松ちゃんなどがまだぐずぐずしているのを叱りつけるようにせきたてて防空壕内に入れる。」とあり、唐突に出てきた「英や松ちゃん」で一気に何かが立ち上がる気になる。

閉店後、『週刊ベースボール』の「深遠なる変化球の世界　プロ野球魔球伝説」という特集号を読みながら、飯。帰り道、何箇所にもわたって道のわきに出されているゴミ袋がぜんぶ積み重なった人の体に見えた。

同前 p.118

8月1日（水）

昨夜帰宅後、買ってきたビールのロング缶を飲みながら、今日のトークで触れることになるかもしれないことをA4の紙にいろいろと書きつけ、といっても引用がほとんどだったが、書きつけていたら、文字で埋まったら、十分な準備ができた、という気になり、よかった、と思った。『茄子の輝き』の「一日目の日記だけでも手帳の四ページにもわたって、細かい文字が書きつけられていた。ラーメン屋内の記載だけでも一ページを占めており」のところで何度読んでも笑ってしまうので、声を出して笑って、書き写しながらもまた笑った。どうしたのと遊ちゃんが寝床から聞くので、読み上げたらやっぱり笑った。「占めており、ずいぶんと意気込んだものだった」と続く。『幻のアフリカ』を少し読む。レリスが訪ねた行政官だったかなにかの部屋に、『金枝篇』と『失われた時を求めて』があった。眠る。

11時ごろ起床。店に、ほんの5分程度の用事があって、行って帰ってくる、通りを、中学生のお姉ちゃんと小学生の弟、みたいな二人組や、小学生の三姉妹、みたいな三人組が歩いていて、それにしても夏休みだと思った、遊ちゃんと出て、下北沢、もともとは根津のうどん屋さんに行こうかと昨夜決めてウキウキしていたが、今日予約をしようと午前中に電話をしたところ夏休みだったようで、それじゃあ蕎麦、ということになり、すだち蕎麦、ということになり、下北沢、打心蕎庵。

座っていると、ガラスの向こうが庭で、木とかもあり、そこに、背中側のテーブルの人たちの姿がそこに浮かび、外で食べているみたいだった、草上の昼食、という感じの。違う窓からは寺。とにかく全方位が緑だった。もうここは、那須の別荘地帯、といった心持ちになった、少なくとも下北沢ではない、そうですよ、代沢ですよ、という声が、聞こえはしなかった。瓶ビール、巻海老と貝柱の掻き揚げ、僕はすだち蕎麦、遊ちゃんはゆば蕎麦。量は少なく、お、これは、足りないぞ、どうしよう、家帰ったら蕎麦でも茹でて食べようかな、と思いながら食べたりもしていた、とてもおいしかった、なんか、ハイソというかハイソサエティな昼食というか、いい昼食だった、素敵ランチというか、だった、外は緑。夜のことをいくらか考えたら一瞬緊張がやってきた、解いた。コーヒーを、というところでベアポンドエスプレッソに行って、ラテジャーというものとダーティというものがどんなものなのかを教えていただき、それぞれ頼んだ、僕はダーティで、これがびっくりするほどおいしかった、外のベンチで飲んでいた、斜め前の、木板で囲まれた土地のなかに撮影隊の人たちがずいずい入って、乗り越えて入って、なにやらの撮影をしていた、秋冬もの、的な感じだった。

いったん家に帰り、いくらかの緊張を覚え、忘れ、家を出、表参道、まずは腹ごしらえ、と思い、丸亀製麺で冷たいかけうどんの大盛りを食べた、天ぷらは頼まなかった、簡潔に食べた、それで出て、コーヒーが飲めて煙草が吸えるところを探し、行った、お店の人たちがずっとしゃべっていて、楽しそうで、それが、大学生と思しきアルバイト男性をかわいがっているつもりなのかもしれないけれどもコケにするようなそういう笑いによって成り立っていて、少なくとも部外者の僕が聞いて気持ちのいいものではなかった、お前は右から左、なんにも理解してないんだもんなあ、ごめん、あのときいなかったね、お前存在感ないなあ、そんな感じだった。しんどい。と思いながら、煙草をひっきりなしに吸いながら、トークのメモを見返したり、緊張したり、『幻のアフリカ』を読んだり、していた。

七月七日

カイへの道に沿う周辺の地区を一日中巡回。タラリ峡谷の水をたよりとした畑で、若者が開墾の仕事をしているのを見た。一群の人たちが歌いながら前へ進む。一人の子供が太鼓を叩き、鈴を振る。その調子にあわせて、少年たちが農具をふるっている。娘たちが、大きな布で男の子をあおぐ、というより土埃をまき起こしている。長と思われる人物が時々鍬を空に投げ上げ、それを笑いながら受けとめている。すべては、バレエのように整然とし、ほとんど数学的な正確さを備えている。

ミシェル・レリス『幻のアフリカ』（岡谷公二・田中淳一・高橋達明訳、平凡社）p.90

日記は、突如、というかふいに、というか、前触れなしに面白い。「ファジャラは、クルギディの首長への薬を持って、意気揚々と出発する。歩いて二日かかるが、あまり気にしていない。」とか「しかし僕は、これから数カ月で、昔からいつも手に入れたいと思っていた身体を使うさまざまな特技を身につけることをあきらめていない。」であるとか、なにやら面白い。緊張が時々やってくるが、コーヒーをもう一杯飲み、水を飲み、煙草を吸い、落ち着けようとする。

6時前に出、青山ブックセンターへ。集合は6時半だったが、少し早めに行き、『ハレルヤ』と『公園へ行かないか？　火曜日に』を買おう、というところだった、この2冊、どのタイミングで読もう、というので、楽しみのあまり、どのタイミングで読もう、というので、悩むことになりそうな2冊だった、楽しみだった、SNSに「これからトークです」の投稿をしようとスマホを取り出すと電波がなく、おや、と思って一度地上に上がり、変わらないので再起動したところ直り無事投稿し、店に戻ると目の前に内沼さんがおられた、挨拶をして、それからこの2冊を見つけて買って、内沼さんも、この2冊で買った、とおっしゃっていた、控室に入って控えた。滝口さん来られ、食べるように読んでいるTシャツを着てくださっていて、やったー、と思った。昨日の昼間、フヅクエに来られ、ちょうど僕はショートブレッドを焼きに行ったタイミングで来られ、挨拶をしていた、僕はすぐに店を出たのだが、夜に戻ると、ひきちゃんが「滝口さん、Tシャツ買っていってくださいましたよ」とのことで、買っていってくださっていた、これはこれは、もしやもしや、着て来てくださったりして、と思っていて、そうしたら着て来てくださったりした。僕も着ていた、内沼さんは残念ながら昨日着ていた。惜しい！と思って、愉快、だった、いくらかの打ち合わせというか、をして、その中で、「滝口悠生」「内沼晋太郎」「青山ブックセンター」の3つが一同に登場するページがあることがわかり、すごい！と思って、愉快、だった。

時間になって、会場に向かった、もっと白々とした光の部屋かと思っていたら、入ろうと後ろから見たらいくらかなんだかムーディな色味に見え、いくらかなんだか三鷹の

SCOOLを思い出すような箱だった、そこに入って、トークイベントだった。話した。

こういう、人に向けてしゃべっていると、というか関係ないか、人としゃべっていると、どんどん自分の言葉が自分の考えを裏切っていくような気になることがあるが、それはトークが終わって思い返せば思い返すほどそういう気がしてくるが、特に、日記はたしかに面白い、が、しかし、面白い小説は面白い、じっさい僕は読むのはたいてい小説だ、そのことをもっと話せたらよかった、というのはとても思った、それはそれで反省すればいいとして、それにしてもとっても楽しかった。褒美の時間だった。

一時間半はあっという間で、終わり、Tシャツを売ったり、サインを書いたり、お客さんとお話したりして、ＡＢＣ出。青学に沿った道を入ったところにある海月で打ち上げ。ビーツと生食のかぼちゃとルッコラとかのサラダとか、とうもろこしメンチとか、ゴーヤとミョウガのご飯とか、どれもとてもおいしかった。途中、外に出て煙草を吸っていると武田さんもやってきて、武田さんの日記は本当に好き、最近のやつに青春とあったけれど、僕は武田さんを見ていると青春ということをこれまでも考えていた、武田さんは僕を青春に誘い出す、そこまでは言わなかったが、青春のことを話した、打ち上げは７人ほどで、いろいろが話された、滝口さんが僕の日記の野球の記述の特異さをおっしゃっていた、そうか、と思った、開幕戦の書き方がどうたら、ということで、どんなことを書いていたか気になる、と思った。もう、とっても楽しかった。

そこからもう少し飲みましょうというところで移動して、ギネスがおいしいというバーに行って、カレーの匂いがプンプンしていてカレーもおいしいとのことで、カレーをつまみにしながらギネスを飲んでそれから薬草のお酒を飲んだ。それでとっても楽しかった。気づけば2時で、内沼さんと武田さんとタクシーに乗り、帰った。滝口さんは方向が違うということで別の車だった、ずいぶん不躾なことをたくさん僕は言ってしまった気もするが、それにしても滝口さんは、僕は小説として書かれている文章しか知らないで、この人は本当にいい、本当に誠実、大好き、と思っていた、その人は、やっぱり本当に素敵だった、それにしても、これは、これは途中でもぼそっと言ったが、滝口さんも同調してくださったが、好きな、尊敬する作家と、こうやってお話をする機会を得るということは、一見とても幸福なことだが、本当に幸福なことなのかはわからなかった、ということを言ったのは、半ばは本当だが、半ばは自分の味わっている思ってもみたなかった幸福を、いさめるというか、いさめるという言葉で合っているだろうか、まあなんか、落ち着けよ、浮き足立ちすぎるなよ、と言い聞かせているようなところだった、そういうわけで、なんというか、とっても、とっても楽しかった。

帰って、とっても楽しかった！と言って、とっても楽しかった！と思いながら、寝た。

8月2日（木）

朝から疲労。汗がひかない。目の前がパチパチするような感じがあり、健康ではない感じがあった。休みの翌日は休みにしたほうがいいのではないか、と思った。ぼーっと過ごしている。ご飯を、朝ご飯を食べたらこういうお腹のあたりがもわーっとした、二日酔いとかに似ているような感覚はたいてい、なくなるものだったが、今日はずっともわーっとしている。それに寒い。

本を読む気にも、『GINZA』の原稿を書く気にも、ならず、仕込みを、今日やっておかないときっと明日一気にやることになるぞ、大変だぞ、とは思っているが、やはりやる気にならず、なにも頭も体も使いたくない感じがあり、ちょうどお客さんもなかったので、昨日のトークの文字起こしを始めた。一瞬で楽しい。

冷や汗をずっとかいている感じがあった、文字起こしはやめて、お腹が気持ち悪い、お腹というか体全体というか、生きている状態が気持ち悪い、今日は早く帰りたい、と思った、あと7時間だ、と思って、7時間、と思った、しかたがないので、少しずつ仕事をしていた、仕込みをしたりしていた、そうしたら時間は少しずつ過ぎてくれた、お客さんも夜は来られた、そのおかげで時間は少しずつ過ぎてくれた、夜になってからは、保坂和志を開いた、表題作の「ハレルヤ」を読み、ながら働いた、途中からなんだかずっと泣きそうな心地になって読んでいた、泣きそうな心地とテキストに引っ張られてというかぶん殴られて頭があちらこちらに行ったり来たりする状態で読んでいた、閉店して少し読み続けて、すると終わった、終わったので、もう一度読み始めて、夕飯を食べたがお腹のもやもやは取れず、これはつまり胃の調子が悪い、ということだとわかった、それで家に帰って、続きを読んで、寝た。

8月3日(金)

起きると、お腹の不調が小さくなっている、小さいと思ったのは昨日読んでいた「ハレルヤ」の胃の腫瘍のことがあるのかもしれなかった、いつもより少し早めに起き、行き、10時過ぎからめいっぱい仕込みをしていた、しゃかりきな様子で仕込みをしていた、途中、休憩、と思って休みながら、「ハレルヤ」を数ページ読み、開店し、引き続きずっと仕込み等をしていて疲れる、午後三時頃だった。

家に帰り、私は何を買いに出たのかそんなことまで思い出せないが何かを買いに自転車で駅前に向かった。午後三時頃だった、五月の爽やかな晴れた日の午後三時だ、いや四時だったか、私は急にLアスパラギナーゼを思い出した、自転車を止めて、妻に、

「Lアスパラギナーゼがある。」

と言った、妻もそれで思い出した。

保坂和志『ハレルヤ』(新潮社)p.32

どうしてだかこの、「午後三時頃だった、」で、ガツンとなる、なんでなのか、なって、その前のところ、外階段に座って煙草を吸いながら読んでいた、

待っているあいだ私は花ちゃんと外のそこにいることにした、キャリーの戸を待つあいだいつものように私は開けた、戸を開けて、中で縮こまっている花ちゃんを撫でるつもりだったのが花ちゃんは戸が開くとキャリーから出た。そしてキャリーを置いていたベンチから下に跳び降りた、花ちゃんはベンチのすぐ下のコンクリートにもあまり長いこといずにクローバーの地面を歩きはじめた、このとき花ちゃんは物の影や形ぐらいは

見えていた、だから簡単にベンチから跳び降りた、チワワだったかトイプードルだったか、小さい犬を抱いた老夫婦が診察にきた、建物に入る前に奥さんが地面に屈んだ、「四つ葉のクローバー見つけた。」

「ほお、きっといいことがあるね。」

私はそれを聞くだけでもう泣いていた、私たちもこういう夫婦になるんだろうか。五月の晴れた郊外のキャンパスは鳥がしきりに鳴き交わしていた、ツバメが低く飛び回っている、花ちゃんはその下で喜んで歩いている。

同前 p.29

私はここを読むだけでもう泣いていた。今日は左手首が痛い、骨折でもしたように痛い、夜、イライラしていた。敬意。そのあと、ほっこりしていた。帰り、ソファに座ったらいくえみ綾の短編をひとつ読んだ、数日前になんとなしに開いたところ、読んだ「ラブレター」がなんだかすごく面白くて、それでまた読んだ格好だった。それから、昨日アルコールを摂取しなかった、今日もしない、と思っていたら、シャワーを浴びていたら今日はたいそう働いたし、ビールを飲みたい、という気持ちになってきて、コンビニに行き、ロング缶の金麦を買ってきて、飲みながら「ハレルヤ」、読み終わり、布団に移り、「ハレルヤ」を頭から読み出した、眠くなり、寝た。

8月4日（土）

起きたとき、曜日が思い出せなかった、変な眠り方をした、なにかやっぱり体調がいくらかすぐれないところがあるのだろうか、営業し始めても、なにか目の前がいくらかチラチラしているような感じがあった、少し白い、目の前が。

とても暇な始まり。昨日、ひたすらがんばったので、やることも薄く、ゆっくりしている、日記の推敲をまずおこなった、印刷して推敲するのはやっぱりやりやすいし気持ちがいい、編集者にでもなったかのような気分だ、誇り高い、誇り高い編集者だ、校正記号を学んだらよりいい気持ちになれるだろう、学ぼうか、それから、経理の作業をした、ＴＯＤＯリストを新調して毎日少しずつ経理をやれるように、タスクとして登録したところ、非常にまめまめしく経理を進められて、よい、一日に伝票を2日分、レシートを5枚、Excelに登録しなさい、というそういうタスクだ、それを始めて2週間ほどか、だいぶ、現在に近づいてきた、それにしても、数字がどうなっているのか、さっぱり把握していないままなのは変わりなかった、かつてはあんなに好きだった、ピボットテーブルで「ポン！」も、まったくおこなわれない、3月くらいから、月の売上を算出したりしていないのではないか、とても低調ではないけれどもとても好調でもない、ということだけがわかっている、曖昧にわかっているし、曖昧で今はどうやらいらしかった、午後三時頃だった、やることも見えなくなり、『GINZA』の原稿に手が伸びない、僕はこの原稿は、選ぶまでがそれなりに気が重いが書くこと自体は楽しい気がしているから、やればいいのに、なんでか、火曜日でいいかな、という気でいるらしい、手が伸びない。

八月四日
八時。出発。被割礼者と列車の中で最後の調査。三つ四つのすさまじい落雷。そのあと滝のような雨の中を発つ。いまや雨は困ったことに本降りになったらしい。到るところ沼ばかり。道は小川に変わり、どろどろ。

バマコ。丘は青々として、この季節は非常に穏やかな風景。大きすぎはしない中心地。むしろ、《水の都》。

着くとすぐ、その筋の人々の挨拶、そして歓迎の言葉。グリオールは空軍仲間の一人に会う。

ミシェル・レリス『幻のアフリカ』（岡谷公二・田中淳一・高橋達明訳、平凡社）p.123

レリスを読み、そうか、1931年、ひゃく、何年だろう、113？　113かな、あ、違うw　80年くらい？　90年くらいか、90年くらい前の8月4日にレリスは列車でアフリカを移動したのだな、と思って、じゃあレーナは？と思って、『レーナの日記』を開くと、8月4日は見当たらず、それで少し読み、それから『GINZA』の原稿をやり始め、と思ったところから、一気に忙しい日になって、結局は忙しい日となって、快哉を叫んだ、よかった、飯食って、帰って、保坂和志を、と思ったら間違えて『レーナの日記』を持って帰ったらしく、読んだ、レニングラード、1941年の暮れ、ドイツ軍が徐々に後退していく、少し、生活が戻ってくる。

8月5日（日）

朝、頭がじんわりじんわりしていて、起きてからも朦朧としている、準備をしながら、数ページ「ハレルヤ」、そのあと開店し、今日は昨日が始まりがものすごくゆっくりだったが今日は速かった、夕方くらいまではずっと集中というか気を張って働いていた、晴れていて、外で煙草を吸いながら「ハレルヤ」。

猫はペチャたち両目ともある猫も狙いをさだめるときには顔を頷くように上下に動か

して距離を測る、花ちゃんもそれと同じ動きをした、何より花ちゃんが狙いを外すことはなかった。

二階のベランダの手摺りから落ちたことは二歳になるまでに二回あった、それは花ちゃんが小さい頃はチャーちゃんのかわりでもあったからだ、

保坂和志『ハレルヤ』（新潮社）p.16

この展開のところで、今までは特別「わあ！」とはならなかった箇所だったが、3度目の今日、「わあ！」となった、花ちゃんは失敗しない、そういえば失敗したことがあった、なぜならばチャーちゃん。それから、

けれど肝心なのは最初のこの言葉だ、犬たちがいっぱい踊って暴れてる絵を見て、私はこれがいまのチャーちゃんだ！　と直感したのだ。

花ちゃんは小さい頃は同じメスでもジジのときとは全然違う男の子みたいな暴れん坊だった。

同前 p.17

踊るやんちゃなチャーちゃん、花ちゃんの小さい頃も。

花ちゃんとチャーちゃんがダイナミックにぐんぐんして、ぐんぐん来た。それから、終日忙しかったというかずっと働いていたような気がする、忙しかった、食べ物がどんどんなくなっていった、途中、昨日の夜に少しだけ文字起こしをしていたことを思い出して、そのときに、RAWの話のときに、滝口さんが「ローフード」という言葉を出した時に、聞きながら、文字を起こしながら、どうしてだか代々木上原の駅前の通りを、花屋さんとかのある曲がり角のある通りを、思い浮かべていた、浮かべながら耳をそばだてて文字を起こしていた、ということを思い出した、あれはなんだったのだろうか、僕が勝手に、代々木上原在住といつかに聞いた記憶があってそれで伝票に「代々木上原くん」と書いている青年が昨晩やってきた、それもあっての代々木上原だったのだろうか、しかしローフードはなんのトリガーになったのか。それで、食べ物がどんどんなくなっていった、おかずが途中で一つ切れて、それで定食は出せなくなるというとてもめずらしい事態になったあと、鶏ハムもなくなって、おかずは、一つだけでなく三つ、ほぼ切れて、だから、明日の朝は仕込みはものすごいことになるぞ、というところで、今日は今晩は僕は食べるものはあるだろうか、と考えたとき、濃い味のものを食べたい、ラーメンだろうか、と思って、ラーメン楽しみと思って、そのときに、では、前回の反省：ラーメン大盛りとご飯大盛りだと多すぎた。では、どうしたらいいだろうか、ラーメンとご飯大盛りだろうか、ラーメン大盛りとご飯だろうか、どちらにしたらいいだろうか、とひとしきり、悩みながら、猛烈に、働いていた、どんどん夜になっていった、時間が足りない、足りない、といくらか慌てるような気持ちも湧いた気もした、閉店して、食べ物が少しあることがわかったため、ラーメンはやめて、節約だった、なんとなく節約したい気持ちがあった、千円がもったいなかった、ラーメンはやめて、店で、大量にご飯を食べたら朦朧とした。食べ物を食べて朦朧とするといつもファン・ホセ・サエールの『孤児』を思い出すので思い出した。

帰って、「ハレルヤ」。

笑える冗談ではないがかわいい、とてもしっくりしている、鳥の鳴き声も写っているみたいだ、死ぬ前に一時間だけでもこんな楽しい思いができてよかった。しかし花ちゃんがいなくなって私はどうすればいいのか？　雑草だらけになっている庭の草を抜いてガーデニングでもはじめるか？　買うだけ買って少しも読んでない十冊以上はあるキリスト教神秘主義の本を少しずつ読んでいこう、もう何年も前からそう思ってきた、もっともしばらくは何も読む気になれないだろう。

同前 p.30

読むごとに、目に入ってくるというか、強く意識に訴えかけてくるというか、目が覚めるというか、箇所が変わる。で、寝た。

8月6日（月）

いつもより30分くらい早く起きたか、悲壮感みたいなものを漂わせながら起床し、朦朧としたまま出、買い物、店、PUNPEEを聞きながら激しく労働をした、ほんといいなあ、どの曲もいちいちいいなあ、と思いながら激しく労働した、でも君がそう言うならばつまり僕はヒーロー、という、この、そう言うならば、というのがとてもよくて、そういうことだよなあ、と思いながら激しく労働した、どうにかこうにか開店5分前にいろいろ完了して間に合い、慌てて外で煙草を吸いながら「ハレルヤ」を読み、開けるぞ～と叫びながら店を開けた、そうしたらまったく誰も来ない、こんなことならば間に合わなくてもよかった、ついそう考えそうになるが、それは違う、ということもすぐ考えるから、打ち消されるから、ではこのときに僕が考えた考えというのはどんな考えということになるのだろうか。

今日は開店までの2時間が仕事みたいな日になるようだった、2時間、めいっぱい、フルスロットルでがんばって、そうしたら何も起こらない、というか、何も、というのはまったくの嘘だが、惨憺たる暇な日で、夜から雨が降るという、強く降るという、暇なままだろう、2時間の日だった、今は眠い、眠くなる前の時間、まず『GINZA』の原稿に取り掛かり、そうしたら書けたため送った、すっきりして、すっきりしたら、じゃあ、なにをやりたいの？と思っていくらか途方に暮れた感じにもなった、とりあえず「ハレルヤ」を読み、読み終えた、3回くるくるとリピートして、これは1つの曲を気に入ってリピート再生するような感覚だった、読むたびに、面白い、それから、次に行こうかと思ったが、次に行くのはもう少し後にすることにして、『幻のアフリカ』を開いた、8月6日だった、1931年、8月、と思って、1ページも読まないうちに何かオーダーが入ったのだったか、離れて、そのまま離れていた、それでウィトゲンシュタインの日記を開いた、すると1931年10月ということがわかり、気づかなかったが、ウィトゲンシュタインの日記とミシェル・レリスの日記は同じ時期だった、読むと、面白かった。「昨夜、戦慄が走って夢から目が覚めた」という、10月12日の記述。

怖い夢から覚めたかのような感じで目が覚めた（こんな時に子供の頃からいつもしていたように、私は顔を毛布の中に隠し、数分してからようやくおそるおそる顔を出し、目を開けてみた）。さきほど述べたように、この戦慄には深い意味がある、という考えが意識に浮かんだ（ただし、すぐ後になって自分にはっきりしたように、この考えは腹から来たのだったが）。それはすなわち、このように戦慄できる能力は私にとって何かを意味している、という考えであった。目覚めた直後、戦慄の中で私は考えた。夢であったにせよ、夢ではなかったにせよ、この戦慄は何かを意味している。その間、自分の体が何をしていたにせよ、確かに私は何かを為したのであり、何かを感じたのだ。

つまり、人はこんな戦慄を味わうことがあるのだ。――そしてこれは何かを意味しているのだ。たとえ人が夢の中で地獄を体験し、その後目覚めるのだとしても、地獄はやはり存在しているのだろう。

ルートヴィヒ・ウィトゲンシュタイン『ウィトゲンシュタイン 哲学宗教日記』

（鬼界彰夫訳、講談社）p.71, 72

そのすぐあともよかった。「私の言葉はうまく訓練されていない（あるいは、全く訓練されていない)。つまりしつけが良くないのだ。——恐らくはたいていの人間の言葉がそうであるように。」とあり、ウィトゲンシュタインの自己評価の高さというか、落ち着いた自己評価みたいなものは出くわすたびに気分がいい。

そのあと腹が減って、最近たまにそうするように、パンに、マヨネーズぐるぐる、卵黄、玉ねぎのマリネ、ベーコン、で、チーズ、なんだが、「あっ」と思って、そうだ、今日は、なんだかクロックムッシュ的な、ホワイトソース的な味わいを何か、と思って、であれば、バターも使うべきだったが、遅かった、生クリームを卵黄のあたりにちょろちょろっとやって、それをもってホワイトソースとした、というそういうものを、トーストし、食べた、最初やったときは卵をそのまま落としてやっていたが、卵黄だけにしたほうが固まりやすいのではないか、と思って前々回くらいから卵黄のみにした、つまり4回はやっているということだろうか、ここひと月ほどで。というそのトーストをガリガリと食べ、それから『ハレルヤ』の、次のやつ、「十三夜のコインランドリー」を読み始めた、キャロル・キングから始まって、始まったから、読んでいるあいだ頭のなかではずっと「It's Too Late」のようなニュアンスの音が鳴っていて、自動的に、『ヴァージン・スーサイズ』の色合いみたいなものがその裏側に、二層目の背景としてできた、と思って、『ヴァージン・スーサイズ』にキャロル・キングの曲は本当に使われていたっけか、と調べてみると、どうやら「So Far Away」だったし、僕のところで鳴っているのも「It's Too Late」ではなくて「So Far Away」だった。それでキャロル・キングから始まって、何度も戻りながら、ずいぶん遠いところまで行く。「ハレルヤ」のときと同じように、展開していくそのきっかけというか、どこでそっちに向かうスイッチが押されたんだ、みたいなのが、とにかく面白い、一文一文が面白い、たとえば「猫がいつまでこの重い重い体でいることを私は望んでいるのかわからない、先は長くない、長くないが日々に大きな変化は今は止まっている、」の、「止まっている」とかとても面白い。「日々に」と書き出した時点では変化は「起きていない」ものだったんじゃないか、それが「日々に大きな変化は今は」と書いたら、「止まっていない」が出てきたというか、より実感に根ざした言葉は「起きていない」ではなく「止まっている」だと気づいたんじゃないか、というような、そういうふうに一文一文が面白い。

そのあとは、「環七を渡ったところに半年ぐらい前からある大きなコインランドリー」とあって、グーグルマップを開いて探していた、これかなと思って、口コミをみたら一番古い10ヶ月前の投稿に「最近できた」とあったし、この作品が2018年2月号掲載ということだから、書かれたのが12月くらいだとすると、わからないが、だとすると、半年ぐらい前は6月くらいで、口コミの10ヶ月前は8から10を引くから、マイナス2。マイナス2っていうのはなんだろうか、8月の10ヶ月前はいつだろうか、10月か、10月。オープン4ヶ月くらいして最初の口コミがついた、新しいコインランドリーとしてついた、妥当な線だろう、そういうわけできっとこれだろう、と思い、それからストリートビューにすると、光の色が冬で、ぎゅんと胸が切なくなった、しかし本当に冬なんだろうか、と思いながらうろうろしていたら、コンビニの前を歩くしっかりしたコートを着た女性の姿があって、やっぱりおそらく冬だった。そうやって、散歩をして遊んでいた。

すぐにそれには飽きてこのあいだ奥さんが死んで、自分ひとりになって奥さんがいたときと同じように朝四時に起きてお粥を焚いている、妻がいなくなった家も私も空っぽだという手書きのハガキをくれた、カルチャーセンター時代の私より三十歳ちかくも年上の人にコインランドリーの外の道に出て電話した、すでにだいぶ高く上がっていた十三夜くらいの月を見上げながら三十分ちかく話した、その人は、

「まったく、男なんてものは連れ添った女房がいなくなるとカラッポだね。」と、

少し歌うようにしゃべった、はじめのうちはひと言しゃべっては短く一回咳払いをして、奥さんのことを話すのは咽が詰まっていたがそのうちにふつうになった、そしてそ

のうちにいま製作中の木版画が二、三年のうちに仕上がるからそのときには奥さんと二人で見にきてくれと言った。

保坂和志「十三夜のコインランドリー」『ハレルヤ』所収（新潮社）p.66

話の始まりの奥さんの不在の話も胸が詰まるというか、つらい気持ちになる、しょんぼりする、それはそれとして、十三夜、三十分、それから短い咳の一回、と数字が続いて、そのあとに出てくる「二、三年のうちに仕上がる」のなんというか凶暴さというか、すごい！と思った。

と打ったとき、「三十歳」は入れると話が弱くなるというかその「すごい！」が弱くなるような気がして素知らぬ顔をして都合よく切り捨てた。それにしても、二、三年のうちに仕上がる、というのはどんな感覚なんだろうか、プルーストは、どんな感覚で自分の小説を見ていたのだろうか。

雨がなかなか降り出さない、これは自転車で帰れたりするのだろうか、と今、11時前、思っているところだが、どうだろうか、わからないが、「十三夜のコインランドリー」も今3度目で、短編というのはこういう読み方がしやすいというのは短編のいいところなのかもしれない、と思った、初めて感じたことかもしれなかった、長編だとひとまず先に先に行ってしまって、終わってもうひとまわり、というのはよほど元気じゃないとできない気がするけれど、短編だと気楽に何周もできる、これは愉快だった、それにしても、読んでいるとずっと、と打っていたら外を通った車の音がアスファルトが濡れているときの音だった、ついでに看板も上げちゃおう、と外に出た、扉を開いた瞬間にむっとした湿気と一緒に雨の匂いが香った、下りると、かすかな霧雨が今は降っているようだった、それで戻ってきて、読んでいるとずっと、とても強いあこがれというか、こういうことをやってみたい、というような、そういう、つまり書きたいという、そういう気持ちになっている、なんだか、なにを書きたいって、こういうものを書きたい、というような、そういう気持ちになっている、粘り強く、うんうんとゆっくり、前に進むような、そういう書き方でなにかを書いてみたいようなそういう気持ちになっている。

11時。「ネコメンタリー」が始まったはずだった、保坂さんの回で、あとでＮＨＫオンデマンドで見られるといいなと今は思っている、6月にトークをしてそれから何度も文字起こしをしながら聞いていて、聞けば聞くだけ、保坂さんの話している様子は本当にいいなあ、となって、だからこの番組もとても見たい、保坂さんの話している様子を見たい、という、まあだからこれはただのファン心理というか、お話をして、と、この場合ぼくが話し相手だったことはどれだけ関係しているだろうか、客として保坂さんのトークイベントを聞きに行ってその姿を見て聞いたとしても、同じようにその話し方に今のように惚れ惚れとして、テレビに出る姿も、見たい！となっていただろうか、わからないが、とても見たくて、だからNHKオンデマンドで見られるといいなと今は思っている。

それから、少しウィトゲンシュタインを読んで、それから、11時半。「ネコメンタリー」が終わったはずだ、見逃し配信というのはオンエア後どれくらいで配信されるのだろうな、そもそも本当にNHKオンデマンドで見られるのかな、と検索し始めるも、いまいちわからず、途中で、勝手にアップされた他の回の動画がYouTube的なところにあったりして、こういう形を待つしかないのだろうか、といくらか暗澹としてきた、なんだか、やたらに見たいらしかった、今一番の希望というくらいの、それで、そうしていたら、「これからの配信予定」というページを見つけ、そして見ると、明日アップされる模様！ということがわかり、とても安堵した。よかった。僕は明日は楽しみがあった、ひとつは「ネコメンタリー」で、もうひとつが『ハレルヤ』のうしろ2つを読むことで、もうひとつが本屋さんに行ってJ Dillaの本を買ってきて、どんな本なのか知らないが、数日前にインスタでふと見かけて、『Donuts』のジャケットと同じ写真が配された表紙の本らしくて、Amazonで検索すると著者のところに「ピーナッツ・バター・ウルフ」とあり、なんかそれとてもいいよ、と思って、がぜん読みたいことになっていた、それを買ってきて、どっぷり読む、それをしたい、それらをしたい、カレーを作って、キーマカレーを作って遊ちゃんと食べたい、ビールを飲みたい、散歩もしたい、雨だろうか。

なんかそれとてもいいよ、と打つとき、『三月の5日間』の、山縣太一の姿を思い出している。

帰宅後、寝る前、「こことよそ」は明日の楽しみ、というところでプルーストを久しぶりに開いた。最後に読んでいたところが面白くないというか、なんの話してるんだろう、という話で、退屈だったこともあって開かれなくなっていたが、読んだら、電光石火という感じの面白さがあった。

しかし、嫉妬の消滅を待ちさえすればあかるみに出せると思っていたそうした興味ある問題も、スワンが嫉妬することをやめてしまったあとでは、彼の目にすべての興味を失ってしまったのであった。といっても、正確にいえば、嫉妬しなくなった直後からではない。オデットに関して嫉妬を感じなくなってからも、ひるにラ・ペルーズ通の小さな住まいの戸を空しくたたいたあの日の午後のことだけは、彼のなかにまだ嫉妬を煽りつづけたのであった。そんな嫉妬は、ある人々の体内よりもある土地やある家屋のなかにその本拠や伝染力の中心部をもっているように見える疾病に、その点でいくらか類似しているものであって、それの対象となっているものは、オデットそのものよりもむしろ、彼がオデットの住まいの戸口という戸口を空しくたたいた、もういまはかえらない過去のあの日、あの時間であるといってもよかった。いわばあの日、あの時間だけが、かつてスワンがもっていたあの恋の性格の最後の分子をひきとめていたのであって、彼はそこよりほかにはもはやそうしたなごりを見出さないのであった。

マルセル・プルースト『失われた時を求めて 2 第2篇 花咲く乙女たちのかげに 1』（井上究一郎訳、筑摩書房）p.162, 163

スワンのオデットへの感情の修正関連の記述はいつでも、もうひと息、先に進む感じがあって、面白い、のかもしれない。もうひと息というか、体内に差し込まれている、内臓とかに触れている手が、もう数センチ前に進められて、えい、のような。

8月7日（火）

リュックを背負わず、雨靴で、徒歩。涼しさがあった。店、素通りして皮膚科。薬もらう。店、コーヒー飲み、一服し、いくらか準備し、11時から取材。『珈琲時間』。途中途中でひきちゃんと歓談しながら取材終わり、撮影用にお出ししたご飯が手を付けられなかったので朝ご飯がわりに食べて、じゃ、と言って家帰る。帰ると遊ちゃんが出るところで、バトンタッチのようだった、僕もまたすぐ出、今度は自転車。

丸善ジュンク堂行き、カレーの本を立ち読みして、カレーのことを考える、途中、たぶん祖父母と孫という三人組がいて、おばあちゃんがおじいちゃんに「ゆういちさんゆういちさん、認知症バイバイ体操」と、置いてあった本を指差し、おじいちゃんがなにか応答し、孫の、底の厚い靴を履いた女の子が「おっかし〜」と言う、言いながら、おじいちゃんの腕の隙間にすっと腕を差し入れて、組んで、ゆっくり、三人で歩いていった。

それから、音楽の棚のところに行き、行くとすぐにあった、J Dillaの本を取った。P-VINE BOOKSだとどうしてだか思い込んでいたらDU BOOKSだった。それから、うろうろし、マスキングテープを取り、買った。「おっかし〜」が心地よく残響している感じがあった。

エレベーターからおりると、見えた映像の何かが「あれ？」と思わせ、よく見ると、食べるように読んでいるTシャツを着た人がいる！と思って、見ると、先週のＡＢＣで買ってくださった方だった、目が合い、あれ〜どうもどうも、と言う、このあとフヅクエに来てくださるとのことだった、ぜひぜひ、と言った。

家に、帰って読もうか、と思ったが、いややっぱりフグレンで読んでから家に帰ろうか、と思ったが、やっぱり家に帰って読もうか、と思ったが、フグレンに入る路地のところを通り過ぎそうになったとき、通りすぎずに曲がって、自転車はフグレンのところに停められた。夏休み的な混雑があるかとも懸念したが、天気が微妙ゆえに今日はそうでもないかとも祈念したが、後者だった、静かフグレンがあった、カフェラテのダブルショットのやつをお願いすると、コーヒーじゃないの珍しいですね、というようなことを言われ、ミルキーな気分で、と言った、誰もいないソファに座って、J Dillaのやつを読み始めた。最初がピーナッツ・バター・ウルフによる序文だった、Amazonで著者名で出てきたのはそういうことだった。『Donuts』は本当になんというか僕は名盤だった、まったくコンテキストは知らなかった、すでに亡くなっていることすら知らなかったかもしれない、どうして聞いたのかも思い出せないが、新宿のタワレコで買った記憶がある、わしづかみにされた。大学生の頃だった。

このアルバムは、ディラの生前と死後という正反対のコンテクストで聴くと全く異なるサウンドに聞こえた。だがどちらにせよ、僕や仲間たちにとって、このアルバムは芸術作品なのだ。それは公式のアルバムとなる前から、すでに名盤と言えるものだった。ディラ自身を含む誰もが、彼がもう一度病気になると分かるより前からすでにクラシックだったのだ。それは僕たちの間で話題になっていたし、歓迎され賞賛された。しかしそれが何であれ、もっと重要なのは、僕が《Donuts》を車で繰り返し聴き続けたことだ。そうすることがいつでも最良の試金石なのだ。ディラが最初に《Donuts》を僕にくれたとき、彼はそれが何なのかを説明しなかった。それは運転の最中に突然差し出され、僕の目の前に現れたのだ。

ジョーダン・ファーガソン『J・ディラと《ドーナツ》のビート革命』
（吉田雅史訳、DU BOOKS）p.11

なんだか涙もろくなっているのか、病床に臥すJ Dillaの描写を読んでいたらこみ上げるものがあって、フグレンは静かで、きっとアメリカの、グッドなミュージックが流れていた。J Dillaを聞きながら読もうという気もあったが、流れている音楽やその他の聞こえてくる音のなかにいたい気がして、そのままでいた。

満足し、出、スーパーでカレーの材料を買って、帰った、ビールを開けて、「こことよそ」を読み始めた。やっぱりずーっと面白くて、面白い、面白い、と思いながら読んでいた、ジャン・ジュネのことが出てくるあたりで、意識が遠のき、次のページを開くと終わりだった、そこで、本を置いて、目をつむると、寝た。暑さだったか寒さだったかで目が覚めて、一時間くらい寝ていたらしかった、また「こことよそ」を開き、外で煙草を吸っていると、遊ちゃんが帰ってきた、それで僕もカレーを作り始めることにして、キッチンに立った、ゆで卵を作り、キャベツを千切って塩もみした。同じキャベツでも千切るのと千切りはこんなにも違う。それからスパイスを温め、いくらかして、クローブだけ取り出し、粗みじんにした玉ねぎと人参を入れ、塩を振り、蓋、蒸す。遊ちゃんが横でご飯を研いで炊く。ターメリックライスにしてみようというところで、ターメリックとオリーブオイルを少し入れる、それで炊く。玉ねぎとかが柔らかくなってきたら、ロング缶の、本当は分けて、グラスに注いで飲もうかと思って買ってきたものだったが、遊ちゃんは遊ちゃんで帰りがけに自分のビールを買ってきて、すでに開けていたので、僕一人で飲むビールとして、ロング缶のビールを開け、飲みながら、『Donuts』をiPhoneから流す、この家には音響設備がなにもない、スピーカーくらいあってもいい、今日日中に買おうかと思ったが、忘れていた、それで、『Donuts』を聞きながら、ゆらゆら、揺れながら、上機嫌で、玉ねぎがやわらかくなり、甘い香りがしてきた、そこにひき肉を入れ、しばらく放置し、あとでほぐし、それからゴーヤと、違う形に切った玉ねぎと、しめじと、トマトを入れ、適当なパウダーのスパイスを入れ、また蓋をし、J Dillaの音に揺れていた。

食べながら、食卓にPCを置き、「ネコメンタリー」を見た、NHKオンデマンドで無事見ることができた、たったの108円だった、それで、見た。

「死んでいないのかもしれない、わかりやすく言うと、心の中にいるのかもしれない、もう少しわかりにくく言うと、本当にいるのかもしれない」

「本来人間が使ってきた全身使った思考のあり方と、猫の思考のあり方、鳥の思考のあり方、カマキリの思考のあり方、それを思考だと思っていなかった、小説が思考の形態なんだ」

「なんで猫なんですかって聞いてくる、高校球児になんで野球そんなにしてるのって聞かないじゃん、みんなどうしてを考えすぎなんだよ、ずっとやってるんだからしょうがないんだよ」

「世界を説明するための入り口が俺にとって猫だから、猫がいるから花の美しさがあり、冬の寒さがありっていう、世界を感知する存在があるから世界が輝ける。猫の前にいると、なにも考えていないというすごく大きな考えを教えてくれる、ただそういうふうに猫というのはいろんなものをもたらしてくれるというふうに言うと人にはわかりやすいんだけど、なにももたらしてくれなかったとしても、そこは非常に大いなるものがあるということまで猫は教えてくれる」

猫の姿、保坂さんの姿を見ながら、保坂さんの言葉を、発せられる音を聞いていると、なんだか胸がいっぱいになって、ゴーヤのカレーはとてもおいしかった、おいしいと思いながら、ほとんど泣きそうになっていた、25分の番組で、終わったとき、「ああっ!」と思った、せめてあと25分はあってほしかった、猫の姿もいちいち美しかった、とてもよかった、ゴーヤのカレーは、キャベツの酸っぱいマリネと、ゆで卵を潰したものを添えて、食べた、お腹いっぱいになった、ターメリックライスはなんせきれいでよかった、初めてやった。それで、満足して、ソファで、「ここよそ」をまた読み、ベランダに出るとはっきりと寒いという気持ちになった、散歩と思っていたが小雨が降っていた、またジャン・ジュネのところで眠くなった、どう読んだらいいのかわからないというかどう受け取ったらいいのかわからないというか結びつきというかどう反響しているのかがよくわかっていないのだろう、と思い、「生きる歓び」に進んだ、文庫も持っているから読んでいるけれどまったく初めて読む気分で読み、とにかくよかった、花ちゃんを拾ったときの話だった、

「欧米だったらこんな時期に全盲ってわかったら始末しちゃうんだけどね。でも右はいちおう眼球はある」
私は気がつかなかったが、彼女の横にいたトリマーさんは、Y先生がそう言っているあいだずっと、小さい声で、「平気だもん」「平気だもん」と言っていたらしい。

保坂和志「生きる歓び」『ハレルヤ』所収（新潮社）p.139

何度読んでもなにかグワッ、と来るものがあった、それから、今日は保坂和志はおしまいにして、J Dillaをしばらく読んだ、それから、眠くなって、10時過ぎには寝ていた。

8月8日（水）

雨、歩き、雨靴を履いていると靴下が濡れない、これまでは穴の空いたビルケンを履いていたのですぐに濡れた、しみるというより直接濡れた、でも雨靴を履いていると濡れないので、快適に歩いたら店に着いた。特にやることもなく、今日はこれから台風が来るということで、終日暇になるのだろうと思った、文字起こしを30分くらいやってから、ご飯を食べながら「ネコメンタリー」をもう一度見て、それから店の時間になった。

昨日の日記を書いていた。

猫が、世界を感知する入り口になる、世界が輝く根拠になる、その話を、外猫のシロちゃんの姿を見ているとすごくなにかこういうことかなと思う感じがあり、冬の寒さは外を歩くシロちゃんを通じて理解されるというか、要は寒さを感じた瞬間に同時にシロちゃんを思う、心配する、そういうことともに寒さは体験される、根拠にもなるし、そのとき私みたいなものは外に外に拡張しているかもしれない、そのとき私はシロちゃんになる／とともにある、それだったら僕は遊ちゃんだった、僕はずっと店の中にいるけれども、遊ちゃんはいろいろなところにいる、今日は山梨に行くと言っていた、雨が降れば、遊ちゃんのことを思う、太陽がじんじんと照りつければ、遊ちゃんのことを思う、誰かのことを思うとき、いくらかは私みたいなものはその対象とともに存在していることになるのかもしれない、いくらかは一緒にそれを体験していることになるのかもしれない、私みたいなものは、今ここを離れて、僕はだからいま山梨にいるのかもしれない。家族でも、友人でも、顔も知らないツイッターでフォローしている人でも、動物でも、すでに死んだ人でも、同じことかもしれないと、そう考えてみることはわりと、生きていく上でヘルシーなことのように思った。

そう思って、それにしてもやっぱり暇で、やることもなくて、長い、長い長い一日になるぞ、と思うと恐々としている。柴崎友香をもう読み始めちゃってもいいだろうか、というか、なにかもったいなくて読んでいなかったが、きっと今日、手を出してしまうだろう。肩が、無駄に重い。

では、《Donuts》のサウンドのソースとして「見える」ものは何だろう。それらはイメージや色、そして雰囲気のコラージュとして心の中にちらつくものだ。それは、ミュい、い、い、い、い、い、い、い、ージック・コンクレートとしてのヒップホップだ。すべてのサンプリングソースを知っているからといって、頭の中でそのサウンドをより理解できるようになるわけではない。

そのリスニング体験を不条理なホラー映画のようにしてしまうだけだ。ガルト・マクダーモットがピアノを静かに鳴らしているとき、トラックの平らな荷台から空中に落下するかのように、ジャクソンズが彼の上に落ちてくるのだ。マイケルと彼の兄弟たちが配線を間違えたアンドロイドのようにひきつり、痙攣を起こし、理解不能なヴォーカルが噴き出し、事態はおかしくなる。ルー・ロウルズが黒く濁った泥沼からステージの脇に這い出すと、テンポは遅くなる。そしてジーン&ジェリーのホーンにかき消され、衛星からのレーザー砲のような威力で撃たれる前に、ルーは息を切らせた屠殺場を顕現させるのだ。暴行はすぐに終わる。しかしルーの仕上げはそれだけでは済まない。彼はステージの上を震えながら這い回り続け、この事件全体にコメントする。

ジョーダン・ファーガソン『J・ディラと《ドーナツ》のビート革命』

（吉田雅史訳、DU BOOKS）p.147

初期のディズニー・アニメの雰囲気で再生された、『Donuts』の戯画化の文章というのか、これだけでも僕は面白い、このあと、「古代ギリシャの哲学者エピクロス」の、信者たちの多くが墓に刻んだ碑文が紹介されて、それは「私はいなかった、私はいた。私はいない。だが怖れない」というものだということで、とてもよくて、そのあと、キューブラー・ロスの死の受容に至る五段階モデルに沿いながら、このアルバムの楽曲を見ていく、サンプリングされたレコードがなんなのか、それをどう使ったのか、そういうことから、いろいろ考える、とても感動的で、胸が躍る、『Donuts』を聞きながら読みたい、サンプリングされたものも聞きながら読みたい、サンプリングって奥深いというか面白いのなあ、と思った、コラージュアートというか、すごい。ずっと面白かったけれど終盤の読み解きはすごくエキサイティングでいい、すごい。腹減った。今日は、今日もまた、トーストを食べるだろうか。今は5時ごろだ。サンプリング。コラージュ。引用。サンプリングというものが他者の声や時間を響かせるということだとは、これまで考えたこともなかった。

それからけっきょく我慢できずに柴崎友香を開いた。最初が表題作で、見慣れないカタカナの名前が次から次へと流れ込んでくる感じがとてもよくて、人が集い、バラけること、それから森に分け入ること、景色が開けること、なんだかとても風通しがいい感じがして、風通しがよい中でも緊迫感みたいなものもそこかしこにあって、よかった。

モルタダは、いつのまにか電話を終わって、道に積もった落ち葉を散らしながら私の前を歩いていた。わたしは、写真を撮りたかった。落ちた葉は、とてもきれいだった。赤かったし、黄色かった。葉を拾いながら歩いた。もともと他の人よりも歩くのが遅いから、すぐに距離が開いた。空は深い青だった。紅葉は進んだが、雲一つない遠い空から陽が強く射して、暑かった。

柴崎友香『公園へ行かないか？ 火曜日に』（新潮社）p.10

そのあとの「ホラー映画教室」の「アイオワにいるあいだ、わたしは周りの状況がいつもあまりよくわかっていなかった。自分が思ったことや知っていることを伝えるのも難しかった。」のあとの「広い空は毎日青く、夕日は美しく、アイオワ川は止まらずに流れ続けていて、ホテルも学生会館も校舎も、いつも同じ場所にあった。」も、簡単な言葉による見えているものの描写が、すごく強く鮮やかに響く。響いて、「わあっ！」となる。

面白く、続けざまに3つ読み、面白く、これはどんどん読んじゃうな、と思っていったんやめた、それでレリスを開き、8月8日の日記を読んだ、特に、ずっとそうやって同じ日付のところを読みたいというつもりはないのだけどそうなっている、それで閉じて、なんとなく、なんでだか、小島信夫の『残光』を本棚から取ってきて、お客さんは一人だった、ソファに座って、読み始めた、これは、食らいそうだ、と思って、おののいていたところお客さんお帰りで、なじみの方で、あれこれ話し、帰っていかれた、まだ9時半くらいだったか、それで、もう来ないだろうな、雨はそんなにひどくないけれども、今日は、と思い、エアコンのフィルターを外して掃除をした、掃除機で溜まった埃を吸い取り、それを裏返してバタバタと床に打ち付けると、ふわんふわんと落ちるので、これはいいやり方かも知れない、と勢いに乗って何度も何度も強打していたら、手応えが変になり、見ると、少し割れた、水で流して、洗剤で洗い、乾かした。

飯食い、帰宅。寝る前、プルースト。今夜のプルーストも面白かった。

8月9日（木）

世界が今日あたりで終わる系の夢を見て、しばしば見る、情景はそれぞれ違うが、今日明日で終わるんだなということはよくわかっている、そういう夢を見て、雨のつもりでいたらもう上がっていた、眠くて起き上がることが大変だった、昨日もおとといも、睡眠時間でいえばずいぶんな時間、それぞれ9時間とか8時間とか、寝ているはずなのに、朝の眠気と睡眠時間は全然関係ないんだな、というような眠気で、起き上がることが大変だった。店に行き、働こう、と思ったが、たいしてやることもなかった、今日は

7時で閉店で、そのあとは家でのんびり過ごそうかなと思っていたが、ふいに、小説や日記の話をしたい、とてもしたい、そうだ、武田さんと話したい！となんでだか強く思って、来週飲む約束をしていたが、武田さんに今晩予定はありますかと尋ねたところ、飲むことになった、どうしてだか、そういう話をやたらしたかった、それでショートブレッドを焼いたりケーキを焼いたりして、過ごしたのち、Twitterのプロフィールとかをちょっと編集したいと思っていたためして、その流れで、『読書の日記』のご感想とかのツイートのまとめをTogetterで作った、いい気分になってよかった。

たいしてやることがないと思っていたがなんのかんのと時間は経ち、最後の方で柴崎友香を開いた、「とうもろこし畑の七面鳥」を読んでいた、これはすごいぞ！となった、めっぽう面白かった、途中でM・ナイト・シャマランの『サイン』の話がでてきて、そのあたりから各国作家御一行が歩く一面のとうもろこし畑は一気に不穏な気配に包まれていった。

とうもろこし畑には、なにかが潜んでいた。わたしたちからは見えないなにかが、こっちを見ている。

道の先は、少し高台になっていて、小さな森につながっていた。歩いていくと、茂みの縁には、丸太が積んであった。そしてその上には、なぜかフライパンが置いてあった。ジョンは肩をすくめて、首を振った。この敷地はジョンだけのものではないのだろうか。共有地なのだろうか。それとも元々、ジョンは知っていて案内してくれているだけで、持ち主ではないのかもしれない。

その丸太のそばには、鮮やかな黄緑色の丸いものがあちこちに落ちていた。表面に皺が寄り、脳みそにそっくりな形をしていた。ちょうど子供の頭くらいの大きさだった。

柴崎友香「とうもろこし畑の七面鳥」『公園へ行かないか？ 火曜日に』所収（新潮社）p.72

小説、エッセイ、日記。小説とは、エッセイとは、日記とは、と、考えていて、この連作短編集を読んでいるといよいよわからなくなって、表題作は、もしエッセイと言われたらエッセイとして読みそうだなと思ったし、そこに日付けが入っていたら日記として読みそうだなと思ったたし、小説だと言われたら、小説だった。「とうもろこし畑の七面鳥」は、小説だよなあ、だった。こういうことはどういうことなんだろうと思って、どういうことなんだろうなと思った。

わたしたちは、また車に乗り込んで、出発した。まっすぐな道を走り、集落が現れては遠くなっていった。アーミッシュの村に行く、といつの間にかそういう話になっているみたいだった。

「チャック」

クリスティンが話しかけた。チャック、アーミッシュっていうのは、住むところが限られているの？

隣に座っていたわたしは、クリスティンが発した「チャック」のその響きを忘れられない。

同前p.77

もうなんかめっちゃ面白い、と思って、閉店して、これだけ読み終えて、店を出た、夜7時過ぎの初台の通りは少なくない人が歩いていて、帰り道だった、玉ねぎを甘く炒めた匂いがした、そういうものを食べたくなった。

いったん家に帰り、家を出、武田さんがいるスタジオというのか、シェアスペースというのか、そういう場所に行った、お邪魔したのは二度目だった、変な場所だった、アイスコーヒーをいただいた、もう少しやることがあるのでちょっと待っててもらっていいですかということで、僕は「庭」だったか「公園」だったかと呼ばれている芝生とソファのあるスペースで座って、次の「ニューヨーク、二〇一六年十一月」を読み始めた、もうちょっと読書をしたい気分があったからおあつらえ向きだった、喜んで待った。これも面白く、面白い面白い、と思いながら読んでいた、語り手の、別れのときに言葉が出なかった、英語をもっと話せたらよかったと痛切に思った、その痛切さが鮮やかに迫ってきて、泣きそうな気分にいくらかなった。武田さんの、

「阿久津さん僕もう行けそう」

という声が離れたところから聞こえてきて、僕は、

「僕は、まだ行けないかな」

と言おうかとも思ったが、ぱらぱらとめくるとわりと先まで「ニューヨーク、二〇一六年十一月」の文字がページの左上に続くから、これは読んでいたらしばらく掛かるとわかり、閉じた。僕は、まだ行けないかな、と打つとき、『高架線』の新井田千一とタムラックスの公園のベンチの光景が思い出された、もう一度は、無理かな、だったか。同じことは、できないかな、だったか。どちらも違う気がする。

　それで、スタジオだかなんだかを出て、代々木八幡のどこかで飲みましょうか、ということになり、代々木八幡のほうに歩いていった、一度、踏切を渡って、右側の、駐輪場や山手通りに上がる階段が巨大に目の前にある、その細い通りを行って、なにかあり

ますかね、と探したが、ピンと来ず、行き止まりだ、となって、戻るか、となったが、同じ道を引き返すのは好きじゃない、というと、武田さんもたいがいそんなふうで、山手通りに一度上がって、それからまた下りて、居酒屋に入った、そうそう、こういうちょうどいい居酒屋がいいよ、と思って、入るなりよかった、一杯目のビールのあと、ホッピーを飲んでみた、初めて飲んだ、おいしいとかおいしくないとかそういうものではなかった、よかった、小説、エッセイ、日記、これらは、どう違うというかどういうことなのだろう、という、夕方に持っていた問いをそのまま広げるようなことをして、話をした、武田さんの口から「リニア」という言葉が出てきた、「阿久津さんの普段のというか多くの日記が、思考の流れがリニアなんじゃないか、それが、なにか小説っぽい空気というか気配を持つとき、なにか変わっているのではないか、思いつきだけど」

というようなことを言っていた気がするが、まったく違うことを言っていたかもしれなかった、そうあったかもしれないなにか、みたいな、複数の時間が同時に存在するような、そういうものがあるとなにか小説らしさみたいなものに近づくのだろうか、というようなことを思った、ような気がした。

愉快に飲み、とんかつさんという方が合流するということで、11時半くらいだった、タラモアに移動した、とんかつさんが横浜ベイスターズのキャップと、肩に野球ボールの縫い目、胸ポケットはホームベース型という白い半袖を来てやってきた、はじめまして、と僕は言った、とんかつさんは勢いのあるしゃべり方をする人だった、しゃべっているのを見ているだけで元気になってくるような、そういうしゃべり方をする人だった。

遊ちゃんにも声を掛けたらやってきた、居酒屋で話している時に、保坂さんのときも滝口さんのときも武田さんも遊ちゃんも来てくれているのだけど、僕が話しているのを見る遊ちゃんの様子、というのを武田さんが真似して見せてくれて、僕はそれでなんだか胸がジーンとした、その遊ちゃんも、呼んでみたら来てくれて、4人で飲んだ。とんかつさんと武田さんは同じキャッチボールクラブで野球を最近している、先日初めての試合があった、試合のあと、打てなかった反省でみんなでバッティングセンターに行ったとき、とんかつさんはバッティングしている人たちに目もくれずに試合のスコアをつけることをしていた、そのときの様子がおかしかったので動画を撮った、それを見たら、数人で真面目な顔をしてスコアブックとにらめっこをしている様子が映っていた、とんかつさんが、プレイを剥ぎ取っても剥ぎ取っても野球性のようなもの、野球の表象みたいなものが残るんじゃないか、宿るんじゃないか、スコアにも、たとえば野球盤にも、というようなことを言ったとき、僕はそれを聞きながら、とても感動していることに気がついた、話を聞いていたら、頭の中というかおでこの少し先のあたりでずっと、ショートバウンドのボールを捕球している、捕球しているというか、グローブにショートバウンドのボールが吸い込まれるその瞬間、それを何度も何度も描いていることに気がついた。

武田さんは、居酒屋のとき、「ネコメンタリー」で世界を感知する入り口としての猫という話を保坂さんはしていたが、僕にとっては野球かもしれない、というようなことを言っていた、バットやグローブ、ボールを用いて体を拡張すること、「ネコメンタリー」の、その答えは、取材の方が「こういう質問って保坂さん一番嫌だと思うんですけど、保坂さんにとって猫ってなんですか」という問いへの答えとして発せられたもので、僕はその場面が感動したと言った。たぶん、取材の終わりの時期なんじゃないか、長く張り付いて、取材者と被取材者の関係ができたあとにあの問いは発せられたのではないか、遠慮がちに問う問い方、やさしいやわらかい答え方、夜の道、木々、あの空気の全体に感動した。

8月10日（金）

昨日、看板を上げるために下におりたとき、床屋のおばちゃんと鉢合わせて、今日はもう終わり？と言われて、今日は7時までなんです、と答えた、休まないとね、長く続くんだから、休むときは休まないとね、ということを言われ、何年ですか、と聞いたら、だから、今年でちょうど50年でしょ、ということだった。50年！

感動して、それから途方もない気持ちになった。

その翌日が今日で、今日は金曜日だった、晴れていて、風はあったが暑かった。店行って、開店までにこれということはたいしてなく、のんびり準備をして、間に合った。開店して、暇だった。日記を書いていた。

僕はいま小説を書きたいという気分が妙にあって、日記を書きながら、今日もそのことを考えていた、きっと、ここ数カ月というか2ヶ月くらいか、本が出たあと、日記について話す機会があったり、だからそれは考える機会があったり、それから、他のものは書かないんですかと問われて答えるだから考える機会があったりして、そういうなかで、書きたいような気になっていったのだろう、他のものは、と問われたとき、B&Bのときの質疑応答の場面だったけれど、僕は、今は日記だけでいい、日記はなんでもできるから日記で十分だと今は思っている、と答えたが、そのときは大して考えもせずに、でもそのときはそう思っていたから、答えたが、問いが、問いというものは、問いに限らずだが、与えられた言葉はいつも種みたいに、体のどこかに埋めこまれる。時間が経って、咲いたりする。そういうことなのだろう、と思った、それからは、柴崎友香の続きを読んでいた、「甘いもの、おいしいものは、かなしい気持ちやさびしい気持ちを助けてくれる。」「それでも、私が見ているのは、木で葉でリスで鳥であることに変わりはなかった。」

搭乗口に近づくと、日本語が聞こえた。日本人の会社員男性たちと、若い女性の旅行者グループ。わたしは、日本語を聞きたくなかった。聞いてしまった、と思った。特別な時間はもう終わったのだと、わかった。

定刻通りにやってきたアメリカン空港成田行きに乗り込み、窓際の座席について、iPhoneでSafariを開いた。さっきの彼女が、わたしのツイッターアカウントをフォローしてくれていた。うれしかった。長い旅の終わりが、さびしいこと楽しいこと嫌なことがごちゃ混ぜに続いた数日の、最後の最後。わたしは、彼女に感謝した。

柴崎友香「ニューヨーク、二〇一六年十一月」『公園へ行かないか？　火曜日に』所収（新潮社）p.129

飛行機で村上春樹というかHaruki Murakamiを読んでいる女性と話をするところがと

てもよくて、最後、僕も彼女に感謝した、泣きそうというかうるうるしながら読んでいた、それはそうと、マンハッタンで、『ビリー・バッド』の演劇だったかオペラだったかを見に行こうかとも思っていたが、というような記述があり、ハーマン・メルヴィルの『ビリー・バッド』、なんだか最近とてもよく目にするというか、『ハレルヤ』にも出てきた、先月か先々月に読んでいた伊藤亜紗の『どもる体』でもあったし、いくらか前になるけれど、同じ医学書院の「ケアをひらく」シリーズだった、國分功一郎の『中動態の世界』でもだいぶ論じられていた、『中動態の世界』を読んだのはいつだったろうか、『中動態の世界』は、遊ちゃんと鎌倉のほうにショートトリップをした日を思い出させる、海沿いの道を歩いていたところを思い出させる、寒い季節だったが、あたたかい日で、外の席で海を見ながらご飯を食べた、徐々に体が芯から寒くなっていった、2月末だった。

夜は、柴崎友香は一日一つと決めたわけではないけれど、もったいない気がして、夜は、それなりに忙しかったこともあって、夜は、『幻のアフリカ』をぽつぽつ読みながら働いていた、これまでよりも何かレリスを身近に感じるような気分があった、よかった、そのあと『ハレルヤ』を開き、「生きる歓び」をもう一度読んだ。数日前に読んだときもそうだったが、かつて、いつだかはもうわからないけれども、おそらく大学生の時だろう、かつて読んだときにこんなには感動していなかったよな、という感動をして、かつてはどういうふうにこれを読んだのだろうかと思った。読みながら、今日ビール屋さんからサンプルでいただいたノルウェーの多分「Lervig Aktiebryggeri」というブリュワリーの「Liquid Sex Robot」というビールを飲んだ、ラベルアートが矩形の胴体のロボットらしきものの上にまたがる裸の尻というもので、おいしかった。

8月11日（土）

3時くらいに一瞬満席になり、夕方以降、5時以降くらいに5つくらいのご予約があったから、いくらか混乱して席の、予約システム上でのコントロールというか、苦心して、そうしていたら5時のときにはお一人だけという状況になった、

と打ってから、また満席近い状況に夜、なり、一日、ひたすら働いていた、そのひたすらの中で、最近書いた原稿の、著者校正というのか、わからないが、ファイル名が「著者校阿久津様」というやつを、印刷したのを、読み直し、赤入れというのか、をし、それが6000字くらいだった、それから日記を印刷して校正、それが20000字くらいだった、それをしていた、だから、一日中自分が書いた文章を読んでいた、夜、閉

店後、日記のほうの校正というか推敲をやりながら、ビールを飲んだ、今日は、「Make America Juicy Again」というビールだった、それが済んだらハートランドを飲んだ、世界の箍が外れてしまった、と、どうしてだか打って、『ポーラX』の、最初の、それで、世界の箍が外れてしまったで合ってたっけな、と思って、シェイクスピアの何かだったはずだよな、と思って、調べると、世の中の関節は外れてしまった、みたいな訳文が出てきた、『ハムレット』。

今日、これから、『ハッピーアワー』を見てきます、という方がおられた。濱口竜介。オールナイト。わあ、いってらっしゃい、がんばって！と言って、愉快な心地で見送った。

帰宅後、今日はじめての読書、プルースト。

8月12日（日）

忙しい日だった気がした日だった、夜、柴崎友香を読んでいた、最初のうち、韓国の作家とよく一緒にいた、というようなことが書かれていて、そのあたりで、二人組の方が来られ、おしゃべりまったくできないですけど、と言うと、どちらも日本語が第一言語ではない人のようだった、どうするかな、と思っていたら、少ししたら、写真を撮ってもいいですか、と言われ、撮るだけ撮って帰るってことかな、と思って、それはなしだなと思って、なんのためですか、と、なんのためというのも変な質問だったなとあとで思ったが、聞いて、観光客なんですけど、SNSにアップしたいので、というような答えが返ってきたため、ダメです、みたいなことを答えた、どうするのかな、と思ったら一人が座って、一人が外に出て、ちょうどお会計の方があったので、見送りに出たところで、その外に出た方が、外から撮るのはいいですか、ということなので、さっき撮らないでって言ったのは撮って帰るからかと思ったからなんですけど、それは嫌だなと思ってそう言ったんですけど、中で撮っても別に大丈夫ですよ、でもあんまりバシャバシャ撮るのはなしだし、他の人が映るのもなしで、というようなことを言ったあと、どこからなんですか、と問うと私は韓国で、彼はアメリカ人でこのあたりに住んでいる、それで今日彼のところに来た、という感じだった、日本語ってわりと読めますか、けっこういろいろ面倒くさい店なんですけど、と聞くと、私は翻訳をやっているんです、ということだった、小説とかの、そうなんですね、編集者なんですか、なんか前に韓国の本屋さんの本を読んだときに、韓国はわりと編集者が翻訳をするって読んだんですけど、私は翻訳です、編集者から翻訳家に転職する人はいっぱいいます、ということだった、そうなんですね、韓国の小説、日本でも、最近なんかいくつかシリーズのやつがあって、人気みたいですね、僕はパク・ミンギュの『ピンポン』を読みました、『ピンポン』が出てるんですね、あれは変な小説ですよね、変な小説で面白かったです。

なんというか期せずして和やかな会話になって、よかった、そのあと、オーダーされたカレー等を持っていったとき、アメリカ人という男性は韓国語のテキストを読んでいて、韓国人という女性は英語のテキストを読んでいて、なんだかそれがとてもよかった、それから、グーグルマップでアイオワ大学周辺をストリートビューで散歩した、シャンバウ・ハウスはこのあたりのはずだけどな、見当たらない！というような。

8月13日（月）

平日だと思っていたら、ゲリラ豪雨が、長い時間のゲリラ豪雨があった、その時間も含め、始まりからだったが、まるでめちゃくちゃ調子のいい休日みたいな、そういう前半だった、わあ！　わわわわあ！というようだった、驚き、ヘトヘトに疲れ、ヘトヘト、もう大丈夫、もう大丈夫、というふうだった、満席の時間がしばらく続き、雨が止むと、減っていった。

夜8時には、誰もいなくなって、新たにおかずを作ったりして、そのあとは、座って、本を取る気も起きないというか、疲労して何も考えられないようだった、それで文字起こしをいくらかして、それから先日書いた『ユリイカ』の「特集＝濱口竜介」の号のエッセイの原稿の、編集者の方とのやり取りが済んで、終わった。

原稿でも触れた『親密さ』の上映が今度あることをSNSに書こうかなと思って、書くなら『ユリイカ』にエッセイを書きまして、ということを書かないと、なんでフヅクエが『親密さ』の上映の案内してるのか意味わからんよな、情報は公になっているのかな、と青土社のサイトを見ると、近刊情報ですでにあって、見ると僕の名前もあった、その横に、大学の先輩というか同じゼミだった方の名前もあり、わはは、悠三さんだ、と思って、愉快だった、そもそも、編集者の明石さんは、明石くんは、ググってみたところどうやら編集長らしい明石陽介さんは明石くんはわりと仲良くしていた人の一人だったような気がした、四人で、明石くんと深沢くんとカンジと四人で、しばしばゼミのあとにご飯を食べたりしていたような気がするが、でももしかしたら記憶違いというか一回くらいしかなかった出来事が、わりとよくあったこととして記憶されているだけかもしれなかった、わからなかった。とにかく、だからなんとなく総じて、この『ユリイカ』の話は愉快だったし、最後に原稿料の振込先等の情報を記載したシートを送ったときに、湘南台支店、と打ちながら、面白いなあ、人生というのか、何かは、と思った。続けること。

時間になって、ご飯を食べて帰った、作った、なすのおかずが、カレーを作るようになすの、なすとズッキーニとパプリカときのこの炒めものを作ろう、と思って作ったなすのおかずが、やたらにおいしくて、マスターピースと思って、ご飯がはかどった、疲れて帰ると遊ちゃんはまだ起きていて机に向かっていて、僕はソファに座って、あれこれと話してから風呂に入った、上がって、少し本を読もうと、リュックから持ち帰った本を出したら、そのうちの一冊の『彫刻1』が、赤いかっこいい造本で、そのカバーの上の縁のところと帯の上のところが少し折れてしまっていて、かっこいい本だったから、ほんの少しの折れというかよれなのにやたらしょんぼりとした気分になったというか、どうにか元に戻らないか、こうならなかった過去に戻らないかと祈るような気分が微弱ながらあり、あるが、それは叶わない。

柴崎友香を読み、「ニューオーリンズの幽霊たち」を読み、第二次世界大戦の博物館に入ったあたりで眠気がやってきた、3時を回っていた、布団に入り、レリスを少し読んだ、すぐに寝た。

8月14日（火）

山梨のお土産で「おざら」という、冷やして食べるほうとうを遊ちゃんが買ってきてくれたのがあって、それをお昼に食べることは昨日から決めていたことだったため、昼前に起きて「ニューオーリンズの幽霊たち」を読み終えると家を出て、スーパーに行って鶏肉としいたけと大葉を買ってきた、ほうとうのその箱の裏面の作り方のところに、「鶏肉としいたけと人参を入れ」と書いてあり、「人参等を」ではなく「人参を」という、この通りに入れろという明確な指示のようだ、ゆらぎがなく、愚直に受け取り、言われた通りにしようというところでスーパーに行った、今日も暑かった。

それで、それを作って食べ、おいしかった、つけ汁の具が大量になったため、麺は2玉はやりすぎかもしれない、と思って、1玉茹でて食べたが、もう1玉いける、と判断されたため2玉目も茹でて、冷やして、食べた、2玉目の途中で遊ちゃんが帰ってきて、遊ちゃんはひやむぎを茹でてピーマンをナンプラーとかで炒めたもので合わせて食べた。

お腹がいっぱいで、ソファに体を横たえていたが、散歩に行こうよ、ということだった、僕も遊ちゃんと散歩をしたかったのでそれはたしかに妙案だと思った、それで散歩をした、リトルナップコーヒースタンドに行って、アイスのアメリカーノを外に出て飲外で、手すりのようなところに腰掛けて飲みながら、2014年の秋ごろから翌年春くらいまでの時期、とても頻繁に行っていて、その時期はオーナーの方とあのお姉さんが立っているのが大半で、それ以降はたまにしか来なくなったから、今どのくらいの頻度で立っていらっしゃるのか知らないけれど、とても久しぶりにあのお姉さんでなんだかすごい安心感というかよかった、行ったところで話したりするわけでもないのに、安心感みたいなのはあるものだね、というようなことを言った、遊ちゃんもあのお姉さんを知っているようで、同意してくれた、4年とかが経って、4年かあ、と思う、というようなことを話した、先日思い出したがB&Bは今年6周年で先日イベントがあったけれど、そういえば僕があそこで、移転前の2階のあそこで、呼んでもらって話をしたのは3周年記念イベントだったんだ、ということを思い、3周年、あのときのB&Bよりも今のフヅクエのほうが長くやっているのか、と思うととても不思議な感じがした、3周年のB&Bはもうとっくに「B&B」という感じで、多くから強く認知された場所だったような気がしていたのだけど、でもたった3年だったんだなあ、と、とても不思議に思った。

背中の公園では、親子が野球をやっていて、お父さんと、ちびっこ二人が野球をやっていて、お父さんが投げて、ちびっこ一人が打って、一人が守って、ということをしていた、けっこう速いボールを投げ込んでいた。途中、ファウルフライというか打ち上がったのだろう、ボールが高いフェンスを越えてこちら側の道路に落ちて、バウンドして、それを僕は捕球した、ちゃんと投げられるかな、と思いながら、投げるよ、と言ってから、投げた。軟式のボールをつかむのなんて、何年ぶりだろうか、10年以上だろうか。ちょうど家を出る前に武田さんから連絡があって、「あしたですが、午後気温やばいので、11時から少し投げて、下北でランチしつつ、マリオでグローブみましょう!」と連絡があって、これはまるでデートだ! というような連絡があって、だから明日、キャッチボールをする予定があった。

グラスを返しに店内に入ってグラスを返すと、お姉さんが声をかけてくださって、うれしい&うれしいとなって、うれしくなって、帰った、歩いていると、背の高い白人の男性がデニムの短パン、スニーカー、ナップザック、という出で立ちで歩いており、つまり上半身は何もまとっていなかった、歩幅が大きい、足取りも力強い、どんどん先に歩いていった、見えなくなると、今度は背の高い白人の男性が向こうから歩いてきて、短パンで、シャツを着ていた、着替えて引き返してきたのかな、と思ってみたら面白くなったので笑った、それから、柴崎友香がそのアイオワの滞在中に、周りが背が高い人ばかりで、自分の背の低さに驚くことがあった、と書いていて、そういう驚きがあるのだなあ、と新鮮に思った。帰って、少しだけ『彫刻1』を読んで、昼寝した、夢を見た。

5対4で巨人がリードしていて、9回裏だった、開くと、無死一塁で山田哲人が「ヒットゴロ」とあって、同点、逆転のチャンスが広がったらしかった、次の打者、そのときの4番打者はバレンティンではなく藤井とあって、どうしてかな、とスコアを見ると、7回裏までヤクルトが4対0でリードしていた、8回に巨人が一挙5点をあげて逆転した、そういう試合だったことがわかった、守備固めで、バレンティンはもうお役御免、ということでの、この展開だった、どうなるかな、と思いながら、画面は一球速報の状態にしておいて、柴崎友香を開いた、「生存者たちと死者たちの名前」だった、1ページ読んで画面に目を移すと、1死満塁となっていた、藤井の代打が三輪で、三輪が犠打を決めて1死二、三塁、そのあとの雄平が敬遠、それで満塁。マウンドにはアダメス、打席には川端で、カウントは2ボールとなっていた、「捕手マウンドへ」と出ていた、2ページほど読んで画面に目を移すと、ヤクルトに2点が入って逆転でサヨナラ勝ちをしていた、2ボールからの3球目、インコースのストレートをどこに打ったのか、2塁打となり、終わったらしかった。「わたしが受け取ったＩＤは、Hindaのだった。Mary

のだった。Grantのだった。Claytonのだった。アメリカで、わたしは四人の生を、ほんの少しだけ、確かに知った。」とあった。次のページで終わり、とてもよかった、それで、左ページには、「言葉、音楽、言葉」というタイトルがあり、もう、最高だな、と思った。

今日は野球は混戦というか、見ていて面白いだろうなという試合が多かったようで、ベイスターズも9回表に2点を取って逆転勝ちした、阪神も8回裏に4点を取って逆転勝ちした、西武は1回表に6点を先行されて、徐々に返し、8回に追いつき、10回にサヨナラ勝ちをした、日ハムは8月に入ってどうも調子がよくないらしい、今日も負けた。

疲れていた。昨日で、金土日月で疲れ果てて、この数日は日記を書く気も起きないような疲れ方をしていた、今日はものすごく寝るぞ、と思って昨日は寝たが、存外に7時間ほどの睡眠で起きたが、睡眠時間は関係ない、それはそれとして疲れが溜まっていて、夜はもうゆっくりするぞと、相変わらず夜だけの日は労働意欲に欠けていた、たいがい座っていた、その一方で、そろそろやらないとな、と思っていた掃除を奮起しておこなうなど、勤勉なところも垣間見えた、それはそれとして、肩が重かった、重く、ダルかった、今日は何もしていないけれど疲れ溜まってるってことだよね、と思ったあとに、まさか、今日、フェンス越しに投げたあの一球、あれなのか⁉　だとしたら、ウケる、と思って、ウケた。

そのあと、「言葉、音楽、言葉」は帰ってから読もうかなとも思ったが、最後のお一人だった方が11時前に、ドリンクを追加されて、こういうとき僕は、いいねいいね、ぜひ最後までいてください、僕も読書タイム突入するんで、という感じで、楽しい気持ちになる、なったので、読むことにして、読んだ。

九月の終わり、シカゴ旅行から戻ったあと、わたしはオラシオ・カステジャーノス・モヤさんに連絡して、ダウンタウンのバーで会うことになった。コモンルームで話しているときにわたしが三日目のパーティーでオラシオさんに会ったと言ったら、ファンだと興奮気味に話していたヘンズリーとカルロスもいっしょに来ることになった。ホテルのロビーで待ち合わせて、オールド・キャピトル・ホール前の広々とした芝生を横切りながら、わたしは自分が読んだラテンアメリカの小説について二人と話した、というよりは、タイトルと作者名を列挙した。

時間が早いのでまだがらんとしているバーでビールを飲んでいると、オラシオさんが店に入ってきた。アートのコースで教えているという女性もいっしょだった。山盛りのフライドポテトをつまみにビールを飲みながら、わたしたちは英語で話した。ときどきは、彼らはスペイン語になることもあったが、ほぼ英語だった。ヘンズリーは、日常生活に困らない程度は話せるが英語がそんなに得意ではなさそうだったし、カルロスもネイティブのように流暢に話せるというわけではなかった。それでも、おそらくはわたしがいるから英語で、彼らは話していた。彼らは自分たちの言葉でもっと話ができるのに、不自由な英語で話してくれていた。

柴崎友香「言葉、音楽、言葉」『公園へ行かないか？　火曜日に』所収（新潮社）p.260, 261

なんだかとても感動的な場面で、感動して、他でもたくさん感動して、感動した。途中、「ハレルヤ」のことが出てきて、最初はジェフ・バックリィの曲として出てきて、そこで、わあ、ハレルヤ！と思って、そのあとにレナード・コーエンの名前が出てきて、レナード・コーエンも！と思って、保坂和志の「ハレルヤ」と響き合うなあ、と思っていたら、初めて、自分でも驚いたことに、初めて、「ハレルヤ」というタイトルがレナード・コーエンの曲名から取られたことに気がついて、自分の遅さに驚いた。遅さについても書かれていた。

（日本ではよくある、と答えたものの、娘には頼むが息子にはあまり頼まないという不均衡に気づき、数日後にヴァージニアに説明した。ヴァージニアは、アイオワを離れる直前に香港の新聞に記事にするからとわたしにロング・インタビューをしてくれて、そのときに、トモカはなぜdelayなのか、と聞かれた。何時間か何日か経ってから、このあいだ言ったことについてだけど、と遅れて答える、と。英語を理解していないから、というのもあるが、わたしは日本で日本語で話していてもdelayだ。そのことは、わたしが小説を書くようになったこととととても深く関係していると、わたしは思った)

同前 p.256

他の短編で、パーティーがやたら多くて、ということが書かれているものがあって、パーティーの場面が書かれていて、所在なくしていた、みたいなことが書かれていて、英語が話せないからということもあるけれどそもそも日本でも、というようなことがたしか書かれていたか、書かれていた気がするが、僕が勝手に思っただけのことかもしれないが、もし自分がそこにいたらそう思うだろうなと思ったことを思い出したというか、僕もパーティーみたいなところにいたとしたら所在なくしているか、この人と話していればいいという人を定めて、ひたすらそばに張り付いているかするのだろうなと思ったというか、大人数がいる場で楽しくいられる気がしないというか、最初は、自分が英語を話せないから、と思って、そのあとで、そういや日本でもそうだわこれ、と思い直すのだろうなと思った、ということを思い出した。
「言葉、音楽、言葉」、とにかくよかった、タイトルが「ハレルヤ」でもおかしくないような作品だった、と思って奥付で初出の情報を見ると、『新潮』の2018年3月号で、保坂和志の「ハレルヤ」は同じく『新潮』でその翌月だった。

8月15日（水）

いつもと同じ時間に起きると家を出、代々木八幡駅から電車に乗ることにして、途中のコンビニでおにぎりを買って食べながら、歩いた。食べきり、スイッチコーヒーでアイスコーヒーを買い、電車を待った。待ちながら、プルーストを読んでいた、電車は空いていた、リュックを背負ったまま座って、読んでいた、ジルベルトにどうも振られた、家に行ったら使用人頭に「お嬢様はお出かけになって家にいらっしゃいません」云々と告げられた。

だから、使用人頭がこの言葉を口にすると、たちまちそれは私の内心ににくしみの炎をかきたて、私はそのにくしみをジルベルトにではなくて使用人頭に集中したくなった、彼は私が女友達に向けるはずであった憤りのあらゆる感情を一身に受けたのであって、あんな言葉を口にしたばかりに、憤りは全部彼のほうにぶちまけられ、残ったものといえば、ジルベルトにたいする恋ばかりになった、

マルセル・プルースト『失われた時を求めて 2 第2篇 花咲く乙女たちのかげに 1』（井上究一郎訳、筑摩書房）p.271

残ったものといえば、ジルベルトにたいする恋ばかりになった！と思って、電車はひと駅ひと駅、止まった、下北沢でちびっことお父さんが乗ってきて、どうしてひとつひとつ止まるの、とちびっこが聞いて、お父さんだと思しき人が、なにか答えていた、ジルベルトからの手紙を待った。

この夕方ジルベルトから手紙がこなかったので、私は彼女がうっかりしていたか、用事のせいだろうと考え、つぎの朝にはなんとかたよりがあるだろうと思ってうたがわなかった。毎朝私は胸をとどろかせて待ったが、ジルベルトではない人々からの手紙しかとどかないか、または何もこないときには、失望落胆がそれにつづいた、どちらかといえば、何もこないほうがまだしもだった、というのは、他の人々の友情の表明は彼女の無関心の表明をいっそう残酷なものにしたからである。やがて気をとりなおして午後の

配達にかけるのであった。

同前 p.272

この苦しさ！ と思って、100年前のプルーストを身近に感じるようだった、そういえば返さないといけないメールがあった、それを思い出したのは梅ヶ丘の広い気持ちのいい駅のホームでだった、電車が走り去ると、ひとっこひとり、見当たらなかった。

駅からほんの少し歩くと羽根木公園の入り口が見当たり、伸び切った芝生の中ほどに立ってカメラをどこかに向ける老年の男性があった、芝生の手前のところにはそれを見守る女性の姿もあった、芝刈り部隊と思しき人たちの姿もあった、なだらかな階段を、たくさんの緑に囲まれながら歩きながらぐるぐると見廻しながらなんて気持ちがいいんだと思いながら、上がり、なんとなく見当をつけていた方向に進んでいくと、ベンチに座って肩をぐるぐると回す武田さんの姿があった、今日はキャッチボールの日だった、少ししてとんかつさんがやってきて、球戯広場というフェンスに囲われた場所に入った、人はそのときはいなかったか、バスケットボールを一人で操る人が一人あっただけだったか。

とんかつさんのグローブを僕は借りた、使うボールはM号という規格のものだった、グローブをはめてボールを握ることなんて、何年ぶりだろうか、高校のときであるとかに体育の授業とかであっただろうか、中学のときはどうだったろうか、小学校のときは野球をやっていたから、少なくとも小学校のときにはグローブをつけていた、だから最長で20年ぶり、ということだった、15年かもしれないし、10年かもしれない、それで、ボールを、武田さんなりとんかつさんなりに投じて、投じられたボールを捕って、ということを繰り返した、それだけで、なんなんだろうこの楽しさは、という楽しさが込み上げてきた、気づいたときには、キャッチャーミットをはめて座って構えるとんかつさんに、ボールを投げていた、セットポジション、ワインドアップ、左足を胸まで上げて、えい、や！と投げていた、アドバイスをもらいながら、フォームを修正していった、武田さんが動画を撮った、交代して、武田さんのピッチングの様子を動画を撮った、それから、僕もキャッチャーをやってみたいと思ってミットを借りて、武田さんのボールを受けて（速くて怖かった）、そのあととんかつさんのボールを受けた（構えたところにボールがやってきた）、1時間くらいだろうか、遊び、終わりにし、グラウンドのほうにとことこと荷物をかかえていくと水道があって、頭からかぶって、しばらく木陰に座って休憩し、風が吹けばいいい心地になった、整備されたグラウンドではスプリンクラーが回っていた。

公園を出て、住宅街のアップダウンの見通しの面白い道を行って、環七に出た、道路を渡り、しばらく歩いていったら下北沢があった、蕎麦屋さんに入り、ビールとつまみを頼んで、飲んだ、とんかつさんの奥さんがやってきて、4人になって、蕎麦を食べた、そのあとでマリオという野球用具屋さんに移動した、とんかつさんの奥さんが昨日と同じだといって笑った、昨日は野球チームの練習があったらしく、とんかつさんと武田さんは同じく午前中羽根木公園で野球をして、そのあと下北沢に移動して昼飯を食べて、マリオに行ったらしかった、夏休みみたいな二人だなと思って愉快だった、今日は僕も夏休みみたいな男だった、それでマリオで僕のグローブを選ぶ会が始まり、最初に見たローリングスのグローブがやたら柔らかく、見た様子もよかった、他のメーカーは金色のメーカー印みたいなやつが、ボコッとしているのにしても刺繍にしても、あるのが多く、その金色感がどうだろうと思ったのだが、ローリングスのはそんなことはなかった、オールラウンド、内野手用、外野手用、投手用、捕手用、一塁手用、いろいろあるようだった、もっと細分化しているかもしれなかった、オールラウンドのやつを見ていた、途中、日ハムの中島卓也のグローブを検索したら久保田スラッガーという内野手用のグローブに特化したかなにかのメーカーのグローブを使用していることがわかり、でもこのメーカーのものはここにはないらしかった、それで、ローリングスのやつにすることにした、そういう相場だと聞いていたので上限2万円と思っていたが、値札を見たら8900円だった、ラッキー、と思って、色はどうしよう、と考えた結果、深いオレンジ色のものと、黒とベージュのものが候補に残り、黒とベージュ、これは、日ハムカラーじゃないか！　と気づき、完璧な決定打となった、他に、型崩れしないように巻くやつと、塗るやつと、入れる袋と、ボールを一つ、買うことにした、会計を待っていると、お父さんと息子、みたいな組み合わせがよく見当たり、よかった、坊主、大事に使うんだぞ、という気になった。それから、かつて、自分もきっと父親と野球用具屋さんに一緒に行って、買ってもらったんだよな、と思った、グローブというものは買ってもらうものだったんだよな、と思った、それから、自分のお金で買ったグローブ、と思った。僕もずいぶん大人になった。

とんかつさん夫妻と別れ、武田さんと下北沢をぷらぷらした、この町はいつもどこを歩いているのかわからなくなる、Zoffで武田さんは注文していたのか何かの眼鏡かなにかを受け取り、それから近くの喫茶店に入って、コーヒーを飲み飲み、先ほど撮った動画を見ていた、武田さんは立ち上がって、ここをこう、こうなんだよなあ、というようなことを何度かやっていて、僕のフォームは癖がないらしかった、武田さんは高校まで野球をやっていて、途中でサイドスローに転向したりしていて、考えることがたくさんあるらしかった、羽根木公園でも、武田さんもとんかつさんも、ここをこうしたらいいんじゃないか、こうなっているよ、等々すぐに指摘していて、二人の解像度の高さに驚いていた、僕は一時停止したりスロー再生させたりしたものを見ていてもたいがいわからなかった。見えるようになるのだろうか。途中、リリースした手はクイッと、外側に向くときれいだと武田さんが身振りで見せてくれて、僕は、えーどうしたら外に向くんですか、見当もつかない、と言って、自分の動画を再生して見たら、あまりにきれいに外側に向いた右手が映っていて、面白くて噴き出した、噴き出した息が灰皿の灰を巻き上げて、笑いながら掃除をした、ブホッ、とやって粉が散るとき、『アニー・ホール』でウディ・アレンがくしゃみをしてコカインを撒き散らす場面を思い出すため思い出して、愉快だった。

いろいろと反省点があるようだったからそれにかこつけて、もうちょっとやりましょうよ、第二ラウンド、という提案をして、やることにした、僕はとてもやりたかったから受諾されて嬉しがった、それでユニクロで涼しい半袖を買い、代々木八幡に移動し、昨日「ここならキャッチボールができる！」と気づいたリトルナップの向かいの公園に行った、そこでまたキャッチボールをした、だんだん日が暮れるというか陽光の強さが弱くなっていって、景色の彩度が落ちていく、そのなかで、すぐそばの線路を電車が通っていく、僕たちはキャッチボールをしている、その組み合わせがやたら強い多幸感をもたらして、途中、「わあ！」と思った。最後のほうは体がはっきりと疲れて、僕はぽーんと山なりのボールを投げるだけだった、1時間少しでおしまいにして、また水道で顔と頭を洗って、ベンチに並んで座ってグローブに油を塗った。

夜は優くんと3人で代々木で飲む予定だった、遠くないし時間もあるしちょうどいいし歩きましょうか、ということにして、リトルナップでカフェラテをテイクアウトして、飲み飲み、暗くなっていく速さに同期するくらいの速さで、歩いた。

行ったのはカンボジア料理屋さんのアンコールワットで、あれこれを食べてどれもおいしかった、僕はビール2杯で十分で、あれこれとおしゃべりをして過ごした、まだ9時くらいで、もう一軒というところで、僕がジントニックみたいなものを飲みたい、といったため、店を決め兼ねた、歩いていたら、新宿になった、思い出横丁とか行ってみますか、と通り抜けながら店をキョロキョロしたが、人がたくさんで歩くのも少し詰まるようだった、焼き物の煙にむせるようだった、結局、このメンバーだといつもそのあたりになる西新宿のエリアに入り、バガボンドの1階のほうに入って、ジントニックを飲んだ。

9時くらいには眠くなっちゃったりして、と思っていたが、11時過ぎまで愉快に、眠くもならずに過ごし、帰った、帰って、遊ちゃんに買ってきたグローブを見せ、投球動画を見せ、ぺちゃくちゃしゃべり、風呂にゆっくり浸かり、プルースト読み、寝た。

8月16日（木）

筋肉痛は、寝る前はお尻の左側が痛かったが、そこではなく腰回り、というような箇所にきた、いくらか体がギシギシとするようだった、店行き、仕込み、店開け、開けてからは今日はあまりやることもなく、でもいろいろを見ていたら明日明後日あたり一気にいろいろありそうだなといくらか暗い気持ちになって、日記を書いていた、瓶の煮沸をしていたら落として火傷をして瓶も割れた。どうしてだか、SHAZNAの「すみれSeptember Love」が頭のなかに流れている時間帯があった、カバー元は一風堂というバンドか何かなのかと知って、今、知って、ラーメンを食べたい気持ちにはならなかった。

日記を書いていて、ボールとグローブを持ったのなんて何年ぶりだろうかというようなことを書いていたら、そういえば岡山のときに何度かソフトボールをやったな、と思い出した。小学校のグラウンド、照らす、煌々とした光。

結局やはりわりと忙しいというか、今週の平日はどれも毎日金曜日みたいな調子だった、調子のいい金曜日みたいな調子だった、もう一日分働いた、じゅうぶん働いた、と思ったところ、夜、ひきちゃんがやってきたので感謝の意を表明してバトンタッチして出て、渋谷。丸善ジュンク堂、フアン・ホセ・アレオラ『共謀綺談』を買う。それから泉と合流し、道玄坂のとりしょうで飲む。今は札幌で、もう3年との由。その前は岐阜に7年いた。10年。10年、と思う。高校時代から様子が変わらない男だった、ゲラゲラ笑った、酔っ払って帰って、プルーストを読もうとしたが、どこまで読んだっけか、と探している途中で寝た。

8月17日（金）

早めに出、10時に店、24時半まで座ることなく、同じ速度と強度で働き続けた。疲弊を通り越して憔悴した。大忙しであると同時に、たくさん仕込みのある日で、常に後手、という体感のまま一日を過ごした。終わり、ビールを開けると、そのまま眠ってしまいそうだった。

「へとへと」と言いながら帰り、寝る前にプルースト。読みだしたら、乾いたスポンジが水を吸収するような様子で、なんだか体に何かが満ち満ちていくような感じがあった。

しかしそうした菊の花が、十一月の午後のおわりの夕もやのなかにあんなにもはなやかに落日が燃えあがらせている、おなじようにピンクの色に映え、おなじように赤がね色に映えるあのつかのまの色調ほどあっけないものではなく、その点では比較的生命の長いことに、私は感動させられるのであった、そしてスワン夫人の家にはいるまえにながめた夕やけの色が、中空にうすれて消えそうになりながら、そのひととき、花々の燃えたつようなパレットにのびているのを、ふたたび部屋のなかで見出すのであった。

マルセル・プルースト『失われた時を求めて 2 第2篇 花咲く乙女たちのかげに 1』（井上究一郎訳、筑摩書房）p.284, 285

ずっと読んでいたかった、そういうわけにはいかなかった、眠った。

8月18日（土）

朝から疲れていた、仕込みをして、開店前、外の階段で一服をしていたら、通りを老人が歩いていった、荷物は手に持った紀伊國屋書店のカバーの巻かれた文庫本だけで、そういう装備で歩く人は見ていてなんだかとても好きだった。

昨日は14時間、立ちっぱなしだった、さすがに疲れるらしくふくらはぎのあたりがいくらかだるいといえばだるいというような疲れ方をしていた、昨日、座ることのなかった椅子には、今日は12時20分くらいには座った、ゆっくりした始まりだったし、仕込みも昨日のようにはなかった、それで、昨日さすがにできなかったのが経理の作業だった、ずっとサボったあと最近課しているのが1日5枚のレシートと2日分の売上伝票の入力で、今日の分を済ませると、驚いたことに、昨日できなかった分を、今日やった！　なんという勤勉さだろうと思って、頼もしい気持ちにもなったし、そんなにがんばる必要ってあるの？と心配のような気持ちにもなった。

そのあとは、粛々と働きながら、日記の推敲をしていた、今週は12000字くらいなのでだいぶ楽だった、推敲をしていたら、次第に、推敲よりも本読みたいわ今、という心地になっていった、ここ数日、まともに本を開いていない、いくらか、そろそろ、読みたい！という状態になっているらしかった、飢餓感。は言い過ぎか。空腹感。

それで、フアン・ホセ・アレオラの『共謀綺談』を開いた、最初の「記憶と忘却」という序文のようなものがよかった、最初は序文だと思わずに読んでいて、いくらかおかしな語り手のなにか、みたいな調子だと思っていたら普通に序文めいたものだとわかったときが一番おもしろかった。ホイットマンの名前が出てきた、先週柴崎友香を読んでいて、たぶんニューヨークの話のときに、テジュ・コールを読みたくなったと同時にベン・ラーナーもやはり読みたくなって、また読むかな『10:04』と思っていたところだった、ホイットマンのことが後半、出てきた、それを思い出した、いま一番読みたい小説が『10:04』かもしれない、あるいは『寝ても覚めても』かもしれない。

「ヘトヘト」と言いながら帰宅し、プルースト。奥様方がぺちゃくちゃしゃべっていた。

8月19日（日）

朝、起きたとき、夜になったらまた眠れる、と思ったら楽しみだった、楽しみがあるのはいいことだった、今日も早めに店行き、仕込み、S.L.A.C.Kをシャッフルで聞きながら。爆音で。『5sence』は最初聞いたときはあまりピンと来なかった、いつの間にかひたすら好きになった、『5sence』の曲が流れると「お」となった、他の曲でもなった。開店前、ツイッターを開いてトレンドみたいなページのところで、高校野球の、2ランスクイズのものがあったので再生したところ、高校野球は1分も見ていればいつでも涙腺が刺激された、感動した、この試合もそうだったのか知らないがいまだに150球完投みたいなことが、力投くらいの書かれ方で書かれた記事とかを見ると苛立った、ちゃんと水を差せよと思った、それとは関係ないが朝ご飯を食べながら「Number Web」の記事を読もうと見に行くもここのところは甲子園の記事偏重でプロ野球を扱ったものは少なく、僕は高校野球はどうも興味が湧かなかった、一試合一試合が切実すぎるからだろうか、プロ野球の、長いシーズンを勝ったり負けたりしながら過ぎていくその様子、このシーズン、次のシーズン、その次のシーズンへと続いていくその様子、そのくらいがよかった、のかもしれなかった。

それで店を開けると忙しかった、途中、外で休憩しながら宇田智子『市場のことば、本の声』を開いたところ、今は第3部というのかの、講談社のPR誌の『本』に連載していたもの、見開き、2ページに収まる短いやつのコーナーで、今日読んだ「夏休み」「灯台守の話」「言葉のはぎれ」が連続でスマッシュヒットという感じで、わあ、わあ、わあ、となって、ページを折る、折る、折る、となってだんだん用をなさないドッグイヤーになってきた。忙しかった、ずっと一生懸命働いていた、なんとなく気持ちのいい日でもあった、それは気持ちのいい状態が店に流れていたからでもあった、毎日だいたい気持ちのいい状態だけれども、今日もだからいい店だった、それで疲れて、『共謀綺談』を少し読んだが、ピンと来なくて悲しくなった、疲れた、なにを読んだらいいのだろうか、疲れて、8月は、というかお盆は、疲れた、たくさんお金を稼げた気がして喜んだ、3日間、フルスロットル×14時間みたいなそういう3日間だったので、疲れて、これは終わったらお疲れ会を催したいと思って、餃子を食べに行こうかという気になった、そのときに、何を読もう、ということが問題だった、今日は『共謀綺談』ではなかったし、じゃあなんだろうか、そういうことを考えていたらいくらか暗澹とした気持ちになっていった。

西武怖い。昨日は8回に3点取られて逆転された、昨日も今日も日ハムはチャンスを活かせていなかったというか、チャンスをたぶん何度も潰していて、そうこうしていたら一気呵成に山賊たちに襲いかかられた、というふうだった、なにか、スコアを見ているだけでもえげつなさのようなものがあった、朦朧としていた、疲れていた。

閉店して、なんの本を読もう……と暗澹としながら考えた結果、保坂和志の『カンバセイション・ピース』が選ばれた、というか保坂和志コーナーしか見ていなかった、それで選ばれ、取られ、店を出、餃子屋さんに行った、カウンターに通されて、左2席ほどは片付けられたグラスであるとか紙ナプキンのスタンドであるとか小皿であるとか、が並べられていて、いつもどおり閉店に向かう姿勢を前面に出していて、僕はそのすぐ横に座った、同じくらいのタイミングで一人の男性が入ってきて、カウンターで、僕のすぐ横だった、真横か、と思ったが、真横なのか、他に空いていないのか、と思いながらも、ビールと、焼餃子と、つまみを何品か頼んで、ビールが来て、飲んで、本を開いた、あああああ……これこれ……と、すぐに気持ちよくなっていった、隣の男性は僕より先に頼んでいて、食べ始めていた、大口で勢いよく食べているらしくクチャクチャいう音が聞こえてきて、クチャか……と思った、思って、それからつまみと餃子が来た、お箸や小皿が見当たらず、あれ、と思って、店員の人が通ったときにすいませんと呼び止めると、え、そこにあるじゃん、というような顔で、え、そこに、というようなことを言った、それは隣の男性の目の前というポジションで、いやいやいや、それは、違うよ、それはそのリアクションは違うよ、するなら「あーすいませんこれなんです」でしょうよ、「え、そこに」はそれは違うよ、と思って、思いながらすいませんとちょこんとやりつつ隣の男性の前に手を出すと、あちらも「あ、すいません」というふうのリアクションで、わざとかなというほど大口の口に詰めこまれた白いご飯をこちらに開示するような、「あ、すいません」というふうのリアクションだった、なんとなく憎めない気持ちというか、憎む必要はないのだけど、そういう気持ちになりながら、ビールで口を湿らせ、本をまた開いたところ、隣から「今のはひどいですよね」という声が聞こえて、僕は「うん、ひどいと思う」と答えた。どうしてだか「ここはタメ口で」という判断がされたらしかった。小学生とかに対してもたいてい丁寧語を使う身であり、これは珍しいことだった。

この時間になるとお店の人は露骨に閉店業務のことしか考えていなくなるようで、前はそんな感じじゃなかったような気がするのだが、前回は少なくともそうなっていた、同じ思いをするのかなと思いながら行ったわけだったが、同じ思いをしそうだった、それからもすぐ横でカトラリーであるとかをガチャガチャガチャガチャやっていて、なんかもう気分わりいなあ、と思う、思いながらも『カンバセイション・ピース』はよくて、ちゃんと染み入ってきた。

伯母と奈緒子姉と幸子姉が猫が好きで、九七年の暮れに伯母が入院するまでこの家には猫がいつでも一匹か二匹ずつ飼われていたので、うちの猫たちは遠い昔に生きていた猫も含めてたくさんの猫の匂いを嗅いだかもしれない。これは比喩ではなくて本心から私の気になっていることで、犬や猫はいつぐらいまで遡って残された匂いをたどることができるのかと思う。匂いをたどることができるかぎり、匂いを残したかつてそこに住んでいた猫が存在しつづけていると、あとから来た猫は人間が了解しているのと別の仕方で感じているのではないか。同じように、もうすでにこの世界にいない伯母もうちの猫たちにとっては存在が消えきってはいないのではないだろうか。

保坂和志『カンバセイション・ピース』（新潮社）p.8, 9

おめえさ、と、怒声が聞こえてきた、隣にいた男性だった、彼はサクサクとというかクチャクチャとスピーディーに食べ終え飲み終えると会計に立って、そこで声を上げたらしかった、店員に文句を言っているのかなと、これはそう思うというよりは、なにか一瞬にして生じる状況の把持のようなそういう思い方で、思って、ちらっとそちらを見ると顔は違うほうを向いている、その方向はカウンターに他に一人座っていた客で、お前の座り方のせいで迷惑かかってんのわかんねーのかよバカ、と言った。え〜……と思って視線を本やビールや餃子に戻し、男性が出ていくのを待った、罵声を浴びせられた客も棒立ちの店員も、同じようにただ過ぎ去るのを待つ、という解法で対応したらしかった。出ていくと、しばらく僕は胸がドキドキしていた、客は、その客はカウンターの右端のひとつ横に座っていて、それによって間の席が2つになったから、罵声クチャ男性はどちらかの真横に座らざるを得ない、もし彼が右端に座っていたら、3席空くから、全員が隣り合わないで座ることができた、その配慮がおめえにはないのかよ、というところで、それでそれをもって迷惑として何か義憤みたいな性質も勝手に持っていそうなそういう怒り方で怒ったわけだったが、客は、スタッフに向けて

「迷惑かかってました？　大丈夫ですよね？」

と何度か言っていて、何か、店の人間からの承認を得られれば罵倒された痛みや怒りが引くか和らぐかするようだった、スタッフは「大丈夫です、すいません」と謝っていた。スタッフたちはそのあとスタッフ同士でぶつぶつと不平のトーンで何かを話していた、先ほどの件かもしれないし、関係ない他の客に対する不平かもしれないし、仕事に対する不平かもしれないし、僕に対する不平かもしれない。つまり、可能性は無限になってしまうのだから、客にかすかに聞こえるような音量で不平の話をするな、ということだった。するなら、はっきりと聞こえる音量でしろ、ということだった。

ビールとつまみが終わったので、ビールとつまみ数品と餃子とご飯の大盛りを注文して、2セット目、みたいなつもりで注文して、読み、食べ、飲んで、この小説を選んで

よかった、こんなに気分悪い感じの店の状態でも気持ち悪くなく過ごせたというかちゃんと楽しかった、と思って帰った。帰ってシャワーを浴びながら、僕は罵声を浴びせた客についていって外に一緒に出て、いやあのお客さん別に悪くないですよ、怒りを向けるべき対象があったとしたら店ですよ、と言えばよかった、と思ったが、そのときには思いつかなかったし、思いついたとしても、そのあとの残された僕が気分よく過ごせなくなるかもしれなかったし、言わなかっただろう、と思った。疲れた。

8月20日（月）

朝はたいしてやることもないし、と思って、そうだ、夜にやろうとしていたショートブレッド焼きを開店前にやっちゃうか、とやったところ、開店までの時間が慌ただしくなって後悔した、どうにか間に合ったぜ、という調子で開けた、今日も夏休みが続いているのかコンスタントにお客さんがあり、そうこうしていたらいくつか仕込みをする必要が生まれて、わたわたと、後手後手になりながら夕方までフルスロットルで働いた、こんな疲れ方は久しぶりだった、去年以来だった、今年の3月とかの方がずっと忙しかった、そのときはだから人がいた、ということだった。5月に一人減って、なんとなく、そのあと、気ぜわしい時期になるような気がしていて、だからしばらくしたらまた募集しようと思っていた、そろそろかもしれなかった、疲れて、ネガティブな気分になっていった、暗かった、休憩しながら『カンバセイション・ピース』を開いた。

視線というのは厳密に考えようとすればするほど複雑に入り組んでいて、主体の位置があやふやになっていく。話し相手の表情の変化に咄嗟に反応して、意識するより先に返事の中身を変えてしまうことが誰にでもあるのも、視線と視線が行き交うプロセスの中に気持ちが漂っているような状態があるからで、そのとき視線は自分の思いどおりになっているわけではない。もっと言ってしまえば、視線はその対象である家や風景がなければ存在しなくて、外に立っていてもなお家の中にいる自分の延長の視線を操っていると感じるその視線自体がつまりは家のことであり風景のことなのではないかと思うのだが、家を見ていた空き地の前を離れて駅の方へと歩きはじめると、強い陽射しに照らされて濃い緑の葉を茂らせている桜の木や欅や、それがアスファルトに投影されたくっきりとした輪郭の影が次々と目に入り、ほんの一分前に見ていた家もそれを見ながら浮かんでいた考えも、あっさり押し出された。

保坂和志『カンバセイション・ピース』（新潮社）p.56, 57

煙草を一本吸うあいだに、読んで、それだけで、気持ちが開かれるようだった。ずっと読んでいたい。と思いながら、また一品作るべきものが出てきて、れんこんのきんぴらを作った、「『高架線』きんぴら」だった、といっても花椒を入れるというだけで、具はれんこんだけでなくきのこや人参も入った、『高架線』といえば滝口悠生といえば昨日、ツイッターで、11月くらいまでアイオワ大学のライティングプログラムに行ってきますということが投稿されていて、『死んでいない者』の冒頭部分の英訳がサイトで読めますということが書かれていて、見に行くと、『死んでいない者』は「The Unceasing」というタイトルになっていた、「絶えない、絶え間のない、打ち続く」という意味だそうだ、なんだかかっこよかった、それで訳文を読もうと、読み始めると、そういえば僕は英語がわからないのだった、ということを思い出して、読み始めるまで少し忘れていた感じがあってそれはなんだったのだろうか。

それはともかく『カンバセイション・ピース』を、読んでいた、夜はゆっくりになって、わりと座っていて、読んでいた、8月12日から妻が姪と一緒に実家に帰って、とあったから今はお盆だった、調子よく読んでいると、あれだけ「ゆっくりしていたい」と思っていたのに、そうだ、あれやっとくか、のようなタスクが生まれというか思いつかれ、別に明日でもいいのにやろうとする、なんだか元気になってきたようだった、少しの読書で取り戻されるものだった、そういうことだろうか。

それで、いくつかのことをやっていた、チーズケーキの下ごしらえをしたり、スパイスを調合というか、スパイスというと調合という言葉を使いたくなってほとんど初めて使った気がする使い方で使ったが実際はたぶん調合ではなくスパイスをすぐに使えるように準備しておく、カレーを作る際に必要な量のセットみたいなものを作っておく、カルダモンの殻を割って実を取り出すみたいなことを延々とやっていた、それからしばらく立ち働いていた、そうしたらやはり、疲れが如実にというか露骨に前に出てきて、肩は重いし腰は重いしふくらはぎは重い、総じて重かった、完璧な疲れ、11時くらいには、おおよそ片付けも済み、もうあとは本当にゆっくりしていよう、と思ってまた本を開いた、奈緒子姉と英樹兄と幸子姉が家にやってきた、高志と浩介も交えてわーわーとやっている、なんなんだろうこの多幸感は、と思う。

閉店、帰宅後、ぐったりし、酒飲みながら読書。とてもいい、とてもいい、と思いながら、読み、眠くなり、寝。ふくらはぎのあたりがずっしりとしている、寝ていても、それを感じる。

原初的な喜びに、行為の喜びにとどまること、そのことを考えている。

8月21日（火）

思ったよりも早く起きてしまった、居間にいる遊ちゃんに聞くと、まだ11時にもなっていなかった、眠気が意外に遠い。近寄せるため、布団の横の文庫本を取って、読む。鴨居について書かれているあたりで、鴨居ってなんだっけ、どういうものだっけ、と思いながら読んでいたら、目論見どおりだんだん意識が眠りに近づいていった、窓からさす光が、なにか、寄せては返す波のような調子で明るさと暗さのあいだを行ったり来たりして、そのテンポと同期しながら、眠りに落ちていった、起きて、「何時？」と聞くと1時半だった、やった、10時間寝た！と思って起きた。

起きると、今日は外で昼飯を食べようと思っていた、なぜなら今日は夜までは何もしないぞ、と思っていたからなのだが、14時から甲子園の決勝で、どれどれ、見たいぞ、と思っていた、「バーチャル高校野球」というサイトでパソコンで見られることも昨日調べていた、それもあって、そもそも食べたいのはうどんとかなんだよな、と思って、近くの蕎麦屋さんでうどんを食べようかとも思っていたが、うどん、家にあるしな、お金もったいないしな、と思って、茹でることにした、茹でて、パソコンを開いて、再生した、すると1回、金足農業高校は、というのか吉田投手は、ピンチを迎えた、無死で

二、三塁だったっけか、一、二塁だったっけか、で、迎えた3番、4番と、連続で三振に取った、これで無失点で抑えたらなんかほんと物語だわ、と思っていたら、打たれ、それからまた打たれ、3点を失った、なにか、安心するような気分があったし、快投を見たかった気分もあった、遊ちゃんが出かけていった、僕はうどんを食べながら、見たり見なかったりしていた、なにか、見続けることが恐ろしいような変な消極的な気分もあった、3回だか4回だかに3点を追加され、大阪桐蔭は怖かった、5回には6点を追加され、伝令で走ってきた控え選手がマウンドを走り抜けていくパフォーマンスを見せ、みなで笑う、そんな場面があり、感動して、泣きそうになった、5回を終えて、パソコンは閉じた、120球くらい投げていて、いったい今日、どれだけ投げさせるつもりなんだろう、と思った、これが中4日とかであったら、どう違ったのだろう、とも思った、この先、怪我をすることになるのだろうか、と思った、そのとき、思ったが、投手にとって、マウンドの上にいるその現在がきっとすべてになるであろうことは想像に難くなかった、だからこそ球数制限以外に解決策はなかろう、と思った、わかりやすくがんばる、という物語はわかりやすく感動するけれど、そうじゃない物語でだっていくらでも熱狂できるはずだった。

晴れていて、暑そうだった、眠気みたいなものが近くにあった、あれだけ寝たのに、と思いながら、でもそんなにゆっくりはしていられない、外に出ないとならない、と思って、20分くらいのアラームをかけて、布団に入った、『カンバセイション・ピース』を開いて、読んだり、目をつむったりしていた、アラームが鳴って、つい「繰り返し」ボタンを押した、新大久保にスパイスを買いにいく、というタスクがある、ねばならない、しかし、本当にねばならないのだろうか、それは今日であらねばならないのだろうか、木曜でもいいのではないだろうか、等々、考える、考えるが、まあ、行っとこう、という気になり、起き上がり、家を出た、自転車で、新大久保を目指した、5時、交通量が多かった、思ったよりも暑かった、汗をかいた、いつものハラルフード屋さんでさっさか大量のスパイスを買い、リュックに詰め、また自転車、あと30分遅くてもよかったな、と思いながら、走り出す、駅前の、新大久保駅から大久保駅に向かう向きに走っていると、太陽が真正面からやってきた、前が見えないほどの逆光で、なにか、砕け散ってしまいそうだったというか自分が砕け散るイメージがやってきて、それを思いながら、ゆっくり気をつけて自転車を漕いだ。

6時にはフヅクエに着いて、お客さんが何人かあった、僕はひきちゃんに「やあ」と手をあげると厨房には入らずすたすたとカウンターの一番奥の席に行って、座って、『カンバセイション・ピース』を開いた、1時間、読書ができる、と思うと愉快だった、それで読んだ。コーヒーを今日一日、口にしていなかったため、ひきちゃんに「水出しコーヒーはまだありますか？」と問うて、あるということだったので、いただいた、おいしかった。

7時になり一度閉店で、ひきちゃんといくらか歓談して、見送って、シャッターをおろして、それから7時半になってまた開けた、「会話のない読書会」の日だった、柴崎友香の『公園へ行かないか？　火曜日に』だった、そのため、「言葉、音楽、言葉」で出てきたこともあって、ジェフ・バックリィを、始まりの時間までは掛けていよう、と思って掛けていると、賑やかだった、8時まであと10分くらいのところでちょうど「ハレルヤ」が始まってくれて、これこれ、というかこれ流さなきゃ意味なかった、と思って、これこれ、と思った、終わって、もう一度「ハレルヤ」を流した、8時になって、止めて、挨拶をして、それで、読書会の時間が始まって、1時間くらいでオーダーが落ち着いたので僕も座って読むことにして、読んだ、表題作と、それから「とうもろこし畑の七面鳥」を読んだ。同じ場所をぞろぞろ歩く、それぞれ、見ているものは同じようで、違う、という感じが、僕が思っている読書会のありようとかなり近い気がして、うってつけの2作だった。

なんでこんな形にしたんだろう。生き返りそう。ゾンビ？　生まれ変わりたいんじゃないの？　ああそうか。悪趣味だ。わたしは生まれ変わりたくない。わたしたちは言い合った。reborn、という単語だったと思う。記憶の中では日本語に変換されたほうだけが残っていることが多く、ところどころは英語で覚えている。それを言った人の声で、覚えている。

大きな音を立てて、芝刈りマシーンに乗った男が丘に現れた。周りには刈られた芝が飛び散って緑の霧が発生し、植物と土のむせるようなにおいがした。ジャニンとウラディミルが、その男に何か聞きにいった。男が森の奥を指さすのが見えた。

柴崎友香『公園へ行かないか？　火曜日に』（新潮社）p.16, 17

この箇所が最初に読んだときはなんとなく通っていたこの箇所がよくて、よかった。終わったあと、来られていた橋本さんと外で話した、B&Bでのトークイベントにも行っていたそうで、そのときに、執筆時期が早いものの方が、だから記憶が色褪せていないときのものの方が、小説のモードで書きやすかった、あとの方になると、思い出すことに力が入ってしまって、それが小説のモードを邪魔するようなところがあった、というようなことを話していたというようなことをたぶん話していて、それは面白いなと思った、思ってから、小説、とまた思った、エッセイ、小説、という区切りよりも、どうしてこんなにも小説が立ち上がるのだろう、ということが気になっていて、読むとやっぱり気になるらしく、気になっていた。

小説を作るためには作り話を仕立てる必要はない、ということだった。と、書いてみると言うまでもないことだと思ったが、改めてそう思ったのか、これまでとは違う思い方で思った、だから、仕立てる必要はない、作り話の面白さを競うだけならそれは芸でしかないというか、芸を貶める気はないから、違う言葉が必要だろう、なんだろう、スキルとかでいいのかな、技を貶める気もないから、いや、まあ、いいや、作り話の面白さは必須ではないというか、そんなことではない、小説を立ち上がらせるのは別の何かだ、と思って、思って、それから。

それにしても、表題作は特にだけど、最初読んだとき、小説だ、と思いながらも、エッセイと言われたらエッセイと読みそうだし、日付けがあれば日記として読みそうだ、と思ったしそう書いた気がするけれど、2度めの今回は全然そんな感じがなく、小説だ、小説でしかない、というような気分が強かった。

読書会の途中で、今晩はまた豚の生姜焼き、と思って、肉と玉ねぎを漬けこんでいた、それを閉店後、いろいろ済ませて、1時近くになっていた、焼いて、たらふく食べて満腹と思って帰って、遊ちゃんは僕が帰ったらたいてい起きて、それで話したりするのだけど、今日はずっと寝ていた、起きても本当にかすかで、寝ながら起きているぐらいの状態だった、シャワーを浴びてからウイスキーを飲みながら『カンバセイション・ピース』。庭の水撒きの場面、圧巻の40ページだった、これは本当にすごい、すごいし、この面白さがひたすら持続するのはいったいなんなんだろう、と思う。

私は水を撒いているあいだじゅうずうっとしゃべっていたわけだけれど、それはチビの小学生と大柄な女の子というイメージに上機嫌だったからだけではなくて、この庭に向けて私の記憶を送り返しているみたいなつもりになっていたからだった。あるいは綾子に私の記憶をしゃべることで、私が水を撒かないときに私の代わりに水を撒く綾子が、私の代わりに私の記憶を思い出すと考えているのかもしれなかった。子どもの頃から綾子が抱いていた、自分が答えをわからなくても他の誰かがわかっているからいいんだという考えが、世界との関わりについて何らかの真実を示唆しているように私は感じはじめていた。

保坂和志『カンバセイション・ピース』（新潮社）p.235

8月22日（水）

開店前からバタバタしていて、別段営業が始まってからでも構わないタスクであっても、先やっとくと楽になる、先やっとかないと詰まる恐れがある、そういう気分によって開店前にいくつかのことをせっせとやっていると、バタバタとして、基本的にこの店は金土日の店で平日はのんびりしてあれこれのボトムを整えるというか、ボトムってなんだったか、とにかく整える日、と同時にゆっくりめに過ごす日、英気を養う日、金土日ががんばる日、が基本のはずだが今月はどうも様子が変で、お盆のあたりからお盆が終わったはずでもまだ忙しさみたいなものが残っていて、何か夏休みっぽさがある、学生の人たちが来ているという感じでもなくて、夏季休暇取得中の社会人みたいなそういう様子があって、うれしい、去年はこんなふうじゃなかった、疲れる、それで改めて来客数を見ているとと8月の10日から毎日が調子のいい金曜以上の調子になっていて、それがだから12日とか続いているわけだった、それは確かに疲れるし慌ただしいと思って、疲れが正当化された、正当化されたら疲れが落ち着くわけではなく、むしろ安心して疲れを感じすらする、疲れていた、その疲れの一因にはそういう忙しい日々のあいだの休みの日に普段まったく運動していない体を動かしてキャッチボールをがんばったということもあるのではないかと思ったが、間違ったことに明日もキャッチボールの約束をした、ボールを投じ、投じられたボールを捕りたい。

それで、夕方まで、あれや、これや、それや、という様子でいくつもの仕込み等をして、がんばって、また疲れて、それから、この疲れの一因、落ち着かなさの一因には、最近まったく自分のためにコーヒーを淹れていないということもあるのではないか、と思った、つい、すぐに飲める、そして冷たさがうれしい、水出しのコーヒーを適当に、麦茶の要領でカップに注いでグビグビ飲む、それが一日のコーヒーのすべてになってしまっていて、ここのところずっとそうだった、落ち着いて、自分のために豆を挽き、自分のためにドリップする、そういう時間が必要だったりもするのではないか、そう思って、一段落したあと、淹れた。

夜はのんびりで、久しぶりに、だから12日ぶりとかに、平日だった、そうなるとそうなったで勤勉で、勤勉なのかただの多動なのか、あ、あれやっとこ、が芽生え、これで金曜少し楽になるぞ、というような、働きをして、偉いし、ちゃんと休めとも思う、それから『GINZA』の連載の文章に取り掛かったりして、野球を見ると日ハムがソフトバンクに1対3でリードされていてそのあとに見ると2対4でリードされていて、ふーむ、まずいよなあ、と思っていたところ、次に見たら6対4で逆転していて、その数字を見ただけで少し感動してしまったのだけど、何が起きた、と思って見ると清宮幸太郎が逆転の3ランを打ったということで、映像も見たら、スコーンと打っていて、すごい、と思った、もっと泣きそうになった、これはこのまま勝たないといけない試合だ、と思った、8回に1点差に詰め寄られ、でも勝たないといけない試合だ、と思って9回、一球速報で見ていると、浦野が上がっていて最初のバッターが出塁して、怖い、と思ったら今宮が犠打でランナーを進めて、怖い、と思ったら次に見たら塁上のランナーが消えていてアウトカウントは1のままで、あ、と思ったらグラシアスだかなんだかという選手が今日2本目のホームランを打ってあっさり逆転していて、うわ、と思った、次に見ると柳田が二塁ランナーとして出ていて、次に見たらアウトカウントは1のままで、あ、と思ったら松田がホームランを打って突き放したというか試合を決めた、なんというか、これは無惨な試合だ、と思って、無惨、と打ったあと、無惨ってどういうことだろう、惨めではない？と思って調べると仏教の言葉で「[無・慙]罪を犯しながら心に恥じないこと。「放逸――」」とあり、三つ目の意味で「気の毒なこと。いたましいこと。また、そのさま。」と出てきた、そういうことだった、無惨だった、そのまま負けた。一方で広島は同点で迎えた5回、ワンアウト二、三塁の場面で西川龍馬が3ランを打って勝ち越した。

広島の攻撃がツーアウトまで来たところで、大峯が突然立ち上がって紙コップをくりぬいたメガホンで歌いはじめた。

「スウィート、スウィート、ナインティィーン・ブルース
だけど私も、ホントはすごくないから
スウィート、スウィート、ナインティィーン・ドゥリーム
誰も見たことのない顔、誰かに見せるかもしれない
スウィート、スウィート、ナインティィーン・ブルース
スウィート、スウィート、ナインティィーン・ブルース
スウィート、スウィート、ナインティィーン・ブルース
スウィート、スウィート、ナインティィーン・ブルース」

まわりはみんな、わけがわからない顔をしていた。さっきからずうっと一人で勝手に野次りまくっているオヤジのことだから、もう無視しているしかなかったのだろうが、大峯のバカバカしくもクソ真面目な根性に感動して、途中から私も立ち上がって歌わないではすまされなくなってしまった。安室奈美恵の『スウィート・ナインティィーン・ブ

ルース』はローズの大好きな歌なのだ。」

保坂和志『カンバセイション・ピース』（新潮社）p.287

野球の場面が始まってから、この場面のことがずっと頭にあって、野球の場面になる前からずっとあったが、よりあって、それで野球の場面が始まってからは、ずっとあって、このページを開いて左側に何かそんな気配を感じて、そこにぶつかるまで、オー、ヤー、あの小さな（リトル）——ああ——来るぞ、来る来る、あの**かわいい**（リトル）——**AHH**——

ローズ！

と思って、わーっと盛り上がり、ほとんど泣きそうでいた、そのまま読んでいくとローズの打席になって、

右中間にぐんぐん伸びてくるのがローズの打球で、それこそがローズの個性だが個性が問題なんじゃない。野球はすべてのプロセスが得点に還元されて、勝ち負けだけが残る。伝統の名勝負や名選手なんていうのはテレビで野球を見ている非当事者の言い逃れで、毎日の試合には勝ち負けしかない。ピッチャーが投げてバッターが打ち返す一連の運動の中には、伝説も名勝負も歴史性も関係なくて、だからゆっくりした粘っこい素振

りをするローズに、ライトスタンドは「ローズ！」と声かけ、
「カモン　ローズ　ヴィクトリー
ハッスル　ボービー　ゴゴーッゴーッ」
と歌う。

同前 p.292, 293

この場面で決壊し、グスングスンと泣きながら読んでいた、営業中。
営業後、体が疲れていた、体の疲れがはっきりと感じられた、重かった、上の引用部を打ちながら、聞こう、と思ってYouTubeで「SWEET 19 BLUES」を流すと、そのまま安室奈美恵の音楽が次々に流れていって、今も流れている、さっきは「Baby Don't Cry」が流れていてやっぱり好きな曲だった、『ＰＬＡＹ』だけアルバムとして聞いたことがあって一時期、２００８年頃だろうか、やたら聞いていた、思い出すのは岡山だった、デカダンで、営業中だろうか営業後だろうかあの店にはそんなものは関係なかっただろうか、流して、いい、いい、と言った、その夜というのかデカダンで過ごした夜の全体を思い出して、今は「GIRL TALK」という曲が流れている、初めて聞く、としてもいい、これは２００４年の曲とあるから『ＰＬＡＹ』の前の時期だろうか、その

あともいろいろと聞いたり見たりしていた、オフィシャルでMVがアップされているのだけれども映像の監督の名前がクレジットされていなくて、してあげてもいいんじゃないの、と思った。思って、帰った。

寝る前、プルースト。

8月23日（木）

遊ちゃんに11時18分だと言って起こされて、なんの時間？というとぼけた反応をしてというか実際にとぼけてから、11時半くらいには家を出ようと言っていたことを思い出してゲラゲラ笑った、それからしばらく何か言ったり聞いたりしながらゲラゲラ笑って、目覚めの時間から上機嫌だった、ようやく布団を出た、家を出た、今日はお昼はウミネコカレーで食べようと昨夜話して、楽しみな予定だった、それで行った、途中、工事している道があり、道路で誘導する係の人が「ｘｘｘさんが帰ってきた」と通信機器で話していて、車が通った、迂回路だったが、その中間に住んでいる人のようだった、車庫入れを、おじさん数人がバックバックとオーライオーライと言いながらやって誘導していて、運転席の奥様も愉快そうで、なんだか気持ちのいい場面だった、暑かった。

ウミネコカレーでは僕はキーマカレーを食べて、遊ちゃんはなんだったか、チキンかなにかで、それからビールの小瓶を一本頼んで二人で分けて飲んだ。カレーは相変わらずおいしかった、おいしかったおいしかったと言って、商店街を歩き、ブルペンに僕は初めて入って、よかった、なんだか気持ちのいい店だと思った、これが今かっこいいとかではなく、これが好き、というのがちゃんと出されているような気がして、店の主語がちゃんと一人称単数という気がして、それがよかった、それでパドラーズコーヒーに寄り、カフェラテを、テイクアウトにして、中の席で待っていると壁に白いTシャツがあるのに遊ちゃんが気づいて、これまではしばらくは紺色のやつと何色だったかのやつの2色だったが、そこに白というか「アイボリー」とお店の方は言っていた、アイボリーのやつがあり、僕はかねてより白があればほしかった、パドラーズコーヒーのTシャツを着てフヅクエで働くということをやってみたかった、そのため買いたかったが、僕はそのとき200円くらいしか持っていなくて、遊ちゃんも100円くらいしか持っていなかったため、取り置きを打診したところ快諾してくださって、取り置きをお願いした、それで、冷たい飲み物を飲みながら、家に帰った、家を出た。

代々木公園駅に出て、そこから遠回りルートで電車に乗る算段だった、いちばんシンプルなのは新宿、池袋、と乗り継ぐことだったが、二つの巨大駅どちらも経由せずに行く方法はないのか、と調べたところ、あった、つまり、千代田線で明治神宮前に出て、副都心線で地下鉄赤塚、地上に上がり少し歩くと下赤塚で、東上線、というそういうルートだった、それで、それは楽しみだった、つまり、副都心線が30分あった、この30分が楽しみだった、読書時間だった、それは、このルートを調べた昨日から楽しみなことだった、この30分を読書に充てるぞ、それが、楽しみなことだった、というその30分があったため、そこで『カンバセイション・ピース』を読んでいた、30分は思いのほかにあっという間だった、東上線は、久しぶりだった、高校に行くときにひと駅分だけ乗っていた、懐かしさを感じたわけではなかった、ときわ台で降りると乗る人が多く、乗降車数がそれなりにある駅なのかなと思って、降りた、駅前はロータリーでまるく、真ん中の広場を通って鈴木さんの姿を探していると高いところに人影があり向かいの2階のマクドナルドに鈴木さんがいて手を振っていた、ときわ台の様子を見渡していると「ガールズバー」と書かれた建物がありウッディな壁面でガールズバーのキラキラした感じというのか、ガールズバーがキラキラした場所なのかは知らないが、そういう感じとは異質で、変なの、と思って遊ちゃんに送ろうと思って写真を取っていると鈴木さんが来て、ガールズバーですか？というのでそうですと答えると、以前、客寄せの女性に聞いてみたことがあるという、それによるとオーナーがディズニーシーが好きで、ということだった、ディズニーシーが、このように変換された、ということだった、通りをほんの少し歩くと目的地があり2階に上がるとスケルトンの物件があった、鈴木さんがお店を始めるために借りようとしている物件だった、一度一緒に見ませんか、と誘っていただいて、見に来た格好だった、見ながら、いいですねえ、いいですねえ、楽しいですねえ、と言った、可能性に満ち満ちているというか可能性だけがあるような、スケルトンというのはそういう場所だった、どうにでもなれる、もちろん物理的な制約はあるけれど、どういう可能性もある、どういうふうに使うのか聞きながら、疑問を呈したり、意見を言ったりしながら、けっきょく1時間半近くそこにいた、大きな窓からは光が差し込み、風が抜けた。

電車に乗り、隣の上板橋で降りた。上板橋は商店街がよかった、途中でコロッケを買った、歩いて、歩いていくと城北中央公園があり、きれいで広くて気持ちのいい公園だった、何面かある野球場のひとつのところまで行くと、大学生と思しき人たちが試合をしていて、力強く、速く、上手な人たちらしかった、近くのベンチにとんかつさんがいて、お待たせしました、と言って、とんかつさん、鈴木さん、鈴木さん、とんかつさん、と紹介して、3人でキャッチボールのできそうなところまで歩いていった、芝生の、広々としたところがあり、そこだった。グローブを出し、Tシャツを着替え、三角形になり、投げて、捕って、投げて、捕って、を繰り返した、途中、どうしてこんなに楽しいことを、たとえば大学生のときであるとかに、やろうと思いつかなかったのだろう、それこそ、僕が初めて住んだ一人暮らしの部屋の道路を挟んだところに、毎週草野球がおこなわれているような公園もあった、桐原公園、それなのに、キャッチボールをしようなんていう発想は一度も出てこなかった、もったいないなあ！と朗らかに考えながら、投げて、捕って、を繰り返した、途中、ゴロを投げたりフライを投げたり、自在だった。愉快だった。鈴木さんは高校まで野球をわりとがっちりとやっていたそうで、上手だった、高校時代はサードだった、軽快なグラブさばきという感じがいくつかあった、これまで、会っても飲む話す、いちばんダイナミックな見かける運動といえば歩くぐらいのものだった人たちが軽やかに小気味よく体を動かす姿を見るのは、なんというか、面白いものだった、新鮮だったし、感動みたいなものがまったくないといえば嘘になった、よかった。大人になってよかった、大人は楽しい、というような。

それから、近寄ってきたご婦人にそこでキャッチボールというかキャッチボールはまだしも投球練習みたいなことはさすがにどうかと思うと注意され、うっかりしていた、そりゃそうかもしれなかったと反省して、マウンドがあっちにあるよと教わり、いやはやすいませんでしたと謝り、そちらに行った、草ぼうぼうで、禿げて土が露出しているところが一直線にある、そういうワイルドなマウンドだった、そこでまた、投げて、投げて、投げた。大満足だった。

公園の中を歩きながら、『カンバセイション・ピース』に羽根木公園の名前が出てきたことをとんかつさんに話した、野球の場面が感動的だったと話した、とんかつさんはベイスターズファンで、あそこで描かれていた時分の横浜スタジアムによく行っていたらしく、あの場面は、知っている時間、行っていた場所、そういったものへのなにか感慨みたいなものを感じながら読んだんだと話した。駅に着き、そのまま電車に乗りそうになったが、軽く飲みます？となり、なった。中華料理屋さんに入って、つまみつまみ、ビールを飲み飲み、話し話し、過ごした、とんかつさんに野球のおすすめ小説を教わった。『ユニヴァーサル野球協会』『ナチュラル』『素晴らしいアメリカ野球』。

途中、隣のテーブルの、女性と男性とちびっこのテーブルのちびっこが、八宝菜を食べていたらしい、「ピーマン」と聞こえたあとに、「どうしてこういう名前になったんだろうね」と言っているのが聞こえて、そういう疑問は、本当に、とてもよいよなあ、と思った、どうやら名前が気になったのは八宝菜についてのようだったが、ピーマンについてもぜひ気になってもらいたかったというよりは気になった。調べた。「広義のトウガラシを指すフランス語の「piment」ピマンあるいはスペイン語の「pimiento」ピミエントとされる」とのことだった。大事なのは問いだった。

帰りは、同じ経路で帰ろうかと思ったが東松山駅あたりの人身事故の影響で東上線に遅れが出ており、乗ってみると遅々として進まないような進み方だった、とんかつさんと話しながらゆっくり帰った、『楡家の人びと』を読みたくなった、どうにか池袋まで着いたものの副都心線も同じく遅れており、地下深くのホームから地上に舞い戻って山手線を使うことにしたところ、山手線も少し遅れていて（これは人身事故とは別の理由で）、軒並み遅れる帰り道だった、宗教音楽のことを教わった、原宿で別れた、1時間半くらい掛かっただろうか。

寝る前、プルースト。

8月24日（金）

歩きだろうかと思ったらちょうど雨が上がり自転車に乗れて得した気分だった、八百屋さんで野菜を買っていたら雨が降り出して最後の30秒濡れた。店に着き、乾かそうと努めた。

昨日、とんかつさんに教わった真言宗豊山派の読経を聞きながら準備していた。途中、配達の人があり、なんとなく愉快さを伴った申し訳ない気持ちが芽生え、変なもの流していてすいません、と謝るというか、言った。

開店後、忙し。絶え間なく働きながら、絶え間はあるので、外で煙草を吸いながら『市場のことば、本の声』を開くと、水分補給みたいな効果を得る。どれも本当によくて、エッセイ、と思う。エッセイ。

絶え間がやはりなかったのだなと気づくのは夜になってても経理のタスクが塗りつぶされていない状態を見たときで、やらないとは思わないが、完了されていないタスクがあるのは気持ちは悪かった。で、やった。11時。偉かった。

12時。閉店。飯食い、食った後、日ハムの試合のハイライトを見た。久しぶりに勝った。淺間大基、堀瑞輝、清宮幸太郎、石川直也。若い人たちが、躍動していた。中田が、犠牲フライでヘッドスライディングで還ってきた。胸が熱くなった。ホームランを打った。通算200号アーチだった。199の手作りのパネルを持った少年の姿が映った、ホームランの打球が上がって、わーっと大きく目と口を開く姿が映った、199が裏返って２００の文字が見えて、隣のお母さんらしき人に勢いよく抱きつく姿が映った。１９９と２００がチラチラしていた。胸が熱くなった。

帰り、『カンバセイション・ピース』。

8月25日（土）

とても忙しい日で、10時になったらほとんど誰もいなかった、その最後の方が帰られる直前くらいのタイミングでお一人来られて、おそらく初めての方で、僕は、俺はそれにしてもよく働く男だなあ！と感嘆しながら仕込みをしたり下ごしらえをしたりしていた、初めて来た小さな店で自分以外客ゼロ、という状況は、なんだかあんまり気持ちの楽しいものではきっとないよなあ、と思って、二度目三度目なら勝手もわかるというか様子もわかるというか、気にならない気がするから気にしないけれど、初めてでこの状況はなんだか申し訳なさを感じるな、と思って、こういうことを感じるのは久しぶりだということに気がついた、店を始めて最初の1年とか2年とかはよく思っていた気がする、サクラでも雇いたいと発想したことがしばしばあった、最近はそういうことを思わなくなった、この点についての考え方は変わっていないのだから、そういう状況が少なくなったということだろうか、そう思いながら、そういうときはドリンクを持っていくときにでも「いやあ、なんかあれですけど、12時までやっているんでのんびりのびのびしていってくださいね」みたいなことを言えたらというか、僕は僕でやることがなくなってから閉店までのんびり読書みたいな時間が楽しいし十分にゆっくりしていっていただきたいというのが本心だということを伝えられたらいいのだが、なんだか発語しそびれて、仕込みや片付けが済んだら『カンバセイション・ピース』を読み始めた。11時くらいで追加のオーダーがあり、あ、ゆっくり過ごしていただけてる感じかな、といくらか安心し、読み続けた。野球の場面を最高潮として、そこから内省的というか、静かというのも違うのだけど、もっと静かに蠢いている感じがずっとあるのだけど、トーンが変わったというか、陽射しの色が変わったようなそういう変わり方があるような気がした。伯母の名、――伯母。

毎日毎日テリトリーの印であるマーキングのオシッコをかけて回って、それをまたチェックして回るのが外の猫の日課で、強い猫ほどそれに費やされる時間が長くなることになるのだけれど、森や草原でもない本来のネコ族とほど遠い環境の中でその習性が消えずに残っているのは奇妙なことだと言えなくもない。しかし、何という言葉が適切かわからないが、人間でも動物でもただ食べて寝てという具体的な次元で生きているのではなくて、自分を支えている抽象的な次元を持っていて、それを守ったり、それに奉仕したりするために具体的な行為を毎日積み重ねているのだとしたら、伯母の毎日の拭き掃除もそういう抽象的な次元への奉仕ということになるのかもしれないと思った。

保坂和志『カンバセイション・ピース』（新潮社）p.376

このあと、語り手と妻と姪が話す場面になって、猫が走り回る、すごく走り回っていて、走り回るように文章も目まぐるしくなって、目が回った。

お会計のときにやっと、なんかあの閑散とした感じですいませんと笑って言った、ゆっくり本が読めてよかったとの由、よかった。それで、帰って、へとへと、プルースト。

ジルベルトはこのつくられた誤解をうたがおうともしなければ、せんさくしようともしなかったので、そのうちに、そんなつくりごとが私にとって現実性をもったものになり、手紙を書くたびに私はそのことにふれた。あやまってはいったこのような立場や、装った冷淡のなかには、それに固執させる魔力がある。ジルベルトから、「でもそんなことはありませんわ。よく話しあってみましょうよ」という返事をとるために、「二人の心が離れてからは」という文句をあまり書いた結果、ついに私は二人の心がほんとうに離れたと確信するようになってしまった。「いいえ、すこしも変わっていませんわ、この感情は以前にも増して強くなっています」といった言葉がいつか自分にいわれるのをききたくて、「人生はぼくたちにとって変わったかもしれません、しかし二人が抱いた感情を消すことはないでしょう」とたえずくりかえした結果、人生は実際に変わってしまった、二人はもう消えうせた感情の思出をもつだけになろう、と考えながら暮らすようになった、あたかもある種の神経質な人たちが病気を装ったために、ついにほんとうに病気になってしまうように。

マルセル・プルースト『失われた時を求めて 2 第2篇 花咲く乙女たちのかげに 1』

（井上究一郎訳、筑摩書房）p.345, 346

ジルベルトと仲違いして、語り手はその母オデットのサロンにはたびたび行っている、ジルベルトとの接点はそれだけかと思っていたら手紙のやり取りは続いていると知り、どういう状況なのかよくわからない、それはそれとして、こういう箇所にはいちいちグッと来る、言葉が実態に先行する感じがきっと好きというか、僕にとってきっとなにかなのだろう、そのあと、「人間はある人のために、自分の生活を設計する、そしてついにそこにその人をむかえいれることができるとき、その人はこない、ついでその人はわれわれにとって死んでしまい、その人のためにだけあてられていたもののなかに、いまは自分が囚われの身となって生きている。」という一文があって、グッと来て、なんだか何か終末に近づいている感触があるぞ、終末というか総括、と思っていたらオデットが「では」と言ったのち、「もうおしまいですのね？」と発した、それは左ページの左端で、めくると、左ページに大きな空白ができていた、章が終わるんだ！と思って、長い長い、改行すらほとんどないこの本において、この白々とした空白のあらわれはほとんど大事件のようで、僕にショックを与えた、「もうジルベルトには会いにはいらっしゃらないのね？」とオデットは言った、悲しみがあふれる気になった、ページを開くと第二部とのことで、「土地の名、──土地」とあった、今まで読んでいたものは「スワン夫人をめぐって」というタイトルだった、ということを、「じゃあ今までのは？」と思ってページを戻ったら、知った。寝た。

8月26日（日）

アラームが鳴ったあと、バスの車内、見知った人たち、「席変わって」、濡れた靴下、映画自慢、合宿所、そういった夢、寝過ごし、慌てて店に行き、開店直前、宇田智子の

『市場のことば、本の声』を開いた、昨日もそうした、よかった、だんだん終わりに近づいてきた、エッセイ集のようなものは僕は途中で閉じてそのままになりがちで、でもこの本はゆっくりゆっくり読まれていっている、本当はこういうペースこそがいいのかもしれない、それなりの年月を掛けて書かれていったものを、とんとことんとこ読むこともない、それこそ、今読んでいる2ページずつのエッセイは、月一で書かれているものだろうから、めくるごとにひと月が経つわけだけど、それを、短いからといって一気に読んでいくのも、おかしな話かもしれない、先日『鉄西区』の話が出て、僕は見ていない、ワン・ビンはひとつかふたつしか見ていない、なんとかというドキュメンタリーが5時間くらい、それが5カットくらいでひたすら一人の女性のインタビューで、途中で「暗くなったから明かりをつけましょう」と言われたりする、今ここことは異なる時間が確かにそこに流れているのを感じる、という話を聞いた、カットが変わらない以上、時間は画面の向こう側にもこちら側にもそのとき等しく流れる、その流れをリアルなものとして感じたときに感動する、そんな話を聞いた。関係あるかもしれない気がしたのか思い出した。

8連勝中のソフトバンクの試合経過を見ると西武との首位攻防戦で6対1でリードし

ていた。

見ると、2ランと満塁ホームランで6点取ったらしかった、ソフトバンク怖い……と思っていた、しばらくしてまた見ると、6対6の同点になっていて、西武も怖い……と思った、また見ると8対8で延長になっていて、ほんとどっちも怖い……と思って、最終的には12対8でソフトバンクがサヨナラ勝ちをしていた、え、ということは、と見るとグラシアルの満塁ホームランということだった、2ラン、満塁弾、2ラン、満塁弾、それがソフトバンクの得点のすべてだった、9連勝、怖い……と思って、思いながら、今日も忙しいと思っていたら夜はゆっくりと流れていき、昨日届いた『ユリイカ』を読みながら過ごした、8時にはおひとりになり、9時過ぎには誰もいなくなった、結局バジェットには届かないダメ日曜日ということになった、でも疲れていた、誰もいなくなると、なんだか心細いような、頼りないような気持ちになった、そうだ、ドリップバッグが在庫僅少だ、作ろう、となり作り、そうだ、いつもよりしっかりめに五徳を洗おう、となり洗い、そうだ、換気扇そろそろ掃除しよう、となり、掃除を、始めた、換気扇の掃除はわりとへビーなタスクで、ほんとにやんの？と何度か思ったが、始めた、取り外してみると思ったよりも汚れは軽く、シンクの中でマジックリンみたいなやつを大量に噴霧し、きれいにした、へとへとに疲れた、本当によく働く男だなあ今日も今日とて、と思って、夕飯を食べながら『ユリイカ』を読んでいた、最初に開いたところが「串橋がチェーホフの戯曲の一節を暗唱するとき、ひとり驚いていない朝子の目」で、チェーホフの場面は僕も一番うおおおおとなったところだったから、おあつらえ向きで、読んだ。

だが朝子は「KUSHIHASHI 1」と「KUSHIHASHI 2」がそれぞれ別個に存在することを受けいれる。そういうことはありうる。なぜなら、現に眼の前で起きているのだから。それゆえ、朝子は串橋のこの間の言動にひるむことがなかった。(…)あらゆるものを等価に受けいれてしまう朝子の目の力が、本作のもっとも特異な焦点としてあらためて浮上することこそが、この場面の決定的な機能である。

三浦哲哉「串橋がチェーホフの戯曲の一節を暗唱するとき、ひとり驚いていない朝子の目」『ユリイカ2018年9月号　特集＝濱口竜介』所収(青土社)p.61

うわあそうだったのかあ! と思って、興奮というかなんだか戦慄しながら読んで、その次の「マヤは誰を演じているのか?」(須藤健太郎)も戦慄しながら読んで、それから「三宅唱監督への10の公開質問――『きみの鳥はうたえる』『寝ても覚めても』同日公開記念」（濱口竜介）を読んで、そのあと柴崎友香のインタビューと東出昌大のインタビューを読んだ、面白い！と思いながら読んで、ここに自分の文章が載っているのか、と思うと恐れ多い気持ちになった、確認もしなかった。

それで帰って、プルースト。新しい部になって、前の部から2年が経ったらしかった、それにしてもこの語り手はいま何歳なのだろう、列車に乗って、バルベックに向かった。

8月27日（月）

今週はひきちゃんが帰省でいないので月曜に夜休んで木曜に一日休むという休み方にしようということにして月曜なので夜までだった、忙しい日になって、半日で平日の一日分のバジェット達成に近いことになって、わあ、と思った、よかった。たまに、自分が店みたいなものに向いていないと思うことがあって、今日はそのたまにの日になったらしく、思った、くよくよしていた、電子レンジを掃除しようと思って、調べたらお酢と水をぐらぐらレンジ内で温めて、放置して、それでキッチンペーパーで拭くと簡単、とあり、やってみたら簡単で、とてもきれいになった感じがあって、気持ちよかった。空いた時間は『カンバセイション・ピース』を読んでいた。

夜になり、閉店になり、今日は夜は遊ちゃんと花火をしようと言っていた、7時過ぎにと言っていたら6時55分くらいに来て、まだお客さんはおられるときで、営業中の店は待ち合わせ場所ではない、7時を過ぎて帰られたあと僕は俺はそれはねよくないよね、と言って静かに説いた、遊ちゃんは謝った、遊ちゃんは、そんなことはわかっていた、理解していた、のだが、遅れちゃうと思ったらその理解がぽっと抜けて、慌てて急いで来た、と言っていて、遅れちゃうと思って慌てて急いで来た遊ちゃんのことを考えるとそれが僕はとても愛らしかった、笑った、遊ちゃんは反省モードで「おろか」という言葉を連発していて、花火は今日はやめることにした、それで、雷が鳴り始めて、これはまた降るのかな、降らないうちに帰ろう、と帰ったところ、家に着いたところで雨が降り始めて、間一髪というタイミングで雨にほぼ濡れずに帰れたため、すごいタイミングだったね、と言った、雷がすごい勢いで光り、鳴り、雨が滝のように降っていた、それをソファに座って見ていた、めったにないレベルの雷雨で、高まる気持ちがあった、小ぶりになったら出ようと言っていた、雷鳴が間遠になっていき、雨音も弱くなっていった、出て、もうほとんど降っていなかった、傘は僕は差さなかった、飲みに行った、とことこと幡ヶ谷のほうに行き、ミヤザキ商店に行きたいなと行ったら満席で、近くのホルモン屋さんに入って、飲み食いをしながら、遊ちゃんの反省モードも収まった、よかった、あれこれ楽しく話して、楽しかった、酔っ払った、帰って、『カンバセイション・ピース』を読んだ。最後の場面だった。

読み終え、やっぱり本当にすごい小説だったと思って喜んでから、プルーストを読み、寝た。

8月28日（火）

仕込みがほとんどなく、これは怖いことだった、週の後半に一気に押し寄せそうで、それは怖かった、少し早かったが、カレーの仕込みをすることにした、店を開けて、それから、経理をやった、ずっと溜まっていて、毎日のタスクとして減らしていったレシートが残りわずかで、なんとなく気持ち悪くなり、一気に全部終わらせた、伝票の入力も昨日までの分を一気にやり、経理がやっと現在に追いついた、よかったが、よかったのか。7月、やたら税金を払っていたことが知れた、健保は月初と月末に2回引き落とされていた、そんなことってあるのだろうかと不平を言いたかった、それから、いつになくゆっくりで、『ユリイカ』を読んだ、蓮實重彦と濱口竜介の対談を読んで、面白かった、tofubeatsのインタビューに進もうかとも思ったが、『寝ても覚めても』を読むことにして、読み始めた、最初のページ、展望台から町を眺める場面、その描写がたまらなくよくて、「この場所の全体が雲の影に入っていた。」で始まって、映画の、走る二人のロングショットを思い出して、鳥肌が立った。それで読んでいったらすぐに麦が登場して、そうしたら、東出昌大にしか思えない！となって、その、この感覚がやたら邪魔くさく思えて、もう少し読んでいった、大丸で宝石をつけるところまで読んだが、春代はやっぱり伊藤沙莉で、困って、いったんやめることにした、どうしたらいいのだろうか。

夕方から、悲しみみたいなもの、虚しさみたいなもの、そういったものが押し寄せてきて、それから極端な体の疲れを感じた、困った。

夜、『ユリイカ』を読みながら働き、夜、高山羽根子の『オブジェクタム』を読み始めた、読んでいったら、35ページで「ぼく」という言葉が出てきて、一人称の小説だけど、これまで一度も「ぼく」という言葉は出てきていなかったのではないか、と思って、確かじゃないけれど、そんなふうに思って、なんだかびっくりした。

帰って、「幻のほうかな～それとも失われたほうかな～」と迷った結果、失われたほうであるプルーストを読んだ、それで、寝た。全身を覆う疲れを直に感じながら、寝た。

8月29日（水）

朝から、疲れとともに、ぽやぽやしていて、これは気をつけないと怪我とかをする、包丁とかを使うときとかは気とかをつけとかないと、と思って、でも、そういうことは気をつけられなかったときに起こることだから、防ぐことはできない、そのため、どうしたものか、と頭を抱えたが、いっしょうけんめいに働いて、たくさんの仕込みをおこなった、そうやって、生きていた。途中で、今日は店でもプルースト、と思って持ってきたプルーストを開いている時間がいくらかあったが、あれはどんな隙間だったのだろうか、今となってはもうわからない。現在への関心だけが、だけによって、駆動され続ける読書、僕がしたいのはそれだった。注意を未来に向けないで、今ここで起こっていることだけに気を取られて、する読書、それがしたい読書だった。語り手は、バルベックのホテルに入って、訳知り顔の人たちを見て居心地の悪さをより強め、祖母が値段交渉をする横で無機物と化して、エレベーターに乗って、操縦士におべっかというか、「彼の技術にたいする好奇心の表明を通りこして、それにたいする偏愛の告白までし」て完全に無視されて、それから部屋に入って、馴染みのない家具調度品に囲まれて、家具たちに敵対され、おそれおののき、天井に視線を逃していた。祖母が入ってくると、全部が一気に解消した。世界がぱっと輝いた。そのところを読んでから仕事に戻った。

働きながら、今日もいくらか薄暗い気持ちをかかえながら働きながら、『カンバセイション・ピース』で綾子が鼻歌を歌う場面を思い出して、場面というか、綾子が鼻歌を歌うようになったこと、それを思って、それは感動をもたらしたため、感動していた。2年前に読んだときは歌い出したことに対してそんなに強い印象を受けてはいなかったような気がした、遊ちゃんかもしれなかった、遊ちゃんは多くの時間、歌を歌っていた。

夜、暇な日だった、昨日の夜も暇だった、同じように暇だった、プルーストを読んだり、メールを打ったり、していた。今週はなにか、今週というかここのところはなにか、溶けてしまったようだった、意識がはっきりしない、混濁した感じになっている、混濁というか、意識がたくさんの矢印を出しているというか、ひとつを向いていない、ひとつに向かわない、そういう感じがあるのかもしれなかった、書き手が小説を掌握した小説ではなくて、小説が書き手を掌握した小説、書き手を掌握しようとする小説を受け入れたりあらがったりする、そういう小説、そういうものを読みたい、そういうものを読みたい。

なので、そういうものを読んでいた。なるほど、場所や人間へのそうした新しい愛着は、古い愛着への忘却の上に織りだされるものである、とある、そのあとに、

いまわれわれが愛している人たち、さしあたってもっとも親しいよろこびをあたえてくれる人たちとの、会う瀬も語る機会もうばわれてしまうような未来を思うおそれ、そんなおそれは、消えさるどころではなく、もしも、会ったり話したりする機会をうばわれる苦痛のうえに、さしあたってもっとひどい苦痛と思われるもの、すなわち会談がうばわれることを、苦痛とは感じなくなり、それに無関心になるのではないかと思う、そんな想像が加わるならば、おそれはますますつのる、というのも、無関心になってしまえば、もうわれわれの自我は変わってしまって、両親や愛人や友人たちの魅力も、われわれのまわりになくなっているばかりか、彼らへのわれわれの愛情も、もはやないだろうからで、その愛情は、いまこそわれわれの心の主要な部分を占めているが、やがて根こそぎ心からひきぬかれるだろう、そうなったら、いまこんなに離れることのおそろしさを考えていても、先では、その人たちからわかれさった生活をかえってうれしく思うこともあるだろう、それこそ、われわれ自身の真の死であろう、

マルセル・プルースト『失われた時を求めて 2 第2篇 花咲く乙女たちのかげに 1』

（井上究一郎訳、筑摩書房）p.409

とあって、なんの話からこんな話になったんだっけ、と思って、戻ると、見知らぬホテルの部屋に眠るときに感じた恐怖をきっかけとしていて、でもどうせきっと慣れていく、今は愛着のある家の部屋も、きっとそんなに恋しくなくなる、というそういう話で、すごいぞ、と思った。思ったし、ここに描かれた恐怖のことは、よく知っていた。そうしていたら、ずいぶん暇な夜だった、第2巻が終わった、Dropboxに引用で書き写すために撮った写真をアップしようとしたところ、そろそろ容量がいっぱいですと表示されて、どうしようか、と思って、写真を消していけばいいのだけれども、快適に写真を消す方法はないのだろうか、選ぶことが、面倒だった。それでも「アイコン」で操作するのがいちばん楽だろうかと思っていたら「Cover Flow」のほうがずっと楽だったため、それで、大量に消して、帰った。

帰って、明日は健康診断を受けるため酒は飲まないで、『幻のアフリカ』を読んで寝た、人々は呪物を掠奪していた。

8月30日（木）

起きると起きて、まず店に行って今日やっておくいくつか簡単なことがあったのでそれをやろうとしたら、途中で尿意が限界になり、おしっこおしっこ、と思って病院に向かった、去年とまったく同じだった、おしっこおしっこ、と言って慌てるとき、いつも『デス・プルーフ』の冒頭の階段を駆け上がる場面を思い出す、おしっこおしっこ。病院に入ると尿意は落ち着き、待ちながら『幻のアフリカ』を読んでいたら呼ばれて診察室に入った、院長先生だろうかおじいちゃん先生で、荷物置きに置いた本に目を留めて「その本はなんですか」という驚きと楽しさの混じった質問が最初で、フランスの人の書いた、『幻のアフリカ』という、日記本であることを伝えた、そうですかそうですか、というところで血圧が取られ、取りながらも、それにしても分厚いね。血圧が終わると、ところでそれはおいくらなんですか、と聞いてきて、3000円くらいですと伝えた、そうですかそうですか、というところで心音を聞かせ、普通の文庫本だったら3冊分くらいはありそうだね、1冊800円だとして、そうかそうか。そうですね、妥当ですよね。それにしても持ち歩くのも大変そうだね。そうなんですよね。愉快な気持ちで礼を言って部屋を出た、待ちながら読み、それからレントゲンを撮って尿検査をして、また待っていると、看護師の方に呼ばれて、身長体重の計測だった、本を荷物置きに置くと、「その本はなんですか」という驚きと楽しさの混じった質問が最初で、さっき先生にも言われました、と笑った。計測が済むとまた部屋に入って、そこで腹囲、心電図、採血。カラカラとした気持ちのいい看護師さんだった。

済んで、店に戻り、続きをいくつかやり、済み、パドラーズコーヒーに向かった、遊ちゃんと待ち合わせをしていた、入ると、ゆっくりしていて静かで、アメリカーノをお願いし、先日取り置いていただいていたTシャツを受け取って、外に出た、外に出るとお店の人と一人だけテーブルの席にいたお客さんの笑い声が聞こえて、話していたのを中断させちゃったかな、と思っていたところ、遊ちゃんが中から出てきて、遊ちゃんだった、笑った、気づかなかったし、怖くて他のお客さんなんて見ないからね、と言った、座って、庭というかテラスの植物が大幅に入れ替えられていた、それらを見ながら、いま見えている色のことを話した、木の板も、ここにも黄色とか、青とか、紫とか、いろいろな色がきっとあるんだろうね、スポイトで色を抽出したらすごくたくさんの色が採れそうだった、パドラーズのテラスにいると普段目の前にそんなにたくさんの種類を一気に見ることのない緑が繁茂していて、色彩に関する何かが刺激されるのだろうか、前にも色の話をした記憶があった、それから、やはり色の話ということか、「白人」であるとか「黒人」であるとか「黄色人」であるとか、そういう言い方の難しさの話に移った、「黒人の」とか「白人の」とかが、描写においてあるとき、それは説明に必要なものと判断されて書きつけられる、それは選別的で暴力的なものだ、例えばアフリカが舞台でアフリカのマーケットに向けられた小説ではきっと「黒人」という言葉はさほど頻繁には書かれないだろうし書かれるときはなにか意図が込められたものになるだろう、日本の小説で「黄色人」ということが書かれないように、一人称ならまだしょうがないかもしれない、語り手を起点にするとそういうことはしょうがなく起こるかもしれない、でも三人称でそういう書かれ方がしたらその三人称がすでに主観的なものというか偏ったものになっていることを自分から宣言するようなものだし、いろいろ難しそう。日本人とかすら簡単には言えないし、性別も難しそう。『オープン・シティ』の訳出のしかたを思い出した。どんどん、世界を語り分けることは難しくなっていく。その困難は、世界の豊かさみたいなもののあらわれでもあるかもしれなかった。それにしても、そういった呼称問題というかそれは、そんなことは、きっと議論され尽くしているくらいに議論されまくっていることだろうけれど、現在の落とし所はどういうものになっているのだろうか。家に帰った、途中、雑貨屋さんに、メモパッドあるかなと思って入ったところ、スリッパがあって、そうだ、ソファとかで靴脱いで過ごす方のためにスリッパ用意したいって長いこと思ってずっと忘れ続けていたんだ、ということを思い出し、2つ買った、バブーシュというらしい、で、帰って、うどんを茹でて、遊ちゃんはスカイプでミーティングをしていた、笑わせようと、微妙な動きを僕はしていた、それからうどんをずるずると食べて、ミーティングが終わり、遊ちゃんが出て、僕もすぐあとに出た。

丸善ジュンク堂に行くと、新刊の小説のところを見て、それから海外文学の棚に行く、ラテンアメリカ文学棚を見て、その裏側の海外文学あれこれの棚を見る、というのいつもの順序で見て、なにか野球の、と思っていたためロバート・クーヴァーの『ユニヴァーサル野球協会』を取った、それから、どうしよう、なにか、なんだか大変そうなものを、と思って、それで、保坂和志の『試行錯誤に漂う』であるとかで何度も言及されていてずっと読んでみたかった中井久夫の、なにかを読んでみようと思って、アプリで在庫を調べたりして、最初はちくま学芸文庫のコレクションのどれかにしようかと思ったら、『徴候・記憶・外傷』があって、徴候、記憶、外傷、と思って、そうすることにした、みすず。大きい本だった。それからメモパッドをいくつか取ってかごに入れて、レジに持っていった。

なんだか中井久夫が楽しみになり、リュックには他に『失われた時を求めて』の3巻も入っていて、何を読もうかなと思っていたが、中井久夫を開きそうだ、なんせ楽しみだ、となり、それからＭＯＤＩ的な名前のところに入った、スプーンを買いたかった、前に買った覚えがあったので、そこに入り、エスカレーターを上がっていった、エスカレーターのわきというか、なんとなく座ったりできるスペースになっているところがあり、若い人たちが座ってダラダラとしていた、5階だったか6階に上がると、あれ、おかしいな、と思い、雑貨屋的なものがあったはずのところが、iPhone修理工場になっている、となって、大丈夫かなこのＭＯＤＩだかＭＩＤＩだかどうしても覚えられないここは、と思って、エスカレーターで下って、出た、映画を見るまでのあいだ、あのあたりってどこかいいところあるかね、と今日、遊ちゃんに言ったところ、トランクホテルのラウンジみたいなところが広々していてよかった、と言っていて、行ってみた、広々していて、ソファがたくさんで、これはたしかによさそうだと思って、ロングブラックの冷たいやつを、ロングブラックってなんですかと聞いてから頼んで、いただいて、壁に面したより孤立できそうなソファを見つけてそこに座って、中井久夫を開いた、大きな音で音楽が鳴っていて、人々の発するいくつもの言葉は、意味になる前に溶けて、ここまでは届かなかった。

さてかかりに「微分世界」「積分世界」といったが、実は、もし「比例世界——ウェーバー＝フェヒナー世界」を「世界」というならば、これらは「メタ世界」とでもいうべきものである。世界を索引にするとひらけるのは「積分的メタ世界」である。プルーストの世界は「積分的メタ世界」の開示である。『失われた時を求めて』を「比例世界」的に読むことも可能であろうが、あの本はひとつの「メタ世界」の索引そのものであり、書かれた文章は索引にすぎない。むろん、いっぱいに「比例世界」「微分的メタ世界」を内部にはらむ世界であるが――そうでなければ、存在しうるとしても悪夢である――、内部のそれらはせいぜい「サブ世界」であり、いっぱんに「世界」の名にあたいするまとまりと完結性を持っていない。

中井久夫「世界における索引と徴候」『徴候・記憶・外傷』所収（みすず書房）p.13

そうあって、微分回路とか積分回路とかが最初からここまで何度も出てくるのだけど、困ったな！　俺、微分積分ってなんのことだか理解していない！と思って、微分積分くらい理解している自分でいたかったたな、と思った。

8月31日（金）

喫緊の仕込みはあまりなく、ゆっくりと開店準備をし、開けてから、いろいろと仕込み始めた、これを今日やっちゃえば、明日がきっと楽になる、と思って、いろいろとやることになっていった、毎日、そう思っている気がする、今日やっちゃえば明日が、と。

夕方に落ち着き、お客さんはずっとまばらで、座った。

昨日はトランクホテルのあと、寒くなって、あたたかいコーヒーを飲もうとザ・ローカルに行って、コーヒーを飲みながら『ユニヴァーサル野球協会』を読み始めて、野球ゲーム狂いのおじさんの話らしくて、野球はいいなあ、と思った、思ってから時間になったのでイメージフォーラムに移り、ジャック・タチの『パラード』を見た、最近、遊ちゃんが『パラード』を皮切りに、『トラフィック』、『ぼくの伯父さん』と続けてタチを見に行っていて、僕も久しぶりに見たくなった、『パラード』は見たことがなかった、タチってこんなにショーマンという感じの人だったのかあと感じ入り、テニスの場面や、リズムに年齢は関係ないみたいなことを歌いながら踊る場面で、タチ、と思って感動した、僕はやっぱりタチの姿やタチの運動を見ることが喜びで、タチらしい動きがあるとそのつど、感動した。

終わって、円山町のほうに移動して、とても久しぶりにシネマヴェーラまで上がった、フィリップ・ガレルの『つかのまの愛人』だった、ロビーは人が多かった、それで、映画を見た、モノクロの映像がとにかく美しかった、髪の毛が顔の上に作る影、目のふちに溜まる涙、そばかす、顔の皺、普段だとそんなに目がたぶん行っていないところにモノクロの映像は意識を注がせるところがあるらしいと思って、それはとても、いい体験だった。

どうしてだか、見る前、たとえ大して面白くない、感動しないとしても、それでも映画を見ることに限らず小説を読むことでも展示を見に行くことでも変わらず、たとえ大して面白くない、感動しないとしても、それでもそれらをすることはいいことというか、その場で感動しなくてもいいんだよな、と、どうしてだか、思った。上映前の座席で中井久夫を読んでいて記憶の索引のことを読んでいたからだろうか、その場で面白くなくても、自分とはちっとも関係しないと思っても、見て、触れるだけで、残るものがあって、残ったものが、きっとなにか大事なものというか、それは事後的にしか知れないものだから、あとでいいんだよな、その場なんて大した問題じゃないんだよな、と、思った。

映画を見ながら、夕飯のことを考えていた、ワインを注いでいるところを見たら、ワインが飲みたくなった、クラブのようなところで音楽が鳴って人々が踊る場面の美しさといったらなかった。『恋人たちの失われた革命』のKinksの「This Time Tomorrow」

の場面をどうしたって思い出した、あの、あの、あの、あの素晴らしい場面。『つかのまの愛人』の踊る人たちも本当に美しかった、総じて、音楽もとてもよかった、ピアノの和音が鳴ると、それだけでゾクゾクするようだった。俳優たちの顔が誰の顔もすごかった、マテオの、優しそうな、あの顔！

満足して、スーパーに寄った、カレーを作ろうというところだった、キーマカレー。具はどうしようかなと思って、家になにかあるかな、それで適当にでいいかな、と思っていたら見切り品のところに半額になったモロヘイヤがあって、モロヘイヤカレー、そいつはいいね、と思って、モロヘイヤカレーにすることにした、ビールと、白ワインも買った。

帰って、帰ると遊ちゃんは職場の人とケラケラ電話で話しているところで、僕が米を研ぎ出すと驚いた、これからご飯作るの、と言った、10時半だった、カレーを作るよ、と言った、遊ちゃんは明日は博多だと言った、新幹線で行くとの由。飛行機で行くのと1時間しか変わらないそうで、なるほどそれだったら新幹線もありなのかもしれないと思った、遊ちゃんは飛行機が苦手だった。それで、ビールを飲み、カレーを作り始め、ワインを飲み、カレーが完成し、12時前くらいだった、食べた、おいしかった、満足して、ワインをさぷさぷと飲んでいったところ酔っ払って、読んでいた中井久夫の「世界における索引と徴候」は読み終わったので続きは今酔っ払いながら読むものではないと思ったので『ユニヴァーサル野球協会』を読んで、野球ゲームで起こっていることを文字で読むことと、野球で起こっていることを文字で読むことは変わらなくて、だから、だからというか、野球があった。

それが昨日で、起きると、冷蔵庫にプルーンがあるよ、という書き置きがあり、開くとプルーンがあったので、食べて、出た、ゆっくり準備して、開店前、外に腰掛けて中井久夫の昨日のやつをまた頭から読み、5分だけ読み、それから仕事を始めた。

夕方ごろから、ぽろぽろと中井久夫を読んで過ごした、次の「『世界における索引と徴候』について」を読んだ。

「予感」と「徴候」とは、すぐれて差異性によって認知される。したがって些細な新奇さ、もっとも微かな変化が鋭敏な「徴候」であり、もっとも名状しがたい雰囲気的な変化が「予感」である。予感と徴候とに生きる時、ひとは、現在よりも少し前に生きているということである。

これに反して、「索引」は過去の集成への入口である。「余韻」は、過ぎ去ったものの総体が残す雰囲気的なものである。余韻と索引とに生きる時、ひとは、現在よりも少し遅れて生きている。

中井久夫「「世界における索引と徴候」について」『徴候・記憶・外傷』所収（みすず書房）p.34

むむむ～なんかかっこいい面白いと思って面白くて、読んでいる、夜、暇だった、月末金曜日、みたいなことだろうか、関係ないだろうか、暇だった、その夜、ジョン・マグレガーの『奇跡も語る者がいなければ』を机に置いた方があった、それを見て、クレスト・ブックスが集まっている本棚を見上げて、ある、紫色のあの本は、棚に、ある、つまり、ご持参、というこの発見と確認の運動をしたのは今週2回めだった、数日前、昼、来られた方がジョン・マグレガーの『奇跡も語る者がいなければ』を机に置いていた、2004年とかに刊行された、たぶん大して目立ちもしないこの小説を、立て続けに目撃して、僕はこの小説が大好きだった、去年の梅雨の時期に確か読んだ、お客さんに教わって読むまではまったく存在を知らない本だった、その、この本はとても大好きな一冊になった、その本を、立て続けに今週、見かけるというのは、すごいな、と思って、今日、お帰りの際に、ちょっと聞いてみようと思って、ちょっと聞いてみた、つまり、ジョン・マグレガー、あれは、あの、なんで読んでたんですか？と僕は聞いていて、なんで読んでたってダメな質問だなあと思っておかしかった、すると、意想外の答えが帰ってきた、8月31日だからです。

あの小説は一日を描いた小説で（そうだったっけ！　すっかり忘れていた！）、その一日が8月31日だった（そうだったのか！　まったくそんな印象なかった！　梅雨かと思っていた！　梅雨に読んでいたので！）、ということで、今日はこれだな、と思って持ってこられたとの由。きっとそのもうひとりの方も、8月終わりだから読んでいたんじゃないですか、ということだった。なんだか、よかった。

一日の最後、次の「発達的記憶論――外傷性記憶の位置づけを考えつつ」を読み、あと少しだなと思ったら急ぎ足になってしまって、また読もうと思いながら読み、そうやっていたら総じて忙しかった8月が過剰に静かに終わったが、8月が終わったのか、と思った、というか、まだ8月だったのか、というほうが実感として近い、8月の始まりは滝口悠生さんとのトークイベントだった、あれからひと月しか経っていない、という方が、ずっとおかしい、グローブを買ってキャッチボールをしたのは15日だった、あれから半月というか2週間しか経っていない、という方が、ずっとおかしい。いつだって、わりとずっと、店というものを始めてから顕著になった気がする、つまりここ7年くらい、ずっとそういう感覚、1週間前は2週間前くらい、半月前はひと月前くらい、ひと月前は2ヶ月前くらい、というそういう感覚はあったから、その通りだったといえばそれまでだった。

9月1日（土）

帰ろうと、電気を消した次の刹那に目の前の扉の前に人影が頭から、にゅっと、それは階段だからで、頭からにゅっと、あらわれて、ぎょっ、として見ると、こういうときどの瞬間に気がつくのだろうか、見て、警戒しながら扉を開いたところだろうか、ああ、やあ、久しぶりだ、びっくりした、びっくりした、と言って、言わなかったか、アネちゃんがそこにいた、アネちゃんは姉崎なので姉ちゃんだが、「姉ちゃん」と書くと姉のように見えるからカタカナが妥当だろうと今思った、するとアネモネのようになった、アネモネと打ったせいなのか、アネちゃんが得たかもしれないあだ名が思いつかれた、それはアネックスだった、アネックス。アネックス、と呼ばれていたら、どういう心地で生育するのだろうか、アネちゃんはそういえば双子の兄弟があったから、そう呼ばれていた可能性はより高かった、姉崎兄弟、こっちがアネちゃんで、こっちがアネックスね、というような、それは、どういう心地で生育することになっただろうか、本館はあちらで、こちらは分館、俺は分館、離れ、その意識は、彼を卑屈にさせたか？　あるいは分館の自由さを獲得して好き勝手やる男に育ったか？　僕はそのときまったくそのように思ったわけではなかった、扉の前の男がアネちゃんだとわかったときに思ったのは、久しぶりであることと、驚いたよということだった、久しぶりに会えてうれしいなとも思ったし、これで帰るのが遅くなるなとも思った、招き入れ、近くで飲んでたとか？と尋ねるとそうだとのことだった。冷蔵庫からビールを2本取って、ソファに座った。

元気そうだった、2年ぶりくらいだろうか3年ぶりくらいだろうか、しばしば来てくれて、閉店して、そのままダラダラとおしゃべりをする、そういうことをしていた、久しぶりで、子どもは何歳になったの、と聞くと、いちばん上が小学2年生で、いちばん下が3歳ということだった、そのあいだに他の年齢の子どもが何人かいるみたいだったが、昨日も聞いたのに、何度聞いても忘れてしまう、3歳、と思い、それは成人文法性が顕在化する頃だね、と、さっき中井久夫の文章で読んだことをそのまま言ったか言わなかったかをした。

これは全くの推定であるが、私の考えはこうである。二歳半から三歳にかけて、大きな記憶の再編成が行われる。成人文法性の成立に合致するような再編成である。そのために、古型（幼児型、前エディプス型）の記憶が抹消されるのではないかという仮説である。その前提として、誕生以来、あるいは胎児期以来の記憶は、いわば別の文法で書かれていて、成人型の記憶と混じれば混乱を起こしてしまう、つまり、成人型の記憶と両立しがたいものであると私は考えてみる。

中井久夫「発達的記憶論」『徴候・記憶・外傷』所収（みすず書房）p.50

彼は会社をやっていて、今はオフィスは乃木坂に構えているということだった、自分で事業をやっている大学のサークルの同級生という点でシンパシーを感じてくれているみたいだった、僕は事業は事業だろうし立派な価値のあることをやっているとも思っているけれども雇用を生むこともほとんどできていないという点なのか、後ろめたさではないが、いやいや俺なんてほんと鼻くそみたいなものだからねと、思っているわけでもないが、アネちゃんは本当にすごいなあ、という気分があった。なんせ3歳の子どもがいる。その、古型の、幼児型の記憶というのは主として「鮮明な静止的視覚映像」「非文脈」「非変動」「言語化や図像化しにくい」という性質のもので、外傷性フラッシュバックととても似ているらしい。

逆に、どうして、幼児型記憶が外傷性記憶と多くの点で同じスタイルをとるのであろうか。この疑問の答えは一つであると私は思う。すなわち幼児型の記憶は何よりもまず危険への警報のためにある。そもそも記憶は警告の一つの形として誕生したといえるかもしれない。もはや現前しない危険への警報を鳴らしつづけるものは記憶しかないのではないか。

同前 p.54

遅くまで、我々は話していた、またね、と別れ、店を改めて終え、家に着くと3時だった、遊ちゃんに、アネちゃんのことを話しながら、まだ飲もうとするの？ と思いながら白ワインを飲み、それから、まだ読もうとするの？ と思いながら『幻のアフリカ』を数ページ読んで、寝た。それが昨日だった。

起きたら、眠く、あそうだ、昨日遅かったんだった、と思い出した、納得の眠さだった、それでも働きに出た、よく働いた、ずっと働いた、夜の8時を過ぎたところで肩が悲しみを催すくらいに重くなって、唐突だった、それからもよく働き、ずっと働き、たまに中井久夫を開いた、閉店の時間を迎えたら、さらにどっと疲れが表に出た。

律儀に経理作業が消化されているから、8月の売上等が判明した、やはりいい月だった、ただ驚いたことに、6月と同水準だった、6月が忙しかった記憶なんてひとつもないのだが、6月にヘトヘトになっていた記憶なんてひとつもないのだが、6月はそんなだっただろうか、それとも、6月7月8月と暑さとそれなりの忙しさが積もり、それがここに来て疲れとしてあらわれたということなのだろうか、それにしても6月のことなんて、全然思い出せない、本が出て、保坂和志さんとのトークがあって、月初は怪我をしていて、ということくらいはさすがに覚えているが、忙しかったとか暇だったとか、そういうことがまるで思い出せない、読書記録を見てみたら、フラナガンの『奥のほそ道』を読んでいた、『失われた時を求めて』の1巻を読んでいた、『『百年の孤独』を代わりに読む』を読んでいた、『『ハッピーアワー』論』を読んでいた。日々が、思い出せない。

9月2日（日）

寝る前、『失われた時を求めて』の3巻に突入して、500円のワインを飲みながら読んでいた、「よくわかりもしない人のまえで、自分が愛しているものの話をしなくてはならない羽目に陥るのを避けるために」とあり、以前、バーに入ったときに、映画を見たあとだった、バーテンダーの人が業務として話しかけてきて「今日はどのような」

的な、話しかけてきて、映画を見てきたんです、「ほう、なんという映画で」、というときに、とても同じようなことを感じたことを思い出した、それは、わかりもしないのにというよりは、興味もないのに、というほうが強かったかもしれないが、思い出したから、僕にとっては同じことなのだろう。

朝、起きたときは眠かった、起きて、外を見たらほとんど降っていないようだった、予報を見たら10時は4ミリ、11時は2ミリで12時にはやむということだった、今は4ミリに突入しようとするところだった、外を見たらまだだった、どうだろう、えいや、と思い、自転車に乗って出ると、降られる前に店に着くことができ、快哉を叫んだ、それで読書日記の更新をしたら第100回で、なんだか、100か、と思って、その括弧に囲まれた100の数字を、しげしげと眺めた、ちょっとしたものだよなあ、と思った、100週、欠かさずにずっと、このボリュームで日記を書き続ける、というのは、ちょっとしたものだよなあ、立派だなあ、立派でありたくてやっているわけでもないはずだけど、なにか、立派だなあ、と思った、立派だったし、なんというか、100週分、自分が生きた痕跡が確かな形で残っているというのは、索引が確かな形で残っているというのは、いいというか面白いというか豊かというか、あとで、いつか、きっと、役に立ちそうな気がして、うれしい、というような。

それで、店が始まり、いい調子の始まりで、1時半くらいにはおおかた埋まって、3時には一時満席になった、よかったのは最初のお会計が3時40分だったという点で、つまりゆっくりだった、最初の10人の方の滞在の平均時間はたぶん3時間半くらいだった、それはとてもうれしいものだった、それで、満席だったが妙にゆっくりした時間が流れている感じがあり、僕も座って本を読んだりしていた、それは気持ちのいい時間だった、最初は「「世界における索引と徴候」について」を再度読んで、それから進むことにして「外傷」の部に入り、その最初の「トラウマとその治療経験——外傷性障害私見」を読み始めると、「第二次大戦におけるフランスの早期離脱には、第一次大戦の外傷神経症が軍をも市民をも侵していて、フランス人は外傷の再演に耐えられなかったという事態があるのではないか」とあり、外傷の再演に耐えられない、と思った、外傷の再演。

それにしても今日も中井久夫で、なんだか、ずっと読んでいたい気持ちがあるというか、理解したいということなのか、面白いということなのか、暇さえあれば開いている。言葉や考え方のモードみたいなものに慣れたいみたいなこともあるのだろうか、一読して再読すると前よりもなんとなくなにかわかった気になれるような気とかもして、そういう、わかる、みたいな体験、わかるようになった、みたいな体験をしたいということだろうか、こういう、バカみたいな言い方だけど難しい感じの本を読むと、たいてい、ほう、と思ったり、なに言ってるかわかんない、と思ったりして、すぐ疲れて離脱するし、無理して読み切ったとしても結局なにも残らないことばかりのような気がして、僕は、なにか、わかるようになりたい。というか、先週映画を見ながら「感動しなくてもいい、なにか残るほうが大事」みたいなことを思ったけれど、それは、たとえつまらなくても、なにかが残るとしたら、その条件としては少なくともあくまで画面を注視することはやめないということがあるはずで、難しい本を読んでいてわからない何も残らないそのときはきっと、読んですらいない、目は文字を追っているけれど、読んですらいない、だから、わかるようになりたいとかでもなく、読みたい、ということなのかもしれない。読みたい。

忙しかった日だったはずだったけれど空いている時間も常にあったようなそんな感じだったその夜は、久しぶりにExcelで皮算用をしていて、皮算用をしていると未来が暗すぎて、うわ、これ、どうしよう、という気になった、今日の売上はよかった、しかし先々、と考えていたら、うわ、これ、どうしよう、という気になった、どうやって、僕は生きていくのだろうか、と思って、夜は、勉強か何かをしている方があって、ペンを置く時とかノックする時とかの音がときおり強く響き、それから、今まで遭遇したことがなかった、スマホの画面をタップするときが爪が長いのかクリックするようなパチパチした音がやはりときおり、響き、ときおりというところが難しくて、少なくとも自分の発している音に対して自覚的ではないことだけは確かだけれども、ときおりというところが難しく、言いそびれているうちにより言いにくくなり言いそびれ続け、長く放置したあとに言うことはその人を傷つけることでもあるというか、なのでどんどん言いそびれ、しかし放置していることは、要は、他の、本を読むお客さんの、この場所に期待する環境を壊すことに僕もまた加担しているということであり、でも、決定的じゃないんだよなあ、うわあ、もう、どうしよう、うわあ、となっていたらどんどん時間が経っていった、近くに座っていた方の帰り際にお聞きしたらやっぱりときおり気になる音ではあったようで、本当に申し訳なかった、総じて暗澹とした気持ちになりながら、ちょこちょこと、働いていた。

へとへとに疲れて体が全身がへとへとに疲れを表現していて、寝る前、ソファでプルースト。ワインを飲んでいた、読んでいた、気づいたら、眠っていた、遊ちゃんの声で目を覚まして、危ない危ない寝るところだったというか寝ていた、といって布団に移って、寝た。

9月3日（月）

起きたとき曜日がわからない、朦朧としながら家を出て、仕込みをいくつかして、「解離という機制は圧倒的な脅威の事態を「ひとごと」にすることによって、無益で危険な損壊行動を止めさせ、事態を凌ぎやすくする。拷問、虐待そしておそらく死の場合にも駆けつけてくれる救済者であるが、将来まではおもんばかっていない。司法関係者はレイプ裁判において被害者が途中で抵抗しなくなる場合に解離という機制を忘れないでほしいものである」と「トラウマとその治療経験」にあり、それから「外傷を語るべきか語らざるべきかについてさえ諸家の一致があるわけではない。ホロコーストの記憶を語らなかった家族のほうが長期予後がよいという報告がある」とあり、それらは僕は「ほ〜そうなのか〜」と思った箇所だが、「外傷」の部で、なんとなく辛い気持ちになっていって、いくつか飛ばして「症例」の部の「高学歴初犯の二例」を読むことにした、営業が始まって、暗い気持ち、疲れた体が目の前と、首というか首の斜め上くらいのところ、10センチか5センチ離れたところ、そこが疲れを発信している、体に向かって。「高学歴初犯の二例」は保坂和志の『試行錯誤に漂う』で言及されていた文章で、引用されていたところに当たると、やはり、よいところだなあ、と思う、まえがきで中井久夫は「犯罪に関する二つの論文は「私も犯すかもしれないものとしての犯罪の学」というものを考えている。精神障害を「自分もなるかもしれない病い」として考えてゆくのと同じ姿勢である。」と書いているが、柔らかい、優しい。ありがたい。

事実について争わない時には、友人のある弁護士は「被告が聞いて納得して刑に服するような判決をかちとる」ことを目標として弁護を行うと私に語った。これは重要なポイントであり、多くの場合に刑を生かす力になるであろう。被告は判決文を一字一句聞いて忘れないことが多い。見当外れの判決文あるいはおざなりな判決文は、被告に憤懣を覚えさせるであろう。常套句でなく、具体的な細部に入り込んで、被告の置かれた状況を描きだす「血が通った」状況的理解にもとづく判決が望ましい。それは、妄想それ自身は理解できなくとも、それが生まれた状況や、もしそのように状況を（妄想的に）とらえたならば世界がどのように見え、人はどのように対処し、行動するであろうかは理解できるのと同じである。それは心の闇を成人言語で描きだすことと同じではない。実際は、被告のなかにすでに明文的に存在するものに一致した言明ではない。被告のなかにある混沌に秩序を与え、その説明ならば被告は「納得して」刑を受けるようなストーリーである。そのような判決は事後的だが、踏み越えに言葉を与え、人生の中に位置づけて、人生に意味を与え直すから治療的なのである。

中井久夫「「踏み越え」について」『徴候・記憶・外傷』所収（みすず書房）p.311

これはその次の「「踏み越え」について」にあった。感動的だった。言語化は世界を貧困化することだと何度か書いてあった、それはネガティブなニュアンスではなかった、複雑な現実を減圧することと秩序立てることと並べて置かれた言葉だった、有用な貧困化。でもなにか僕は思うところがあるらしかった、それを越えることは本当にできないのだろうか、というような。だから、受け取ったら、頭がどうにかしてしまうような、破裂してしまうような、そういう過剰にリッチな現前みたいな力を持つことは言語にできないだろうか、『フィネガンズ・ウェイク』とかはそういうものなんだろうか、手に取ったこともない。

僕はけっこうもう疲れたのかもしれない、と、今日は思っている。疲れが取れたら、その思いは消えている。そういうものだった。疲れは全部を曇らせる。よくないものだった。

いや、いや、そんなことじゃない、世界の貧困化で思ったのは、言語がなにか越えることはできないかと思ったその先のものとして思ったのは、破裂してしまうような、なんていうそういうそんなものでは全然なかった、そんなのは、『ドグラ・マグラ』を読んだら頭が狂うみたいなつまらないものでしかなくて、そんなことではなかった、じゃあ、といえばわからないが、そんなものじゃなかった、と、皿洗いをしているときに思ったんだったか、ナプエでジントニックを作っているときに思ったんだったか、とにかく、俺は、思ったんだった。

夜、暇、一日、暇、夜、ゆっくり本を読みながら、夕飯をどうしようか考える、おかずは、減らしたくない感じがあった、ラーメンだろうか、ラーメンか、そう思っていたが、そういえばナスがあった、ナスがあるならば、豚肉もあった、なんか炒めものでも作ってそれで食ったらいいのではないだろうか、そう思って、思ったら座って本を読んだ、「身体」の部に入り、「身体の多重性」と「「身体の多重性」をめぐる対談——鷲田清一とともに」を読んで、「症例」の部に戻って「統合失調症の精神療法」を読んだ、なんなんだろうか、この、これは。ずっと。感動しながら読んでいた。

たとえば、過去を変えることは不可能であるという思い込みがある。しかし、過去が現在に持つ意味は絶えず変化する。現在に作用を及ぼしていない過去はないも同然であるとするならば、過去は現在の変化に応じて変化する。過去には暗い事件しかなかったと言っていた患者が、回復過程において楽しいといえる事件を思い出すことはその一例である。すべては、文脈（前後関係）が変化すれば変化する。

中井久夫「統合失調症の精神療法」『徴候・記憶・外傷』所収（みすず書房）p.263, 264

玉ねぎを、炒めものを作るなら玉ねぎを使いたい、玉ねぎの甘みがほしい、そう思っていた、でも、ひとつ使うほどでもない、半端に切って残すのも気が引ける、どうしたらいいだろうかと、思っていたところ小さい玉ねぎがあり、それを使うことですべてが解決した、夜、暇だった、それにしても、疲れて、疲れた。こんなに疲れた疲れたと疲労を感じているのはいつ以来だろうか、同じように疲れた疲れたとだけ言っている時期があるように思う、一年前とかだろうかとも思うがもっと最近も言っていただろうか、覚えていないが、疲れた、疲れた、と言うこの口や指には、覚えがあった、馴染みがあった、よくあることだった。

9月4日（火）

ナスの炒めものは度し難くおいしく、炒めものを注文してこれが出てきたらうれしいなと思って、なんでだろうな簡単なこんな簡単なものなのに、なんでこんなにおいしいかな、と思った、たらふく飯食った、それで昨夜は帰宅後も中井久夫を読んでいて、よほどずっと読んでいたいらしかった、ウイスキーを飲みながら、読んで、寝た。

起きて、電車に乗った、副都心線のホームで柱にある停車駅表のようなものを見ていたら、副都心線はこれまで僕はまるで乗ることのなかった路線でなにか世界のあらたな結び目というか網目ができたような感覚があった、これに乗れば、渋谷、新宿、池袋という巨大駅全部を制覇できる、新宿は新宿三丁目だが、できる、それは驚異だった、もしかしたら僕が僕の大宮育ちであることつまり埼京線ユーザーだったことそれが、この、逆から言おうか、大宮側から言おうか、池袋、新宿、渋谷というその3駅をその3駅の連結を、特別なものに仕立てている。それにしても新たな網目だったし、新たなといえば先日だった、遊ちゃんが間違えてコロンビアの電話番号に電話を掛けていた、と発着信履歴の画面を見せてくれてそれはコロンビアかと思ったら実際はアメリカのコロンビア特別区で、調べたら、びっくりしたがワシントンＤＣのことで、「法律上の正式名称は「コロンビア特別区」（コロンビアとくべつく、District of Columbia）」のワシントンＤＣだった、ワシントンＤＣはコロンビア特別区というのか、という驚き。それはともかく最初コロンビアと聞いたとき南米のコロンビアで、それは僕はなんだか考えたことのないことだった、つまり、わたしたちの電話は、コロンビアに掛けることができる、ということは、まったく考えたことのないことだった、つまり、わたしたちは、電話を通じてコロンビアとつながることができる、インターネットであれば、そう驚かなかっただろうが、電話というたいへん古風というか半端に古風なものが、それが驚いたのか、なんだか考えたこともなかった！と思った。のだった。ひっくり返った。

それで、電車に乗りながら中井久夫を引き続き読んでいた、この本は大きくて、Ａ５判で、大きい、そのためなのか、開くとそのままパタッと開くので置いてそのまま読める便利さがあり、持っていると重いからありがたかった、膝に置いて、それで、左手にはスイッチコーヒーで買ったコーヒーの紙コップがあって、それで、膝に置いていたところ、空いていた右手がその指が、驚いたことに本のページをスクロールの動きをしそうになったというかそういう動きをあからさまに脳裏に描いていて、わあ、と思った。昨日までも机に置いて読んだりしていたがそのときは起きなかったこの運動のイメージは、なんでこのとき起きたのか。どうして、とつぜんタブレットになったのか。

次の話は、アメリカの家庭の話である。

> 次の場合は統合失調症でたぶん間違いないと思います。一卵性双生児のもう一方は早く統合失調症になっています。お父さんが小学生のときに亡くなられたあと、当時は社会保障がなくお母さんが借金をされました。借金取りが家の中に入り込んで食事をしたり泊まったり、いいようにされていました。つまり、家庭が彼らに踏みにじられたのですが、お母さんはなすことなく、はいはい、と言うとおりにして、それに耐えている状況でした。兄弟姉妹が七－八人ぐらいいたのですがどんどん出ていって、最後の双子の末っ子だけが残りました。六年ぐらい耐えて十四歳になったとき、一番上の兄さんが社会人になって初めて家に戻ってきて、秩序を回復し、母と二人の弟を引きとって、一家を救ったということです。一人はその地方の伝統的な精神病院に入院したのですが、もうひとりは地元の高校を新聞配達をしながら卒業して首都圏に就職しました。
>
> 中井久夫「統合失調症とトラウマ」『徴候・記憶・外傷』所収（みすず書房）p.128

ここを読んでいたとき、このセンテンスの終わりまで、なにかふっと油断していたというか気が遠くにいっていたのだろう、ちょっと考えたらそんなはずはないのだから、ちょっとも考えなかったのだろう、「ん？　新聞配達？」となって「ん？　首都圏？」となって、それまで、だからこのセンテンスの終わりまで、この前の前のパラグラフに「アメリカでも、外傷性障害を統合失調症と誤診されて非常に長く入院しているケースが決して少なくないということです。振り返ってみると、私もそういう事実をいくつか経験しています」とあったことに印象が引っ張られたらしく、これをアメリカの家庭の話として読んでいて、あ、違う、これ日本の話だ、と思って、改めて読んだら、まったく異なる光景が出てきて面白がった。

それでときわ台に着くと雨は大丈夫そうだった、鈴木さんは少し遅れるとのことだった、現地集合にしましょうとのことで、ときわ台の町を歩き、暮らしだなあ、と思いながら、面白く、歩き、前野公園にたどり着いた、きれいな、さっぱりした、機能的な、公園があった、着くと鈴木さんも着いて、それでリュックからグローブとボールを出して、しかし柵に囲まれた「ボールあそび広場」は台風の影響で閉められていて、台風の影響なのか公園には他に誰もいなかったから、よしと判断し、「ボールあそび広場」のすぐ横でキャッチボールを始めた。

捕って、投げて、捕って、投げて。ただただ愉快で、僕にとってはまず「捕って」なんだな、と、やっているときも思ったし、書きながらも先に「捕って」が出てきてやはりそう思った、捕って、投げる、この繰り返し、それが楽しくて、楽しいですねえ、と言った。30分弱、楽しんで、それで駅の方に向かって歩きだした、途中でざーっと雨が降り出し、いいタイミングでキャッチボールができた！と喜んで、駅で荒井さんと合流し、お久しぶりですねと言って、荒井さんはフヅクエの施工管理をやってくださった方で、頼りになる好青年だった、鈴木さんから先日、当てにしていたところが難しくなった、よかったら紹介してもらえないかと相談が来たので連絡をとってみたところ希望の着工時期等問題ないとのことで、それで今日、顔合わせと打ち合わせみたいなところでのときわ台だった、物件に向かった、行って、不動産屋さん含め4人で、その物件を見ながら、あれこれしゃべっていた、ひとつ、とてもいい案が出て、そりゃあ楽しいな！となった、僕はだいたいの時間は黙っていたが、ひとつ思ったことを言った、済んで、鈴木さんと喫茶店に入ってお茶をした、お茶をしながら、僕はその言ったひとつのことについてもう少し深掘りして話をしたり意見を聞いたりしていた、それで、雨がだいたいやみ、電車に乗って、帰った。

新しく店を始めようとしている人を見ていると僕はとにかく愉快で、楽しいなあ、楽しいなあ、となっていて、その貴重な場面に、施工管理の方を紹介するだけとはいえ、なにか関わることができたことは喜びみたいなところがあって、それと同時に、先々週くらいに初めて物件を見させてもらいに行ったときから僕も、いいなあ、僕も店をまた作りたいなあ、という気持ちが出て、それで、やるならどこがいいのかなあ、やりたいなあ、と思ったりして過ごしていた、なんとなく、下北沢、それか青山、というのが浮かんだところだった、というか、単純に想像しやすいというところでその二箇所なんだろうと思った、先日イメージフォーラムに行ったときに、その思いを強くした、要は、イメフォで映画を見る前、あるいは後、それからＡＢＣで本を買って、というときに近くにフヅクエがあったら、いいなあ、俺行くなあ、と、そう思って、青山、青山というか、住所でいったら渋谷1丁目とか渋谷2丁目ということになるみたいだった、ＡＢＣの至近だったら神宮前5丁目というらしかった、ヒューマントラストシネマ前の時間にも行きたい、とにかく、そのあたりにあったら、いいなあ、と思ったというか、行きたい場面の想像がつきやすかった、Ｂ＆Ｂは下北沢だった、間違えた、下北沢はＢ＆Ｂだった、トークイベントの前とか、当該の本を読んで過ごしたい、という人とか、後とか、話を聞いてたらムクムク今すぐ読みたくなっちゃった、という人とか、いるんでないかな、というところだった、僕は僕だったらトロワ・シャンブルだけど、煙草がないところがいいという人は当然、いるだろう、そこでフヅクエの出番ですよ、というそういう下北沢だった、そういうことを考えて暮らしていたが、じゃあ、と思って借り入れとかをして返済とかをして回収して、という計算を簡単にしてみたら、これは大ごとだぞ！　となって、暗い心地になった、とてもじゃないけど厳しいんじゃないか、フヅクエ本店の「超絶好調！」という日が平均、ぐらいが必要だった、あるいは初台の調子で考えちゃいけないのだろうか、どんな調子で考えたらいいのだろうか、ともかく、考え出すと面白いらしく、夜、店、働きつつ、鈴木さんに話の続きでＬＩＮＥを送った、こうする場合だったらこういうメリットがあるしこういう懸念点がありますよね、逆にこっちだったらこういうのも考えられますよね、等々言っていて、途中で、サンドイッチでも作っているときだったろうか、ふと、あ、これ、俺、危ない、と思った、これは俺の態度というか姿勢は危ないやつだ、老害的なことに進化していきかねないやつだ、「俺の正しさ」みたいなものをやたら前に出そうとするやつだ、危険、危険、と思って、反省して、やめた。

だから夜、店、風強い、ひきちゃん元気、バトンタッチ、その前にフヅクエで働きたいと申し出てくださった方とお会いして、店は営業中なので、スタバで、面談というかお話。わかるなあわかりますそれすごく、という話であるとかをした。

新しい店とか、ほとんど人を雇うこともできていないのに、本当に笑止だなと思う。

9月5日（水）

昼前まで寝、うどん食う。出、電車乗る。今日は『ユニヴァーサル野球協会』の日らしく、読む。野球ゲーム狂いの中年男性が、「公式記録ブック」に向かう。

この野球年鑑に、ヘンリーは選手成績から始まり記者の特電に至るまで、また、ひとシーズン通しての分析から一般的な野球理論に至るまでＵＢＡのすべてを書き込んだのだった。要するに、どんなことでも保存しておく価値があるということなのだ。文体も変化に富んでいた。余計な言葉を省いて実際的なデータのみを扱う極端に簡潔な文章があるかと思えば、スポーツ記者特有の誇張した言葉遣いがあった。また、理論家たちの科学的で客観的な文体があるかと思えば、随筆家や逸話作家たちの文学的な文体もあった。それに加えてテープに録音したインタビューや選手たちの寄稿記事、選挙関係の記事、死亡記事、諷刺、予想、醜聞なども混じっていた。年鑑では試合の細かな経過に触れなかった――たとえば、スター選手や主戦投手を喩えとしてもちだしたり、あるいは意図的に若干の思い違いを犯したりする場合を除いて、球団の分析にあたってはあえて選手個人に言及しなかった。それによって協会全体の概観的な視野が得られた。協会で起こった出来事から影響を受けやすいヘンリー自身の移り気な気分が記述に変化を与えた。壮大な考えがあれば皮肉な考えもあり、歓喜があれば絶望もあり、熱狂があれば無関心もあり、愉しみがあれば消耗もあるといった具合に、ヘンリー自身の揺れ動く気分が記述に変化を与えたのだ。最近は憂鬱気味でセンチメンタルな傾向があるのにヘンリーは気づいていた。すぐにそんな傾向を克服できることを願った。

ロバート・クーヴァー『ユニヴァーサル野球協会』（越川芳明訳、白水社）p.83, 84

どんどん深みにハマっていく。心配になっていく。辛いだろうなと思う。ゲームに侵される。ゲームが肥大していく。ゲームが先にある。このような、ひたすらに書かれ続ける日記も陥りうるたぐいの強迫的な状態だった。

この異常に細かいゲームの様子を見ていると、どんどん現実に近づけていきたくなるだろうなと思うと、だんだん、折り畳まれて、行き着く先は現実の野球になるのではないかと思う、行けば行くほど、現実との小さな差異に目が取られ、近づけて、なお足りなくて、進んで、先にあるのは、なんだかすごく怖い状況だった。

それで、竹橋。東京国立近代美術館、「ゴードン・マッタ゠クラーク展」。

最初のほう、なんだか戸惑って、ほう、切るのか、切ったのか、と思って、模型を見ていたら面白くなった、模型を見ながらその中を歩いている様子を想像したら面白くなった、「ヤコブの梯子」でグンと面白くなって、その次の「スプリッティング」ですっかり面白くなった。映像を、壁にもたれて座って見ながら、切ってる〜、と思って、とてもよかった、光が、切られた向こうから差し込んできた光が庭に線を引いていて、それがよかった、どこまでも体を使って、ちまちまと切っていくその大音響と土埃にまみれた運動が、とてもよかった。切られた家を見る体験はちょっと、考えたこともなかったようなものだったというか、家って切れるのか！と思ったというかすごかった、知っていた世界みたいなものが揺さぶられるようだった。それから、その向こうに抜けると広いところに「スプリッティング：四つの角」という、切られた家の四つの角、屋根があって、近くに学芸員の方がいたので、え、これ、あの、実物ですか、と聞いて、そうだというのでそうなのか〜、と思って、思ってから、それをまじまじと見ていた、天井の木材の薄さが妙に生々しかった、こんなにも薄いの！というような。

そのあとも、微妙な土地を買ってみましたというくらかデイリーポータルZの企画みたいなものもなんだか妙に面白く、次の赤い車がゴミ埋立地で埋め立てられていく映像もやたらグッときた。記憶が陵辱されているみたいだった。つらかった。

最後に「日の終わり」をたくさん見ていた。港に建つ倉庫の床や壁を切断する作品で、天井から吊ったブランコに乗りながら火花を散らしながら壁を切っていた。光が、滲んで、こぼれて、太い輪郭の線になって、ぽっかりと切り取られると、どっと溢れてなだれ込んでくる、その様子をずっと見ていた。とにかく、この人は、ひとまずのところ高いところが大丈夫な人なんだな、ということを思った。怖そうだったが怖がってなさそうだった。

その映像を見ながら、そろそろ出ようかな、テアトル新宿、16時20分の回、『寝ても覚めても』、と思っていて、まだ間に合う、まだ間に合う、どうしようか、と思っていて、展示も、ここまで見ると疲れていて、最後のところはささーっと掃くように見ただけで済ませて、出た、出て、竹橋、東西線で九段下、都営線で新宿三丁目、ちょうどくらいで間に合う、と思って、九段下でおりたところで、行くのをやめた。展示をじっくり見ていたら疲れていて、ぼんやりしているし、頭はゴードンたちだし、この状態で見に行くのは映画に対しても自分に対しても失礼だなと思い、やめる決断がくだされた、それで逆方向の電車に乗り、ロバート・クーヴァーを読みながら家に帰った。

家に帰ると遊ちゃんがいて、展示の話を、あれが面白かったあれも面白かったと話して、遊ちゃんは数日前に行っていた、面白がるものが違うのは面白いと思って、僕は小腹が空いたらしく、買ったままずっと開けていなかったポテチを開けて、食べた、ルイボスティーをいただいた、中井久夫を読みながら、ポテチつまみ、眠くなり、眠った。

起きるとというか起こしてもらうと、眠くて、いやあこれは本当に映画に行かなくてよかったなと思って、もっと寝ていたいなと思いながらも、家を出、新宿に出た、新宿駅はいつだって気分が悪くなった、紀伊國屋書店に寄って何か本を見ようかと思っていたが寝すぎて時間もなかった、なんとなく思っていたのは『エコラリアス　言語の忘却について』だった、またみすず。５０００円する！　４０００円を超えると躊躇する。躊躇したし、だから、時間もなかったから寄らなかった、寄らないで、お多幸に入った、3階は初めて来た、座敷になっていた、ななえさんがもう来ていて、二人は少し遅れるということだから先に飲み物を頼んで、乾杯をした、すぐにあこさんが来て、しばらくするとさっちゃんが来た、それで、4人でおでん等々を食べながら、飲み飲み、話した。みな、10年来の付き合いだった、この人たちは僕にとって愉快な人たちだったというか、自分の種々の選択に関係なく会っていた可能性のある人たちで、それが僕を愉快にさせた、つまり、みな僕は大学生のときに出会ったわけだけれど、さっちゃんは僕の小学校の友だちの高校の友だちの大学の友だちで、だから、僕がどの高校に進もうと、どの大学に進もうと、関係なかったということだった、あこさんはさっちゃんがネットを通じて知り合った友だちで、ななえさんはあこさんがネットを通じて知り合った友だちだった、相関図みたいなものを書いていったときに、ななえさんと僕がいちばん遠くにあるわけだけど、この遠さは、そして知り合ってこうやって10年来知り合っているというこの近さは、僕はいつでも考えると愉快だった。と、書いていて思ったが、僕がどの高校大学に進もうと、とずっと思っていたが、さっちゃんと僕が知り合ったその場所は江ノ島で、そこに僕が行ったのは家が近かったからではないか、そう思うと選択と関係してくるような気がにわかにしてきた、でも、そのあと、映画館でばったりと出くわすということを何度もしていて、そういう場所で出会っていたかもしれなかった、でも、そのときは、出会うというか「実は同じ場所にいた」というだけで、出会っていなかったかもしれなかった、とにかく、おでんを食べ、ビールを飲んで、僕は、笑っていた。

酔っ払って、10時半過ぎに店を出て、三人はもう一軒行くというが僕は酔っ払って帰ることにして、帰った、紀伊國屋書店の側壁が、禍々しい感じでのっぺりと巨大に垂直に切り立っていた、崖のようだった、帰って、電車に乗りながら中井久夫を読んでいたら、酔っ払った感じと眠い感じが遠のき、中井久夫のこのよさはなんなんだろうかと思い、総じて、謙虚、謙虚なんだよな、ということに気づいたというか謙虚という言葉が浮上した、謙虚で、他者を尊重する態度、本当にかっこいいなと思い、どこかでもう一杯くらい飲んで読んでといこうかなと思ったが、満腹だった、もうお酒もいらないし食べ物もいらない、それで、家が一番、と思いながら帰宅した、家に入ると、ほっとした、しばらく中井久夫を読んで、寝そうになったので布団に移ってロバート・クーヴァーを読んで、12時前には寝ていたのではないか。

9月6日（木）

朝、店に着いたときには疲れていた、クソみたいな体だなと思いながら仕込みをしながらここ数日そうしているようにS.L.A.C.Kをシャッフルで聞いた、途中で八百屋さんに行って八百屋のおじちゃんおばちゃんとケラケラと話して、なんだか元気が出た、戻って、開店前にほんの数ページ中井久夫を読んで、体が疲れていた。

夕方、真っ暗になる前、シロップを作ったりチーズケーキを焼いたりが一段落して、読書をしていた、そこで「反対思考　Kontrastdenken」という言葉を学んだ、「強迫症における」ものらしく、「たとえば神聖なものの前で瀆神的考えが起こってしまうことであり、無垢なものに対してそれを汚すイメージが湧いてしまうこと」とのことだった。こういうものに対応する言葉があったのか、と思って、言葉があることは、人を傷つけることもあるし、人を救うこともある。今、調べてみたら、あまり検索結果には出てこなくて、もしかしたら別の言葉で流通しているのかもしれない、わからないが、それで、「アジアの一精神科医からみたヨーロッパの魔女狩り」が読み終えられて、これで全部が読まれたことになって、意外なことに全部が読まれた。また最初の「世界における索引と徴候」を読みたい、僕は今こういうものを読みたいらしいのだが、何を読んだらいいのだろうか、こういうもの、ということを説明しろと言われてもなんと言ったらいいかわからなくて、困った。世界における索引と徴候について考えられたものが読みたいんですけれど、何かありませんか、と、書店で、員に聞けばいいのだろうか。それだったらですね、と員は言うだろうか。俺がお前ならここでゲームを降りる。なんでKid Fresinoが出てきたのかわからないしきっと正確でもない。

そうしたら、夜は、完膚なきまでに、暇だった、夜はというか、よくよく伝票を見てみたら、14時半の方の次に来られた方が今日、一人しかない。20時半に来られた方の一人しかない。すごい日だ！と思いながら、『ユニヴァーサル野球協会』を読んだり、ミランダ・ジュライの読書会の告知をしたり、メールを返したり、していた、夜はゆっくりと更けていって、10時半で無人になって、もう誰も来ないんでしょどうせ、と半ば不貞腐れながら看板を早々に上げて、ショートブレッドを焼いた、どうしてだか、キャロル・キングを聞きながらやった。ソー。ファー。ラウェー。

それでそのあと、『ユニヴァーサル野球協会』をだから結局、ダラダラと読んでいた。読んでいると、

大谷の18本というホームランも、すごいけれど（それにしても大谷はどうするのだろう……）、丸が34本も打っているということに驚く。40本行くぞこれ……丸ってそんな長距離砲だったのか……今日はウィーラーが怒ったのか……そういえばオコエ瑠偉は今年はどうしたのだろう……怪我とかでもしているのだろうか……どうしてだかちょこちょこオコエ瑠偉のことが気にかかる……活躍してほしい……ソフトバンクは大竹が2勝目か……なんかこの、一年目で即戦力になる育成ってたまにいる気がするけど……球団にとってもサプライズなのかもしれないけど、そういうつもりがあるんだったらそもそも最初から育成じゃないドラフトで取ればいいというか、取るべきなんじゃないかと思うのだが……

ということが書かれていたような気がして、閉じて、飯食って、飯食いながら『週刊ベースボール』を読んでいた、9月3日号で、後ろのほうに巨人の菅野のコラムがあっ

て、読んだ、そうしたら、甲子園の話題から、最初のほうで「指導者の方には選手たちの将来を見据えた指導・起用をしてほしいと切に願います」とあるコラムで、そこに至るまでのところで、僕も甲子園ありき、勝利ありきの姿勢に対して「ほんとよくない」と思いながらも、でも、そこが当人たちにとってすべてだったら、みんながプロに行くわけではないのだから、将来のためと言われる将来とはなんのことなんだ、俺には今のこれがすべてなんだ、と当人たちが思っているのだとしたら、と一方で思ったりもしていたのだけれども、それに対してもエクスキューズが置かれていて、「野球を職業にできる選手はほんのひと握りです。しかし、プロがすべてではないですし、さまざまなカテゴリーで野球を続けられるように」とあり、いいエクスキューズで、それで、そのコラムの終わり、自身の高校時代のことが書かれていた、予選の準決勝で160球投げた、その日、明日は他のピッチャーで行くから、と監督から言われた、その気でいたら翌日、つまり決勝当日、やっぱお前で行くから、と監督から言われた、「これはつらかった」とあった、「そこでストップをかけてあげられる人が指導者であるべきだと僕は思います」とあった。当時の東海大相模の監督は現在も東海大相模の監督だった。腹いっぱい食った。

9月7日（金）

昨夜、帰宅して寝る前、プルースト、で、寝。珍しく寝付けず、少し夢に引き込まれたと思ったら途切れ、を繰り返し、だんだん手足がもやもや気持ちが悪くなってぶんぶんしたりするも晴れず、眠れず、起き上がり酒を注入してみたり。プルーストに子守唄を歌ってもらおうとまた開き、読む。

とりのこされた私が、目のまえにあるみどりのかたまりのなかに、一つの教会の姿を認めるには、教会の観念をいっそう強く把握してみる努力が必要だった、そういえば、語学の訳読や作文の時間に、一つの句を慣れてしまった形からひきはなして練習しなくてはならないとき、その句の意味をいっそう完全につかむ、そんな生徒の場合とおなじように、一目でわかる鐘塔のまえに立っていたら、ふだんほとんど私に必要ではないあの教会という観念にたいして、私はたえず注意を喚起しながら、木蔦のここのしげみのアーチは、ステーンド・グラスのはまったゴチック窓のアーチにあたる、あそこのあの葉の突出は、柱頭部の浮彫のせいだ、などという注意を怠らないようにしなくてはならなかったのである。しかし、そうしているうちに、すこし風が吹いてきて、動くポーチを、そよそよとわたり、波紋が、光のようにふるえながら、つぎつぎにひろがっていった、そして葉という葉は一つ一つひるがえり、植物の正面入口は、おののきながら、円柱の手を自分にひっぱりつけるが、円柱のほうは、波うち、愛撫され、逃げて行こうとするのだった。

マルセル・プルースト『失われた時を求めて 3 第2篇 花咲く乙女たちのかげに 2』（井上究一郎訳、筑摩書房）p.46, 47

ときどき本当にうっとりするような光景が目の前に広がって、わあ、という気持ちになる、なって、目が眠くなるどころか冴えて、美しい娘、消え去る怖れ、消え去る望み、それから、ユディメニルのほう、三本の木。

この快感は、なるほど、思考の上に思考をはたらかせるある種の精神の努力を要する、しかし、この快感にくらべるならば、これをあきらめさせる投げやりの気楽さなどはじつにとるに足りないもののように思われるのだ。対象が何であるかが単に予感されるにすぎないこの快感、私が自分自身でつくりださなくてはならないこの快感、それを私はまれにしか経験したことはなかった、しかしそのまれな経験のたびごとに、それまでの長い中間に起こった事柄は、ほとんど重要性をもたないものに思われ、この快感の唯一の実在にしっかりと私がむすびつくならば、ついには真の生活をはじめることができるだろうと私には思われるのであった。

同前 p.51

というのは三本の木を馬車の中から見たときに得た不完全な快感、つかみだせなかったなにものか、つかみだせなかったがたしかにあると思われたなにものか、についての記述だけれどもこのとき三本の木は徴候になっているということなんだろうか、ですか、中井先生！と思って、面白くなって、たいてい、5ページも読んだらいいような、多くても10ページとか、そんなペースがこの本のペースだったが昨夜だけで30ページ読んでいて、これは異例だったたし、だから、それだけのあいだ眠れなかったということだった、それでもいつか、寝て、寝る前、どうしてだか『早春』の場面が思い出されて、それで、思い出したついでに「イエジー・スコリモフスキ」と頭で唱えて、そのあとは「クシシュトフ・キェシロフスキ」と唱えて、キェシロフスキのあとは、「キ」でしかないし大変な名前でもないが「アッバス・キアロスタミ」と、唱えて、キアロスタミじゃなくて、他にいた気がするんだよな、難名が、と思ったたし、難名という言葉を初めて使った、そんな言葉があるのかすら知らなかったが「なんめい」と打ってみたらこのように出たからあるのだろう、それで、それは思い出すことはなく、『早春』の、いくつかの場面を思い出して、思い出せなかったりして、寝て、起きて朝だった、背中を寝違えていて、背中に横一本、なにかが走っているようなそういう痛みがあった。

「難名」で検索すると、中国語辞書がヒットする。読み方は、「Nán míng」。

夕方、やることも落ち着き、今日はプルースト。今朝、ふと、今日はもしかしたらバルトの『明るい部屋』を読み出すのではないか、と思ったが、プルーストだった、ロベール・ド・サン＝ルー侯爵のお出まし。印象が、万華鏡みたいにくるくると本当にくるくると変わる、「彼が私に名刺をさしだしたとき、下手をすると決闘をもちこむのではないかと思った」とある次のセンテンスで「しかし彼は、文学のことを私に話しただけで、長いおしゃべりののち、これからは毎日何時間でも会っていたい、と告げた」、笑った。印象最悪の登場の10ページ後には親友になっていた。夜は忙しくなって、動き始めたら背中の寝違えが痛くなって、次第に忘れた、店が終わったらまた思い出して痛くなった、飯は食わなかった、ロング缶を2つ買って、公園で飲んでいた。電車が近づいて、遠ざかっていった。夜は清々しく、気分よく、ときおり頭上の葉がすとんと落ちてきて、驚かせた。僕は、びっくりするくらいに泣きじゃくったあと、笑った。外傷の再演という言葉を思い、これか、と思った。

9月8日（土）

起きると、寝違えの痛みはずっと強まっていて、昨日は横に一本引かれた線みたいだった痛みが、今日は背中全体が痛みに抱かれているようなそういう痛みだった、スーパーに行って納豆を買おうとしたらだしが目に入って、山形のやつ、だしが目に入って、そういうさっぱりしたものを食べたいと思って、納豆と併せてだしも買って、買った、店行って、準備した、飯食って、店開けた、店開けてかられんこんを切っていた、れんこんを切っていると欠けた左手の薬指の先のことを思い出してよく気をつけるようになる、他の野菜のときも同じように気をつけたい、指先はまだ薄い、ずっと薄いのかもしれない、弱く敏感で、神経とかが近い感じがする。ちょっとのことで痛いというか、近い。

極めてゆっくりの、ほとんど壊滅的といっていい始まりで、中井久夫をまた読んでいた、最初の「世界における徴候と索引」をもう一度読んで、それからプルーストを開いていた。

「ごきげんはいかが？　私の甥のゲルマント男爵をご紹介しますわ」とヴィルパリジ夫人が私にいった、そのあいだに、見知らないその人は、私の顔を見ないで、「よろしく」と口のなかであいまいにつぶやいて、そのあとに、「ふん、ふん、ふん」と、何かわけのわからないお愛想をわざとらしくつづけ、小指と人差指と親指とを折り、指輪というものをはめない中指と薬指とを私にさしだしたが、その二本の指を私はスウェード皮の彼の手袋の上からにぎった、それから彼は、私のほうに目をあげなかったままの姿勢で、ヴィルパリジ夫人のほうをふりむいた。

「あら、私は頭がどうかしたのかしら？」と夫人が笑いながらいった、「あなたをゲルマント男爵などと呼んで。シャルリュス男爵をご紹介いたしますわ。まあ、どちらにしても、大したまちがいではないのね」と彼女はつけくわえた、「あなたはやはりゲルマント家の人なんだから。」

マルセル・プルースト『失われた時を求めて　3　第2篇　花咲く乙女たちのかげに　2』（井上究一郎訳、筑摩書房）p.111

たぶん、重要人物の、登場だ～！と思って、それはそれとして、小指と人差指と親指とを折って？　中指と薬指とをさしだす？と思って、自分の、小指と、人差指と、親指とを折って、中指と薬指をさしだしてみた、すると、なんだこれはｗｗｗという手の形になって、なんなのこれｗｗｗと思った。よくあることなのだろうか。

それから、4時まで完璧な閑散で、それからぐっと、ぎゅっと忙しくなって、気づいたら6時で、見渡すと、お客さんの姿は3つしかなかった。なにが起きたのかわからないと思いながら、それからは淡々と進んで、結果として土曜日のバジェットにどうにか乗ったから、悪くないことだった、疲れて、疲れながら、夜、今度はロバート・クーヴァーを開いていた、先日読んだところで、なにか夢幻的というのか、悪夢的な様子になって、これが続くようならちょっとつらいなと思っていたが、続きを開いたらちゃんとというか、元のヘンリーパート、といってもヘンリーパートもしっかりと混濁しているのだけれども、とりあえずヘンリーが登場していて、混濁したヘンリーが登場していて、それで安心してというか、続けられる、と思って続けていったら、面白くなって、この小説は面白いといっても苦しさがずっとつきまとっているそういう面白さだったけれど、僕は、人がなにかダメになってしまうそういう場面をあまり見たくないそういうところがあって、だから苦しさがあって、ヘンリーはどうなるのだろうか、と思いながら、面白く、読み、閉店したら今度はご飯を食べながら『週刊ベースボール』を開いた、「優勝へ、強打の捕手あり！」というキャッチャー特集の号で、西武の森友哉の記事から始まって、広島の會澤翼の記事になって、次が日ハムの上沢直之と清水優心のバッテリーの対談記事だった、「ゆうし」と読む清水が二つくらい年下で、もしそれが正しいとしたら上沢が二つくらい年上ということになる、上沢は、ずっと、このピッチャーがうまいことといったら、と思っていた選手で、今年がそのブレークの年になっている、うれしい、その上沢の清水への言葉遣いが、え、本当にこんな言葉遣いなの、という言葉遣いで、ちょっと、え、と思って、本当にこんな話し方なんだろうか、ちょっと、え、と思った。

帰宅後、ロバート・クーヴァー。ヘンリーは、がむしゃらに野球ゲームを続けていた、とうとう記録することも後回しにして、ゲームをひたすら続けた、つまりここで、ここまで仔細に、精緻に、され続けてきた各種の記録が汚れた、これは、のっぴきならないことだった。こういうこの感じ、グダっていっちゃう感じ、あるよなあ、となんだか、思った。これは、終わりの始まりだった。

9月9日（日）

朝、どうしてだったかKOHHを聞きながら準備していて、かっこうよかった。最初聞いたとき本当に無理というか生理的に無理というかダメ、と思ったKOHHが、いつからかとってもかっこうよくなって、しばしば聞きたくなって、聞くことになっているから、聞いた、そのKOHHは、今日もかっこうよかった、僕の最近の言葉の運用というか運び方みたいなものにも、最近というかここどれくらいだかわからないがしばらくのあいだの、わりに短く読点で刻んでいくような感じも、あとは同じ言葉を並べて使うような感じも、なにかKOHHの影響があるんじゃないかと思ったのはいつだったか。

開店して、今日は忙しかった、4時までに昨日の3・4倍のお客さんがあった、前日比340％という言い方で合っているだろうか、それは忙しかった、それで忙しく働いて、ずっと働いていた。ずっと働いて、11時くらいになってやっと座った、そのときには、お客さんは誰もいなかった、つまり今だった。

『週刊ベースボール』を熟読し、帰宅。遊ちゃんと話していると、ハロプロが今年20周年と知って、ということは、新潮クレスト・ブックスと同じ年に始まったのか、と知った。今日、お客さんから創刊20周年の冊子をいただいたところだった、いただいたというか、ご存知そうだったから、あれってどこの本屋でも手に入るんですかね、とお帰りのときに聞いてみたところ、くださったのだった、2冊持ってるから、ということだった、ラッキー！と思って、まだ開いてはいなかった、そのクレスト・ブックスとハロプロは同い年で、1998年生まれ、日ハムだと堀瑞輝だった。それで、飲酒運転のことを話していて、呼気のアルコール濃度0・58ミリグラムというのは尋常でないということだけれどもどれだけ尋常でないのだろう、と調べてみると飲酒から2時間のところでいうと、というところで調べたときに見た記事を探したがどれなのかわからなかった、不正確だがそのときの認識は次の通りだ、ウイスキーだったら6〜7杯、ワイン6〜9杯、日本酒3合、ビール2500ミリリットル、これを見て、2時間前でそれでしょ、となって、さらに家から仕事現場への通勤中だったということなのであれば、と考えると、想像される状況が異様で、これはモンスター級の暗い事件になるかもしれないと思って、思った、つまり、朝、起きた、仕事だ、その前に景気づけの一杯だ、ロング缶、ロング缶、ロング缶、ロング缶、ロング缶、さあ、働いてくっぞ！　いってきまーす！という。そんな光景はつらすぎる。

それで寝る前は、ロバート・クーヴァーだった、同僚のルーがヘンリーの部屋に来た、どでかいピザを持ってやってきた、たくさんのビールを飲んだ、二人は、野球ゲームをした、その場面もつらすぎて、えげつなくつらかった、つまり、ヘンリーは真剣だ、深刻だ、しかしルーからしたらたかだかゲームだ、そのギャップがきつかった、苦しかった。この場面の息苦しさはとんでもなかった、ヘンリーには、グラウンドを駆け巡る選手たちの姿がありありと見える、ルーには、ただのサイコロ遊びだった。

ねえ、わかってる、ただのゲームでしかないっていうのはわかってる、こんなふうに必死になるものじゃないっていうのはわかってる、でも、でも悪いけど俺は真剣なんだ、ふざけてやるものじゃないんだ、ふざけてプレイされるのを見ると心が痛むんだ、どうしても痛むんだ、だから、本当に悪いけれど、頼むから、頼むから一緒に、真剣になってくれないか?

9月10日(月)

早め起き、店、仕込み、懸命、今日もKOHHを聞きながら、本当にかっこいいなと思いながら、煮物等作る。湯がいたゴーヤは味噌とくるみで和える。

開店し、変な日だった、シャッターを上げようとするとお客さんの姿があり、すいませんいま開けますすね、でも見ると二人組で、あ、おしゃべりできない店なんですよ、そう言うと、え、二人で来てもしゃべれないってことですか、と、快活ながら何かどういうことなのか理解できないような顔つきをして、階段の数段下にいた方はただ不可解という顔をしていた、そうなんです、本読む店なで、なのでまたよかったら一人でいらしてくださいい、と言った、それから、お一人のというかお客さん何人か来られたのち、また二人組、おしゃべりまったくできない店ですけど、と言うと退散、それは構わなかった、しばらくするとまた二人組、おしゃべりまったくできない店ですけど、と言うと、だってさ、ご飯だけ食べていこうか、ということで、お若い女性二人だった、入るとのことで、こちらとしては構わないんですけど、たぶん思っている感じで過ごせる店じゃないと思いますよ、と言うも、入るということなのでお通しした、こういう場合、僕は水は出さないで待機する、案の定で、メニューを読んだら目配せをして、「やっぱりおしゃべりできないので」という言葉を残して出ていった、僕は「はい」とだけ言葉を発した、これで三組六人だった、こういう、お二人で、しゃべれないの知らないで、入口の横には書いてはあるけれど、読まないで、入ってきて、しゃべれないというところで帰る、という人たちは、一日に一組あるかないか、というかないか、二日に一組くらいかな、三日に一組くらいかな、そういうところだから、これだけ短い時間、一時間半とかそのくらいの時間のなかでこういうことが続くのは記憶にないことで、そうしたらすぐにまた二人組の方が入ってこられた、女性と、その娘さん、というくらいの感じのお二人で、あの、おしゃべりまったくできない店なのは、ご認識は、と言うと、大丈夫です、知ってます、ということだった、さらに「わざわざ来たんです」と少し面白そうな言い方で付け足されたから、お、そりゃ悪かった、ありがたい、と思って、それで水とメニューとを持って、行った、席で経理かなにかをやっていると、ソファからこっちに顔が向いて、やっぱり帰ってもいいですか、と言う声が聞こえた、はあ⁉と思った、さすがに不機嫌になって、四組八人、と思った、特殊なことだった、さすがに不機嫌になって、不機嫌になった。でもそのあと、平生の通り、お一人の方々がそれぞれに座って静かに本を読んで過ごしているその様子を見ながら、やっぱりいい店、と思った、その、いい店感がそういうことを経て浮き彫りになった、際立った、ここに一組でも二人組がありしゃべる二人組があったら、この空気は全部ダメになる、本当に全部ダメになる、この店はそれが絶対に生じない、それは本当に素晴らしい美しい力強いことだった、喜ばしかった。雨が、夕方から降り出した。

それで、しばらく『ユニヴァーサル野球協会』の続きを読んで、それからクレスト・ブックスの冊子を開いた、最初がトム・ハンクスのインタビューで、これがとても面白かった、読みたくなった、次がミランダ・ジュライで、これはまだ読まなかった、読みたくなった、それからクレスト・ブックスをめぐる鼎談を読んで、面白かった、めくればめくるだけ読みたい本が増えていくようだった、目下のところミランダ・ジュライ『最初の悪い男』、トム・ハンクス『変わったタイプ』、ジョゼ・ルイス・ペイショット『ガルヴェイアスの犬』が読みたいし、アリ・スミスの『両方になる』も読みたい、その次のページにあったパオロ・コニェッティ『八つの山』もなんだか強く読みたい、つまり、なんだか俄然猛烈にクレスト・ブックスの新しいやつを読みたい気分がむくむくと本日、湧いたらしかった、湧いて、侵された。たった今、同時に全部即座に読みたい。昨日まで、しばらくのあいだ、昨日まで、やっぱ今はプルーストみたいなものを読みたいんだよな、なんかダラダラダラダラしていて面倒なやつ、と思っていたのに、簡単にころっと変わる。

それで、第一五七年度、と出てきたとき、『ユニヴァーサル野球協会』に戻って、開いて、第一五七年度、と出てきたとき、ゾクゾクっとした、つまり、野球ゲーム上で100年がどうやら経った、それだけのゲームがヘンリーによって重ねられた、安心して狂気の側に完全に落ちこみ、落ち着き、収まった、ということだった。

上の観客の歓声が規則的になっている。演説。授賞式。追悼演説。今年は、デイモン・ラザーフォードの監督だった男のために特別行事が組まれている。野球殿堂入りしたバーニー・バンクロフトだ。「老哲学者」。「辞められぬ男」。お涙ちょうだいのセンチメンタリスト。それでも、人間としては面白い男だ。かれの『UBAのバランス』はハーディが初めて読んだ本だが、

ロバート・クーヴァー『ユニヴァーサル野球協会』(越川芳明訳、白水社) p.336

ここを読んだ瞬間に、野球の本を読みたい！と思って、野球の、ノンフィクション、はっきりと野球の本、それで、思いつくのは山際淳司の『スローカーブを、もう一球』だった、だけだった、在庫を調べたら渋谷の丸善ジュンク堂にはないようだった、遊ちゃんに、今日これから本屋の近くを通ることはあるかうかがいを立ててみたところ、トイレットペーパーを買いに行くため、行けるよ、ということで、トイレットペーパー屋さんの近くの本屋さんには(電話を掛けてくれた)あるということだった、お言葉に甘えた、これで、夜、読める。それで、夜、雨で、強い雨で、これはもう今日は完全に暇だろう、と思っていたら意外なコンスタントさで悪くない日になり、ちょこちょこと働きながら、ロバート・クーヴァーを読んでいった、すると、読み終わった。なんだか光

に満ちているというか、目が見えなくなるような真っ白い空間の中にいるみたいな、そんな印象の終わりだった、ホワイトアウトという感じだった、なんだかすごい小説だった、ぷはー、と思って、訳者あとがきに代えてのところを読むと、創世記ということだった、ヘンリーは神ということだった、その名前はヤハウェのアナグラムになっていて、ということだった、そういうのはなんだかときめかなかったが、しかしすごいなんだか苦しいだからすごい、小説だった。よかった。

それはともかく、クレスト・ブックスの冊子のタイトルが「海外文学のない人生なんて」というもので、僕はこれがなんか嫌だなと思った、これは中に収録されている鼎談のイベントのタイトルから取っているのだけど、イベントタイトルには文句はないのだけど、これを冊子のタイトルにも使うことは僕はとても嫌だというか、いいの？と思った、いいの？というのは、これまでのクレスト・ブックスのファンや海外文学のファンだけに冊子を取ってもらいたいのだったら、これでいいと思うのだけど、仮に海外文学ってなんかハードル感じるんだよな、という人たちにも届けたいのだとしたら、このタイトルはなんかどうなのか、海外文学のない人生なんてものを歩んできた人たちにどんな印象を与えたいのか、ということで、文学好きとかそういう人たちは本当に簡単に排他的な振る舞いをする、と僕はいつも思う、門戸を広げたいのだったらそれなりの振る舞いをしないと本当にダメなんじゃないの、と思う、これを読まねば、みたいな、これくらいは入門、みたいな、ここらへんはおさえておきましょう、みたいな、ハードル上げてくるな～、と思うことがしばしばある。門戸を広げたいと言いながら、本当は広げたくないいんじゃないかな、本当は門戸を強化したいくらいなんじゃないかな、とも思う、思ったりする。

というか書いていて思ったが、そもそも俺は誰かが「海外文学の門戸をもっと広げたいんです」とか言っているのを聞いたことなんてあったっけか。いいように捏造して一人で憤っている。世話がない話だった。ぷんすかぷんすか！

というか書いていて思ったが、「海外文学のない人生なんて」というタイトルはそんなに別に抑圧的に響かない気がしてきた、他のジャンルで想像したら、そうかそうか、それを好きな人たちがそれへの愛をいろいろ語ったり書いたりしているのかな、どういうふうに愛されているのかな、読んでみようかな、という気になるとすら思った、いったいなんの憤懣だったのか、もはやわからなくなった。

帰宅後、寝る前、『スローカーブを、もう一球』読み始める。最初が甲子園のある試合の延長16回の一塁手の落球のことで、べらぼうに面白かった、240球を一人で投げきったり、38度の熱を出しながら出場したり、ひどい時代だなあと思うところはどうしてもたくさんあるけれど、それはそれとして、この文章の組み立て方というか物語の進め方、言葉の選び方、どれも、かっこうよかった。スポーツノンフィクション！と思って、次が江夏の21球の話だった、無死満塁になって、あーこりゃもう無理だわ、しゃーないわ無理だわ、となっていた江夏の気分とか、ひとつひとつ、ビビッドに描かれていて、スポーツノンフィクション！と思って、次が23歳とかで一念発起してオリンピック出場をなにかの競技で果たすぞ、と決めた男の戦いの話で、一人乗りボートで、うまいことやっていく、バイト生活で、やっていく、オリンピック出場決めた、そしたらそのオリンピックを日本はボイコットした、という、だから出場できなかった、競技やめた、という話で、これもまたスポーツノンフィクション！と思って、おもしれー！と思って、寝た。

9月11日（火）

コーヒーを買って電車に乗って、等々力で降りた。世田谷、という感じで、初めて見る町だったし見たことのある町だった、渓谷を通るのはもったいないから、一本向こうの通りを歩いて、立派な家がたくさんあった、ファサードがどでかい家が多かった、それがこの地の特色なのかもしれなかった、環八にぶつかり、イタリアン食堂のようなお店に入って、スパゲティを食べて、スパークリングワインを飲んだ、トイレに入ると、スーパーカーが流れていることに気づいて、懐かしかった、かっこよかった、なのでよかった。

店内はナカコーの歌声をかき消す程度にはにぎやかで、なんとなくいくつかの要素からそう予想していたような様子だったから面食らうこともなかったが、ネットで調べると「デートにぴったり」「お洒落なイタリアンレストラン」みたいな感じで、ネットの記事は本当にいい加減で無責任だと思った、それにしても期待値のコントロールは本当に大切だよなあ、と思った、隣にいた、ともにカメラを提げた、少なくともどちらか一方はこれからもっと仲良くなりたいと思っているあの二人は、期待していた時間を過ごせたか。

満腹、出て、それから駅前の成城石井に入ってビールを買って、渓谷に下りて、散歩をした、曇った日で全体にくすんだトーンの緑で、それがとてもよかった、土の層がいろいろあるんです、という説明板があって、では今見えているのは渋谷粘土層だろうか、と思ったが定かではなかった、歩いた、気持ちよかった、渓谷は存外に短く、滝は存外にか細く、向こうには日本庭園がある、という表示があった、そちらに行った、庭園は樹木の種類を教えてくれた、クマザサ、リュウノヒゲ、よく見る気のするこれらはそういう名前だったのか、と知れ、よかった、上まで行くと小さな日本家屋というか休めるところがあった、あれは濡れ縁というのだろうか、腰掛けて、庭園のレイヤーと、その向こうにある渓谷の木々のレイヤー、その奥行きを見て、いい気持ちだった。たまに思いついてすぐに忘れることだったが、写真を撮ろう、と思って、同じように縁側に腰掛けていた韓国語を話している女性二人に写真を取ってもらえますか？とお願いして、渓谷の木々をバックにして、遊ちゃんと並んで、撮ってもらった、はい、チーズ、と言っていて、そうか、はい、チーズか、と思った、それからまた座っていた、ザクロの木があり、それを見たりしていた、隣のさっきの女性はカメラで、同じ構図で、ただ連写という調子で、ザクロの方向を10枚くらい撮っていた、滝口悠生の『茄子の輝き』の「今日の記念」を思い出して、市瀬とオノが品川で、教習所でばったり再会して、それから中華料理屋でご飯を食べて、あっちに行ってみましょうよ、あの山、のぼってみましょうよ、と言って小さな山を、意外に苦労をしながらのぼると開けていて、町が見えて、頂上に中年の夫婦があった、最初彼らにカメラを託されて撮った、そのあと、あなたたち二人も、といって、「今日の記念に」といって、撮ってもらった、オノの髪の毛が風に揺れて市瀬の肩に触れたのだったか、どうだったか、その美しい嬉しい場面を思い出して僕は、泣きそうになっていた、遊ちゃんと並んで写真を撮る、セルフィーでなくて誰かそのあたりにいた人に撮ってもらう、ということはやりたいというか、やったら面白いだろうなと、思いついて、忘れて、たまに思い出す、そういうことだった、その最初が実行されてよかった、撮ってもらう、他者を介在させる、世界を介在させるみたいなことが僕はなんだか風通しがよくていいように思っている、それにしても韓国の人の過剰と呼んで差し支えがどこにも見当たらないくらいに写真を撮りまくるあの文化ってどういうことなんだろうね、と言うと、昨日だったかおとといだったかに歌手のＢｏＡのことを思い出して調べていた遊ちゃんは、その調べていたときに、２００２年だったか２００４年だったたか、とにかく２０００年代初頭の時期に、ＢｏＡは韓国でベストフォトジェニック賞みたいなものを受賞している、このフォトジェニック賞というものがインスタ時代のはるか以前からあることから、韓国では写真を撮って撮られてということが文化的にずっと積極的におこなわれていたのではないかと思った、というようなことを言っていた気がしたしまったく違うことを言っていたかもしれなかった、それを聞いて僕は「なーる」と思って、日本庭園を出て古墳があるという方向に歩いた、黒猫が悠然と歩いていて、そのあとたしかに古墳らしいものがあった、それで、公園をひとまわりしてから古墳に登って、立派な木が斜面から何本もそびえていた、これは子どもは木登りをしたくなるだろうなと思って、登るルートを目で追いながら考えてみたら、けっこうなところまで登れそうな木で、斜面で、だから余計高くなる、登りたくなるだろうなあ、と思った。

まだ3時とかで、どうしようかね、と言って、じゃあ『寝ても覚めても』を見ようか、ということにして、渋谷まで戻ることにした、駅までの道はまた渓谷を通りたくて渓谷に下りて、歩いた、川の流れに逆行した、川は、ほとんど止まって見えるようなゆっくりした流れがあったり、時にぴゅーっと速くなったり、また滞ったり、流れたり、していて、それはどんなものだろう、と思って、あの葉の動きを見てみよう、と、一枚の葉に着目してその動きをしばらく追った、ひらひら、くるくると、本当に少しずつ進んで、途中で岩等の障害物があると止まってしまうのではないかとハラハラするがひとつひとつすり抜けて、進んで、こんなにもゆっくりちょっとずつなのか、と、それは新鮮な運動だった、頭上は薄暗く、木々に守られ、静かで、穏やかだった。

渋谷にはバスで戻ることにして、バスに乗った、ぼんやりと酔いと疲労感みたいなものがあって、バスの中では窓外の景色の移り変わりを楽しみたい、知らない町の様子を楽しみたい、と思っていたがウトウトしていた、起きて、着いた、降りて、ABOUT

LIFE COFFEE BREWERSでコーヒーを買って、飲んで、時間が2時間くらいあった、丸善ジュンク堂に行くことにした、丸善ジュンク堂に行った、昨日のクレスト・ブックスの冊子に対して覚えた憤懣のことを話していた、それから、会話のない読書会の告知をしたときについたリプライで「行ってみたいけど自分の嗜好は娯楽小説だからなあ」という感じのものがあって、リプライじゃなくて言及ツイートだった、それを見てから僕は「娯楽小説」と考えるようになっていて、それがどういうものを指すのかもよくわかっていないしそれはイコールでエンタメ小説と呼ばれるもの？ という程度に呼称すらわからない程度に知らない分野だけれども、そういった本の読者みたいな人のほうが読書という文化圏みたいなものの中ではある種の孤立を強いられたりしている、ということはないだろうか、ということを、そのツイートを見てから考えるようになった、最近考えている、むしろ、なんか海外文学好きとかそういう嗜好のほうがいろいろなものにケアされる機会に恵まれているのではないか、そもそも自分はマイノリティ、受難者、高尚で高貴な孤独者、みたいなそういう意識を持ちやすいだろうし、意外に守られているのではないか、なんかそんなふうにふと思ったんだよね、というそういう話をしていた、それで、クレスト・ブックスを大量に読みたいぞという気分だったのでトム・ハンクスのとミランダ・ジュライのをとりあえず取って、あとはフラフラしていた、文芸誌コーナーで『新潮』を取って立ち読みした、保坂和志と湯浅学の対談で、それを読みたかったので立ち読みでいいかなという感じで読んでいたら、長いし、目次を見たら蓮實重彥による『寝ても覚めても』論があるし三宅唱のエッセイもあるみたいだ、買うことにした、それから『Spectator』の新しいやつ「新しい食堂」という号を取って、レジに向かった、買って、遊ちゃんを見つけて、そろそろ行ったほうがいいね、といって、出て、シネクイントのほうに向かった、ザ・センター街、という道を歩くのはとてもとても久しぶりのような気がして、その道をその道の通りに歩くのは本当に久しぶりのような気がして、たちまち疲れた、シネクイントに入って、映画までに蓮實重彥読もうかな、と、読んでいた、開場され、入って、読んでいた、ひきちゃんからLINEがあって、ひきちゃんがなんだか激しくシュンとしているみたいで、これは、行ったほうがいいな、と思って、店に行くことにして、遊ちゃんは見ていきなよ、といってもいいということだったので、予告編が始まったところで二人で出て、なんだろうと思う映画館のスタッフの方に急用が入っちゃってと言うと、彼女は、シネクイントは半券を持ってくると1000円で見られる、ということを教えてくださった、そうなんですね、また来ます、と言った、言って、先週に続いてなかなか『寝ても覚めても』見られないなと笑って、バスが手近なところで出ていた、乗り込んだ、外はもう暗くなっていて、一日そうだったように肌寒かった。

店に行き、閉店の時間を待って、入って、ひきちゃんと話し、ひきちゃんを見送り、少しのあいだ座って、ぼーっとして、出た。出て、家に帰り、どっか飲み行こうよ、お腹すいたよ、といって、遊ちゃんと代々木上原のほうまで歩いて、ランタンに行った、久しぶりだった、ロベルト・ボラーニョの『チリ夜想曲』をここで読んでいた記憶がある、そのときと同じあたりの席について、ビールを飲み、唐揚げを食べ、いくつかのものをつまみ、ビールを飲んだ、仕事の話をわりとしていた。帰って、帰りながらセリーナ・ウィリアムズの風刺画の話をして、俺はこれがどう人種差別的で性差別的かわからないんだ、ということを言った、言って、それから差別のこととかをしばらく話していた、話しつつ関連の記事やツイートを見ていたら、人種差別的というのはこういうことだろうかという合点が行きそうなポイントが見つかったような気にはなっていった、一方、性差別的というのはやはりわからなかった、これを差別的と非難する人たちは具体的にどの箇所がどのようにという指摘をしているのだろうか、僕はそれを知りたい。

ウイスキーを飲み足し、山際淳司を読み足し、物悲しさがあった、なんというかこれまであまり触れたことのないスポーツ選手の言葉があった。その後プロに行きその後打撃投手になったある公立高校の投手の話。突然長嶋監督が高校にやってきて巨人で取るという。世間からにわかに注目を集めるようになった。チームは、勝ち上がっていった。地方大会の準決勝の前夜、酒を飲んだ、たくさん飲んだ。彼はそのことをこう話した。

でもなんであんなに飲んだんだろ。

準々決勝までは最高のピッチングだったと思うんですよ。まわりからもほめられたし、自分でも百点以上のピッチングだと思っていた。下総農としては今までいけなかった準決勝にまで進出した。だからって、それで満足しちゃったわけじゃあないんです。もうやることはやったんだという気分で飲んだんじゃないんだね。

まわりで騒がれたでしょ。それでむしろテレちゃったようなところがあったんですね。「すごいじゃない」っていわれたとき、それを軽く受け流して気取ることができないんですね。昔から騒がれていれば、そういわれてもどおってことなく「まあね」ぐらいいって聞き流せたんだろうけど。

酒でも飲まないとおちつかないっていうか、そんな気分になっちゃったんだね。違うんだよ、オレなんかどおってことないんだよってことをいってみたかった。オレだけ特別なんじゃなくて、みんなと一緒に遊んでいたいっていうのかな。何もいわずに超然と構えていられるみたいなことができれば、少しは違ったと思うんですけどね。

山際淳司『スローカーブを、もう一球』（KADOKAWA）p.120

この「背番号94」という話は打撃投手を続けているクロダについてこう書いて終わる。「現在、年俸は三四八万円になっている。一か月二九万円という数字である。」

うーん、かっこいいなあ、かっこいいなあ、かっこいいなあ、と思って、今じゃあ書けないことっていろいろあるよなあ、と思いながら、今のかっこいいスポーツノンフィクション（できたら野球）ってないのだろうか、あるならばとても読みたい、同時代のものをとても読んでみたい、と思って、次の「ザ・シティ・ボクサー」をいくらか読んで、これも面白くて、寝ることにし、寝ようとしたところ、なにか体というか手足の先のほうというか全体がピリピリと痺れるような感じがありそれは風邪のときのものだった、え、なになに、風邪？と思い、いやいや、と思い、意識すればするほどピリピリ風邪っぽい感じがして、熱を測ると37・9℃だった、うーむ、これは、風邪だ、と思い、明日までに治るといいなあ、ご予約がいくつか入っているんだよなあ、と思って、そのうちのいくつかはわりとだいぶ前に入れられた予約で、だからそれは、けっこう先々の楽しみな予定として持ってくださっていた、という可能性を感じさせるもので、だとしたらいよいよ、風邪引きましたごめんなさいは避けたい、と思って、がんばれ、体、と思って寝た。

9月12日（水）

起きたらピリピリした感じが抜けており、熱を測るとまあ微熱、というところだった、これは風邪に入らない、よかった、働ける、と思って、店に行った、準備をしながら今日もまたＫＯＨＨを聞いていた、そうしたら一日中頭のなかで「ワールドワイド、ワールドワイド」と流れることになって、そうなるとは知らず、開店した、開店して、働いた、働いたところ、どうにもまるで週末の日中のような入りで、ほえ〜、と思い、頭のなかで「ワールドワイド、ワールドワイド」と流れるからうっとうしくて、風邪をうつしたらいけないのでいつも以上に頻繁に手を洗いながら、働き、しかし、保健所とかの決まりごと的にはどういうふうになっているのだろう、どういうふうにするのが正解なのだろう、どの程度の体調不良からそれはダメということになるのだろう、あとでよくよく調べようと思いながら、忙しく、働けば働くだけ体は元気になっていった、それで、頭のなかで「ワールドワイド、ワールドワイド」と流れながらやたらに忙しく、6時になって落ち着いた、落ち着いて、席に座った途端に、体のしびれが戻ってきた、気が抜けて、戻ってきたらしかった、熱を測ると37・7℃で、あ、これ、たぶん営業しちゃいけないやつだ、となり、でも9時までのご予約が3つあった、だから9時で閉店することにして、頭のなかで「ワールドワイド、ワールドワイド」と流れているのを聞きながらその旨を告げた、人々に。

9時まで、それでずっと元気に働き、閉店して熱を測ったら38・1℃で、ふむ、と思った。飯を食って帰り、食欲はあった、どんぶりいっぱいのご飯を食べた、帰り、熱を測ると38・2℃で、ふむ、と思った。「ワールドワイド、ワールドワイド」はもう聞こえていなかった。

9月13日（木）

『新潮』の蓮實重彥の『寝ても覚めても』論を読み、反復、ふむふむ、と思い、それから山際淳司の続きを読んだら読み終わった、表題作もよかったし、最後の棒高跳びのやつもよかった、倦怠や疲労や弱さや諦めや、恐れや、そういうものとともにある人間の姿をどれも描いている、こういうものほんとたくさん読みたいなあ、と思って、それで、寝た。

寝ているときに咳が出る時間帯があってそれは風邪みたいな咳で、風邪かよ、と思って、寝続けて、起きたら汗でぐっしょりで、喉が痛くて、熱は37・1℃った、昨晩の段階で、朝起きて、7度を超えていたら休むことにしていた、はい中止中止、と思って、しかし休むのは面倒くさいなと思ったが、中止中止と思って、仕方がなかった、休むことにして、それで家を出て病院に行った、ちょうど健康診断の結果を取りにいく用があったから兼ねられてたいへん得した気分だった、本を持っていき忘れて、『新潮』を持ってくればよかったと思った、スマホをずっとヌルヌルしていた、意外に待ち時間が長かった、健康診断の結果はまったく健康ということだった、風邪については念のためという感じでお守りという感じでなにかしらの薬を処方してくださるとのことだった、健康診断のときと同じおじいちゃん先生だった、それで、薬局で薬をもらい、店でいくつかのことをして、帰った、帰って、すぐに健康診断結果の数値をExcelの「健康診断結果推移シート」に入力し、その推移を見た、いろいろと変わらず健康体だった、ここ数年の結果が主だが、ひとつだけなぜかデータがあった2010年のものがあって、それも入力されていて、体重を見るとそれにしても本当に変わらないものだなあ、という体重だった、8年前と0・5キロしか変わっていなかった、ただ、ただ、ただ、ずっと変わらなかった中性脂肪が、これは明らかに、まったくもって基準値範囲内とはいえ、明らかに増えて、驚いた、驚いたというか、そうかあ、と思った、中性脂肪、30代っぽいぞ、と思って午後だった、なにをして過ごそうか、体調が微妙すぎて、微妙に元気で、困る、映画でも見に行こうか、そう思って、うどんを食べた、うどんを食べる前に、遊ちゃんが食べていたキャベツをなんかおいしい塩とオリーブオイルで蒸し煮にしたものを食べたらそれがすごくおいしかった、バクバク食べた、それからうどんを食べた、食べるとソファに寝そべりミランダ・ジュライの『最初の悪い男』を取って、読み出した、うーん、なんか面白い、と思いながら、なんか苦しい、と思いながら、読んでいった、若い女が生活に入ってきて、その女が怖かった、暴力を振るってきた、苦しい、苦しい、と思いながら読んで、70ページまで読んで、ふー、と思って、閉じた、閉じて、今度はトム・ハンクスの『変わったタイプ』を開いて、読み出した、うーん、なんか面白い、と思いながら、なんか苦しい、と思いながら、読んでいった、若い女が生活に入ってきて、その女が怖かった、暴力ではないけれど、ほとんど暴力的な圧力で生活に入ってきた、苦しい、苦しい、と思って、最初の「へとへとの三週間」を読み切った、短編集だった、次がクリスマスの話だった、「クリスマス・イヴ、一九五三年」といった、うーん、なんか面白い、と思いながら、なんか苦しい、と思いながら、読んでいった、戦争の記憶が生々しく反復された、外傷というやつだろうか、中井先生、と思って、しかしいい一編だった、すごく魅力的だった、そのあとの「光の街のジャンケット」は映画の話で、これはまた素晴らしく魅力的だった、面白い、面白い、と思って、思った。途中で何度か熱を測った、7度前後を行き来していて、映画はやっぱやめたほうがいいね、となった、家にいることになった。

それで今度は「新しい食堂」特集の『Spectator』を開いて、最初の日本における食堂の成り立ち漫画みたいなものを読みながら、なんか食べたいねと、今日は遊ちゃんは一日家で仕事をしていた、なにを食べようねと、言って、さっきのキャベツがすごくおいしかったし、うどんでもカレーでも今日はないだろうから、なんせうどんはもう食べた、ポトフを作ろうか、ということにして、あと1ページで今読んでるの終わるから、終わったら、出よう、ということにして、読んで、閉じて、二人でスーパーに出かけて、材料になるものをいくつか、それから、遊ちゃんにも風邪を移したみたいで少しだるいようだったがビールを飲んでさっぱりしたいということだった、遊ちゃんはそれでビールをかごに入れた、買って、雨が少し落ちてきた、帰り、ざく、ざくと、じゃがいもはよく洗って芽を取って皮のまま、人参はよく洗って皮のままで半分に切って、玉ねぎはバラけないように端は浅く切って半分に切って、きゃべつは半分をさらに3等分くらいで、それからソーセージ、それをストウブの鍋に詰め込んで、そのおいしい塩、オリーブやフェンネルやなんやかんやが入っているというなんかおいしい、いい塩、それをまぶして、オリーブオイルを回して、蓋をして、蓋は閉まらなかった、そのためちょっとだけ水を入れておいて、火をつけて、調理は以上。

待っているあいだ、『Spectator』をまた開いた、ウナ・カメラ・リーベラという、ウナカメという、中野のシェアカフェの方の、元は無国籍食堂カルマという食堂を30年以上やっていた方の、インタビュー記事で、「ブリコルールの場所」というタイトルの記事で、それを読んでいた、面白かった、読み応えというか、『Spectator』は面白いなあ！と思いながら読んだ、いいなあ、いいなあ、と思って、読んで、読みながら、どうしたって店のことを考えた、店、フヅクエ、これからこの店はどういうふうになっていくのだろうかというか、どういうふうにやっていくのだろうかというか、フヅクエ、と思って、いい香りがしてきた、たまに、途中でしっかり閉まっただだからちゃんと蒸せるようになったその蓋を取って、野菜の状況を見て、人参にすーっといったら完成だね、というところで、いい香りはずっとしていた、人参にすーっといったよ、という声が聞こえた、聞こえて、きっともっとおいしくなるから、あと5段落分だけ火に掛けていよう、と言った、あと5段落で読み終わるところだった、それで残りの5段落を読んで、終わったので、さあ食事の時間だ、となり、鍋をテーブルに移し、そこから取りながら、食べた、塩を追加で振ったりしながら、食べた、おいしくて、あたたかくて、これはいいなあ、おいしいなあ、おいしいなあ、と思い続けながら、食べていた、食べ終わって熱を測るとまた上がっていた、食後は上がる、と調べたら出てきたため、数十分してまた測った、ちょうど7度くらいだった、トム・ハンクスを開いた、「ようこそ、マーズへ」を読んだ、サーフィンだった、僕はサーフィンはやったことがないからわからないが、これはきっとめっちゃサーフィンのことをちゃんと描けているんだろうな、というサーフィン描写があった、どうしてもあのトム・ハンクスの小説という思いが抜けないから、いちいち、トム・ハンクスすごいなあ！と思ってしまって、失礼だった。

シャワーを浴びながら、買い物に行った時もそうだったが立ったり歩いたりしているとやっぱり体は何かしら万全ではないサインを出してくるようで、でもそれは微々たるもので、働けないようなものでは全然なかった、明日は働く、それは決めている、熱が上がっていたらやめるけど、それはないとなぜか確信しているから、明日は働く、そう思いながら、立ち止まるのは、怖いことだな、と思った。いったん足を止めちゃうと、また足を動かし始めなければならない、それは、大変なことだな、と思った。僕は怠惰だから、臆病だからきっとちゃんと働くだろうけれど、怠惰だから、一度足を止めちゃうと、もう二度と動かせないんじゃないかと思って、そうなったら恐ろしい事態だな、と思った。明日は働く。

9月14日（金）

昨夜、寝る前、トム・ハンクス。次が「グリーン通りの一カ月」でその次が「アラン・ビーン、ほか四名」で、「アラン・ビーン、ほか四名」は最初に発表した作品だとどこかで目にしたのか、それともそのタイトルに惹かれたのか、どうも読みたくて、だから、「グリーン通りの一カ月」を読んで、それから「アラン・ビーン、ほか四名」を読んで、寝よう、と思って読み始めた「グリーン通りの一カ月」がこれまででいちばん好きだったというか、グッとたくさんきた。

エディはベッドに飛び乗った。「あれが宇宙なのかな、よくわかんないけど、望遠鏡で見せてもらった。月が見えた。それが、何というか、太陽の影が月にかかっていた」
「ママは大学の先生なんかじゃないけど、それを言うなら地球の影だと思うわよ」
「でも変なんだよね。自分の目で空を見ると、月はすぱっと切り出されたみたいだった。

望遠鏡で見ると、切られたとこがまだあるんだ。それが赤っぽくて、クレーターとか、全部そうなってた。その望遠鏡を手作りしたんだって」

「どうやって作るのかしら」

「ガラスの玉を磨く。ずっと磨いてると、つるつるに光ってくるんで、そうしたらカーペットを巻く芯みたいな筒の先っぽにつける。そしたら、のぞき穴の部品みたいなのを買ってくる」

トム・ハンクス「グリーン通りの一カ月」『変わったタイプ』所収（小川高義訳、新潮社）p.144, 145

この子どものセリフの訳がなんだかすごくよくて、よかった、それからもとてもよくて、感動して、とても感動した。いくつかの情景を、これからも忘れないというかたまに思い出したりしそうな気がする、そういう気になった。

それからお目当てだった「アラン・ビーン、ほか四名」を読み出すと、最初のやつの四人組の話で、それでニヤッとして、それから荒唐無稽な話になって、ニヤッとして、眠たくなって、ニヤッとして、寝た。

起きるとまた汗でぐしょぐしょで、着替えて、寝て、いくらでも寝られるようだった、起きて体温を測ると36度ちょうどでつまり平熱だった、全快！と思って、喜んで起きた。

起きて、出た、店に行き、準備をした、準備をして、働いた。

働くと、そう忙しい日ではなかったはずなのに一日中ほとんど座る時間もなく、本を読む時間なんてどこにも見当たらないようなそういう調子で、だから一日中働いていた、どうしてこうなっているんだろう、これだけのお客さんの数なのに、なんで今日はこんなに働き通しなんだろう、と何度も働きながら思ったが、なんでだかわからなかった、いささか困惑した、とにかく働いた、そうしたら閉店時間になって、閉めて、ビールを飲んだ、飲んでいる。

夜は、暇な日だったその夜は、暇だったがスリッパが活躍する日で、ある時間はお客さん6人のうち4人が靴を脱いで過ごしていて、スリッパは2足しか用意していなかった、夜は、暇な日だったその夜のもう少しあとは、3つのソファは埋まっていて、その様子が僕はとても好きだった、全員が靴を脱いでいた、そのうちのお一人はすでにスリッパを使っており、先ほどもう一足が空いたので、どうしようか、と思って、どちらの靴も履き直すのがいくらか面倒そうな靴であることはすでに見ていた、なのでこうなると、先に靴を脱いでいたのはどっちだったかという先着順だ！ということになり、先に脱いでいた方に、スリッパよかったら、と持っていった、使ってくださった、うれしかった、それで、だから、そのソファの様子が僕はとても好きだった、僕の場所から見て手前の王座みたいなソファの方はぺたっと足を畳んで体を小さくするみたいにソファの中に丸くなっていて、その向こうのロッキングチェアなソファの方はフットレストを出してそこに足をまっすぐに伸ばしていて、いちばん奥の二人がけソファの方はアームのところのクッションを背もたれにして足を伸ばしたり体育座りみたいにしたりしていて、全員が本を読んでいて、なんというか、のびのびと好きな姿勢で本を読んでいる人たち、という感じで、僕はこれはとても美しい光景だと思った。

暇だったけれどいい日だった気がした日だった、帰って、遅くなった、帰って、寝る前、ミランダ・ジュライの続き。そんなことに！という超展開に笑って、すごい、すごいよ！と、思って、面白くて、いくつも折り目をつけて、面白くて、寝た。

9月15日（土）

疲れたり倦んだりしていても、ときおり、妙な幸福感のある瞬間というのは訪れる、そういう場面が何度かある日で、なんだかうれしいきもちいい日だった、忙しかった、よく働いた、寝る前、ミランダ・ジュライ。ひとんちで無茶苦茶なパーティーを開くな、と思って、寝た。

9月16日（日）

入れ替わり立ち替わり1時ごろから8時過ぎまでほとんど満席の状態が続き、猛烈な忙しさだったが途中でやたら幸福な気持ちになっていたし総じて幸福な気持ちだった、一日中いい空気が流れていた、気持ちのいい、なにか通じ合うような、自然と笑顔になる、そういう瞬間がいくつもあった気がして、それで幸福な気持ちになっていた、仕事はひたすら後手後手で、途中で途方に暮れた、こんなの、どうやったら終わらせることができるんだ、と思って、思ったが見当がつかなかった、後ろの2時間くらいはほとんどの時間を洗い物に費やした、洗い物の隙間で、しかし仕込みがいくつかあって、それをがんばって、オーダーももちろんあって、それもがんばって、がんばったところ終わったので即座にビールを飲んだ、ものすごく働いた、働きながら、朝に聞いていたPUNPEEの音楽が頭に流れて、それから昨日の夜読んでいたミランダ・ジュライの光景が頭に流れていた。

食べるものがなかったのでラーメンを食べることにしてラーメン屋さんに行ってラーメンを頼んだ、ラーメンと、大ライス、生ビール。待ちながら、ビールを飲みながら、『新潮』の保坂和志と湯浅学の話を読んだ、愉快な会話で、そういえば『音楽談義』は読んでいなかった、読みたくなった、ラーメンが来たので、ネットを見ながら食った、食っていたら、『新潮45』に関する記事が出てきて、新潮社としてはこれでいいの？ となって、新潮社の刊行物に触れまくっている人間としては、嫌だなあ、と思った、ラーメンはたくさん食べた。

帰宅してシャワーを浴びると、シャワーを浴びながら目をつむると、ビッグスクーターが数台、うねうね走行しながらまっすぐこちらに向かってくるというか、こちらというよりはそれは映像で、そういう画面が目の前にあった、なんだろうかこれは、と思ったら、対談で「ここよそ」のことが出てきて、そこでバイクの場面のことは言われてはいなかったけれど、僕にとってはあの作品は映像としてはそれなのかもしれなかった。

寝る前、一週間ぶりくらいにプルースト。一文が長いから、一文読み切る前に寝たりして、と思ったが、一文は読み、それから、3ページくらいか、読んで、寝た。

9月17日（月）

朝、起きると、さあ今日も働くぞ、というやる気に満ちていて、それはやる気に満ちているというよりはエンジンが三連休ということでかかりっぱなしになっているという状態らしく、三連休末日、突っ走るぞ、というところだった、それで、その調子が持続して、開店前にかなり出力の強度を上げた様子で仕込みや準備をしていた、いつもなら開店してからでいいと思っていることも、どんどんやった、それは例えば、小分けにして冷凍しているご飯を納豆等で食うというのが僕の朝ご飯なわけだが、解凍ボタンを押して、そこからの数分でタスクをひとつ済ませる。普段ならそれを食べ始めるところでもう一個ご飯食べるべく解凍ボタンを押すわけだが、そうすると、一個食べ終えたときにちょうどどもう一個の解凍が済み、シームレスに食べられる、そういうシステムが構築されているわけだが、今日はそうせず、むしゃむしゃと食い、一杯分食い終わったら、改めて解凍ボタンを押して、そこでできた数分でまたタスクをひとつ終わらせる、そうやってしゃかりきに、朝から働いたわけだった、そうしてよかったと、開店してすぐに思うことになる。

今日も、昨日もそうだったが、最初の2時間くらいがなかなか怒涛で、怒涛だった、1時半くらいには満席になり、あたふたしながら働いた。今日も今日とていいヴァイブスだった。12時に来られて、ご予約で来られて、1時半までというご予約で来られた方があった、予約のシステム上お尻の時間も指定してもらう形で、これはシステムの制約だけど僕としてもあることで助かるもので、お尻がないと、じゃあ何時まで席を確保しておけばいいの、というのが定まらないから、たとえば12時に開店して10人来られて全員ご予約でしかしお尻時間が定められていないとして、じゃあ何時から次予約できるようにしておいたらいいの、というのが言えない、言えないけれど夜に至るまでずっと満席という席の状態はありえなくて、ありえないが仕方ないわからないから満席として表示しておくしかない、となったとき、たとえば夜に行こう、席予約しておこう、と思った人は満席の表示を見ることになって、予約できない、となる、ということで、これはその人にとって損だし僕にとって損だし、先にいる人にとっても特に得るものもないし、ということころで、居酒屋とかの2時間制とかあれはだから退店時間を定めることで次の予約を取れるというそういうことなわけだけど、だから、フヅクエの予約はお尻の時間を自分で決めてもらうようになっていて、予約の説明のページにも、「「帰る時間なんて行ってみないとわからない」という性質のものだと思いますし、せっかく来ていただいたからには時間を忘れてゆっくり過ごしていただきたいと思っています。ですので、「まあさすがにここまではいないだろう」くらいのゆとりを持った感じで設定していただくことをおすすめします。」と書いている、だから、そういう時間を入れてもらっているわけだけど、その12時に来られて1時半までというご予約の方があって、90分というのは初期値で、だから90分ご予約の方は選んでその時間にした場合と気づかずにとかでそのままにした場合があって、あるのだけど、で、今日も忙しくなるかもしれないしなと思ったためオーダーをうかがいに行ったときだったか運んでいったときだったかにその方に、お尻の時間1時半ってなってますけどあれで大丈夫です？　あのままだと満席になった時とか後ろに予約入ったら出てもらうことになっちゃう的なリスクありますけど、時間決めていただいたらこっちで時間いじっておきますけど、と説明すると、どれくらいいるかな、平均が2時間半なんですよね、でも長くしすぎてそれより短くなるのも申し訳ないし、という感じで、いやそれは大丈夫ですよ、それよりもすいませ～んこのあと予約入っちゃったのでそろそろ、とか伝える方が僕としてはあれなので、ゆとりのある時間設定にしてください、と言ったところ、じゃあ平均というところで2時間半というところで、というところで2時半まで伸ばした、そうしたら早々と満席になって、それから、3時にご予約が入った、なのでちょうどよかったはよかった、と思ったら、2時半の少し前、その方がこっちに来られて、やっぱりもう少し伸ばしてもいいですか、ということで、ありゃ、すいません、3時に予約入っちゃったので3時までだったら、と伝えた、3時まで伸ばした、3時になろうというところで、他の席の方が帰られて空席ができた、3時の予約の方はここに通せばいい、ということになるから、さっきの方に席空いたので状況変わったのでもしあれだったらもっとおられます？とお聞きしたところそうするとのことで、4時まで伸ばした、それで、4時前に帰られた。

この、だから、来る前は1時間半のつもりだったものが、過ごしていく中で、もう少しいたい、もう少し読み続けたい、となってけっきょく4時間いちゃいました、というふうに変化したこの変化が僕は「いや〜いいなあ！」というところで、嬉しがった、そういう午後だった。

で、夜になったら一気に暇になった、雨も降り出した、どしゃどしゃと降り出して、三連休おしまいの日だし、きっとこのまま暇なんだろうなと思って、思った。夜で、暗くて、8時くらいだったっけ、と時計を見たら6時で、仰天した。これからずっと暇だとして、え、あと6時間もあんの！

6時間は、簡単に経った、経つと、閉めて、朝に続いてまたKOHHを聞きながらショートブレッドの生地をこしらえて、仕事は終わりにして、ご飯を食べ、食べ終えたら日ハムの試合のハイライトを見て、それからヒーローインタビューを見た、上沢と中田がヒーローだった、上沢のことを先週、『週刊ベースボール』で対談を読んで、え、なんだこの話し方は、という驚きを覚えた、ということを書いて、そのあと、日ハムのヘビーなファンであるお客さんに帰り際に「上沢ってあういう話し方なんですか？」と聞いたところ、「上沢きゅんは」とは言っていなかった、「上沢くんはとてもいい人です、ファンサービスにも積極的です、とても立派な人です」ということを教えてくださって、今度話しているところを見てみようと思った矢先だった、それで、見たら、すぐに、大好きになった、もともと、笑顔だけは知っていた、マウンド上で見せる豊かな表情も知っていた、話しているところは見たことがなかった、大好きになって、大好きになった、それから、中田の受け答えを見ていたら、なんだか感動して、泣きそうになった、このチームは、勝ったというスコアだけで感動を与えてくれるし、その感動的なチームを引っ張っているのは中田翔だった、お前が必要だ、という垂れ幕があって、垂れ幕というか何かがあって、そうだ、お前が必要だ、中田翔、と思って、本当に、頼りになる、涙腺が刺激されてうるうるとした、その次のタイミングで栗山監督の表情が映されて、涙腺が刺激されてうるうるとしている様子だった。

帰宅後、プルースト。

私は感動してシャルリュス氏にお礼を言い、夜になると私が憂欝になることをサン＝ルーがもらしたためにあなたの目に私が実際以上に不甲斐なく見えはしなかったかと逆に取越苦労をしていた、と私は彼にいった。

「どうしてどうして」と彼はまえよりもやさしい調子で答えた。「あなたは個人的なメリットをもっていないかもしれない。その点については私は何も知りません、ただじつにすくないのですよ、それをもっている人というのは！　しかし、ここしばらくは、すくなくともあなたは、青春というものをもっている、こいつはいつでも人をひきつける魅力です。それにしても、あなた、もっとも愚劣なのは、自分の感じもしない感情を、こっけいだとか、よろしくないとかいうことですよ。私は夜が好きだが、あなたはおそろしいとおっしゃる。私はばらの匂が好きだが、その匂を嗅ぐと熱が出るという友人もいます。だからといってその男を私よりも劣っている、とこの私が考えるとお思いですか？　私はなんでも理解しようとつとめ、何事も罪悪視しないようにつつしんでいるのです。要するに、あなたはあまりくよくよしてはいけない、私はその悲しみがつらくないとはいわない、他人に理解されないような事柄のために人はどんなに苦しむものであるかを私はよく知っています。(…)」

マルセル・プルースト『失われた時を求めて 3 第2篇 花咲く乙女たちのかげに 2』(井上究一郎訳、筑摩書房)p.132

9月18日(火)

起き、店、煮物をこしらえ、ショートブレッドを焼く、『Spectator』の按田餃子のところを少しだけ読んで、読んでいたら、こんなふうに店を取り上げてもらえるというかこんなふうに店について書いてもらえるのって幸せだよな、と思った、11時になり、取材。決済サービスというのか、フヅクエでも使っている「Square」のオウンドメディアというのか、のインタビュー。

元気な方が話し相手で、僕も元気にしゃべる、ずいぶん元気にしゃべった気がする、こういうとき、口がなめらかに間違ったことを言っていそうな気がして、終わったあとに心配になる、2時間の予定で、12時からは営業なので別の場所に移って、ということにしていて、最初は屋上に行きますかといって行ってみたが、日差しが強くて、暑いですね、というところでスタバに移って、アイスコーヒーを飲みながら話す、なんだか愉快な時間でよかった、終わって、店に戻り、いくらかバタバタしていたので少しだけ手伝い、じゃ、また、とひきちゃんに言って、出る、銀行に寄って、それから駅前のそば屋さんで天丼とそばを食べる、７００円。なんとなく、昼食に７００円使っちゃった、というもったいない気持ちになる、ただ腹を満たすだけの食事には５００円でも惜しいみたいなところがある。でも家に帰ってうどんなりそばなりを茹でるのが今日はなんだか面倒だった、それで、そば、天丼、食った。薄暗い心地。

家に帰り、最近手を付ける時間なのか余裕なのかなんなのかがなかった文字起こしを10分進め、それから『Spectator』を開いて、読んでいた、按田餃子とマリデリ。どちらもすごく面白くて、それにしてもほんとに読み応えあるなあ、面白い面白い、と思いながら読んでいた、マリデリの文章は北尾修一によるもので、そのなかでＫＯＨＨの「死にやしない」が最近のだったかその時分のだったか支えてくれる音楽になっている、みたいなことが書かれていて、ちょうど僕も昨日、聞きながら、そうだよなあ、死ぬこと以外はかすり傷だよなあ、そのはずだよなあ、と、歌詞まんまのことを思いながら、思っていた、そうだよなあ、そのはずだよなあ、と。なにに囚われてんだろうな俺はと、思っていた、思っていて、思いながら、僕は、どうやって生きていこうかなあと毎日のように思っている気もするし、そう思ってみたところで特にいいことも思いつかないというか考える気もない、怠惰、そうやって暮らしていて、それで『Spectator』は閉じて次はミランダ・ジュライ。いったい今なにが起こってんのwwwパートになっている。いくらか読み、もう夕方だと思い、タオルケットをかぶって昼寝をした、途中で地震があった、気持ちよかった、起きて、店行った、行って、ひきちゃんと外で歓談し、バトンタッチ。

その時点で3人お客さんおられ、ひとり減りまたひとり減り、8時前には誰もいなくなった、パソコンを開いて仕事的なことをしていた、し続けていた、途中、今日取材をしてくださった元気なライターの方に、Facebookで友だち申請をした、これは珍しいことというかほとんど記憶にないことだった、話していて、とても気持ちよくて、お互い個人事業主としてわりとストラグルしているよね〜という感じがなんだか通じ合うようで、友だちになりたいというかいつかまた話したりしてみたい、と思ったらしかった、Facebookで友だちになったから友だちになるわけではないが、思い立ったときにアクセスはしやすくなるというのはきっと間違いなかった。申請しようとしたとき、検索したら、いて、見ると、共通の友だちコーナーで見慣れた写真があり、遊ちゃんがいて、笑った、あとで聞いてみよ、と思った。

雨が降ったりやんだりして、9時になり、まさか、と思いながら過ごしていた、10時になり、これは、と思って『Spectator』をまた読み出した、なぎ食堂。食堂の話でももちろんあるけれど小さなというか人の血の流れる店の話としてたぶん僕はこの特集をずっと読んでいて、いろいろ考えながら読んでいた、11時になり、看板を上げて、飯を食った、つまり、今日僕は、なにひとつお客さんに提供していない、という日になった、コーヒーの1杯も出していない、というそういう日になった、すごい！と思い、なんだよこれはｗｗｗと思い、まあしょうがないか、と思い、ビールを飲んだ、肩が重い、一日はあっという間。

9月19日（水）

11時過ぎ、起き、ツイッターを開いたらトレンドに「新潮45」とあって、見ると、発売された『新潮45』がひどい、ということで、それにいろいろな人が反応している、その中には新潮社出版部文芸のアカウントもあり、批判ツイートをリツイートしたり、そのあと削除したり、再開したり、ということをしている、そういう様子を見ていたら、起き抜けだったせいかなにか脆い状態だったのか、新潮社の本を買うときにうっすら暗い気持ちになるようになるなんて絶対に嫌だ！と思ったら、急激に猛烈に悲しくなり、涙が驚いたことにどんどんあふれる、というそういう朝だった。新潮社の本なしの人生なんて僕にはとうてい無理で、今だって、ソファを見たら『新潮』が置かれていた、今だって、ミランダ・ジュライを読んでトム・ハンクスを読んでいる、海外文学だけじゃなかった、保坂和志だって柴崎友香だって新潮社だった、ここ一ヶ月二ヶ月だけでも何冊も新潮社の本を読んでいる、先々月だったかに『新潮』にエッセイを書かせていただいたときに僕は、編集者の方とのやり取りがあまりに気持ちがいいというか、こんなにちゃんと面倒を見てくれるなんて、そしてこの迅速さ、すごい、すごい！　やっぱり新潮社は偉大！　すごい！と思って、敬愛の念を一段と深めたところだった、その新潮社の本を買うことに対して、クソみたいなヘイト雑誌も出しているんだよな、と思わないといけないなんて、嫌だ、とても嫌だった。とは言え、じゃあ他の出版社はまっとうなのかといえば、そんなことはないよね、他の出版社もたいがいだよね、と津田大介のツイートが教えてくれて、そうだよなあ、と思ったが、僕のスタンスというか憤りや悲しみはなんというか流行り物に乗っただけのものでしかないよなとは思ったが、なんというか、なんとなく対岸のものだと思っていたヘイトみたいなものに対して、こんなに我が事としてというかリアルなものとして危機感を覚えたのは初めてだった、すぐそこにある、ヘイト。勘弁してほしい。クソが。

そばを、食った。トム・ハンクスの「アラン・ビーン、ほか四名」の続きを数日ぶりに、読んだ、面白い。その次の新聞コラムのやつを読んだ、やっぱり面白い。それから、ミランダ・ジュライを開いた、どんどん、どんどん、あらぬ方向というか考えてもみなかった方向に進んでいく。生まれ直し。妊娠。母に、なろうとしているのだろうか。

渋谷に、出た、自転車で出るつもりだったが、考えてみたらそのまま電車に乗るから、歩きあるいはバスが妥当だった、バスに乗った、バスから降りた、センター街を通るので、あらゆるうるささに当てられないようにと音楽を大音量で聞こうと、イヤホンをさそうとしたところ絡まっていて、絡まりが取れたころには映画館の前にいた、『寝ても覚めても』を見に来た、先日見そびれた、チケットを買うところまでは行ったけれど見そびれたその半券というか券があると1000円で見られるということだったから1000円で見るつもりだった、チケット発券のところに行ってみると、今日がサービスデイということが知れた、1100円だった、それで、でも1000円で見られるなら1000円にしようと思って画面上でその該当する項目を何度か探したが、わからず、わざわざスタッフの方に聞くのもと思い、1100円で普通に買った、席は持っていた前回の券と同じDの3を選んだ、僕のポケットにはDの3の『寝ても覚めても』のチケットが2つ、あった!

それで、見た。とてもよかった、亮平パートというか東京パートが始まってからずっと、お腹のところで感動が渦巻いているようなそういう状態でずっと見ていた、ギャラリーで牛腸茂雄の写真を3人で見るところからずっと、泣きそうだった、チェーホフの場面はやっぱり、震えるほどに感動してあごが震えていた、震災の日、駅前での人との交感、それに感動した、震災の夜、再会した、大阪では近づくのは麦だった、麦の歩む足が映されたそれが今度は進むのは朝子で、同じ要領で朝子の足が歩いていった、そして同じように、名前を呼び合うことがおこなわれた、それから、抱擁。なんでこんなに感動したのだろうかというか、7月、試写で見させていただいた、そのとき、僕はなんだか総じてはピンとこなくて、むむむ、困ったな、と思っていた、だからそのあと今日まで見そびれていたのもどこか、どこかでまたむむむ、困ったな、となることを回避していたというか恐れていたそれで避けていたそういうところがあるような気がしていた、それが、これだった、終わったあと、何度も何度もtofubeatsの「RIVER」を聞いていた、これもよかったし、冒頭のクラブの場面からバイクの場面にかけて流れているあの曲も聞きたい、なんという曲なんだろうか、知りたい、と思って懸命に検索したがわからなかった、とにかく感動し続けていて、なんだったのだろうか、ひとつは試写室の画面の小ささ、音響の弱さがよくなかったというか、やっぱりちゃんと大きく見る聞くというのは全然体験として違う、というのは絶対にある、目が見ることのできる耳が聞くことのできる情報の量がきっと全然違う、それで、そのときには見えなかった、聞こえなかったものをたくさん感受することができた、それが感動をもたらした。それから、最初は、原作を2回読んでいる身として、半ば話の展開はわかっている、大筋でどうなるかはわかっている、細かくはわかってはいない、というところで、変な調整や修正の意識が働き続けてそれが邪魔したということもあるかもしれなかった、それが、もう完全にわかっている、となった2回目は、そういう余計なことを考えなくて済むようになったのかもしれなかった、委ねるというか。

わからないが、よかった！　よかった！　よかったと思えてよかった！　とにかくよかった！　となって、だから、大きな音でtofubeatsを聞きながら、歩き、電車に乗ったら当然ボリュームは落として、山手線、反対側まで、というところで日暮里まで、行き、南口から出るとすぐのところが喫煙所で、そこで眼下を線路が何本も走っている、電車がいくつも行き来する、それを柵にもたれて見ながら、またボリュームを大きくした「RIVER」を聞きながら、煙草を吸った。

ほんの少しだが時間があったのでアイスコーヒーでも飲もうと思いエクセルシオールでアイスコーヒーを飲みながらミランダ・ジュライを読んでいた、遊ちゃんから、着いた、という連絡があり、出、駅の改札の近くのところで会った。

2度目のデートというか飲みましょうの夜、場所は日暮里だった、会う前、僕は緊張していて、それは「また前回のような楽しい時間に本当になるのだろうか、ならなかったらそれは悲しいだろうか」というたぐいの緊張だった気がする、人と会う前はいつでも緊張するからそれだけだったとも言えるが、いやそれは強弁で、それだけではなかった、どうかまた楽しい時間であってくれ、という緊張だった、その、同じ場所だった、あのときも改札前の本屋の脇あたりのところだった、そこで、会った。会って、前は、パン屋の本屋にまず行った、今日は、谷中の方向の出口で出て、いくらか歩いて、夕飯を食べようと言っていた、薬膳カレーじねんじょに入った、6時前の早い時間だったが、すごく混んでいるようで、一人で切り盛りされている店主と思しき方がとても忙しそうに立ち働いていた、それで、遊ちゃんは薬膳野菜カレーを、僕は日替わりの薬膳カレーとオードブル3種のセットみたいなやつをお願いした。映画がよかった話や遊ちゃんの仕事の話をしていたらほどなくしてあれこれがやってきて、食べた。どれもとてもおいしく、こいつはよいなあ！と思いながらバクバク食べた、食べ終えたら、満腹になった。

大盛況だった店内も帰るころにはいったん残っている客は僕らだけになり、会計のときにお店の方が平日の夜は普段はこんなじゃないんですけどね、今日は何があったんだろう、びっくりしちゃいました、というようなことを言っており、そういうのってあるよなあ、と思って、お店の方はとてもチャーミングで、生き生きとしていて、とてもよかった。

満足して、歩き、反対側に出、繊維街のほうを歩き、横にずれると倉庫であるとかがある区画になった、少し迷って少し歩くと、あった、d-倉庫だった、カンカンと音の鳴る階段を上がって、入っていった、踊る『熊谷拓明』カンパニーの『上を向いて逃げよう』だった、優くんがお友達とのことで、来ませんか、と誘ってくれたので、行った、入ったら、優くんたちが見えたので、二人の二つ後ろの席に座って、二人を見ていた、見ていたら、振り向かれて、目が合ったため挨拶をおこなった。冷房がききすぎていてシャツを羽織った、ステージには橋のような構造のカウンターテーブルがあって、巨大でかっこうよかった、しばらくしたら始まったので、見た。「ダンス劇」と称したものらしく、ということしか知らないで見に行った、見た。

見たら、やっぱりダンスというか踊っている体というのはいいなあと思い、それから、原田茶飯事の歌がよかった、最後の、紙テープのところがよかった、ギター、歌声、紙テープの音、体と床の音。終わって、下にいると、優くんたちが下りてきた、まりえちゃんは僕ははじめましてだった、はじめまして、と言った、それで、歩いて、日暮里、どこで飲もうか、ということになって、駅前の中華料理屋さんに入った、ビールと、エビチリと、ピータンと、春巻き。まりえちゃんと優くんは高校時代からの関係で、高校時代に少しのあいだ付き合っていた、10年を経て、また付き合うようになり、今に至っている、ということだった、高校時代、優くんはとにかく目立つ男だったということが知れた、目立とうとしていたし、そして実際目立った、まりえちゃんは高校時代の優くんを「絶対王者だった」と言った、「絶対王者」、この言葉だけは忘れないで持ち帰ろう、と聞いたときに思ったし、鬱屈した3年間を過ごした僕はカーストというか人々をランク付けすることが高校時代のライフワークみたいになっていた、ライフワークというのは3年間のことでも使える言葉なのだろうか、そのカーストでは僕は下から2番めの層だった、一番上の人たちは「メジャー」と言っていた、メジャーリーグ方式だった、メジャーの人たちに対するいくらかの羨望やいくらかの軽蔑みたいなもの、軽蔑でもしないときっとやっていられなかったというかそういう方法でしか僕は自分を守れなかったのだろう、「だっせー音楽聞いてさ、どうせお前らナンバーガールとか知らないんだろ、フジロック行ったことないんだろ」というような。いちばんダサいのは僕だった。

絶対王者は大学に進むと目立ちたがりの性質がすっと消え、その時分を恥ずかしく思ったりもした、今はもう恥ずかしくは思っていない。むしろ、デイリーコーヒースタンドをやっていて、そのときの気質が戻って来つつあるとも、確か言っていた。一国一城の主というのはそのぐらいがいいのかもしれない、と納得した気持ちになった。

中華料理屋を出ると、その前で、僕と遊ちゃんは先週から始めた「今日の記念」写真を撮ってもらって、それから二人の写真も撮った、もうちょっと飲みましょう、ということになって、外でいいんじゃない？ということになって、コンビニでお酒を買い、谷中の方向に行き、最初は夕やけだんだんと呼ばれているらしい階段に腰掛けて飲み始めたが、意外に人通りがあり、人の邪魔になりそうだったため谷中霊園に行くことにした、保坂和志の『ハレルヤ』を読んだこともあって谷中霊園は行きたかった、花ちゃんと出会った、その場所だった、霊園を歩いているとやはり気持ちのいいところで、ベンチのあるところに行った、向こうにブランコのあるところがあったのでそちらに移った、それで、久しぶりにブランコなるものを漕ぐということをおこない、おっ、おっ、おーっ、という感じで面白かった、思ったよりも勢いがたくさんついて、勢いがたくさんつくと怖さもあった、楽しかった、そこで11時半過ぎ、乗りたい路線が違ったので別れ、帰った、改札のところで僕はクレジットカードを紛失していることを知り、あーあ、と思って、電車を待ちながらカード会社に電話をし、再発行手続きをしてもらった、あーあ、なにかと面倒そう、と思った、仕方がなかった、電車に乗り、眠くなり、遊ちゃんに思い切りもたれかかり、寝て、起こされたらそれは降りるべき駅だった。

9月20日（木）

9時間くらいは寝た気がするがまだまだ寝たい、いくらでも寝たい、と思って起きた、店行った、働いた、あんまりやることもない、と思っていたら、あれ、今日ピクルスやっておけばよかったじゃん、となり、あれ、今日トマトソースやっておけばよかったじゃん、となり、なんというか、このあとの数日で一気にしわ寄せが来そうで、そのせいだと思うが、一日、暗い気持ちが拭えなかった。

今日は考え事の日、と思い、スタッフの募集のブログを書こうと思って、書こうと思ったのだが、まったく書けず、それもあった。なにを書いたらいいかまったくわからない、というか、やっぱり、いろいろ僕の中で定まっていないということなのだろう。とにかく、暗かった。

午後からは雨だった、肩が気持ち悪かった、夜になってからカレーの仕込みを始めてチーズケーキも焼いた、肩が気持ち悪く、暇だったのに一日、本を開いてすらいなかった、だんだん息が苦しく、肩が気持ち悪かった。

10時過ぎにはどなたもおられなくなった、肩が気持ち悪い、本を読もうかとも思ったが今日Tシャツの増刷分が届いたのでそれを袋に詰める作業をすることにした、それは腕等を使うため、気持ち悪さを緩和させてくれるのではないか、というような期待もあった、30分ほどで済んだ、特に変わらなかった、ミランダ・ジュライを読んだ、怒涛。感動した。生きろ。

9月21日（金）

朝から不安な気持ち、薄暗い気持ち、雨、降ってる。

1年前のこのあたりの時期もこんな気分で過ごしていた気がするがどうだったか、日記を見ればわかるだろうが見る気が起きなかったらどうか。気持ちが重い。心細い。トマトソース、ピクルス、カレー。

激烈に暇。かっこいい店のかっこいいインスタとかを見ていたら元気がどんどんなくなっていった。吸い取られるようだった。

夕方、気分がいくらか明るくなった。Tシャツ重版出来というか増刷だけど、のお知らせをしたところ、売れて、よかった。本は、手にも取らなかった、ずっと、パソコンに向かっていた、激烈に暇な金曜のまま過ぎていった。一日中、「RIVER」が頭の中で流れていた。

帰宅後、『新潮』の蓮實重彥の『寝ても覚めても』の論をもう一度読んだ。なんという視力なんだろうと感嘆。それからプルースト。「他の人間への率直な軽蔑」という気持ちのいい言葉があった。

9月22日（土）

朝から暗い気分で、店を開けてからも暗い気分と妙な混乱がずっとあった、今日は阿波踊りに伴い19時で閉店で、時間が短かった、それで、それまでにあれこれを全部済ませるにはどうしたらいいのだろうかというような混乱がずっとつきまとっていた、短いなら短いで大変なんだな、と思いました。

祭りが始まろうとしている。祭り囃子が聞こえてくる。閉店した。祭りくらい、素直にいいねって言いたい。いいね、楽しいね、祭り、って言いたい。のだけど、気分は全然明るくなれなくて、ただうるさい、祭りがなければ普通に営業できるのに、売上が変わってくるのに、祭りのせいで、みたいな暗い気持ちになる。なって、イライラする。祭りくらい素直にいいねって言いたい。言えないなと思って、うるさい店内を動画撮影してツイッターにニヘラニヘラしながらアップして、それからメルツバウを大音量で流してみて、ノイズと祭り囃子の組み合わせはかっこいいねとか思って、それは実際に思った、とてもいい組み合わせだった、すごくかっこいい、ドキドキするくらいだった、来年の阿波踊りの日は爆音読書会をやる、これはきっととてもいい、と思って、それは思った、思って、洗い物が終わらなかった、8時にやっと終わった、終わって、出ることにした。出ようと、自転車を担いで下りようとすると、建物の入口のところ、敷地内、そこで見ず知らずの人たちが出店していて多分ビールとかを売っていた、え、と思って、なにこれ、誰なの、と思って、担いで下りて、え、と言って、いつからこれ出してるんですか、と言った、1階の床屋さんが閉まってから、とのことだった、上、2階、私、営業してたんですけど、これお客さん出入りできなくないですか、と、言わなかったか、言ったか、忘れた、気持ちとしては完全に言った、平謝りされて、あっそ、と思って、横の路地から自転車に乗った、別に、うちも今年は7時で閉めてたからいいんだけど、

7時で閉めてたかどうか知らないでしょ、知らないで、断りもなく店の入口でって、いやいいんだけどさ、今年は7時で閉めてたからさ、いいんだけどさ、え、でもさ、と思って、なんだかモヤモヤしながら、帰った、それから渋谷に出て、丸善ジュンク堂に行った、それで、どうしようか何を買おうかと思って、昨日『新潮』の書評コーナーで見た滝口悠生が紹介していたやつやその次の藤井光が紹介してたやつが気になって、いたが、やめて、それでジャック・ロンドンの『マーティン・イーデン』を取った、それからずっと気になっていたダニエル・ヘラー＝ローゼンの『エコラリアス 言語の忘却について』を取って、レジに向かおうとして、あそうだ、と思って、三輪舎の『本を贈る』を取りに戻って、買った、1万円を超えて、みすずほんと高い、と思って、笑った、買った、買って、それでユーロスペースに向かって、途中、コンビニに寄ってビールを買った、三宅唱の『きみの鳥はうたえる』を見ようとしていた、三宅唱の映画はビールを飲みたくなる、一年前の夏の『密使と番人』のときもそうだった、ビールを飲んで、最前列で見たい、一年前はそうした、そう思ってビールを飲んで、飲み終えてからエレベーターに乗った、エレベーターで同乗だった人が僕の前でチケットを買おうとしていて受付の人に「現金だけになります」と言われていて、つまり彼女は現金を持っていなかった、上映10分前だった、もうあまり時間はない、僕は、つい、あ、出しときましょうか、と言いそうになった、言ってもよかったのだけど、なんだかそれじゃナンパみたいになっちゃうよなというところもあったし、それは嫌だったし、終わって感動している余韻に浸っているなかで知らない人とコンビニまで歩いてお金をおろしてもらって返してもらってとかするのも嫌だなと思って、なにも声は発さなかった、それでつつがなくチケットを買い、Aの9、それは最前列のど真ん中、そこに座った。『エコラリアス』の最初を読んだ。

感嘆の叫びが生まれた瞬間から言語は存在しうるが、その逆はない。叫びの可能性を認めない言語は人間の言語ではあり得ないだろう。おそらくそれは、間投詞やオノマトペ、そして人間ではないものを人間が模倣する時ほどに、言語が強度を持って存在する場所が他にないからだ。言語は、それ自身の音から離れ、言葉をもたない、あるいは持ち得ないものの音、すなわち動物の鳴き声、自然や機械の出す音を引き受ける時にこそもっとも言葉そのものになりうる。そしてその時、言語そのものを越えて、言語は自らの前にありその後に続く、沈黙、非言語に自らを開く。自らが発することのできないと思い込んでいた、異質な音を発することで、言語は本来の意味で「exclamation」、つまり「外への呼びかけ」(ex-clamare, Aus-ruf)として理解されうる。言語の外へ、または言語の手前に、人間のものではない言葉の持つ音の中に、かつてそこにいたという記憶を思い出すことも完全に忘却することもできないまま。

ダニエル・ヘラー゠ローゼン『エコラリアス　言語の忘却について』(関口涼子訳、みすず書房) p.19

するとと映画が始まった。

また、クラブシーン、それから終わりの、たくさんの明け方のところでダラダラと泣いた、他でも泣いたが特にそこで泣いた、それらはたぶん、自由、みたいなところだった、こんなふうに自由にありたいと、そういうふうな自由で、その自由が、僕を泣かせる、そしてその自由は苛烈でもある、それにしても主演3人の表情というか顔のなんといいことか、柄本佑の曖昧な笑顔、髪をまとめたりほどいたりする所作のかっこよさ、染谷将太のやさしい笑顔！　びっくりする。なんていうやさしさ。石橋静河の不機嫌な顔、パーンと弾ける笑顔。彼女が踊るとき、僕はというか人はただただ幸せになる。Hi'Specの音楽が流れるたびに泣いた。本当にいい映画。

終わって、満足して、お酒を飲みたくて、満足な満ち足りた気分はけっこうすぐに薄れてきて、一日中が暗い気分だったということだった、フグレンに寄ってジントニックか何かを飲もうと思って、一杯飲んで帰ろうと思って、なにかおいしいジンを飲もうと思って、思っていたが、前を通ったらすごくたくさんの人があって、そうか土曜日のフグレンはこういう感じか、と思って、さすがに多いなと思ってやめることにして、帰ることにした、コンビニに寄って、ビール2本とポテチと柿ピーとミックスナッツを買って、帰った、帰って、開けて、飲んで、ぼりぼりとそれらを貪って、それが夕飯、最後に開けたミックスナッツは298円で、たけーなと思って買ったのだけど開けたら密封用のチャックが付いていて、なんでこの少量でチャックが必要なんだよなんで食べ分けなければいけないんだよと思って、これにこのために値段乗ってるのかなと思って癪だなと思ってでもそんなに思わなくてちょっとよぎった程度だけ思ってそれから飲んで腹一杯で、『エコラリアス』を少し読んだあとはトム・ハンクスを読んでいた、「配役は誰だ」、いい話だった、寝た。

9月23日（日）

朝起きた瞬間から、暗かった、すごくどんよりとした気分で起きて、とぼとぼと家を出て、店に向かった、店に着き、がんばって仕込みをして、がんばって、それから開店時間を迎えた、開店前、なんだこれは、と思った、予約が10件以上入っていた、普段は週末でも多くても5つくらいだった、5つ予約が入っていたら今日は予約が多いなあと思うのだけど今日は10件だった、予約だけで満席というところだった、厳密には違うがほとんどそうだった、開店して、予約じゃない方が来られて、12時半でほぼだから、次に予約じゃなく来た方に対しては「このあとご予約がめいっぱい入っていてだから2時までしかお約束できないみたいになっちゃう感じですが。もちろん状況が変われば話は変わるんですが」と伝えないといけないようなそういうことになった、これは異例だった、それで、そういう様子で、だからほとんど開店と同時に満席みたいな状況になって、ほとんどずっとそういうふうだった、予約の隙間に、予約じゃない方をエクスキューズ付きでお通しする、でも意外に状況は動くものだからわりとちゃんと長い時間いていただける、よかったと安心する、というそういうことをずっと繰り返して、だからずっと実質的に満席という状況で6時くらいまでを過ごした、過ごして、そうやってフルスロットルのまま営業を終えて、終わった、終わっても仕事は終わっていなかった、シロップを作ったりチーズケーキを焼いたり氷を砕いたりあれやこれやして、7時半に遊ちゃんが来た、少しというか30分くらい待ってもらって、やっと仕事が終わった、今日の祭り囃子はチームが違うということなのか昨日とは違って昨日よりもアップテンポというかドンドン来る感じで昨日よりもかっこうよかった、今日も建物の入口では店が出ていた、日中、そのお店の方がやってきて昨日の謝りと今日もやらせていただきますという断りを入れてきたので気分は穏やかだった、度量の大きさを見せようと思ってそこでビールを買った、大丈夫ですよ迷惑だなんて思っていないですよどんどんそこでなんか売ってくださいねというそういう度量だったそれでビールを飲んでナポリのビールだというボトルビールだったおいしくて飲んで阿波踊り隊が目の前を踊りながら通っていった手の動きだけでこんなに体全体の表情が変わるんだなというかっこうよさでかっこうよくてこれはすごいかっこうよかったこれはこれまでは僕は上から覗く程度にしか見たことがなかったけれど同じレベルで見ることでいちばんかっこうよくなるそういうかっこういいビューでかっこういいかっこういいと思ってもう一杯ビールを買って飲んで眺めてかっこうよくてそのままチラチラと歩いていくといつも行く八百屋さんも何かを出していていてチヂミを出していていて買ったらお母さんが彼女の分もあげるねと二つくれてありがとうございますと言っていたら遊ちゃんは横で八百屋のお父さんからなんか光るよくわからないというか名状できないなんか光るものを買っていてそれからその隣のお肉屋さんでコロッケを買ったりして食べたりして目の前のベンチが空いたので座って座ったらその目の前でクライマックスのずっとその場にとどまってどんどこどんどこやるそういうものの時間になってそれが始まって太鼓の人たちもかっこういいベテランと思しきおばちゃんがものすごいかっこういいし笛の人たちのほとんどが太鼓にかき消されるのだけどでも確かに聞こえるしかき消されまいと懸命にというか太鼓の音を破るようにピーーーーーと鳴らされる笛のその調べにというかがんばりにというかいややはり調べに感動してわーと思ってずっと、ずっと泣きそうだった、あまりにかっこうよかった、これまでずっと、3年間、うるせーなくらいしか思っていなかった阿波踊りがとにかくかっこういい感動的なものとして立ち上がって僕は本当に涙をこらえるのに必死という感じで涙をこらえながら見ていた、よかった。

終わって、今度はそのまま歩いて代々木八幡宮のほうに歩いていった、今日は昨日も代々木八幡宮のお祭りでもあった、代々木上原のほうもお神輿とかがあったみたいだった、代々木八幡宮の階段が始まる手前の下の山手通りのところで階段のところが煌々とたくさんの提灯で明るくてそこらにいた高校生の男の子に「写真撮ってもらえますか?」とお願いして遊ちゃんと並んで写真を撮った、彼はロバで近くにいた一人はピラニアのような男、ということだった、そうなんですね、と言った、気持ちのいい透明な率直な男の子たちだった撮ってもらったあと今度はじゃあということで彼らを撮った、いい集団だった、階段を上がった、祭りだった、ビールを買った、飲んだ、飲んで一周回って、お参りをして、それで、酔っ払って、家に帰ったんだよ。

9月24日（月）

寝る前、僕も遊ちゃんも、太鼓の音や笛の音がずっと鳴っていた。それで寝た。起きた。働きに出た。

めいっぱい。開店して少ししてから夜8時くらいまで、ほぼ満席という状態がひたすら続いた、入れ替わり立ち替わりで、きれいに予約の方が切り替わる時間もあれば、お席空き次第とお伝えして空いたら電話して、という対応でも5人くらいの方を通した、10人くらいの方が帰っていった、とにかくめいっぱいがずっと続いた、でも何か気持ちのいい日だったし、いい時間がずっと流れていた、感動したのはお席空き次第とお伝えしてどこかで待っていただいてお通しした方々、20分から1時間くらい待っていただいた、彼らが軒並み、とてもゆっくり過ごしていったということだった、4時間5時間、どの人たちもおられて、それはなんというか、すごい、よかった、何時間初台にいるんだ、というようなそういう時間を彼らはこの連休の最後の日、過ごした、なんだかとてもいいぜいいぜというものだった、それにしてもすごい日だった、ヘトヘトに疲れ、9

時くらいからはなだらかになり、やることも意外になくなり、それで求人というか募集の文言を作ったり、グーグルフォームでエントリーのフォームを作ったりしていた、グーグルフォームは初めて触って、つい、いろいろボタンとか、グリッドとか、ドロップダウンとか、そういうものを入れてみたくなる、何を、聞いたらいいのだろうか。

帰り、帰ったあと、暑かった、暑くて、小説という気分ではなかった、それで三輪舎の『本を贈る』を読み始めたら、面白くて、ずいぶん読むことになった、校正の話はやはり興味が惹かれるみたいで、興味深かった、読みながら、僕はやっぱり本がとっても好きなんだな、と思った。

9月25日(火)

先に出る遊ちゃんが、雨が降っているということを教えてくれた、このあともそういう予報であるということも教えてくれた、そのためトボトボと雨の中を店まで進んだ、着いて、のんびりしていた、雨だし、暇だし、やることもないと思って、今日は完全に暇な日になるだろうと思った、それで開けたら、暇な始まりだった、昨日の続きでグーグルフォームをいじり、募集の文言をいじり、それから、明日の読書会の始まる前の時間に流すべく、作中で言及されていたデヴィッド・ボウイの曲を探した、それはどうやら「Kooks」というタイトルだった、開場から開始までの30分、3分の曲を10回リピートさせてもよいけれど、それもなと思って、もうひとつ探した、「YouTube　氷　食べる」みたいな検索をしたら、「中国で流行しているさまざまな氷の咀嚼音2018」という動画があって、なんなんだよこれはと思って愉快だった、どれも食べているのは若い女性で、中には着飾ったような、どこにお出かけするの？　というような、もふもふした格好の人もいたりして、そういう人たちが、カメラの前で氷を食べている、いろんな色の、いろんな形の氷を食べている、その様子が次々に映されていた。明日はこれを流して、それからデヴィッド・ボウイを流そうかな、と思ったらうれしくなった。

そのあと、『本を贈る』を読んでいた、雨は強く降っていた。「本は特別なものじゃない／笠井瑠美子（製本）」の昨日の途中から読み、紙はロットによっても違ってきたりする話、職人の話、よくて、僕も印刷の場面とかに立ち会いたかったなそういえば、と思った、そのあと、ふと奥付を見てみたら、感動した、泣きそうになる奥付なんて初めてだった、左ページはよくあるというか通常の、初版発行年月、著者名、印刷所、製本所、発行者、発行所、みたいな感じで、右ページがすごかった、印刷所名、それから、面付、点検、検版、本文印刷、付物印刷、紙積み、営業と、それぞれの担当業務と名前がクレジットされ、次が製本所で、営業、生産管理、荷受、束見本、断裁、折り、貼込、バインダー、くるみ、見本、仕上、発送、と同じように名前が付されていく、そして、校正、装丁・装画、編集・本文組版、と続いて、終わり。一冊の本の後ろに本当にたくさんの人生があるということがにわかに強く実感されそれが感動をもたらしたし、それにこの名前の多さ、多さというのは強さだった、わあ、という、盛り上がりがあって、奥付が鳴らす音で踊れそうだった。これはいいなあ、これは普及してもいいんじゃないかなあ、映画なんてどれも細かくクレジットしているんだし、読み終えた本の後ろにいる人たちがたくさん羅列されているのは、とてもいいものじゃないかなあ、と思い、とてもよかった。

で、そのあとは「気楽な裏方仕事／川人寧幸（取次）」だった、これがすごかった、冒頭から、なんだこの、これは！という素晴らしい労働の描写が続き、ずっと続いた。筆者は書店の仕入れ業務から始まり、取次への就職、倒産によって職を失ったので取次会社の設立、離脱、そして取次と出版社の立ち上げ、という人とのことだった。

個々の比較はここでは置くとして、私の場合はもう少し目先の問題というか、とやかく言うよりも手っとりばやく、本好きの人間を一人自由に、車で東京中を走らせておけば、それだけで解決する問題がある、あるべきところに本が収まっていく、というようなことをやっているのだと思う。人間が動き、働きかけることで、ささやかだが可能性を広げていく、あるいは、これから生まれる本のために可能性を開いておく、というようなことである。特別なこと、モデルになるようなことも何もしていない。取次の第一線ではなく私は周縁にいて、周縁から中央へ、または周縁にあるものを周縁的なままに日々、本を運んでいるにすぎない。

川人寧幸「気楽な裏方仕事」『本を贈る』所収（三輪舎）p.200, 201

本好きの人間を一人自由に車で東京中を走らせておけば。

トーストを食べた、チーズのトーストだった、お客さんはずっと一人だった、ずっと僕はだから本を読んでいた、次が「出版社の営業職であること／橋本亮二（営業）」だった、これもとてもよくて、途中からなんだか泣きそうになりながらというかはっきりとうるうるとしながら読んでいた、それで、そうやって、面白い面白いというか、たくさんの、仕事、という、世界に存在するたくさんの仕事、という、そういう、世界は仕事でできているというふうな、あれも、これも、誰かが作っている、そういうことへの感動、想田和弘の『ザ・ビッグハウス』を見たときと似たような、そういう感動をして、読み終えた。あっという間に終わっちゃったなと思って、本を置いて、するとちょうどよく仕事がいくつかあったから、しばらく仕事をした、おにぎりを食べた。

それから、『エコラリアス』を開いて前の続きから読み始めたら、前に読み始めたのが『きみの鳥はうたえる』の上映前だったからか、『きみの鳥はうたえる』のことをチラチラと思い出していた、三人とも、一度ずつ、本を読んでいる姿が映される、最初が静雄で、母親と飲んだ時間のあと、「僕」が寝ているあいだに帰ってきて、ずいぶん小さな光のなかで、ヘッドホンだったかイヤホンだったかで音楽を聞きながら、本をめくっていると「僕」が起きて、それから二人は外に出る、朝まで、飲む、そういえば、まだ夜だった頃、海沿いの道を歩いているとき、画面内にはそれらしいしるしは見えないが外からの音でにぎやかな笑い声だったかいくらか音楽が漏れ聞こえてくるような感じだったかとにかくにぎやかな声音が聞こえてくるが、あれはどういう場所がそばにあったということなのだろう。といま思い出した。本を読む。静雄の次が「僕」で、静雄ポジションとは違うがやっぱり部屋の角の暗いところで開いていた、静雄が帰ってきた、どこから帰ってきたときだったっけか。キャンプ、本当に一緒に行かないの、気持ちいいと思うよ、と静雄が言うも、行ってきなよ、あんまり興味ないんだよね、と言う。書いていたら順番がわからなくなってきた、佐知子は喫茶店で、それは静雄と待ち合わせる前で、店長とは別れたあとで、暗い気分の日で、カラオケの前で、喫茶店で、ベターっと頬を机に置いて、ハードカバーの本を読んでいた。灰皿と、黄色いアメスピの箱。もう煙草は入っていない。彼女は歩きだす。

過剰な意味づけのされていない読書。3人が3人ともに本を読む人であることが示されながら、それがギトギトした意味を孕まないというのは、なにかそれなりにそれなりの事態のような気がする。少なくとも珍しい貴重な事態ではある気がする。帰り道も映画のことを思い出していた、「僕」が本を読んでいたのは、静雄と佐知子と杉の子で飲んで、そこで佐知子と別れて、佐知子は店長のところに行って、静雄と二人で帰ってという、そのときだったろうか。

帰って、『エコラリアス』の子どもの言語習得とそれにともなう忘却、言語以前に持っていた無限の発音の技術をいったん全部捨てて、一から学んでいくというその忘却のことを遊ちゃんに話して、それから『本を贈る』の書店の仕入れ現場の労働風景がどれだけいきいきと描かれていたかということを遊ちゃんに話した、話して、それからプルーストを読んで寝た。

9月26日（水）

雨、が降るらしいが自転車で行った、降っていなかったから。今日も、やることが大してなかった、これは怖いことだった、明日は休みだったから次は金曜日でだから週末だった、週末に一気にいろいろな仕込みが発生するパターンだった、戦々恐々だった、今日はダラダラだった、だからたらたらと準備をしてチーズケーキを焼いて、店を開けてぽーっとしていた、今日も暇であるという確信がなぜかあった、週末、3連休、忙しかった反動で、一気に暇になると、本当になんのやる気も起きない、どれだけギリギリのところでやる気を起こしているのだろうと思う、いや思わない、ギリギリのところでもない、なんの話をしているのか。

午後、着席、ジュランダミライ、と今、普通に間違えて打った、ミランダ・ジュライ、開いた、母たちは退院、というところだった。2杯めのコーヒーを淹れたが、すぐに眠くなってきた。

わたしたちは眠った。わたしは一度起きて、ジャックにミルクを飲ませた。それから戻ってきてまた彼女の腕の中にもぐりこみ、こんこんと眠った。朝はどこかで迷子になっていた。二人はこのまま永遠に寄り添って、ずっとさよならを言いながら、いつまでも別れない。

ミランダ・ジュライ『最初の悪い男』（岸本佐知子訳、新潮社）p.289

ずっとさよならを言いながら、いつまでも別れない。すごい。すごかった。たくさんのパンチライン。すごい、すごい、と思いながら読んでいたら、終わった。山を見た。部屋は寒かった、部屋というか店だった、暖房をつけるべきなのだろうかと思ったが、暖房？ ついおとといまで冷房をつけていたのに、暖房？ と思って、ためらったままでいる、今日も激烈に暇で、一人ずつしかいない、みたいな状態でこのまま終わる、夜は読書会、眠かったからわたしたちは眠って、一度起きて、コーヒーを淹れて飲んだらしかった。

ジャック、という名前を見て、頭のなかで、

「ジャック」

と発音したときに、最近その名前に触れたことを思い出した、それはジャック・ロンドンだった、買った『マーティン・イーデン』はまだ開かれていない、トム・ハンクスを読み終えてからだろうか、終える必要はないがどうするつもりだろうか、とにかく、

つまりわかってしまった、ミランダ・ジュライとトム・ハンクスを読み、それからジャック・ロンドンを読むことは実に理にかなったことだったということが。なぜなら、ミランダ・ジュライは「ジャック」であり、トム・ハンクスは表紙がタイプライターだからだ、二つの小説を止揚したものが、ジャック著のタイプライターが表紙の、『マーティン・イーデン』だった、だから、トム・ハンクスの続きを読み始めた。眠かった。

読んだのは「特別な週末」だった。終盤、自家用機で飛び立つ場面があって、そこが、そこ以外もずっといい小説だったのだけど、そこが、わあ、というもので、とてもよかった、サーフィンの話のサーフィンの描写もそうだったけれど、この、描写の説得力というか、よく知っているなあ！感はなんというか、すごいと思った。思ったし、鳥瞰はいつも気持ちのいいものだけど、こういう飛び立ち方もあるんだなというか、そのまだけれども、語りの視点をぐっと宙に浮かばせる、滝口悠生の『死んでいない者』を思い出している、それもやり方だし気持ちのいいやり方だったけれど、語り手自体がぐっと宙に浮かべば、鳥瞰視点になるんだなという、そもそもそうでしょ、というそういう気づき・学びを得た、飛べばいいんだ。

いったん閉店し、妙に眠かったから、それでやっぱり寒かったから暖房をつけた、妙に眠かったからソファに横になって目をつむった、20分ほど仮眠を取ろうという算段だった、途中、うとうとの中にある時間があって気持ちがよかった、久しぶりに、寝入るときの、誰かが何かを喚き散らしている声がどんどん増幅されていく音響が頭の中にあふれて、それを久しぶりだと思った、このところなかった、これは僕はよくある現象だったはずで、誰かの絶叫やなにかの鈍かったり甲高かったりする衝撃音の連なり、そういうノイズが増幅されていくその気持ちよさのなかで眠りに足を突っ込んでいく、そういう状態だった、よかった。

時間になり開ける、前にお客さんが来られて、7時半開場だったが25分とかで、シャッターを上げてお通しし、それで読書会の時間になっていった、8時の開始時刻まで、まず夕方に読んでいたときに出てきた、それはわたしたちのテーマとなった、グレゴリオ聖歌の「デウム・ベルム」を流し、それから闘いの日々の始まりのたしか前のときに氷をガリガリ噛む場面があったから氷の咀嚼音のやつを流した、そうしたら「さすがにこれはおかしいだろうw」という音が店内に鳴り響いて、僕は半ば申し訳なさを感じながら、おかしくてニヤニヤしていた、それからデヴィッド・ボウイの「Kooks」にして、まだ時間があったから、もう一度「デウム・ベルム」を流して、8時になって、止めて、挨拶をした、挨拶で、さっきなんか気持ちの悪い音を流してたんですけど、あれは氷をガリガリ食べる音のYouTubeの動画の音で、ということを話していたら、どうしてだか話している途中で緊張していって声が震える感じになって、なんなんだよそれはwと思った、それというのは、ここで生じた緊張のことだった、なんでここで緊張し始めるんだよwという。それで始まって、お足元の悪い中でもちゃんと10人全員が来てくださり、今日はやたらご飯を食べる方が多く、ワタワタワタワタワタと働いた、途中で少し凪ぐ時間があり、そのあいだは『最初の悪い男』を僕も読んでいた、冒頭と、それから氷をガシガシ食べるところを読んだ、それからまたいろいろお出しする時間になり、2時間半はあっという間に過ぎた、終わって、片付けも多く、がんばって片付けた、それで、雨脚が強かった、帰った。帰り道、金木犀の香りを鼻が感知して、金木犀だ！と思った。

帰って遊ちゃんに、今日は氷をかじる音のやつを流してたんだ、これ、と言って動画を見せて、面白がって、遊ちゃんが「氷を食べる人っているよね」と言ったそれで思い出した、いる、そうだ、見たばっかりだそういう人を、それは『きみの鳥はうたえる』だった、「僕」は家に帰るといつも冷凍庫を開けて氷を頬張る、乱暴に冷凍庫の扉を閉める、バウンドして、少し開いたままになる、暗い部屋に光の筋が伸びる。

9月27日（木）

寝る前の時間、トム・ハンクスを読んでいた、「心の中で思うこと」を読んだ、それはとてもよかった、タイプライターを買って、買った女性が、心の中で思うことを書こうと思い、しかしうまく動かず、タイプライター修理屋に行って、こんなのおもちゃだからダメだ、そう言われ、しかしその言われには愛情があって、タイプライターへの愛情があって、タイプライターとはこういうものなんだ、と、愛おしそうにいくつかのものを説明する、それで買う、どっしりとした、すごいやつを、それで持って帰って、それで書く、心の中で思うことを、書く、そういう話だった、とてもよかった。書き始める人の姿。

朝、起きて、起きたら家を出て、それで久しぶりにパドラーズコーヒーに行った、できたら2週に1回くらいは行きたいと思っているがここのところ朝に行ける日が僕の中でなかなかなくてとても久しぶりだった、でもまだ雨だった、それでわたしたちは中の席に座った、二人で中の席に座るのは初めてだった、大きな島のテーブルについて、あたたかいラテと、これまで僕は飲み物しか飲んだことがなかった、初めて尽くしだったということだった、ホットドッグを注文して食べた、ソーセージにローズマリーの風味があった、パンもおいしかった、とてもおいしかった、食べて、それから今度久しぶりに旅行に行こうと言っていたその検討会をした、伊香保だった、じゃらんで伊香保の温泉旅館を見ながら、どれがいいかね、これはこうかね、ここは最安値が安すぎるから地雷感あるね、等々、検討しながら、なんだかその時間がやたらに面白かった、武田さんが年の始めに伊香保に行っていたことを思い出して「どこがいいです？」とＬＩＮＥを送ったところ、泊まったのはここです、と返信が来て教えられた旅館はそのときに見ていた旅館と同じところで、わあ！と思って、それから、そこはどうでしたかと聞きながらいくつか往復していたら「あ、ひょっとするとぼく旅館で、お部屋で食事するの苦手で、下に食べに降りるみたいな館内のレストランみたいので食べるシステムのとこかもしれません。」という返信があってその次に「日本語ｗ」という返信があって、たしかになにか足がもつれたような言葉の連なりで「日本語ｗｗｗ」と思って、おかしかった、それで、出た。

遊ちゃんはそれからどこかに仕事で出ていく用があり、僕は店に行く用があり、十字路で別れた、歩いた、店に着いた、ショートブレッドを焼いて、焼きながらＫＯＨＨを大音量で聞いていた、すると取材の方々が来て、予定よりずいぶん早かった、手が離せない工程だったからちょっと待っててくださいねと言って、しばらくのあいだ、大音量で流れるKOHHの中で取材の方々は待ちぼうけを食らった、それで取材を受けた、『男の隠れ家』だった、ライターの方が宮崎駿みたいな風貌の方で、30年以上アロハを着続けているとのことだった、終わり、終わって、明日の仕込みの下ごしらえをして、家賃を払いに大家さんのところに寄って、いったん家に帰った。帰って、家を出て、雨がやんだ、傘をいったん持って出たが置きに戻った、家を出て、代々木公園駅まで出て、千代田線に乗った、乗って、表参道で降りた、降りて、出口を求めて構内を歩きながらtofubeatsの「RIVER」を聞いて、やっぱりこれはいいなあと思っていたら、向かいから歩いてきた人がtofubeatsみたいだった、tofubeatsかと思った、で、笑った、それで出口から出た、南青山のほうに出て、歩きながら本当に関係ない僕には関係ない町だなあ、と思いながら歩いて、歩いていると金木犀の香りを何度も感知して、昨日一度感知したら鼻が金木犀になったらしく、どんどん金木犀だった、それで、着いたのは折形デザイン研究所で、それで、見たのは「8Books & 8Boxes +1 山口信博と新島龍彦による「八冊+1冊の本と箱」展/gallery care of」という展示だった、入ると、いま途中なんですけど、説明しているんで、よかったら聞いてください、という案内があって、男性一人が聞き役だったそこに混ざって、聞いた、どうやら8つの箱をこしらえた造本家の新島さんが説明してくださっているらしかった、これはデザイナーの山口さんが装丁した本を、制作途中のゲラとか色校正のやつとか、いろいろと一緒に、新島さんがそれに見合う箱を作る、ということを2年近く繰り返した、それで8つの箱ができた、それの展示ということだった、ということだった、主旨は途中で少しずつわかってきたことだった、なにも知らないで来た、箱は、どれも面白く、説明を聞きながら見るのはたぶんこれは聞かないよりもずっと面白いだろうなという面白さで、ほうほうほうほうと言いながら聞いた、途中でご夫婦と思しき二人も混じって、みんなで聞いた。みんな、という感じがなんでだかして、普段だったらそういう感じにはとても抵抗を覚えそうなものだけど、今日はどうしてだか、それもとてもよかった、その「みんな感」にはスペースが小上がりの畳敷きになっていることが影響しているかもしれなかった、ひとつひとつ丁寧に、作り手の方からお話を聞く、というスタイルもとてもよくて、なにか温かいというか熱い気持ちみたいなものがお腹に芽生えるのを感じた。

8つ、終わったのでお礼を言って出て、それから一度少し引き返してSHOZO COFFEE STOREに寄って、初めて入った、入ったら「ここはたしかにショーゾーだわ」というショーゾー感のある場所で、それでコーヒーをテイクアウトして、また歩いた、根津美術館が見えるところで曲がって、緑が両サイドにたくさんで気持ちのいい場所だなあと思いながら通りを歩いて、歩いたら霊園があった、青山霊園だった、せっかくだから車通りじゃなくて霊園の中を通っていこうかと思って入ったら、先週の谷中霊園もよかったけれど、青山霊園もすごくよかった、見晴らしというか抜け感というかもよくて、いろいろな木があって、バラエティ豊かで、まるでこれは天国みたいだなあと思って、思ってから、墓地で「まるで天国」と思うというのもおかしな話だなと思って、笑って、僕は天国みたいだと思うときに思うのはゴダールの『アワーミュージック』の天獄篇のようで、それを思い出したら天国みたいだと思うというそういうふうにできている、思って、通り抜けるつもりが、けっこう出られなくなって、わりと道のり的にはロスした場所に出て、また歩いた、乃木坂に着いた、乃木坂はBooks and Modernに入った、「植本一子 フェルメール展」で、写真を見た、フェルメールの絵を、というか絵画を撮った写真というのは僕は新鮮で、キャンバスの生々しい表面に、ゾクゾクするようだった、本も楽しみで、それはこれまで僕にとっては日記作家という存在だった植本一子がそうじゃないものに飛躍する一冊なんじゃないかという楽しみさで、楽しみだった、買ったらサイン本とのことで、ラッキー、と思った、思ったその前に、本棚を見ていって、そこで目に入ったのが高野文子の『黄色い本』で、読んでみたいとしばらく前から思っていた、思ったひとつはお客さんから教わったということと、もうひとつが、これもお客さんから教わったことだが関西在住のお客さんから教わったことだが関西の雑誌の『Meets』の9月号の本の紹介のコーナーで『読書の日記』が取り上げられていてスタンダードブックストアの北村さんという方が取り上げてくださっていてそこに「漫画家の高野文子が、ある女子高生を通して〝本を読む〟という行為そのものを描き、読書家のバイブルとされる『黄色い本』。本書は、その現代版だと断言したい。」とあって、それを見ていたからがぜん読んでみたかった、しかし僕は普段漫画があるコーナーに書店に行っても立ち入ることがないから見かける機会がなかった、なかったし、なんせ渋谷の丸善ジュンク堂や新宿の紀伊國屋書店でどこに行ったら漫画が置いてあるのかも知らないようなそういう人間だから見かける機会がなかった、それを見かけさせてくれた、これは買おう、というのでこれも買うことにして、会計をしながら、お店の方が、「読むのは初めてですか?」と聞いてきて、そうですというと、「泣いちゃいますよ」とおっしゃった、きっとそうなのだろう。

それからまた歩いて、赤坂まで行った、夜に日比谷で飲むことになっていた大地からメッセンジャーでメッセージが来ていて今日はここに予約したから、というメッセージだった、受信していたがしばらく開いていなかった、歩きながら、歩いていたらタイ料理屋さんが目に入って、「タイ料理」と思って、その直後に「そろそろ開いとこ」と思ってメッセージを開くと予約してくれていたのはタイ料理屋さんで、「タイ料理！」と思ってその旨を伝えた、歩いた、地図を見ていると「勝海舟邸跡」というのがあって、すぐそばを通るから見ようと思って、少ししたら通り過ぎたことがわかって、地図を頼りに戻って、戻ったがどれがそれなのかわからなくて、わからないな、と思ってから、思いながら、俺は勝海舟のことを何をした人なのかレベルでまったく知らないしまったく興味もないはずなのになぜ探しているのだろう、そして見つけあぐねているのだろう、と思うと笑った、笑って、もう少し先に双子のライオン堂があって入った、『ししし』で原稿の依頼をいただいていた、近くを通る機会もめったになかったので行ってみたかったので行ける機会だったので行った、靴を脱いで、脱いだすぐのところのコーナーから見ていると、目に入ったのは『クラフツマン』という本で、なんだか興味を惹かれた、手を動かすことが考えることである、というような言葉があって、それは僕はずっと思っていることだった、料理をするとき、考えているのは頭じゃなくて手で、ということもあったし、日記を書いているとき、考えているのはもしかしたら手かもしれない、手が動き続けることが考えることになっているような気分はずっとある、手が作り出す太いグルーヴというか太い鈍い流れみたいなものが、それが思考であるという気がしている、保坂和志が「ネコメンタリー」で、小説が思考の形だ、ということを言っていて、編集でそこで途切れているから、それは見る人は「小説が思考の形だ」というのが保坂和志の現時点の考えだと受け取りかねないような気がしたけれども多分そうじゃなかった、大事なのはというかそのときに言われていたのは「小説こそが思考の形だと思っていたけれどそれだけではなくて」ということで、その前に挙げていた猫やカマキリ、動物が全身を使って思考する、それも思考の形なんだ、そういうことだったはずで、きっと響き合うと思った、それで、うろうろと棚を見て、それで『クラフツマン』がどうも読みたくて、しかしいろいろ読んでいるところだしなあと思ったのだけど、読みたくて、買うことにした、そのときに強く、本を読みまくる時間を過ごしたい、と思った、強い願望だった、それで、買って、出た。

日比谷に出て、だから今日は表参道から赤坂までずっと歩いたわけだった、そのルートを考案したとき、とても楽しみだった、で、楽しかった、それでやっと電車に乗って日比谷に出て、椿屋珈琲店に入って、さあ、読書の時間だ、と喜んで本を開いた、ジャック・ロンドンの『マーティン・イーデン』だった、昨日トム・ハンクスの「心の中で思うこと」を読んで、ここまでもタイプライターが出てくるごとにジャック・ロンドンに導かれている気はしていたが「心の中で思うこと」を読んだらもうジャック・ロンドンに行かざるを得なかった、だって心の中で思うことを彼女は書き始めた、タイプし始めた、そんな小説だった、帯とかの情報しか知らないが、しか知らなくていいが、『マーティン・イーデン』は書き始める男の物語のはずだ、それで、だから、ジャック・ロンドンを開いた。開くと、出版年が１９０９年とあり、そんなに昔の人だったのか、と初めて知った、で、読み始めた。

「そりゃあ、俺のほうがうっかりしてたに違いないです」と、彼は言った。俺の読んだのは、すごくよかった。ちょうど太陽が探照灯（サーチライト）みたいに、パーッと輝いちゃって、俺の内側まで明るくしてくれたんです。そんなふうにその詩は俺にとりついちゃったんだけど、どうも俺には詩はあんまりわかっちゃいないようです」

彼は、そこでぶざまにも話をやめてしまった。うまくものが言えないことをひどく意識して、混乱したのである。自分では、読んだ詩に人生の偉大さとか輝きを感じたのに、それを口にするとなると、うまく行かない。自分の感じたことを表現してみせることができないのだ。

ジャック・ロンドン『マーティン・イーデン』（辻井栄滋訳、白水社）p.15, 16

ここで、ここで終わらせることを僕はここのところずっと考えているしそうありたいと思っている、いいぞ、いいぞ、それでいいじゃないか、と思って、そのまま終わらせてはどうしていけないのか、いいぞ、いいぞ、それでいいじゃないか、と思って、思ったままでいることこそが思っているということなのではないか、それを言葉にすることは、整理され装飾された言葉に置換することは、どこまで誠実なものでありえるのか、ありうるのだろうけれども、常に不誠実なものになるリスクを抱えている、ほとんどのものが不誠実になるだろう、不誠実というかそのときの自分から離れていくというか、関係のないものになっていくというか。がんばって、がんばった結果、不誠実で自分から離れて無関係なものが生み出されるなんて、それなりにバカバカしいことで、そんなものに付き合うことはないのではないか、というか、付き合わないでいるという選択がもっと前向きに選択されてもいいのではないか、がんばらない誠実さがもっと選択されやすくなったほうがいいのではないか、ということを考えていた、実践したかった、また保坂和志だ、「この人の閾」だ、真紀さんだ、そういうことだった。だからマーティン、俺はそのままでいいと思うんだよ、どうだろうか。

1時間ちょっと、ゆっくり本を読み、なんだか満足感が高くて、本をテーブルに置いて開いてひたすら目で文字を追っていたその1時間ちょっとの時間はなんだか体中に染み込んでくるようだったというか、小説の中にいたような感じがあった、満足し、それでそのタイ料理屋さんに向かった、入って、しばらくすると大地がやってきた、それで『寝ても覚めても』の話をしてそれから『ユリイカ』の話をして、同じだった、チェーホフの場面を分析したやつと『野鴨』のことを分析したやつ、その二つの批評がどれだけエキサイティングだったか、ということを二人とも思っていた、その、あの興奮を話した、それから『きみの鳥はうたえる』のことを話した、話していたら、大地が「さっきから涙が止まらない」と言って、横を向いて眼鏡の下の目を拭った、なんでだよと笑ったが気分は知っていた、『寝ても覚めても』も『ユリイカ』も『きみの鳥はうたえる』もどれも、あまりに幸福ななにかだった。大地はそのあと、

「人類のことをもっと知りたい」

と言った。

酔っ払って、料理はどれもおいしくて、お店の人もとてもよくて、出るとき、店名が「シャム」だった、ど直球の店名だよね、という話をして、サイアムじゃなくて？と言ったから、シャムは日本語読みなのかな、わからないが、と言って、サイアムといえばスマパンの、『サイアミーズ・ドリーム』はあれは俺は中学3年生だった、ナンバーガ

ールとの出会い直後で、同じ友だちが、いくつかの洋楽のCDを貸してきた、ポーティスヘッド、ロン・セクスミス、ジェームス・イハ、ペイヴメント、それからきっとスマッシング・パンプキンズだった、あれは、本当にたくさん聞いた、マヨネーズ、そう、マヨネーズ！　トゥデイ、そう、トゥデイイズザグレイテスト！　デイアヴエーヴァノン！　帰りは『サイアミーズ・ドリーム』聞きながら帰ろ、と言って、千代田線と日比谷線で分かれるところで別れて、すぐにイヤホンをさして、聞き始めた、よかった、ことごとくよかった、懐かしさで胸がはちきれそうだった、言い過ぎだった、でもどのギターリフも、懐かしかった、そうそう、これこれ、という音がずっと鳴っていて、電車を乗りながら「Webでも考える人」の滝口悠生・松原俊太郎の往復書簡のやつを読んでいた。

この「聞こえてくる」が起きるのは、滝口さんの言う「時空の裂け目」、勝手に言い換えると異化された部分かと思います。ありふれた紋切り型であってもその言葉が愛する人から発せられると別の聞こえ方をすることがあるように、言葉の意味はそれが発せられる状況や環境に左右されます。『茄子の輝き』の「街々、女たち」の「お日様のにおい」ですね。

（3）「わかる／わからない」を超えるおもしろさ｜往復書簡 「小説⇔演劇」解体計画｜
滝口悠生，松原俊太郎｜Webでも考える人｜新潮社 http://kangaeruhito.jp/articles/-/2580

これでもう泣きそうになる。お日様のにおい。僕は『茄子の輝き』が好きすぎる。

お腹はいっぱいで、でももうひと埋めしておこ、といういくらかわからない理由によりそば屋さんに入り、ざるそばを食べていた、まだビリー・コーガンは歌っていた、「Number Web」を読んでいた、と思ったら、ふっと音が消えて、画面が暗くなって、電池が5％になったところで電源が落ちたらしかった。静かになった。帰った、ルイボスティーを飲んだ、お茶を飲みたかった。

それで、寝る前、『黄色い本』を開いた、作品集ということがわかった、「マヨネーズ」というタイトルのものがあり、マヨネーズ！ トゥデイイズザグレイテスト！ デイアヴエーヴァノン！と思ってから、「黄色い本」を読み始めた、すぐに眠れるように布団の中で読み出した、いい、とってもいい、知っている、その喜びを僕も知っている、そう思って、様々な感情で胸が苦しくなるようだった。

9月28日（金）

早めに起き、といっても15分だけ早めに起き、出、店。がっつりと仕込みがあった、昨日の続きでスマパンを聞きながら張り切って働いた、どうにか、定食が、間に合った、と思って、あと15分早く出ていたらもっと間に合ったのだが、と思って、開店したところとんとんとんとんお客さんが来られ、ひいひい言いながら働いた、定食がどんどんどんどん出ていって、間に合ってよかったと思った、危うかった。

お客さんは途切れず、なんだこれは、休日みたいだ、と思いながら、ずっとあくせくと立ち回っていた、大変だった、これは、このまま夜も忙しくなったら、大変なことになるぞ、と思っていたところ、夜は緩やかというか完全に暇だった、やるべきことがいろいろとあったので片付けていった、9時くらいには座れるようになり、それにしてもよく働いた、と思った、月末という感じなのか今日は一万円札でのお支払いがとても多く、一度お釣りの千円札が残り1枚になるという事態に見舞われた、そのときに五千円札でのお支払いがあり、お会計額は2050円で、5100円が出た、僕は、あ、と思い、すいません、ちょっと変な返し方になっちゃうんですけど、と言って、でちょっと、これは戻させてもらって、と言って、百円玉をお返しして5000円のお支払いにさせていただき、それから千円札1枚と五百円玉を2つ渡して、まずこれで2000円、で、と言って、それから小銭で、五百円玉と百円玉と五十円玉で950円を作って、渡した、重くなっちゃってすいません、とか言いながら渡したのだけど、なにかよかれと思ってそうしたのだけど、もともとの5100円を斥けずに千円札と五百円玉4つと五十円玉、という返し方がベターだったのは自明だった、どうやらいくらか混乱していたらしかった。

2999０万円。店が終わって、ゴミを出しに行って、郵便受けを見たら硬そうな紙のチラシが入っていて見たらマンションのチラシで「代々木五丁目の土地　城壁を連想させる擁壁の上に誕生する邸宅　ジオシリーズの最上ランク「ジオグランデ」」とのことだった、「代々木五丁目の土地」、土地、土地。「城壁を連想させる擁壁」、城壁を連想させる擁壁、壁。言葉の選びが不思議というかきっと雑という感じがする。それはいいとしても最初見たときは、え、ここらのマンションって1億とかするんでないの？ずいぶん安いやつなの？と思って、そのあとに桁が違うことに気づいてびっくりとした、3億！　3億円のマンションかあ！と思って、ご飯を粛々と食べて、今日は淺間が9回に同点打を打った、内野安打だった、映像は見ていないが、淺間は大きな口を開けて咆哮したはずだった、それを思うだけで感動するようだった、帰って、帰ったら『エコラリアス』を開いた、最近本を買いすぎている、どれを読もう、というようだった、今晩は、『エコラリアス』だった。

9月29日（土）

頭が朦朧としていて思い出せない、一日が終わった、雨で、この土日は雨ということだった、台風が来るということだった、予報を見たら途切れず二日間雨マークで、これはこの週末はもう惨憺たるものになるだろうなと思った、思って、今日が暇であることも確信していた、どうしてかはわからないが確信だった、台風が来て雨が激しくなるのは日曜の夕方以降という予報だったが今日も完全に暇になると、確信していた、その確信は間違っていないように見えた、実にゆっくりしたスタートで、まあ、そりゃそうだよね、むしろこんな日に来てくださる方いてサンキュサンキュ、と思いながら、ゆったり、いくつかの仕込みをやりながら営業していた、土曜日なので日記の推敲をしながら、営業していた、経理をしたりしながら、営業していた、とん、とん、とお客さんは来られ、その都度、こんな日に来てくださってなあ、ありがたいなあ、と思っていた、そうしたらそのとん、とん、の集まりによって、そしてみなさんゆっくりされていった、集まりによって、5時前に満席になった、でも、予期したようにそれは一瞬で、そこからまたほどけるようで、帰っていく人が出てきて、そうなるよね、ここらがそういう時間帯だよね、入れ替わる時間帯、でも今日はきっとほどけてそのまま暇な夜になるそういう時間帯、夜は何を読もうか、『クラフツマン』を持ってこなかったのは失敗だったか、でも『エコラリアス』もあるし他のもあるし、何を読もうか、そう思っていた、思っていたら、そこからがとんとんとんという感じで、どんどん忙しくなっていった、席が埋まるというようなことはなかったけれども常にオーダーがある感じというかオーダーが重なりまくる時間帯があり、うわあ、これはヘビーだ、と思いながら、やっていたら、あれ、これ仕込まなきゃ、あれ、これもだ、それもか、みたいになり、どんどんとタスクが増えていった、夜、忙しかった、ずっとフルスロットルで働いていた、5時くらいからだから7時間以上か、休憩する暇もなくひたすら働いていた、完全な憶断で今日は完全に暇と決めつけていたからエンジンがあたたまっていなかったというかあたためる気がはなからなかったから、びっくりして仰天で、そのギャップもあったのかヘトヘトに疲れた、終わって、食べるものはなかった、ラーメンだラーメン、と思い、ラーメン屋さんは1時で閉まる、行かなきゃ、というところで一度店を出てラーメンを食べてビールを飲んで、大ライスを食べて、それでまた店に戻り、仕込み等の続きをして、ビールを飲んで、朦朧とした。

帰宅後、なにを読もう、と思って、ヘロヘロだし新しいものを読み始めるとかそういうのではない、と思って、プルースト。

一つの名が、事後に、われわれにとって、非常に深く心をとらえるあの茫漠性と新しさとをふくむようになるあの場合であって、そういう名は、たえずわれわれがそれに注意を向けているために刻々その文字が深く心にきざみこまれてゆくのであって、そのときの時間や空間の観念より先に、ほとんど「私」という語より先に、まるでその名の当人がわれわれ以上にわれわれ自身であるかのように、そしてその名のことを考えない数分間の無意識の休戦期限が切れると、何よりも先に意識によみがえるのがその名の当人の観念であるかのように、(目ざめの瞬間とか、気絶のあととかに)、そういう名は、最初に思いだされる単語となるのである(シモネの娘について、そういうことが私に起こるのは、数年後のことでしかないだろう)。

マルセル・プルースト『失われた時を求めて 3 第2篇 花咲く乙女たちのかげに 2』(井上究一郎訳、筑摩書房) p.191, 192

9月30日(日)

一転して、早起き、いつもより30分くらい早い、今日はやる気というかちゃんとエンジンを掛けるぞ、というか開店までに終わらせないといけない仕込みがいくつもある、必然的にエンジンを掛ける、知ってる、今日はきっと逆だぞ、今日こそ台風の日だった、今日はきっと逆だぞ、エンジンあたためまくって備えて、そして肩透かしを食らうことになるぞ、でも準備をしっかりしないわけにはいかなかった、それで、だから、今日もまたKOHHを聞きながら精力的に働いた、12時、開店時間を迎え、やるべきだったことはちゃんとできた、今日はもう働ききった、と思った。

午後、いくらかお客さん来られ、そのあと、「JR首都圏の在来線午後8時以降すべて運転見合わせへ」というニュースを見かけ、そんななのか！と驚いた、こんなん絶対フヅクエ来ちゃいけないやつじゃん、と驚き、今日は何をして過ごそうか。『GINZA』の原稿を書こうか、経理は、毎日コツコツやっているから溜まっていないが、せっかく末日なので今日の伝票も今日入力して、スパッと今月の数字がわかるようにしようか、おとといまでの数字を見ると今月のバジェットはすでに達成しているようで、よかったというか、よかったのかなんなのかわからない、達成したところでなんなのか、なにを目指したらいいのか、目指したらというか、どうなったら、いいのか、どうなる、べきなのか、どうある、べきなのか、今はわからない、数字を見てもときめかない、なので『GINZA』の原稿を書いたところ書けた。よかった。『本を贈る』のことを書いた。

それで、リチャード・セネットの『クラフツマン』を読み出した。6時には誰もいなくなった、今日はもうこれはもう本当に完全に読書だ、あと6時間もある、めっちゃ読む、と思って、読み出した、途端に、眠くなった、別に読みたくもない、そういう気分になった。読めなければ読めないで読みたいとなるし、読めたら読めたでたいして読みたくないとなる、すぐ飽きる、すぐ疲れる、それにしても今日のすぐはすぐすぎる。眠くて、明日更新しようかと思っているスタッフ募集の記事を確認した、こんなんで人が来るとも思えない、よくわからない。それから、『クラフツマン』の、ツイートするために、写真を撮って、ソファに寝そべって撮って、撮ったらいろいろ撮ってみたくなったらしく、それと明日のブログ用にも必要だしというところで、なったらしく、店のなかをいろいろと撮る、近づければかっこいいのかなというたいへん安易な方法でいろいろ撮る、すると安易でかっこいい写真が撮られたような気になっていい気になった。

それから、ブログを別に明日に更新しなければならないいわれはないので今日更新した、スタッフ募集。人が来ればいい。

そのあと、やっと落ち着いて読みだした。読んでいたら、双子のライオン堂に行く前に南青山で見た展示で本と箱を見て、目の前で造本家の方がそれを作っていった経緯であるとかを語ってくれるのを見て、聞きながら、すごいなあ、そうやってひとつひとつ、作っていくのか、寸分違わぬいろいろを、と思った、すごい手だ、と思った、手仕事、と思った、それで、双子のライオン堂で『クラフツマン』という本が目に入り副題が「作ることは考えることである」であり、結びついたのだろうと初めて気がついた。「デミウルゴス demioergos」。クラフツマンの主神へファイストスに対するホメロスの賛歌、でクラフツマンを指した言葉。「公共の demios」「仕事 ergon」の合成語。

手を使うこと。

CADが初めて建築学教育に導入されて手描きによる製図に取って代わったとき、マサチューセッツ工科大学（MIT）の若い建築家は次のように述べたものだ。「用地の図面を描いたり、等高線や樹木を描き入れたりするとき、そうしたものはしっかりとあなたの頭の中に植え込まれる。コンピュータではできないようなやり方で、あなたは現場（サイト）を認識するようになるのだ。……地勢は、何回も図面を描き直すことによって認識されるようになるのであり、あなたの代わりにコンピュータにそれを「再生」させてもそうなる訳ではない」。これはノスタルジアではない。彼女の意見は、ディスプレイ上の作業が手描きに取って代わった場合に精神的に失われるものについて、述べているのである。他の視覚的な実践の場合と同じように、建築用のスケッチはしばしば可能性の像である。つまり手描きによって可能性を結晶化し精緻化してゆく過程（プロセス）で、設計士はちょうどテニス選手やミュージシャンと同じように前進し、その過程に深く関わり、それについて思考を成熟させてゆく。MITの若い建築家が述べているように、建築用地が「頭の中に植え込まれる」のである。

リチャード・セネット『クラフツマン　作ることは考えることである』（筑摩書房）p.80, 81

感触、相関性、不完全なものは、図面を手描きしているときに生じる身体的（フィジカル）＝物理的経験である。まだ手描き製図（ドローイング）は、それ以外のもっと広い範囲の経験を象徴するものでもある。例えば、編集や書き直しをしながら文章を書いているときや、難解きわまりないある特別な和音の音色を究めようと繰り返し楽器を演奏しているときの経験である。何かを理解しようとするとき、困難や不完全なものは建設的（ポジティヴ）な出来事であるべきなのである。なぜならそれらは、完成した対象をシミュレーションしたり手軽に操作したりするときにはありえないようなやり方で、私たちを刺激するはずだからである。

同前 p.86

時間を掛けること。接触の回数を多くもつこと。たぶん、それは別に機械というか新しい道具を使うことがいけないわけではなくて、新しい道具を使うなら使うでその経験が身体化される程度に使いまくること、なんじゃないかと思うがどうか。

10時になって誰もいなかったら店じまいにして帰ろうと決めていたので10時になって誰もいなかったので店じまいにして帰ることにした。ご飯を食べて、西武が優勝した、西武は今日は日ハムに負けたが2位のソフトバンクが負けたので優勝した、ご飯を食べて、帰ろうとしたあたりで雨風が強くなってきたらしかった。

歩きだすと、雨よりも風だった、刻々と向きを変えながら、強い風が吹いていた。途中、ゴオオオと、水の流れるような、車が走るような、音がして、上り坂になっている脇道を見ると太い重い風が向こうを通っていくところだった。その風はこちらには影響を与えなかった。隔たった違う世界を見ているようだった。

風向きに正対するように傘をさして、体の前面を守るようなそういうさし方だった、車は走っていたが人間の姿は見なかった、雨脚が突然強まった、傘に当たる、だからすぐそこにある耳に直接聞こえる、音の密度が一気に上がり、高く低くうねりながら、細かく傘を打った、ここまでも少しずつ濡れていったズボンの太ももはまたたく間に濡れて、べったりとはりついた。iPhoneを、ポケットに入れていたiPhoneをこれは水浸しになるかもしれないと思い、お尻のポケットに移した。ビバババババ！と突風が向かいからやってきた、これまでもそういうふうだったが今度は完全に盾の要領で傘を向けて、必死に抑えて、体を踏ん張って、なにかが起こって傷ついたらいけないと後ろに顔をそらすと、すぐ斜め後方にまったく同じ姿勢の男がいた。

家に通じる道に入ると風がおさまった、雨もおさまった、静かになった、傘をもたない男がふいに現れて、しばし止まって、僕は追い越して、それから追われる格好になった、少し怖い気持ちがした、後ろを振り向くと男は走り出して、向こうに消えていった、家の前に着いて傘をたたもうとすると、骨が二本、折れていた。

まだ12時にもなっていなかった。明日も仕込みがほとんどないから夜更かしもできるような気になる。だいぶ長いこと読んでいられるぞ、と思ったら嬉しくて、風が轟々と部屋を揺さぶるように吹いていた、ときどき少し怖くすらなった、そういう風の何度かに一度は遊ちゃんは目を覚まして半分寝ぼけて素っ頓狂な声を発した、ちょっと怖いよねえ、と僕は言った、言ったりしながら、ソファでウイスキーを飲みながら、遅くまで本を読んでいた。

10月1日（月）

暑かった。汗をかいた。

たいして準備をすることもなく、ご飯を食べながら野球の記事を読んでいた、小谷野栄一の引退について触れられた二つのコラムを読んだら、涙があふれた。日ハム時代、最初、なんかチャラい感じがダサい感じがしていけ好かないんだよなあ、と思っていたら、どんどん好きになっていった選手の代表格だった（他には中田や西川）。小谷野は本当によかった。打率・272本塁打7打点57のような、想像上の数字だが、好みすぎる選手だった。頼りになったというか、とにかくなんだか真面目そうだった、服装がおしゃれそうな感じだった、パニック障害で途中苦しんで、それからも病気とともに送った現役生活だった、いちばんひどかったときは二軍にいたときで打席に向かえなかった、試合中に嘔吐をした、そのときの二軍監督だった福良が試合を止めて、いくらでも時間を使っていいから、と、待った。その福良が監督をしているオリックスにＦＡで移籍して、福良がチームを去る年に、引退した。

開店してしばらく働いていると、税務署から電話があった、税金はちゃんと納めているよなあ、と思いながら出ると、消費税の書類、届いていますか？という話だった、送られているんだったらきっと届いていると思います、と言った、開けてはいない、来年の31年の分から消費税の還付の事業者になる案内で、届け出を出してね、という話で、ということは32年の春とかに消費税を納めることになるということですね、というと、31年分の確定申告のときに、そうです、ということで、我々はあたかも、平成がこのまま続くかのように話していた。

それにしても、そうか、消費税か、というところだった、来年から外税にする、ということでいいのだろうか。お客さんからしたら値上げになるが、その上がった分は僕が代わって国に納めるだけだから、といってもお客さんからしたら値上げになるが、受け入れられるだろうか。２０００円で済んでいたものが２１６０円になる、という変化は、どう影響するだろうか、しないか、しないといいな、と思った。

夕方から、『クラフツマン』を読みながら過ごしている、少し読んで、他のことをして、少し読んで、他のことをする、ということを繰り返している、本当に集中力がまったくない。「他のこと」のひとつはホットサンドメーカーを購入することで、これは僕の空腹に起因する。ホットサンド食べたいな、ということはしばしば思っていたことで、今日もそう思った、腹が減っていた、それで、調べ始めて、買ったわけだった、バウルー、というメーカーの、ダブル、というものだった、明日届くらしい。早くやってみたい。おいしいものができるならメニュー化したい。

暇な日で、スタッフ募集のお知らせをシェアし、するとたちまち応募があり、はやっ、と思った、いくらか掃除などをし、勤勉で、それから、11時には誰もいなかった、ソファで、30分と決めて『マーティン・イーデン』を読んでからご飯を食べた、『マーティン・イーデン』は、最初からいい、そこからもグッとよかった、本を読む人、それが描かれていた。ストラグルする人、俺はやっぱり好きだよ。

10月2日（火）

朝、起き、遊ちゃんとパドラーズコーヒー。外の席でカフェラテ。気持ちいい。10時半、出、店。11時から取材。楽しく話す。1時間はあっという間だなと思い、終わり。12時、少しだけ仕込みし、ひきちゃんと外で歓談と連絡事項の伝達をおこない、出。帰宅。うどん茹でてかぼすしぼって食う。洗濯機が回っている。仕事の電話をしていた遊ちゃんが取りに行ったので受け取って、干す。遊ちゃんは話しながら器用に干している。いくつかをどさっと僕の手に渡したので、ボソボソした声で「タオルは一枚ずつしか持てない」とつぶやき、それから、電話口から「ちょっと原点に帰って」という言葉が聞こえたので、「ちょっと原点に帰ります」とボソボソつぶやき、笑わそうとしたら僕がいちばん笑った、遊ちゃんは廊下の奥に避難した。

遊ちゃんが仕事でどこかに出、僕もそろそろ本を読もうと、『マーティン・イーデン』開く。すっかり面白くなっている。開き、どこまで読んだかな、と思って、ここだった、と読みだすと数行後、

彼はこの世のこの上ない美に悶々とし、ルースと一緒にその美を共有したいと願った。それで、南海の美の断片をいろいろと彼女に書いてみてやろうと思った。すると、内にあった創造的精神が燃えあがり、ルースだけでなく、もっと多くの聴衆のために、この美を造りなおしてやろうという気に駆られた。さらに、後光を受けて、すばらしい考えが浮かんだ。そうだ、物を書くんだ！　目や耳や心になってやるんだ。それらを通して、世の中の人たちは見たり聞いたり感じたりするんだ。書くんだ——何もかも——詩や散

文、小説や叙事文、それにシェイクスピアのような劇も。

ジャック・ロンドン『マーティン・イーデン』(辻井栄滋訳、白水社) p.92, 93

という箇所にぶつかって、高揚した。それから、ブルーハーブの「ILL-BEATNIK」が頭の中にあった。「偉大な哲学者達にはとても及ばないが、進むという点においては、成し遂げるという点においては、ブッ飛ぶという点においては、物を書く、奏でる、踊る、感じるという点においては、百年前と何もかわらねえ」という箇所だった。先は長い、深い、言葉にならないくらい。歌詞は調べた、調べたら2009年のサマーソニックのバージョンも、前も見たことがあったが、久しぶりに、と思って見たら、すごかった、2001年のフジロックバージョンの方が好きだけど、2009年もすごかった。で、本に戻り、読んだ、そのあいだマーティンは書いた、読んだ、恋をした、しばらくしたら眠くなった。

まったく集中されなかった。キャッチボールをしたいなと考えていたところ、明日キャッチボールをすることになって喜んだ。まったく集中する気配がなかった。こんなに読むのにおあつらえ向きの日だったのに、さっぱりだった。夕方、そろそろ昼寝をしようかなとタオルケットをかぶっていたところ、遊ちゃんが帰ってきて、話した、欲望、美意識、それ大事、ということを話して、遊ちゃんは今度は歯医者に行くために出ていった、そうしたら妙に寂しく、悲しい気持ちになって、しょうがないので、寝た、いい気持ちになって、暑くなってきて、アラームで、起きた、僕も出た、皮膚科に行った、調子は変わらずですか、と言われ、手荒れがひどい、と手を出したら「あそう」という感じで一瞥するだけで「じゃあいつもの薬でいいですかね」という感じになったから、この人は本当にやる気がないよなと呆れて、手がひどいんです、と手を見せて、別にどんな助言も要らなかったが、見ろよ、と思って、手を見せた、で、出た。まだ時間があって、フヅクエで本を読んでというのでもよかったが、営業中の店に足を踏み入れるというのはどこか闖入者的な感覚が僕のなかにある、恐れのようなものがある、店主なんだけどな、と思いながら、あるので、ある、店主よりもフヅクエが偉い、それで正しい、なので、なのでというかドトールに入ってコーヒーをすすりながら『クラフツマン』を今度は読んでいた。

文化は、啓蒙運動のことが書かれていた、文化は、とメンデルスゾーン、ドイツの哲学者であり啓蒙思想家、とウィキペディアにあった、作曲家の祖父ということだった、メンデルスゾーンによれば文化は、「よい行儀作法や洗練された趣味ではなく、「したりしなかったりする事柄」からなる実際的領域のことである」とのことだった、「日常に生起する「したりしなかったりする事柄」はいかなる抽象的事柄にも劣らず価値があると信じていた」とあった。

夜、店、ゆっくり、働いたり働かなかったりしていた。昨日シェアしたスタッフ募集のツイートがずいぶんシェアされて、よかった、たくさんリツイートされていた、このツイート及び記事は目論見としては募集それ自体に反応してくれる人に対してでももちろんあるけれどもきっといつもよりリツイートとかでインプレッション数が増えるんじゃないかと思ったから、フヅクエの存在を知らなかった人にも、そんな素敵げな店があるの、と知ってもらう、ということも念頭に置いて書いていて、だからいい宣伝になったならばよかった、と思って満足した。

閉店後、ホットサンドメーカーを出してホットサンドをメークした、メイクした、メイカーで、して、おいしかった、最初はわりと焦がしたがそれでもおいしかった、鶏ハムとチーズ、それで、夜ご飯はそんなのでは到底足りないのでトマトソースとチーズで第二弾を作って食った、それもおいしかった、満足して帰った、帰って、遊ちゃんとぺちゃくちゃおしゃべりをしてから、『クラフツマン』を読もうとしたら酔っ払っていて眠かったため『マーティン・イーデン』を開いた。

おまえは誰だ、マーティン・イーデン？　その夜、自分の部屋にもどって来て、彼は鏡に映った自分に自問した。長いあいだ、物珍し気に鏡を見つめた。おまえは誰だ？　おまえは何者だ？　おまえの階層はどこだ？　おまえは、当然リズィー・コノリーのような女と同じ階層にいるんだ。おまえには踏んだり蹴ったりの苦労、低級で下品で汚いものが合っているんだ。悪臭にまみれた汚い環境にいる雄牛や、あくせく働く連中が合っているんだ。今だって、腐りかかった野菜があるじゃないか。あのじゃがいもだって腐りかけだ、においを嗅いでみろ、ちくしょう、嗅いでみな！　それでも書物を開いたり、美しい音楽を聴いたり、美しい絵画を愛好したり、正しい英語を話し、おまえと同じ階層の連中などには及びもつかない思想をめぐらしたり、雄牛やリズィー・コノリーを振り捨てて、おまえなどからは百万マイルも隔てた星々に住む女性の蒼白い精霊を愛そうって言うのか？　おまえは誰だ？　何者だ？　ちくしょう！　うまく行くとでも言うのか？

同前 p.123, 124

おまえは誰だ、阿久津隆？と、6月とか7月とか8月とかに思っていたよな、ということを思い出した。

10月3日（水）

起きたり起きなかったりしながら遊ちゃんと話していたら餃子を食べたいような気になって、遊ちゃんは午後遅い時間からしか用事がないようだったから、中野坂上行こうか餃子、と言って、起きて、家を出て、中野坂上にバスで行った、大竹餃子に行った、優くんがプロデュースというのか立ち上げの片棒を担いでいた、一度行ってみようというそういう大竹餃子だった、僕は焼餃子定食で遊ちゃんは紫蘇の入った焼餃子定食で水餃子を単品で頼み、ビールを、飲みたい気にもなったが飲まなかった、餃子はとてもおいしかった、野方餃子とまったく同じなのだろうか、わからないが同じようにとてもおいしくて、これはおいしい餃子だよなあ、と思って、満腹になった、満足した、急速に眠くなって馬鹿らしさに笑った、バスで、戻った、中野坂上はたくさん、高いビルがあって、働く人口を数えたところ5万人だった、東京ドームに入りきらないぐらい、ということだった、もちろん、グラウンドを開放すればもっと入る、グラウンドを開放したら、どれくらい入るのだろうか、そもそも中野坂上の労働人口5万人というのは僕の指が勝手に打った数字であってなんの根拠もひとつもなかった、想像もつかない。

ウィキペディアを見ると、「1日平均乗車人員」がメトロと大江戸線で2017年は合わせて5万5千人ほどで、なんか、わからないが、規模感はそんな感じで、僕の予想を遥かに上回る僕の直感の精緻さが実証されたということだろうか。でも乗車人員というのはどういうものなんだろうか、「1日平均乗降人員」というのもあった、というかそちらのほうが先にあった、これを見ると11万5千人ということだった、2017年。乗降ということは、中野坂上駅で電車に乗る人と、降りる人の数で、乗車人員は、乗った人の数だった、5万と11万。住んでいる人は、こうだ。つまり、乗って、降りる。働きに来ている人は、こうだ。つまり、降りて、乗る。どうだ。

わからなくなって、家を出た。

内沼さんのところに行って打ち合わせ。今晩なにか映画を見たいかもなと思っていたところだったので映画の話を差し向けてみると『黙ってピアノを弾いてくれ』がよかった、感動した、うれしくなっている、というようなことをおっしゃっていて、ほうほう、と思った。

『読書の日記』の今の売れ行きを仔細に教わり、それから、第二弾について、双方の思っているところを話した。なんというか、これは先週だったかにちょっとそういう話を聞いて、それで今日打ち合わせということになったのだけれども、先週だったかにちょっとそういう話を聞いたとき、うわあ！と思った、というのは僕も日記二年目も終わるしまた本になったりしたら楽しいけれどもどうなのかなと思っていて、大した利益も生まないだろうし労力は大きく掛かるし、版元として、もう一度やろうという判断はなかなかやっぱりしづらいのではないかな、と思っていた、だから、どこか他の出版社が声をかけてくれたりしたらいいかもなあそれ待ちになるかもなあと思っていた、そうしたら続きもやりたいんですよねと言ってくださって、他から出るっていうのは違うというかそれは癪というかそれはうちがやりたいと思ったんですよねと言ってくださって、うわあ！　なんてっこった！　かっこいいなあ！　うれしいなあ！となった、のが先週だったかのことで、それで話した、その結果、第二弾は出る、なんならずっと続く……。ずっと出し続けることを前提に、高山なおみの『日々ごはん』のように、これはアノニマスタジオからずっと出続けていて今はどうも16冊まで出ているようだ、ずっと出し続けることを前提に、続けていきやすいやり方を考えましょう、判型もそうだし進め方もそうだし、ということになった。それで僕は、すごいぞ、内沼晋太郎、と思った。

あれこれ、話し、事務所を出るときに「今日の話って日記書いて大丈夫ですか」と聞くと「なんでも」とのお答えだったのだけれども、この問いを発する感じは我ながらバカみたいでいいなあと思って、笑って、出た。

家に帰り、頭の中は本のことではなくて先ほど話に上がった下北沢での出店、つまりfuzkue shimokitazawaの話で、線路跡のまっすぐの遊歩道とかができる開発のところのひとつのエリアで、広場があってそのまわりに5坪2階建ての小さい店舗を10ほど作る、ということで、話を聞きだしたら気分が盛り上がって、え、ちょっとほんと興味ありますか、時間ありますか、ちゃんと説明します、と言って説明していただいた、資料を送っていただいた、その話が頭の中にずっとというか前面にあった、ソファに座るとさっそくExcelを開いて皮算用をしていた。5坪。小さなフヅクエというのはなんというか試してみたい形だった、今の形と大きさとは違う、なにか違う面白さが作れるような気がした、ごくごく小さな酒場みたいな形でのフヅクエ、L字カウンターのフヅクエ、これは、なんというか、興味は完全に津々だった、考えれば考えるほどやってみたい気になっていく、もし本当にそうすることになったら、僕の人生は本当にちょっと内沼さんに相当のところ導いてもらってのものであるなあ、足を向けては寝られないが、向けてはいけない先は、事務所のある代々木八幡方面なのか、お店のある下北沢方面なのか、青森なのか、長野なのか、神保町なのか、他にもきっといろいろ津々浦々行かれているだろうから、ソウル、台北、足を向けないことを意識したら立って寝るしかなくなってしまいそうだから、気にしないで寝ようと思った、思わなかった。

夕方、遊ちゃんが戻ってきて、今日はキャッチボールはなくなった、戻ってきて、さっきの話をした。それから映画を見に行こうかということになり渋谷に出た、またシネクイントだった、頻繁なるセンター街。サービスデイだった。それで、『黙ってピアノを弾いてくれ』を見た。チリー・ゴンザレスと名前を聞いて、あの人かな、白黒のジャケットの、という程度にしか知らないが、よくよく考えたらその白黒のものである『Solo Piano』とその2は、岡山のときにずっと店で流していた、とても好きだった、そういう人だったがどういう人なのか等はまったく知らなかった、それで見たから冒頭からびっくりした、ずっとびっくりしていて、それで、かっこよかった。

いろいろを経て『Solo Piano』を発表して、というあたりからずっと感動していて、ウィーン交響楽団とのコンサートのところとか、すごかった、感動していて、でも決して『Solo Piano』の場所に安住しないのだということが映されていて、もっとずっと感動した。変化をいとわないことというか何かをずっとやっていたら変化は起きることが自然だけれども受け手はそれを自然のことと思う訓練がたぶんそんなにされていない、あの名曲はあの演奏で聞きたい、そんなアレンジは余計、俺の思い出をそのまま演奏してくれよと、思わないでいられる人はもしかしたらそう多くない。ライブは現在の場であるはずだが過去の再演もっといえば再現を期待しないでいられる人はもしかしたらそう多くない。あの曲のイントロが聞こえたときに他の曲のときよりも盛り上がらずに済ませられる人はもしかしたらそう多くない。思い出を聞いている。変化しようとしたときそれはそれを仕事としてやっている人にとってはそれなりに怖いことであるはずで、なぜなら今ついてくれている人たちがそっぽを向いてしまう、彼らを置いていく、そういうことになるかもしれないからで、怖いことであるはずで、そういうだから変化を、いとわない、チリー・ゴンザレスの場合はもしかしたら「どんどん変わっていく人」というポジションを手に入れているのかも知れなくてそうだとしたらいくらか変化のハードルは異なるのだろうとは少し思ったが、とにかく、いとわない、自分の思うままに、思うというのはこの場合きっとそこまで能動的ではない、完全な受動でもない、中動態的な思うそのままに、足の進むままに、違う景色を見にいくその姿に、こっぴどく感動したらしかった、盛り上がった、元気になった、うれしくなった、こういうことか。

すごかったねえと話しながら、一度家に寄り、それから店に行った、鶏ハムをこしらえ、えないと明日出せない、ということがあったので行く必要があった、鶏ハムをこしらえ、そのあいだに他のことも少しやり、遊ちゃんはソファで仕事をしていた、それが済むと向かいの居酒屋に入ってビールを飲んだりあれこれを食べた、ホタテの生海苔のやつがとてもおいしくて、これおいしいですねえ、というと、それ残りのところにご飯混ぜて食べるとやばいんですよと教えてくださり、ご飯を乗せてもらった、で、食べたらやばかった、きのこのきんぴらもおいしく、これは今度店で作ろうと思った、あれや、これやと話して、愉快な時間を過ごした、過ごして、帰った、地震速報が鳴った、それから、町のスピーカーみたいなところからくぐもった男性の聞き取れない言葉が発せられた、地震が来るのだろうか、と思いながらいささか緊張していた、いささか緊張していたがいささかだった、遊ちゃんはもっと怖そうな顔をしていた、こわばっているような感じもあった、震災のとき、遊ちゃんは福島にいた、僕は岡山にいた、僕は震災を知らない、僕の怖がっていなさは無意味な無価値な怖がっていなさだ、僕が怖がっていないのはただ知らないからというそれだけだ、それだけだった、地震は起きなかった。

寝る前、『マーティン・イーデン』を開いた、今日初めての読書だった。おとといくらいの時点では水曜は一日家で本読んで暮らそう、と思っていたが、たいがいの時間を外で暮らした。マーティンは、ルースにこれまで書いたものを読み聞かせていた。どう思われましたか？

「ちょっとまごついたわ」と、彼女が返答した。「全体的にはそうとしか批評できないの。話にはついて行けたけど、余計なことが大分多すぎたようね。冗漫すぎるの。いろいろと関係のないものまで入れるから、筋の運びがうまく行かないのよ」

「そのところが大事な主題なんです」と、彼は急いで説明した。「底流をなしている主題、広大で宇宙的なものというわけです。何とか話そのものと調子を合わせようとはしてみたんですが、そんなことをすると、結局、深みがなくなっちゃうだけなんです。手がかりはうまく得たのですが、やり方がまずかったようです。自分の言いたいことを、それとなくうまく示せなかったんです。でも、そのうちいつか覚えます」

彼女は、彼の言うことがわからなかった。文学士だったけれど、彼女の限界のかなたに彼がいた。それが彼女にはわからず、わからないことを彼の話の筋道がはっきりしないことのせいにした。

ジャック・ロンドン『マーティン・イーデン』（辻井栄滋訳、白水社）p.150

教師が教え子に乗り越えられるときの気まずさというか気詰まりがあって、気が詰まった。滑稽さもつきまとった。冒険だった、読んでいると、途中、『ストーナー』を思い出すことがあった、次の読書会はこれでやろうかと何度か思っているが、なんでかためらっているところがある。

読書の日記

本を出す／指を切る／お葬式

2023年5月1日　初版第1刷発行

著　者　阿久津隆
編　集　内沼晋太郎、久木玲奈（日記屋 月日）
装　丁　戸塚泰雄（nu）
装　画　長谷川海

印刷・製本　株式会社広済堂ネクスト
発行者　内沼晋太郎
発行所　NUMABOOKS
〒155-0033 東京都世田谷区代田2-36-12
BONUS TRACK SOHO 9 日記屋 月日2F
MAIL: pub@numabooks.com
http://numabooks.com/

ISBN978-4-909242-09-9
Printed in Japan ©Takashi Akutsu 2023

阿久津隆（あくつ・たかし）
1985年、栃木県生まれ。埼玉県育ち。慶應義塾大学総合政策学部卒業後、金融機関に入社。営業として3年間働く。退職後の2011年、配属地の岡山に残ってカフェを立ち上げ、3年間働く。2014年10月、東京・初台に「fuzkue」をオープン。著書に『読書の日記』『読書の日記　本づくり／スープとパン／重力の虹』（ともにNUMABOOKS）、『本の読める場所を求めて』（朝日出版社）。趣味はNotionを用いた情報整備です。https://fuzkue.com/

※本書は、著者が経営する「本の読める店fuzkue」のウェブサイトやメールマガジンに掲載されていた「読書の日記」のうち、2018年5月10日から2018年10月3日までの分をまとめ、加筆・修正を加えたものです。
※本書は、日記は著者の思い違いも含めてなるべく日々記録された生のままのものでありたいという考えから、事実誤認や言葉の誤用についても、敢えてそのままにしている箇所があります。予めご了承ください。

登場する本